東華社會科學叢書

主編：張春興　楊國樞　文崇一

文化人類學	李亦園	中央研究院院士兼民族學研究所研究員； 清華大學人文社會學院院長； 臺灣大學考古人類學系教授
心　理　學 （已出版）	張春興	師範大學教育心理學系教授
社會心理學	楊國樞	臺灣大學心理學系教授兼系主任； 中央研究院民族學研究所研究員
	黃光國	臺灣大學心理學系教授
教育心理學 （已出版）	張春興	師範大學教育心理學系教授
	林清山	師範大學教育心理學系教授兼系主任
政　治　學	胡　佛	臺灣大學政治學系教授
	袁頌西	臺灣大學政治學系教授兼法學院院長
行　政　法	張劍寒	臺灣大學政治學系教授
經　濟　學 （已出版）	徐育珠	政治大學經濟學系教授
管　理　學 （已出版）	許士軍	臺灣大學管理學院教授兼院長並兼 商學研究所所長 政治大學企業管理研究所教授
教育概論 （已出版）	林玉體	師範大學教育學系教授

教育行政學 （已出版）	黃昆輝	師範大學教育研究所教授
教育財政學 （已出版）	蓋浙生	師範大學教育學系教授
社會及行為科學 研　　究　　法 （已出版）	楊國樞	臺灣大學心理學系教授兼系主任； 中央研究院民族學研究所研究員
	文崇一	臺灣大學政治學系教授； 中央研究院民族學研究所研究員
	吳聰賢	臺灣大學農業推廣學系教授
	李亦園	中央研究院院士兼民族學研究所研究員； 清華大學人文社會學院院長； 臺灣大學考古人類學系教授
心理與教育測驗	簡茂發	臺中師範學院院長； 師範大學教育研究所教授
	黃國彥	嘉義師範學院院長； 政治大學心理學系教授兼系主任
心理與教育 統　計　學 （已出版）	林清山	師範大學教育心理學系教授兼系主任
多變項分析 統　計　法 （已出版）	林清山	師範大學教育心理學系教授兼系主任
邏　　　　輯 （已出版）	何秀煌	任教於香港中文大學哲學系
社會科學 研究設計與分析	鍾蔚文	政治大學新聞研究所副教授
課程設計 （已出版）	黃政傑	師範大學教育研究所教授
生涯輔導	金樹人	師範大學教育心理與輔導系（所）副教授

教育概論

林 玉 體
國立台灣師範大學教育系教授

東華書局印行

國立中央圖書館出版品預行編目資料

```
教育概論 / 林玉體著. --五版. -- 臺北市：
  臺灣東華，民77
    面 ；   公分. --（東華社會科學叢書）
  參考書目 ：   面
  含索引
  ISBN 957－636－198－2（平裝）

  1. 教育

520                                      80002537
```

版權所有・翻印必究

中華民國七十七年三月五版
中華民國九十二年九月五版（十刷）

大專用書　教育概論

定價　新臺幣參佰元整
（外埠酌加運費匯費）

著　　者　林　　玉　　體
發 行 人　卓　　鑫　　淼
出 版 者　臺灣東華書局股份有限公司
　　　　　臺北市重慶南路一段一四七號三樓
　　　　　電話：（02）2311-4027
　　　　　傳真：（02）2311-6615
　　　　　郵撥：0 0 0 6 4 8 1 3
　　　　　網址：www.bookcake.com.tw
印 刷 者　上　英　印　刷　廠
行政院新聞局登記證　局版臺業字第零柒貳伍號

東華社會科學叢書序

　　假如單從人類物質生活一個層面看，戰後三十年來自然科學與技術科學的貢獻是偉大的。但如從人類生活的整體看，科學技術提高了人類物質生活之後，却因而產生了更多難以解決的社會問題，以致形成物質生活富裕而精神生活貧乏的文化失調現象。我們雖不能認定物質文明為人類帶來了災害，但却可斷言單憑科學技術的進步，並不能保證獲得真正美好的生活；甚至科學技術愈進步，反而愈增加了人們對未來的失望與恐懼。文化發展失調是人類自己製造出來的問題，這問題只有靠人類對自身行為的研究始有獲得解決的可能。此類研究，狹義言之，是為行為科學，廣義言之，是為社會科學。

　　一個國家科學的發展，不但不能偏廢，而且必須生根。此一原則，用於社會科學較之用於自然科學更為適切。在文化差異與地域限制兩個基礎上，社會科學實不易做到像自然科學那樣可以局部的或枝節的「借用」或「移植」。近十多年來，由於政府的提倡與社會的重視，國內大學在自然科學方面的教學與研究水準已大為提高；大學本科階段學生的程度，較之當世科學先進國家並無遜色。但無可諱言的，社會科學方面的發展則較為落後。從國內大學社會科學的教學方式及出版的中文書籍看，多年積留下來的幾種缺點一直未能革除：其一是內

容舊陳,跟不上世界學術的創新與進步;其二是忽視方法論方面的知識,以致學難致用;其三是僅限於國外資料的介紹,而缺乏與國情需要配合的研究成果。雖然目前影印技術進步,翻印外文書籍甚為方便,但因一般學生的外文能力不足,兼之外文書籍內容又未必與國內需要符合,故以外文書為大學社會科學各科教本的嘗試多未奏效。因此,以往國內社會科學的發展,縱止尾隨求齊已感不暇,遑論學術獨立生根及提高水準!

基於此等認識,在國內各大學擔任社會科學教學的朋友們,根據各自教學與研究的經驗,咸認有義務也有責任,經由科際合作的方式,共同從事社會科學叢書的撰寫,以期使社會科學在國內生根,為國內的社會建設略盡綿薄。誠然,撰寫大學教科書或參考書不足以代表社會科學在國內的高水準發展,但也不能否認,在期望達到我國社會科學學術獨立與高水準發展之前,普遍提高大學社會科學的教學水準是一項必要的教育工作。唯其如此,在本叢書撰寫之前,同仁等幾經研討,咸認各書之內容應力求與國內需要相配合,非但不宜囿於一家之言的傳述,尤須避免只根據某一外國名著的翻譯。因此,經議決,本叢書內容之取材將共同遵守以下兩個原則:

一、在內容上應概括該學科發展到目前為止的重要知識(如基本理論重要發現等)與基本研究方法,並須指出重要問題之研究方向及進修途徑,藉此對讀者產生啟發性的教育作用。

二、對重要問題之討論,務須顧到國內情況及實際的需要,並儘量採用國內學者與有關機構新近完成之研究成果,以期增加讀者的適切感與知識的實用性,並藉以引起社會對國內學術發展之重視。

因鑑於國內社會科學方法論方面書籍之闕如,本叢書諸作者除分擔撰寫各科專書外,特配合大學部及研究所課程之需要,就各人專長,

復採合作方式，撰寫社會及行為科學中各種重要的研究方法，集為另一專書，期能由此引起國內學者的研究興趣，從而提高社會科學的水準。

此外，本叢書內各書的撰寫體例也力求統一，舉凡章節編排、註解方式、參考資料引註、中英文索引編製等，均於事前確定統一格式，甚至排版字體、繪圖、製表、紙張、裝訂等，亦採用統一標準，務期做到形式與內容並重的地步。

本叢書之能順利出版，首應感謝各科著者的支持與合作。目前所列叢書範圍只是暫時的決定，以後將視情形逐漸擴大，增加各科專書。我們始終相信科學的發展是全面的，必須經由科際間的合作，始能達成既普及又提高的效果。因此，我們除了感謝已參與本叢書撰寫的學者之外，也竭誠希望海內外的學者先進給予鼓勵、支持與指正。

本叢書從最初的構想、設計以至出版，深得東華書局董事長卓鑫淼先生與總經理馬之驌先生全力支持，併此致謝。

張春興　楊國樞　文崇一　謹識

中華民國六十四年九月於臺北

自　序

　　教育普及之後，教育的研究廣受重視；而擬從事教育工作的人，無論教育行政人員，學校行政人員，以及學校教師都必須接受教育專業訓練。教育科目的設置乃是教育專業訓練當中最重要的一環，而「教育概論」又是教育科目裏的基礎科目。教育科目設置在師資培養機構經已有年，教育的研究也已存在多時。但其結果卻產生下列兩種現象，一是教育專業研究者的思想相當保守，觀念極為閉塞，頗不合乎「進步」教育的旨趣；二是包括教育概論在內的教育科目之教學，每令學習者興味索然，意願低落。本書為了彌補這兩大缺憾，所以極力宣揚教育的創新、前進、自由、民主及開放意義；並且以淺易通曉的語言文字來敍述、評論或闡釋教育的觀念。希望研讀本書的讀者，一方面能夠掌握教育的正確方向，洞悉教育的優良方法，以期增加「教育學」的深度與廣度；另方面也能因本書的介紹而導引讀者有繼續研究教育的興趣。

　　本書首述教育的意義，次及教育目的；第三章說明教育的基礎，第四章評述中西傳統教育的特色及其異同，第五章及第六章分述教育人員及學生兩個單元，第七章涉及學制及教育行政，第八章論述課程、教材及教法，第九章討論民主、自由與教育的關係，第十章（最後一章）舉出教育研究的重要性及方法。筆者相信此種入門性的介紹，已幾可涵蓋教育活動的全貌。

約八年前，本書即擬定由高雄師範學院教育系系主任邱兆偉教授及筆者負責編寫；但因邱教授公私繁忙，未克如願。筆者遂挑全部撰述重擔，其中，第一、二、三、五（第五節除外）及第十章為七年前所寫，其餘則為去年所撰。除了請久候本書出版的讀者諒解之外，還應向東華書局不計較本書之延緩交稿致深切的歉意。

目前，教育概論的教學是一個學年四學分。如採用本書作為「教育概論」一科教學材料時，可以在第一學期教授前面五章，第二學期教授後面五章。在內容介紹上，特別著重觀念的介紹與評論，尤應提供學生機會以討論各種教育主張。研讀本書的讀者如是大學生，他們都有能力自學，因此「教」「學」雙方不妨進行闡釋、引伸及批判的活動，萬勿照本宣科，否則有違筆者在本書中所提的「教育」本意。

「教育概論」因屬入門性質，所以編寫相當困難；在取材範圍上要包括窮盡，不可遺漏；在內容上又需交待清楚，不可一筆帶過。筆者在這兩方面都奮力而為，不過疏漏之處可能仍多，期望各方賢達及閱讀本書的讀者不吝指正，是所至盼！

本書完稿之時（1983年歲末），不幸慈母去世；悲痛之餘，謹以本書敬獻先妣，藉表懷恩念劬，永誌不忘。此外，臺灣師範大學教育心理系張春興教授對本書具有催生之功，教育系謝文全教授曾細心詳讀初稿，並提供寶貴意見，教育系黃棋楓同學幫忙校對，以及東華書局惠予本書出版，謹此致謝。

林玉體

一九八四年歲春

作者的話

本書出版年餘，受到師生的喜愛，作者深感欣慰。不少讀者及教師提出各種建議，作者謹在此致十二萬分的謝忱。

作者擬趁此機會，向使用或閱讀本書的師生奉告幾句：

1. 由於本書內容指向教育的開明化、自由化、及民主化，因此如果喜歡本書或推荐本書者，必也具有開明化、自由化、及民主化的作風。當然，本書如能改變那些採取權威型、專制型、及獨裁型教育者的心態，則更見本書所發揮的「教育」功能。作者極歡迎持相反意見者不吝指教。

2. 本書頭數章偏重學理探討，後數章則較強調實際應用。對於初習教育者，不如先從第五章開始看起。如第一學期討論五至十章，第二學期一至四章，則是頗為合適的安排。作者願在此鄭重的聲明，第九章的「民主、自由、與教育」千萬別忽略。

3. 有些章節，可以視學習者的需要程度、或時間而可刪除，如第二章全部，第八章課程中有關認知、情意、及技能之具體教學目標（即第343頁～352頁）之部份。

4. 本書如採作教學資料，教學者務必督促學生自學及討論，切忌將書中內容重述一次。作者深信，學生如事先閱讀之後，必然會滋生許多疑難、意見、或心得。教學者鼓勵他們發言，不要剝奪他們表達的機會。

本書初印時的錯字及不妥之處已儘可能的更正。

林 玉 體

一九八六年二月

目　次

東華社會科學叢書序
自　　序
作者的話
第一章　教育的基本概念

　　第一節　教育的意義 …………………………………… 2
　　第二節　教育的本質 …………………………………… 8
　　第三節　教育的重要性 ………………………………… 15
　　第四節　廣義的教育與狹義的教育 …………………… 24
　　本章摘要 ………………………………………………… 33
　　討論問題 ………………………………………………… 33

第二章　教育的目的

　　第一節　保守式的教育目的 …………………………… 36
　　第二節　追求未來的教育目的 ………………………… 45
　　第三節　自我發展的教育目的 ………………………… 56
　　第四節　心靈陶冶的教育目的 ………………………… 68
　　第五節　具體的教育目標 ……………………………… 74
　　第六節　中國教育目的 ………………………………… 80
　　本章摘要 ………………………………………………… 87

討論問題 ……………………………………………………… 88

第三章　教育的基礎

第一節　政治與教育 ……………………………………… 90
第二節　經濟與教育 ……………………………………… 104
第三節　教育與心理學 …………………………………… 113
第四節　教育與哲學 ……………………………………… 127
本章摘要 …………………………………………………… 141
討論問題 …………………………………………………… 142

第四章　中西教育的歷史背景

第一節　中國傳統教育的特色 …………………………… 143
第二節　西洋傳統教育的特色 …………………………… 160
第三節　中西傳統教育的異同 …………………………… 179
本章摘要 …………………………………………………… 199
討論問題 …………………………………………………… 199

第五章　教育人員

第一節　教育人員的選擇 ………………………………… 202
第二節　教育人員的培養 ………………………………… 210
第三節　教育人員的任用與考核 ………………………… 218
第四節　我國教育人員現況 ……………………………… 227
第五節　廣義的教育人員 ………………………………… 235
本章摘要 …………………………………………………… 239

討論問題 ……………………………………………… 239

第六章　學　　生

　　第一節　學生的價值 …………………………………… 241
　　第二節　學生的管教與輔導 …………………………… 252
　　第三節　體罰 …………………………………………… 262
　　第四節　學生權 ………………………………………… 274
　　第五節　師生關係 ……………………………………… 280
　　本章摘要 ………………………………………………… 290
　　討論問題 ………………………………………………… 291

第七章　學校制度與教育行政

　　第一節　學校制度 ……………………………………… 294
　　第二節　教育行政 ……………………………………… 316
　　本章摘要 ………………………………………………… 339
　　討論問題 ………………………………………………… 340

第八章　課程、教材、與教法

　　第一節　課程 …………………………………………… 342
　　第二節　教材 …………………………………………… 359
　　第三節　教法 …………………………………………… 375
　　本章摘要 ………………………………………………… 388
　　討論問題 ………………………………………………… 389

第九章　民主、自由、與教育

第一節　民主與教育 …………………………………… 392
第二節　自由與教育 …………………………………… 410
本章摘要 ………………………………………………… 419
討論問題 ………………………………………………… 419

第十章　教育研究

第一節　教育研究的性質及其必要性 ………………… 421
第二節　教育研究應行注意事項 ……………………… 427
第三節　教育研究資料的搜集及教育研究問題的提出 … 443
第四節　教育研究方法 ………………………………… 453
第五節　教育研究論文的寫作 ………………………… 470
本章摘要 ………………………………………………… 478
討論問題 ………………………………………………… 479

參考資料

一、中文部分 …………………………………………… 481
二、英文部分 …………………………………………… 483

中文索引 ……………………………………………… 489

英文索引 ……………………………………………… 495

第一章

教育的基本概念

「教育」這兩個字，是人們耳熟能詳的。那麼，按道理說，人們既對「教育」這兩個字不感到陌生，就應該對它有清晰的概念才對。不幸，事實告訴我們，人們經常掛在嘴邊且不時使用的字眼，卻往往就是最難以釐清它的概念的字眼。「教育」就是其中之一。我們可以在報章雜誌以及與人會話中，發現「教育」這兩字的出現次數甚多，但如果深一層探討，到底「教育」的真正含意如何，則言人人殊，莫衷一是。或者使用這兩個字眼的人在不深究的情況之下還對「教育」有個概略性的輪廓認識，可是經人再三追問的結果，卻對它不明就裏了。這就好比西洋中世紀前期最偉大的神父聖奧古斯丁（St. Augustine, 354-430）解釋「時間」的戲言一般。他說：「如果你不問我時間是什麼，大概我還知道時間是什麼！但一旦你問我時間是什麼，則我就不知道時間是什麼了」。一般人也可以拿這種比喻來搪塞對於「教育」意義之不明確認識。他可以說：「如果你不問我教育是什麼，大概我還知道教育是什麼；但一旦你問我教育是什麼，則我就不知道教育是什麼了」。

不過，把「教育」看成一門學問來研究，就不可以停止在上述的

常識階段裏。中國古來的學者喜歡於著書立說之前，先來個「開宗明義」。那就是說，先對所討論的對象來個「定義」。因此，本書也擬將「教育」這兩個字的基本概念弄清楚，以便作為其後討論的依據。

第一節 教育的意義

了解教育的意義，最好的方式之一就是從「教育」這兩個字的語源去探討。本節擬說明並評述中西文「教育」的原始意義。

一、中文的教育字義

中文的「教育」一詞，可以作三方面解釋，一是「教」，二是「育」，三是「教育」，茲分述如下：

（一）教

按「說文解字」的解釋，「教：上所施，下所效也」。這句話就是說：上者有何種言行，下者就予以模仿。用現在的語言來講，「上」指教師及長輩等；「下」即指學生或下一代。教師或長輩之舉動，學生或孩童就予以仿效。墨子「尚同」亦言：「上之所是，必亦是之；上之所非，必亦非之」。這就是「說文解字」這本書對「教」字所下的定義。

中國古代經籍裏把「教」字下如此的定義，在傳統保守的社會裏，是可以理解的。傳統保守的社會中，長上的言行及教師的教導，學生要悉數模仿，或取之作為學習的榜樣。如此，社會才能安定，習

俗才能保存。

　　禮記學記篇言：「敎也者長善而救其失者也」。中庸也說「修道之謂敎」。荀子修身篇更說：「以善先人謂之敎」。這些都是指「敎」的目的而言，留待談敎育的目的時再說。當然，「敎」的意義與「敎」的目的，二者之間的關係相當密切（Steinberg, 1968:4-6）。

（二）育

　　「說文解字」也對「育」下有定義。「育：養子使作善也」。段玉裁對此句曾有注解。他說：「育，不從子而從倒子者，正謂不善者可使作善也」。這句話是說，象形的「育」字，上頭不是正「子」，而是倒「子」。倒子是不正常的，是惡的。不正常的倒子或惡的倒子，經過「育」之後就成爲正子。這種說法正是「人性惡」學說的主張。依人性惡的觀點，人出生本就惡。人如想爲善，只有經過人爲手段將不善改爲善。這不正符合了中國性惡論的開山祖師荀子的一句名言嗎？荀子性惡篇說：「人性惡，其善者僞也」。「僞」正是「人爲」的意思。

　　此地「育」的意義，乃與「敎」的意義相合──使學生及下一代爲善。似乎我們可以由此得一結論，中國古籍裏的「敎」與「育」之意義是二而一，二者並沒有什麼區別。並且，「敎」及「育」的意義也涵蘊了「敎」及「育」的目的（關於敎育的目的，留在第二章討論）。

（三）敎　育

　　在中國古籍裏，首先將「敎」及「育」二字合用的，大概出現在孟子盡心篇。該篇言：「得天下英才而敎育之，三樂也」。不過，敎育二字合用時之意義如何，則未見討論。但大體言之，中國的傳統敎育**觀**念，是指長者對下一代有形或無形的敎導。這種敎導是以品德之規

範為第一，甚至完全以行為之陶冶作為全部教育的意義。因此教育與教導、教訓、教誨、或教養等之字眼，每每是異名而同實。

二、西文的教育字義

西文「教育」一詞，英文是 Education，法文仍為 Education，德文則為 Erzichung。這些字都由拉丁字 Educare 演變而來。不管拉丁文或英、德、法文，這些字的第一個字母都是E，這裏的E是「引出」（elicit）的意思。因此從字源學上說，西文的「教育」就是「引出」（Dewey, 1966:10）。

這種解釋看起來相當簡單，其實卻蘊涵著極深的哲理。首先，「引出」的主客體是什麼？這個問題比較容易解答。當然，在教育活動中，教師是主體，學生是客體。但是，教師要把學生的什麼「引出」呢？這個問題的答覆就有必要介紹一派哲學主張了。

哲學上有一種學說，主張人在生下來之時甚至之前，早就稟賦了某種觀念。這些觀念不是經驗的產物，倒是先天所賦予。也就是說，這些觀念並非由後天所產生，而是造物主之恩賜。因此這種觀念稱為「先天觀念」（innate ideas）。先天觀念人皆有之，且人人皆相同（這一點表示造物主對祂的子民大公無私）。先天觀念乃是人具有基本學習能力的基礎，也是使人有別於其他動物之處。換句話說，先天觀念使得人人有推理能力、想像能力、判斷能力、思考能力、辨別能力、組織及分析能力等。這些能力在人生下之時早就具有。後天之各種訓練或學習，頂多只能使這些能力在運用上較為出色而已，但卻絕無法增加人的新能力。因此所有教育上的努力，就是將學童本來已有的能力「引出」來。要是學生生來就空無一物，那麼教師費再大的勁或花

再多的時間，則引出來的仍然是空無所有，那不是徒勞無功嗎？

有「西方的孔子」之稱的蘇格拉底（Socrates, 469-399 B.C.）就是持這種說法的人。他說人人都具有等量也等值的先天觀念，所以人人的能力都相同。但事實上人人的能力卻有差異，這個原因，乃是每人在呱呱墜地的一刹那，由於生產的痛苦，因此把先天所賦予的能力「忘記」了；但只是忘記而已，先天能力仍然存在。遭受生產痛苦大的人忘記得多，無痛分娩的人忘記得少。不管生下時所受痛苦的大小，人總會遺忘一些。不過，人如果努力，或接受良師指引，或受適宜的環境刺激，則他可以把遺忘的先天觀念回憶起來。因此，人只要一再的追憶，就恢復了較多的先天觀念；懶散之人疏於追憶，則恢復的先天觀念少，這也是造成人人能力有別的一項主因。從這種角度去看，人們接受各種教育，就是人們在作各種「回憶」。因此蘇格拉底的教育觀，又稱為「回憶」（recollection）觀。

「引出」原已有的先天觀念，就是西文「教育」一字的原始意義。這意義也告訴我們，人人皆具有的先天能力如果獲得充分發展的話，則教育的工作也就完成。而揭開被覆蓋住的先天能力，也是教育工作者的任務。掀開蓋子，就是「啓發」。所以這種觀念在教學法上的應用，就變成了「啓發教學法」（unfolding, or discovering）（註1）。

三、「教育」的原始字義之評述

上文列述了中西教育的原始字義。根據這些字義，吾人可以大體了解教育的本來意義。但是教育的本來意義是否就是教育的正確意義

註1：參看第八章教學法部分。

或良好定義，這是頗值得商榷的。

首先，我們不必牢守教育的原始字義。雖然原始字義有其價值，但它絕對不是完美得無以復加，毫無瑕疵。

「上所施，下所效」的確是一種教育活動。但要下一代、學生、子女一味的服從上一代、教師及長輩的言行舉動或觀念及看法，而絲毫不能有離異或有不同的行為表現，則守成有餘，創新不足。這種意義的教育無法造成社會的進步，更不用說文明之往上提升了。在以成人為教育中心的傳統社會裏，容或存有即令不是百分之百但也百分比很高的「上所施，下所效」的教育措施；但在當今的教育掀起哥白尼式革命（Copernican Revolution）之後，教育的重心已由成人轉移到學童。要學童毫無條件的遵循長上言行，則已被視之為不合時宜的要求。

「養子使作善也」也實實在在的說出了教育活動當中的一面，且是頗為重要的一面——即德育。人類所有活動都應以「止於至善」作為最高旨趣。這對性善論者及性惡論者而言，都是沒有異議的。不過，除了性善論者不承認使「倒子」為「正子」之外（因為性善論者認為人天生本是「正子」，何「倒」之有？），教育也不是單指德育而已。德育不足以包括教育的全部。如教育活動太強調品德的陶冶，且一切活動都要賦予道德意義，則會形成「泛道德主義」（panmoralism）（註2）。

註2：「泛道德主義」即言一切皆以道德為主，並且道德方面的考慮支配了一切活動，這種結果會阻礙學術進步。比如說，一位原子科學家在研究原子之先，如先顧及原子給人類帶來的災害，則他就不敢研究原子。這種考慮導致於科學家在探討宇宙奧妙的領域內裹足不前。中國傳統的學術風氣就是如此。一位山上遊客（宋儒朱熹）看到高山上有貝殼，遂興起「滄海桑田」的科學假設。但他繼而一想，不管這座山以前在海裏還是在那方，對自己的修心養性（即道德培育）都沒有幫助，因此就斷了繼續探討眞知的念頭。中國學術在自然科學方面遠落於西洋人之後，「泛道德主義」的風氣應負很大的責任（林玉體，一，1980：8-16）。

泛道德主義壓抑了教育其他方面的發展——尤其是智育的發展。在進行任何活動之先，都要問問該種活動會產生善果還是惡果，則這種考慮每每限制了人類敢於向知識領域冒險犯難的可能，也造成人類怯於向傳統挑戰及與習俗相左的勇氣。

至於以「引出」作為教育本意，也給當前教育工作者彌足珍貴的指示。教育不是壓抑，而是要將學生的潛能引導出來。這種意義尤其表現在需要高度思考的學科教學中。良好的教師運用靈巧的技術，可以將學生原已有的概念引導出來；或者刺激學生運用自己的思考能力來自行解決某種問題。但是這種教育上的意義却只看到了教育活動「由內往外」的一面。因為所謂「引出」，一定是由內往外引。不過，教育活動却也有「由外往內」的「注入」部份。「引出」的說法必須先認定學生本來就有什麼。設若有一派的哲學家堅信學生本來就沒有什麼，那麼所有的學習活動就得由外往內注入了。注入的極端就是灌輸，經驗主義的學者（Empiricists）如英國哲學家洛克（John Locke, 1632-1704）就主張人之出生如白紙（tabula rasa），以後所表現的多采多姿或五顏十色等都是外加的。這種主張如果正確，則教師就無法向學生「引出」而却要「注入」了。學生不需花費時間去「思考」而要教師直截了當的「灌輸」。那麼，是不是也有一些學習必須由教師「注入」的呢？有，並且很多。某種學科的學習光憑學生去思考，是「引」不出什麼東西來的。當老師向學生問道：「法國的首都在那裏？你們自個兒想，看誰最先想出來」。或者問道：「『書本』這兩個字，英文怎麼寫？你們也自個兒想，看誰最先得到正確答案。」這時，學生即使 I. Q. 二百，廢寢忘食的去「思考」，希望由內往外「引出」正確答案，却仍是苦思不得。因為學生並沒有上述兩題答案的「先天觀念」存在。

其次，中文的教及育兩字之原始意義，只能適用於安定與發展遲滯的社會中；在追求新穎及變動不居的國度裏，是不可能產生那種教育意義的。西文的教育字義也只能適用在知識領域侷限於倫理學及數學為主的時代裏；也就是說，當知識建基於只賴少數幾種基本觀念就可「引」出一大套道理的時刻，才可適用。據此可知，中西文對於教育的原始意義都是時代的產物，當產生它的時代變了，教育的意義也應該跟着變。

不過，既然教育的意義會跟着時空而有變化，但教育的本質卻是不變。探討教育的本質意義，將於下節述之。

第二節 教育的本質

亞里士多德（Aristotle, 384-322 B. C.）早就說過，最良好的定義就是將所要定義的對象之特質指明出來。所要定義的對象之特質也就是它與其他對象不同之點（differentia）。比如說要給「人」下一個確切的定義，就得先找出人與其他動物不同之處。人與其他動物不同之處也就是人之所以為人的特質，或者也可以說就是人之所以為人的本質。人的本質是什麼？要回答這個問題，就須先研究「人異於禽獸者幾希」；亞氏認為「理性」乃是人異於禽獸的幾希之點。因此他把人定義為「理性的動物」。

按照亞氏的說法，則吾人欲瞭解教育的真正意義，就得先探討教育與其他人類活動的相異之點，也就是先研究教育的本質。

要說明教育的本質，以下幾點有必要先行認識。

一、教育是一種只有人類才有的活動

只有人類才有教育，我們未聞其他動物也進行「教育」活動。當然，人類不可以狂妄的代其他動物宣稱牠們斷無教育活動的存在（就如同英哲培根 Francis Bacon, 1561-1626, 所指責的）。但人一出現在地球以來，在優勝劣敗的自然生存法則中，人之成為「萬物之靈」已非常明顯，造成人享有如此優越的地位，教育是其中最重要的因素。由於人稟受天地大德所賦予「異於禽獸」的幾希之點，──如大腦組織較為發達，發音器官較為複雜，雙手之萬能等，遂使人類產生了文化。而文化的保存、延續、與創造都有賴於教育（詳後）。在中文裏，文化與教育常常合一，「文教」與「教育」有共同的指謂。

從目前文教活動已相當昌盛的情況來說，人類進行著數學、歷史、地理等等學科的文化學習活動；學生也上小學、中學、大學等教育機構；如果說，鳥、馬、螞蟻等動物也有類似活動或類似機構在進行著牠們的「教育」，這種說法，非但非常滑稽，並且也不可思議。

但如果說，鳥、馬、螞蟻等動物並沒有進行著「上所施，下所效」（此地我們只舉一種教育的原始意義）的活動，則顯然也不是事實。解釋「教」為「效」（教、效二音類似），而仿效活動之必然存在，是所有動物活動的普遍事實。但仿效活動卻僅是動物活動的本能（instincts）而已，本能活動構成不了文教活動。本能活動的學習，充其量只不過是一種機械的訓練（training）罷了，它是沒資格稱為教育的。因此我們可以說，馴獸師對動物進行各種技巧或行為的「教導」，或是幼小動物學習老動物的各種求生或取食動作，都屬「訓練」，而非「教育」（黃炳煌，1978: 第一章）。

教育活動如果只有人才有，並且也唯有人才够資格進行教育活動，則教育應該要有「人味兒」。有人味兒的活動，是參與者都感到樂趣無窮的活動，而不是一方（教者）興高采烈，一方（學習者）索然無味的活動。有人味兒的活動，活動本身就具崇高意義，它本身就是目的。沒有人味兒的活動，雖然人或動物仍然執行該種行動，但那種活動不是在強迫之下進行，就是將它作為手段而已。執行活動者對活動本身絕無興趣可言。馬戲團裏的動物對於牠們的表演動作本身並無興趣，也引不起牠們注意。牠們的注意所在是聽命主人，牠們的興趣目標在於表演完畢之後能有美食方面的獎賞或皮鞭方面的懲罰，如此而已（Dewey, 1966:13）。

人有動物性，如五官感覺、嗜欲、生理欲望等，但這些動物性顯示不出人與其他動物的差別；人除了動物性之外，還有人性。理性就是人性之一種。理性之提升，產生了人的尊嚴、人的價值、及人的意義等。教育是只有人才有的活動，則教育活動就應注重參與者的尊嚴、價值、及其意義。違反這種特徵的活動，則是將人貶為動物的活動，那種活動就是上述的「訓練」。如果更將人貶低一層，人與物併列，認為物件陳舊了，就予以「修理」或「換新」，則頭腦壞了就「洗腦」（brainwashing），心壞了就「換心」，那就每下愈況，不堪設想了（Peters, 1966:16）。

尊重參與者的尊嚴、價值、及意義的活動，才是真正表示教育本質的活動。在這個地球上，只有人類才會注重並追求尊嚴、價值、及意義，其他的動物是不會計較這些的。教育活動是人與人之間的活動，而人與人之間的活動是和人與動物之間或動物與動物之間的活動有極大的差別，這種差別就顯示在「教育」上。

二、教育活動不只注重「實然」，並且更強調「應然」

「實然」的活動偏於「事實」，「應然」的活動則傾向於「價值」。因為教育活動不只在求眞（事實），也在求善及美（價值）。所以教育這門學科不只是事實學科，並且還是價值學科。它不僅要「認清」情況，還要「改善」情況。它不只探討「是不是」(is or is not)，它還得研究「該不該」(ought or ought not)。

從中文「教育」二字的原義來看，「教」偏於知識的傳授，「育」則注重品德的陶冶。前者指向「眞」，後者朝向「善」。這都說明了教育活動的範圍，雖然它並沒有窮盡了所有教育活動的範圍。

「實然」與「應然」是知識研究的兩種領域。這兩種領域即令不是完全對立，但卻經常不相交。「甲生是否戴眼鏡」，這是實然的研究；「甲生應該不應該戴眼鏡」，這就涉及應然的探討了。**實**然的研究是**客觀**的，應然的研究則是主觀的。由實然的研究結果推論不出應然的結果。如果由「許多學生戴眼鏡」推論出「甲生應該戴眼鏡」，這會造成推論上的謬誤。

教育研究的範圍亦然。由「90%的現在中學生都接受補習」這個「事實」，要得出「現在的中學生都『應該』接受補習」這個結論，是大有商榷餘地的。「實然」的研究是科學的研究，「應然」的研究則涉及哲學的領域。這兩種領域有時涇渭分明，但教育卻兼有這兩層範圍，教育的活動不只是要探討「眞」相，還得指示「應該」發展的方向。

「眞」相的研究是記述性的（descriptive），而指示「應該」發展的方向則是規範性的（normative）。教育的本質既包括這兩者，則教育的意義就應該也包括這兩層。如果說「教」的意義是「上所施，下所效」，則這只涉及教育意義的記述性這一面而已，在規範性的一面則付闕如。因爲該句定義並沒有指明「上所施」是否都是有價值的「施」，「下所效」是否也都是有價值的「效」。

教育的意義如果表現在「發展人類的潛能（potentialities）」上，則這種定義也只關係到教育「實然」的一面。探討人類潛能有多少，用何種方式去「人盡其才」，這種問題都可以由科學的方式去進行解決。但是潛能是否都應發展？是否應該有所選擇？如果應該選擇，則何種能力應揚，何種能力應抑？這些問題就落在教育「應然」的領域內去探討了。

教育的這種特質使得教育研究方式與其他研究方式不能雷同，這種差別也造成了教育研究的一個棘手問題（詳本書第十章「教育研究」）。

教育的概念由於太過複雜，它的定義要眞能表現出它的特質，實在相當不易。許多教育思想家乃放棄爲教育下定義，而用「比喻法」（analogy）來說明教育的眞義。

所謂教育的比喻法，就是將教育「是」（is）什麼的語句改爲教育「如同」（as）什麼的語句。不說 Education is……, 而說 Education as……。美國名教育哲學家杜威（John Dewey, 1859-1952）在他的曠世名著「民主主義與教育」（*Democracy and Education*）一書中的前幾章都用 Education as…… 爲標題。孫中山先生也很喜歡用比喻法來解釋他的三民主義，他說三民主義就「如同」發財主義、愛國主義、自由平等博愛主義等。這樣說當然簡單明瞭，一般人也較能接

受。但比喻法也自有其缺點。在教育意義的比喻法中，好比說教育「如」生長、教育「如」完美生活的準備（詳下章）等等，這些說法只能說明教育意義的一面而非全部。教育意義的上下關聯（context）不是短短數語可以述說完全的。某種類比適用在某種特別的教育行文中，但不見得適用在其他教育語句裏（Schffler, 1976:53）。因為「如」、「似」、「好比」並不等於「是」。這種問題的詳細討論，擬放在「教育目的」一章來進行。

以前德國名哲學家黑格爾（W. F. Hegel, 1770-1831）曾經說過，要了解哲學的意義，最好的方式就是去研讀哲學史。如果黑氏的說法足取，則我們可以這麼說，要了解教育的意義，最好的方式就是去研讀教育史。教育活動實在是隨人生以俱來，它的意義又在歷史潮流中有所變動。因此在「教育史」中認識「教育」的意義，的確也是良方（本書也闢有一專章討論中西傳統教育的特點）。不過當讀者唸完了整部教育史時，或能對「教育」有個「了然於懷」的概念；但一旦要把那概念訴諸於文字，恐怕又會發生類似奧古斯丁對解答「時間」問題的戲言了。

這麼說來，教育似乎是沒有明確的定義了。但這句話並非真實，問題是教育的明確定義絕非三言兩語就可以訴說竣事的，並且某種明確的教育定義不見得能「放諸四海而皆準」。學者所取的角度不同，因此給教育下的定義也就有異。學者所取的角度不是全面的角度，而教育卻是人的全面活動。「凡人之患在蔽於一曲而闇於大理」（荀子解蔽篇），以部份來說明全體，當然有所偏。教育定義難下的癥結即在此。

設法打開這層癥結，正是前代留給當代及未來的學者研究「教育」學術的一項職責。與其說這個癥結致使研究「教育」的學生對「教育」的定義有莫衷一是之感，勿寧說這塊園地是待繼續開墾的領域。

這個領域，前人拓荒過，但還未完全。這種情況不正告訴後起者「英雄有用武之地」嗎！

不過，為了本書說明方便，也為了要滿足部份讀者急於求得「教育」的明確定義起見，作者擬將上述「教育」的特質總結為下述幾句話來作為「教育」的定義。不過，作者絕不強求他人贊同這種定義。作者對教育的定義是：

「教育就是人類全面用以改善現狀的特有活動」

當然，這樣子的定義相當籠統。不過，這種定義倒包括了幾層特色：

1. 教育是人類特有的活動。
2. 教育是人類全面的活動。
3. 教育活動必須朝向改善現狀的目標進行。

1與3說明了教育的重要性及教育的目的（目的與意義本不可分）。2則說明了教育的範圍。教育既是人類全面的活動，因此人類有意的活動及無意的活動，只要該種活動具有令人類興起改善現狀的意圖，則都屬於教育範圍。換句話說，有形的教育（formal education）及無形的教育（informal education）是教育活動的兩大領域。為了闡述教育的特色，下兩節分述教育的重要性及有形的教育與無形的教育。至於教育的目的因牽涉的學說理論甚多，故留待下章討論。

第三節　教育的重要性

　　教育既兼「實然」及「應然」兩重意義，則教育的重要性也可以從這兩個角度去分析：

　　從教育的「事實」面——即「實然」意義而言，教育在於「發展」個人的潛能，「適應」社會環境，並「傳遞及保存」人類累積的經驗（即文化）。從教育「價值」面——即「應然」意義而言，則教育是在發展人類「有用」的潛能，「改善」社會環境，並「創造」新文化。這裏所述的「實然」及「應然」兩層次的教育重要性，都是彼此互相呼應的。教育的對象是人。人是指單個的人及由單個的人所組合的團體（即社會或國家）。教育不僅注意個人能力的發展，還得顧及社會國家的生存；並且教育與文化關係甚爲密切，因此文化的保存、傳遞與創造，都有賴於教育來達成。

一、個人的潛能賴教育予以發展

　　個人潛能無窮，教育提供各種機會，兩者相互配合，則個人的潛能唯有賴教育方能得到充分發展。過去的人類教育機會，由於受了愚蠢及偏見所左右，乃限定爲只有少數人才能獨享。因此沒有教育機會的人們乃無法盡量發展他們的潛能；而那些能享受教育機會的特權人士，又由於教育措施之不良，教育方式之不當，也限制了潛能發展的最高極限。孫中山先生所言之「人盡其才」遂無法實現。「潛能」不能發展，對個人而言相當不幸，對國家社會而言則至爲可惜。

教育心理學（Educational Psychology）的發展導致於各種心理能力的測驗相繼問世。心理能力是個人潛在能力當中的一種。心理能力的測驗也旨在測出個人潛能的狀態。因為各個人的潛能表現方向有異，甲或長於數學推理，乙或優於文字記憶；各人潛能參差不齊，各人才幹互有上下。充分提供各樣各式的教育機會，則各人可以發現自己優越的潛能表現在那方面，也可以看出自己的才能在那方面較為笨拙。

「認識你自己」（know yourself），就是教育對個人的重要工作之一。這句蘇格拉底的名言，倒可以作為教育活動的基本原則。

潛能是先天的遺傳（heredity）。但潛能之充分發展，卻得靠後天良好的環境（environment）。進行教育活動必須兩者兼顧。

潛能好比一堆炸藥，教育猶如火花，炸藥必須賴火花才能爆炸。潛能也好似種子，教育就像土壤、水分、空氣及陽光。發展成龐然大樹或萬紫千紅的種子一定需要肥沃的土壤、適量的水分及充足的陽光，否則潛能永遠「潛伏」著而已。

二、教育在發展人類有用的潛能

潛能的充分發展，對個人而言，是教育的第一步驟；但個人潛能獲得充分發展的同時，還得考慮潛能發展的方向。俗云：天生我才必有我用。這裏所說的「用」，應指具有「珍貴價值」而言。潛能之發展必須對個人有利，並且對他人也有利。

如果將潛能比喻為一堆炸藥，則這堆炸藥的爆炸要獲得最大的效益，也要選擇恰當的地點及恰當的時間，否則它不但毫無所用，且傷害了使用炸藥的自己及他人。潛能如果比喻為待成長的種子，則這顆種子所萌出的枝葉也得經過修剪整理，才會「美」觀。可見潛能的發

展,不是漫無目的的發展,它是有方向的。潛能的充分發展,是教育「實然」的工作;而潛能的有用發展,則是教育「應然」的職責。

一個學童,經過現代最新教育測驗工具測驗的結果,發現他具有雄辯的潛能。教育如提供給這名學童良好的機會,則他可以成為傑出的雄辯家。但是他之能言善道,如不用來宣揚正義,保衛善良;而卻用以妖言惑眾,煽動羣眾不當情緒以遂其私利,或受他人利用作為沉淪社會,墮落人羣的工具,則這種優越的潛能不發展也罷!

教育所含的「應然」及「實然」意義,在此則相當明顯。教育不僅提供受教者知識,傳授其技能,並且更要陶冶其性情,發展其道德情操,並培育其理想態度。個人除了因接受教育而充分認識自己能力之所在外,還要體認出能力發展的「正確」方向。

合乎這種意義的教育活動,首先是將教育機會普及於一般民眾,而非限定只有少數人才可享有教育權利;其次是教育活動面大為擴充,不是僅授讀寫算所謂三 R (Reading, Writing, Arithmetic) 的學習而已,教育活動涉及到赫爾巴特 (Johann Friedrich Herbart, 1776-1841) 所主張的「多方面興趣」(many-sided interest) 的培養,如此方能儘量的挖掘學童潛在的能力。最後,教育活動的結果必須指出個人潛能發展的正確方向,使學童潛能在獲得充分發展的同時,又能作最有利於個人及團體的發展。

三、教育在於使個人適應環境

這裏的環境指自然環境與社會(人為)環境而言。個人不接受教育,則無法適應自然環境;個人不接受教育,更無法適應社會(人羣)生活。

個人要生存，首需適應環境。人這種動物，於剛生下來之初是相當無助的。人初生時期的無助程度甚於其他動物。因為人在降生於此世時，只會少數幾種本能行動如哭、喊、吮乳等而已，不會爬，不會走，更不會使用工具。初生嬰兒要能獨立生存，必須賴長者之保護與教導。而幼兒之需要長者保護與教導的時間又比其他動物長得多，倚賴性（dependence）特別重。兒童不接受教育，則無法「獨立」（independence）。可知由人類幼稚期之長久更能顯示出教育對人類的重要性。

但是，人是會死的（mortal）動物。個人的生命不可能持續於永恆，他有朝一天總會在人種中消失。但個人死亡，人「種」卻不會死亡。個人乃自然的、也必然的將自己的生活經驗傳遞給下一代，使下一代更能適應自然環境，也使下一代在自然界的生存競爭場合裏，不會遭受淘汰的命運，反而更能使種族綿延與種族擴大。難怪杜威（1966:2）說過：「組成社會團體的每一個成員之有生與有死這兩件不可避免的基本事實，乃決定了教育之必要性」。這句話也說明了人類之進行教育活動，是相當自然也是相當必然的。

人類文化漸漸發展之後，社會生活環境越來越複雜，那種複雜度原非原始人民之簡單生活情境所可比擬。在當今社會裏，有文字與語言的抽象化使用、有器物之發明、有社會制度之建立、有法律條文之規定、有權利義務之分配等。在這種錯綜複雜的情境裏，個人如沒有接受相當程度的教育，則將與環境產生格格不入之感。試問一個目不識丁的人如何在現代社會中與人間接（如通信）交往，即使直接交往都會因語言文字之隔閡而造成困難。由此也易導致意見之不能溝通，思想之無法表達，誤解及仇恨乃因而叢生甚至演變成人間之不幸。一位不能使用科學器物的人也頗難在現代社會生活中謀得一職半業，一位

不認識習俗風尚及典章制度的人，簡直無法生活。教育對個人適應環境的重要性，道理非常明顯，實在不必再費唇舌或筆墨加以說明了。

四、教育在於使個人改善環境

「適應」環境，嚴格說起來只是一種消極的功夫而已。教育的重要性，不但顯示在教導人們適應環境，還要人類在適應環境之時（或之前），改善環境。這是教育重要性的積極面。

人在自然環境裏之能免於滅種，主要乃由於人不但能適應環境，並且還不屈服於環境之下。適應環境，是以人來就環境；此時環境是主，人是僕；但改善環境則不然。改善環境時，人是主，環境是僕；這時是以環境來就人。人在自然環境及社會環境中，不但要避開環境所加的有害刺激，還要逢凶化吉，變害爲利；或至少也要將危害的程度減至最低。早期人類生活於沙漠地帶時，則由於適應自然環境的需要，乃營遊牧生活；生活於海濱時，乃以航海捕魚爲生，這是人類消極的適應自然環境的例子；但洪水本對人類有害，雷電本會殺傷人畜，卻經人類予以控制與利用，使得這些自然現象非但已不能對人類的生存安全構成威脅，還能使之有利於灌溉及光明呢！

甲物碰乙物，如果二者力道相埒，則兩敗俱傷；如甲物力大於乙物，則乙物毀而甲物仍然有損；但這種物理現象不適合於解釋人與環境之接觸。人不但要認識環境，還要控制環境，進而利用環境。(Dewey, 1966:1) 荀子（天論篇十七）說過：

　　大天而思之，孰與物畜而制之；從天而頌之，孰與制天命而用之；望時而待之，孰與應時而使之；因物而多之，孰與騁能而化之；思物而物之，孰與理物而勿失之也。

這就是「戡天主義」，也是征服自然的說法。人要「制」天,「用」天,「使」天，並「化」天。荀子的這種主張簡直與西洋近代科學之父英儒培根的說法相仿佛。

人類在整個宇宙舞台裏，不是扮演不動的角色，也不是個聽天由命的份子。他不但會利用機會，還會創造機會。只有富有創造力的人，才會在環境裏掌握主動權與支配權；並且也只有這種人才夠資格被稱之為「萬物之靈」。經得起時代考驗的人，還不算是偉大的人物；能夠創造時代的人，才是眞正的英雄。時代考驗受過教育的青年，但青年更要創造時代。孟子不正說過（盡心上十）：「待文王而後興者凡民也，若乎豪傑之士，雖無文王猶興」嗎？

教育使得文化的發展猶如一條大河，它在源頭地只是涓涓小流而已；但在入海處卻水量大，水面寬又深，且水勢也強。之所以如此，乃因在它經過的地方又注入了新的支流，滙集新支流才可能擴大自己的流域並豐富自己的內容；否則它必早因枯乾而消失得無影無踪。

人的潛能無窮，充分發展它，它是不會枯竭的；而教育就在於激發人類的潛能。晚近先進國家的教育活動特別強調「創造性」（creativity）及「原創性」（originality）之教學；目的也在於要學童或下一代不要安於現狀，應該青出於藍、冰寒於水，並改善現有不理想的環境而往至善至眞至美的境界邁進。

五、教育在保存旣有文化並傳遞旣有文化

人類生活經驗的累積，構成了文化的大部份內容。這種文化內容之保存與傳遞，端賴教育活動來進行。

其實，教育活動之進行，也因有文化內容才有可能。教育與文化，

兩者相輔相成，缺一不可。有教育而無文化，則教育是空的；有文化而無教育，則文化是死的。個人壽命無法無限延長，但文化生命卻是永恆的。靠着教育的力量，下一代的人們才能不中斷的承繼上一代及前代所累積的文化遺產。

人類早就使用語言文字及其他發明來作為保存文化的工具。這些工具的學習，乃是教育活動之一。下一代的學童藉著學習，也就含有承先啓後的意義。文化的保存（preservation）及文化的傳遞（transition）乃是教育的課題之一。

不仰賴先人的經驗，不倚靠他人的研究成果，不擷取別人之心得，不記取往昔之教訓，而一切行動都要從頭開始，一切主張都唯自己是賴，則除非這個人 I. Q. 很高，否則他的成就不會很大。因此卽令這個人天賦異於常人，他如果能夠對人類文化有大貢獻，他也得吸取舊有的文化菁華。牛頓（Issac Newton, 1642-1727）說過，他之看得比別人遠，見得比別人廣，乃因他站在巨人的肩膀上。前人累積下來的文化作為我們的出發點，它是我們的後座；先哲研究的結晶作為我們眺目四望的看臺，它是我們的墊腳石。沒有了這些，我們頓失所依，我們將會比較近視，也會比較重聽。

這裏可以拿一個比喻來說明教育在保存文化及傳遞文化的重要性。人類的活動猶如長程接力賽跑一般。這種長程接力賽跑沒有終點，也無時間限制。每一個個人都是參與接力賽跑的人，但每一個個人都無法跑完全程。當他要在跑道上消失時，他應該將棒子交與新跑者。新跑者如不擬接棒，或者無棒可接，則他必須從起跑點重新起跑。果眞如此，則他必定遠落人後。因此接棒者在跑程中必須牢牢抓住這根棒子，以便在跑完自己份內應該跑完的路程後，能够安然的將原棒交與新來的接棒者。如果自己不愼在途中丢失這根棒子，或不屑於這根

棒子而將它丟棄一旁，則枉費了他辛苦的跑了一程。他的繼跑者只好從頭再來。

每次都得從頭再來，則人類永遠停留在蠻荒原始時代；丟棄或遺失接力賽跑的棒子的人，則變成文化傳遞工作上的罪人，這種罪甚大。可見「傳」的功用之重要。韓愈在「師說」裏也以「傳」作爲敎師之主要職責，他說：「師者，所以傳道、授業、解惑也」。

六、教育在創造新文化

教育之有創造性的意義，這個觀念在本章中曾經迭次敍述過。教育除了富有「保存」功能之外，還帶有「創造」功能；因此上述以接力賽跑之傳棒工作來比喻文化保存及傳遞，還不生大礙；但用接棒來比喻敎育的「創造」性，則有欠妥當之處。在接力賽跑的傳棒工作中，與跑者所連續傳下去的棒，是原封不動的舊棒。第一個跑者所交下來的棒一直不變的保存在目前的跑者手中。棒子的型態、長短、輕重、顏色、質地、及「內容」等，都一仍其舊；如果要說有變化的話，也只是變得越形老態與腐朽而已。這是不符合敎育的「創造」本意的。敎育的活動，是要在文化保存與傳遞的過程中注入新力軍。這批新力軍卽令沒有「創造」出一根嶄新的棒，但至少也要將舊棒加以滋潤，使它的原始粗糙度減低，甚至明亮照人。

當然，創造必須建築在舊有基礎上，要百分之百的推翻舊有經驗，那是絕無僅有的事。牛頓把過去學者研究所累積的結晶看作巨人，他站在巨人的肩膀上，難怪可以視野廣濶。

不過，舊有文化之接受如果少掉創造性，則變成毫無條件的全盤接受，也是毫無條件的順從前人所前進的方向，這種順從是盲從。盲

從性格是奴隸性格，這是相當危險的。它不但產生不出新文化，還對文化「發展」發生阻滯作用。

教育的創造性意義鼓舞學童另闢蹊徑的雄心及開拓新領域的抱負，不人云亦云，不卑躬屈膝，不為傳統的枷鎖所束，也不受習俗的成見所縛，更不作權威主義（authoritarianism）之奴。這樣的人才是先知先覺者，也才是高瞻遠矚之士，他帶領人類進步，他走在時代前端，他是人種中的瓌寶。

昔孟子說過，盡信書不如無書；這是養成獨立性格的態度。亞里士多德早年在其師柏拉圖（Plato, 427-347 B. C.）所設立的「學苑」（Academy）求學時，也頗會反其師的意見。柏氏曾當面對他說：「你這隻小馬未離開母馬之前，就會踢起母馬來了」。亞氏反答說：「吾愛吾師甚於一切，但吾愛真理尤甚於吾愛吾師」。孟子、柏拉圖、亞里士多德三人都是東西學術史上各能「創」出一家之言的偉大學者，他們都有「創造力」。

良好的教育，培養出富有創造才幹的下一代，則文化之廣度與深度會有增無已。這是人類追求理想、充滿樂觀、崇尚進步之源。

上面所述的一、三、五、三點，是從教育的「實然」面作出發點來說明教育的重要性；二、四、六、三點則站在教育的「應然」面來解釋教育之價值。前者是後者發展的先決條件，也是「必要條件」（necessary condition）（註3）。強調一、三、五、者，觀念較保守，

註 3：「必要條件」是邏輯上的術語。墨經上言「有之不必然，無之必不然」，乃是必要條件的定義。這句定義言：當「有A則不一定有B，但無A則一定無B」時，則A乃是B的必要條件。如：科學家乃是作為物理學家的必要條件。因為假如A是科學家，則A不一定是物理學家（有之不必然）；但假如A不是科學家，則A一定不是物理學家，（無之必不然）。這種例子甚多，讀者可自舉（詳本書第八章）。

注重二、四、六者，思想較前進。人類社會之紛爭，往往就是這兩種主張不能協調的結果。其實，二者優劣立現，好壞立顯。

個人因受教育而得以發展天賦有用能力，社會賴教育而得以改善社會情境，國家賴教育而可以富強與康樂，文化賴教育而能有長足的發展，這些事實都有史跡可考。個人傑出才能之被發掘，必能提升文化水平；而社會之繁榮與國勢之強大，也是教育之功。普魯士人將普法戰爭之勝利歸功於普魯士之學校教師，而威靈頓公爵（The Duke of Wellington, 1769-1852）則認爲滑鐵盧（Waterloo）之役乃決定於伊頓（Eton）（註4）的運動場上。目前，世界各國正運用各種方式，在聯合國教育科學文化組織（UNESCO）的大力支持之下進行各種文教交流活動，希冀這種努力能夠給人類帶來較爲永久的和平。如此，則教育又多了一項重要性——促進世界和平。

第四節　廣義的教育與狹義的教育

一、廣義的教育

自有人類以來就有教育，那種教育又叫作生活教育。生活教育以全部的生活活動作爲教育活動。在生活教育裏面，生活經驗就是教育的材料，長輩的言行、風俗習慣、社會典章制度、自然界的變化等都類似教師，下一代就是學生，山川田野及家庭就是學校，從生到死就

註4：伊頓爲英國九大公學（Public Schools——私立中學，水準甚高）之一，該校設於1440年。

是教育的期限，生活上遭遇的困難或問題就是考試，經驗的繼續豐富就是教育的成果。

生活教育又稱為廣義的教育，廣義的教育存在於教育史上的時間最長。原始人民的教育是廣義的教育，即如當今高度文明的生活活動中，也含有極大的廣義教育作用在裏面。

廣義的教育又稱無形的教育，它是漫長的，漸進的。它的特點是經由耳濡目染而使學生能夠潛移默化。因之，廣義的教育效果最為根深蒂固，它一旦發生作用，則必很牢固而不太可能拔除。

廣義的教育對個體產生的影響，至少有下述三種（Dewey, 1966: 17-18）：

1. 語言習慣的養成 孩童最先學習的語言，不是來自父母兄姊，就是來自親戚友朋。父母兄姊或親戚友朋之語言習慣與別地方的人們有別，因之孩童學習之後，自己的語言習慣也就保存有某種特色。

不同地方的人們有不同地方的語調。語調既從小習得，則雖然以後會有所改變，但卻無法全部袪除。南腔北調，這是經年累月的結果，非一朝一夕之功。在四方人士聚集之處，我們可以辨別眾人的語調雖有大同但卻也有小異。在本鄉人聊天之時，如有一外地人插嘴，則單憑其語調就可判斷出該人是個陌生客。

同是英語，但卻有英國人的英語（English English）及美國人的英語（American English）之不同。同是中國話，但就有臺灣人的中國話，北平人的中國話，廣東人的中國話之差別。這種差別，並不是由於說話人的生理結構不同，而是由於自小就接受不同的語言環境之習染而來。

不同的生活環境還產生不同的語彙，山東人愛說「俺」，上海人

使用「儂」；不但如此，各種不同的社會階層也使得生活在某一階層的人士習慣於使用某種特殊用語。這些用語卽令以後在平常的時刻不再使用，但在激動及興高采烈之際，則隱藏於內心深處的「土語」就不自覺的脫口而出，在這種情況之下，說話者的「出身」卽已原形畢露。

2. 舉止儀態及氣質的塑造 舉止儀態的表現，是一種「敎養」，而最有效的敎養方式乃是培養良好的環境氣氛。

書香人家的子弟有書香氣質，農家子弟有泥土味，商人子弟有市儈架子；這些情況雖然不一定是必然，但可能性卻頗高。這是人為環境對個人人格的影響。山地人多剛毅穩重，海邊人多豪邁喜變化，「仁者樂山，智者樂水」，實在有道理；這是自然環境對個人人格的影響。日本人外表溫文有禮，鞠躬必至九十度；英國人**沉默寡言**，一派紳士派頭，這是傳統習俗對種族性格的影響。

敎者的一言一行、一顰一笑、一舉一動，都有意無意的給受敎者有形無形的影響。敎者舉止高雅、談吐優美、無不良嗜好、有健全的人生觀，且品行端正，學問淵博，則受敎者必受惠無窮。受敎者所處的社會環境，如果民風純樸，人人講仁尙義，誠信不欺，樂觀進取，學習者在這種環境裏長大，必不會心生乖僻。甚至一草一木、落日夕陽、東昇晨曦、海水漲落、日月盈虧、冷熱變化等自然現象，都能塑造感受者內心的觀念及態度。人為社會裏婚喪喜慶典禮之舉行，或醫院監獄等地之參觀，各種比賽之舉辦，或偶發事件之出現，也都能支配參與者之人生觀，或左右他為人處事的原則。

閱讀一本小說，聆聽一個故事，欣賞一首音樂，觀覽一幅繪畫，翻看一則新聞，回憶一件往事，會見一位友人，也都能多多少少的在內心深處激起漣漪；這些漣漪就是織成人格、態度及氣質的紋理。如

果說教育的意義就是在於變化氣質（宋朝張載之語），則這些活動無不含有教育意義。

3. 善惡美醜評價標準之形成 價值標準不是絕對的，它們是廣義的生活教育中的產物。東方人對於善惡美醜之決定標準與西方人不盡相同，古代人對於好惡之判斷也與現代人有異，其故在此。

中國古代婦女有綁小腳風俗，非洲黑人有塑鴨嘴習尚，十七、八世紀歐洲婦人流行豐臀，土人則盛紋身，當時以及當地的人們以爲必定要如此才有美感。傳統的中國婦女以柳眉、櫻桃小嘴爲美的標準，現代的世界小姐則不但眼睛大並且嘴巴也要寬。至於黑人視黑色皮膚爲美，東方人以黃色皮膚爲美，洋人以白色皮膚爲美，這些都是習慣使然，也是審美標準不同所致。

行爲善惡標準之相對性更由於廣義的生活教育所造成。古代中國人以無後爲不孝之最，現代年青夫婦則認爲無子女才較輕鬆；美國媽媽敎導她的女兒在街上碰到男士對自己看一眼時，必須對該男士笑一笑，以表示自己的光榮與禮貌；但中國婦女在相同情況之下，卻多半嬌嗔的以「要死了」來回報；果眞中國婦女東施效顰也要效法美國婦女榜樣，則很有可能惹來許多無謂麻煩。斯巴達人敎導子弟以偸竊爲德行，現代人則以偸竊爲罪惡；某部落民族以食將死親人之肉爲孝；中國人強調死者入土爲安，洋人則多半以火葬之。他們各自認爲各自的作法有道德價值。

可知廣義的教育予人的影響之大。廣義的教育旣在暗中進行，它常使吾人不自覺。而不自覺所形成的觀念，吾人卽視之爲不成問題的觀念。但誠如杜威所言（1966:18）：我們不自覺的認爲毫無問題的觀念，卻是自覺的在左右有問題的觀念，並決定該問題的答案。

二、狹義的教育

狹義的教育就是學校教育。學校教育有固定的教育地點，固定的教材與進度，明確的教學時間，並有指定的教師與學生來進行教學活動。學校教育之產生是人類經驗累積的結果，尤其是文字發明之後所產生的一種人類的文化活動。人類自使用了文字來記載日益複雜的過去經驗後，執行這種工作，乃須委託專人負責。職司文字書寫工作的人稱之為書寫家（scribe）。書寫家一出現，則學校之成立也就指日可待了。

學校教育是直接的、有意的、有形的、組織的、系統的、制度化的。它的教育效果較廣義教育為彰顯，也比較能立竿見影。學校教育的特色有下列三種（Dewey, 1966:20-22）：

1. 學校提供一種簡單化的學習情境　生活經驗紛然雜陳，有的簡單，有的複雜；有的具體，有的抽象；有的近在眼前，有的則遠在天邊；有的容易，有的困難；有的是古代的經驗，有的則是當前的感受。這種情形並不十分有利於學習。學習要有成效，學習材料必須由易及難，由具體到抽象，由近及遠，由簡單到複雜，這樣子按部就班的循序漸進，學習結果才能事半功倍。

各級學校的教學活動，從開始到結束，都是經過審慎設計的。這種設計除了考慮到知識組織之本身，還為學童身心發展的需要及興趣著想。如此，教者及學習者就比較能在有限的時間裏獲得最大的教學效果。這種設計，又叫做課程設計。課程設計有論理組織方式——即顧及知識構造本身，和心理組織方式——即考慮到學童身心發展兩種。

這種設計，在「課程」一章裏將再詳細討論。

但是，簡單化也應包括系統化。學不可躐等，這是稍有教學經驗的人都知道的事實。未熟悉個位數的加減，則無法進行兩位數的加減；不明白數學的基本運算，則不可能教學物理化學；小學二三年級就開始教論說文的文章，則好比對牛彈琴，學童一定無法領會。對國中學生教「與妻訣別書」，則國中生實在不能了解文中情調；向高中生教學「太太回娘家，丈夫的寂寞」則是隔鞋搔癢（詳見本書第三章第四節教育與哲學）。勉強實施這種教學，則犯了孟子的教訓——「揠苗助長」。

因為學習材料之簡單化及系統化，因之學習材料的前後應有緊密的聯繫，它不應該有重複或發生前後連鎖的距離太遠之弊。如此，學習者的學習經驗才會越來越廣博，也越來越精深。

2. 學校提供一種純淨化的學習情境 學校既專為正式教育的場所，因此學校的一切自然環境及人為環境都應含有積極及正面的教育作用，而不應含有無教育意義甚至是反教育意義的佈置、氣氛或活動等。

學校好比是一個過濾器，它將污穢的社會風氣、不良的行為習慣、敗壞的民俗、個人的惡劣天性予以汰除或加以洗滌，使之還以清白；學校也宛如一個染色劑，經過學校教育的人都能染上「有教養」的氣質，不但改頭換面，重新作人，並且還樂觀進取，積極向上，奮發有為。

學校環境要有淨化作用，首先必須學校人員能夠以身作則，無論在教學方法上，知識的淵博與精深上、以及為人處事上，都應為下一代的楷模。運用上課時間的正式教學，以及課外活動或其他團體活動及個別相處的場合之指導，促使學生遷善改過，從而追求眞善美等永

恆價值。

　　學校教育之肩負這種職責，也是符合教育本意的。學校教育的結果，不是要求學生以滿足現狀為目的，而是在於淑世變俗。它不但敢於反抗學校環境之外的惡勢力，還能正面的向惡勢力挑戰。學校應該承擔改造社會的工作，走在時代前端，帶領人類進步 (Counts, 1932)。在整個社會生活中，學校應作為所有社會機構的核心，以學校教育的力量來推動整個社會的朝前邁進。並以學校活動來啓廸 (enlighten) 民智，向外四放文明光芒，掃除黑暗，袪除無知，消彌誤解。如此經過學校教育出來的學生就是一股社會的新生力量，也是造福人羣，追求理想的主力。

　　3. 學校供給一個拓廣學習經驗的環境　學校生活環境比家庭生活環境的範圍為廣。在家庭裏，孩童所接觸的都是那些至親人物或左鄰右舍的玩伴，生活經驗的面較為狹隘。學校生活則不然，學校裏的學童從四面八方而來，學級階梯越高（如大學），則學生成員越為複雜；這些來自複雜的家庭背景及社會背景的學生，都帶來了不同的生活經驗與觀點。這些不同的生活經驗與觀點，在同一個學習情境（學校）裏相互交流，彼此溝通；無形當中，就能擴大學生的眼界，增加學生的識見。這種學校教育的特點，是家庭生活所無法望其項背的。在人種滙聚之處，更攙雜有不同膚色的子弟在同一學校就讀，（如美國各級學校）這種學校生活範圍的廣濶，更非其他社會機構所可比擬。

　　因之，學校是一個小型的社會。在學校生活中，學童可以擴大人與人之間的接觸，將人生下來所隸屬的地區領域或生活圈子予以增廣，使得從各種不同種族、階級、宗教、職業、性別、風俗習慣的背景而來的學童都可以在相同的教育環境下共同學習，在「新」的環境

裏共同生活。

如果我們認為民主社會就是人間最理想的社會，則塑造民主社會的最佳場所，就是學校。學校是民主社會的雛型。學生在學校裏過「新」生活，畢業後求職做事、成家立業，也是過「新」生活。而畢業前之「新」生活，卻為畢業後的「新」生活作周全的準備。並且在學校生活中，人人熱心參與學校活動，自覺是團體當中的一份子，且積極的發展自己才幹、貢獻自己才華，則不但於己有利，且也功及他人。這正是民主社會的典型特色，也是學校教育所具備的最大特色之一。

三、廣義教育與狹義教育的相輔相成

根據前述，廣義教育及狹義教育雖各具特色，但二者絕對不互相排斥，也並非不相容（incompatible）。相反的，二者應該攜手合作，相輔相成。學校有意的在進行教學活動（狹義教育），如果不賴社會教育、生活教育及家庭教育相互配合，則教育效果宛如一曝十寒，事倍功不及半。晚近生活教育之實施，社會教育之注重，及家庭教育之倡導，正是在彌補正式學校教育之不足。因此社會上各種公私機構，如工會、農會等，以及任何含有教育意義的各種活動或場所，如廣播、戲院、運動場、遊樂場、公園、或報紙、雜誌、書籍之出版等，都應該予以淨化。因為這些都含有「無形」力量，有影響學童性格、支配學生觀念、「灌輸」社會成員觀念、塑造人人見解的功用。非正式教育所給予學生的教育量與教育質，正不下於學生在正式教育機構裏所接受的。

學校由於文字之發明、文字之使用以及知識之暴增而更形重要；

但也因此使得許多人（包括學校裏的教師及社會上的一般人）認為文字學習及知識之獲得就是教育的全部，這是以智育代表全部教育的一種誤解。這種誤解馬上使得學校變成只顧及「形式」而不注重「內容」的教育機構；學校教育忽略了生活，且與社會需要脫節，這是歷來學校教育為人所詬病之點。為了挽救這種缺陷，部份教育學者乃喊出「學校卽社會，教育卽生活」的口號；這種口號有廣義教育與狹義教育齊頭併進、並駕齊驅的意味。但嚴格分析這句口號，則也只是一句「教育口號」(educational slogan) 而已 (Schffler, 1976: 44-50)。取較嚴謹以及分析的角度來看，「學校卽社會，教育卽生活」這種語句有促使學校與社會打成一片、教育與生活合一之功；但根據前述學校教育之特點，則學校與社會之教育範圍不會同樣廣狹，生活與教育也不可能二者完全相合。社會活動並不完全都含有教育意義。有些社會組織非但沒有教育作用，甚且與學校教育背道而馳。比如說不良少年幫會、賭窟、賣淫所等，這些是社會組織的一面，但卻是社會組織的黑暗面。學校如仿照社會，教育如全盤接受這種組織，則與「教育」之意義相違。

學校與社會，教育與生活二者之間的藩籬應該袪除，這是未可厚非的措施。但千萬不可以走火入魔，將社會生活的墮落與沈淪面染進學校彎牆之內，沾污了杏壇，使得學校不但與社會同流合污，且變本加厲，那實在是人類活動中最不堪入目的一面。

是故，我們認為各級學校的班級組織仿照社會上隣里組織可，但學習卑劣的競選花招則不可；組織話劇團到戲院公演可（但要有教育意義)，結合隊伍跳脫衣舞則不可……。

有朝一天，經由民衆共同體認出教育的重要性，則不但學校教育富有教育意義，且其他人類的社會生活活動也都「以教育為導向」

(education-oriented)，共同為教育而努力。則廣義教育與狹義教育才能完完全全的同一，二者也就沒有顯然的分界線了。

本　章　摘　要

1. 最常用的名詞最難下精確的定義，「教育」就是其中之一。
2. 中文的「教育」原始意義在強調品德的陶冶及學生的仿效。
3. 西文的「教育」則側重內在能力的向外引出。
4. 中西文「教育」的原始意義都有長處，也有短處。
5. 教育的本質是①教育是人類獨有的活動，②教育活動時間是全人生的，範圍是全面的，③教育活動結果帶有「改善品質」的作用。
6. 教育的重要性是①教育可以激發個人的潛能，②教育可以發展良善的潛能；③教育可以使個人適應社會，④教育可以使個人改善環境；⑤教育在於保存文化及傳遞文化，⑥教育旨在創造新文化。
7. 廣義的教育就是生活教育、社會教育；狹義的教育是學校教育。二者各具特色，也都有優劣，應相輔相成而不應相互排斥。

討　論　問　題

1. 中文「教」「育」及「教育」的原始意義，是否有其他教育史實可資證明？西文的「教育」字義，包含有什麼深義？
2. 蘇格拉底的「先天觀念」說，影響教育活動的是什麼？
3. 評述「上所施，下所效」的利弊。
4. 其他動物有無「教育」活動？
5. 「教育」與「訓練」有何差別？
6. 評述當前教育活動，是否具有「人味兒」。

7. 教育「如同」什麼？請用其他類比法加以說明。
8. 有「無師自通」的例子嗎？其條件是什麼？它有什麼限制嗎？
9. 說明教育的「靜態面」及「動態面」，並比較二者之關係。「適應環境」是教育的「靜態面」抑或是「動態面」？「改善環境」是教育的「靜態面」抑或是「動態面」？
10. 學校教育與生活教育，二者的影響力都大，舉實例說明。學校如何與社會打成一片，教育又如何與生活合一？
11. 解析一些教育上的「口號」，以釐清正確的觀念。

第 二 章

教 育 的 目 的

　　教育活動既為人類所專有的活動，而大凡人類活動，都是有意的活動。人類有意的活動都含有目的，因之教育活動必有目的。

　　但是教育目的應該是什麼？這個問題卻是教育史上爭論不休的問題。教育目的隱含著人類理想的追求，人類理想可能是幸福的得到，大同世界的達成，或至善境界的實現。這些字眼或可以說名異而實同。但如再經文字解析，則何種情況才能視之為幸福，視之為大同，視之為至善，則又眾說紛紛莫衷一是；這就好比說當許多學者在討論教育目的的時候，大家都會異口同聲的認為：教育應以培養良好公民為目的。但是什麼叫做「良好公民」呢？奉公守法嗎？或是循規蹈矩？還是主張修改法令？則參與討論的人就意見紛歧。這是決定教育目的的時候會遇到的第一層困難。其次，理想也是一種夢想，或者可說是一種烏托邦（Utopia）──未能實現的境界（烏有之邦）。教育目的如果懸得太高，遙遠不可期，則倒不如製定較為眼前的標的；實現這些標的較有成功的可能；這些標的對教學活動也較具有鼓舞作用。這種切近的教育目的即稱為近程目標。近程目標有時空性質，故又稱教育方針或教育政策。而最為直接也最為切近的教育目標，殆為執行教學時

的學科單元教學目標。因之，如何把長遠的教育目的——也是極爲抽象的教育宗旨條分縷舉的細列成具體的教學目標，則爲決定教育目的第二層困難。

本章首述一般性的教育目的。一般性的教育目的又分三種，即保守式的，未來式的及自我發展式的教育目的。其次敍述遠程教育理想與近程的教學目標二者之間的關聯；最後以敍述中國現行教育目的、教育方針及教育政策等作爲結束。

第一節　保守式的教育目的

一、保守式的教育目的之特色

教育史上有一段相當長的時間，教育的目的在於保存及延續社會生活的累積經驗。這種教育目的是保守式的教育目的。事實上，人羣之能够繼續生存，也有賴於保守。在動盪不安的初民社會情境裏，原始人民安於現狀，滿足當前的生活條件。他們不喜變化，也不敢心存大意去冒險，教育目的旨在嚴格地複製民族習俗及傳統而已。

卽令那些早期的文明民族，他們的發展已遠離原始土著階段，但他們的教育目的仍然有極其顯明的保守性。古代的中國文化是以綿延固定的社會秩序爲目的，教育目的亦然。中國的考試制度在中國教育史上扮演一個非常重要的角色，但中國的考試制度卻是相當保守的。舉例來說，在作戰已經使用火藥的時候，卻仍以射箭作爲選官取士的考試科目之一；文字使用亦然，在人民以白話交談的日子裏，官方文件、書信往來，甚至考試用語卻仍限定使用文言文。復古是保守性敎

育的特色之一（Brubacher, 1966:2）。

中國教育的保守性乃由於中國純然執着於民俗的惰性所造成，而印度教育的保守性卻由於他們的哲學而來。一般而言，印度人在追求涅槃境界──一種全然忘我而把個體納入宇宙大我的境界。印度人把這種境界看作人生的最理想境界，因之教育活動自然就以它作為教育目的。印度的教育活動旨在培養忍耐、順從、及馴良諸德性。個人沒有地位，個人失去價值，而純粹以社會大我作為人生之歸趣。忽視個性之發展乃為保守性教育的特色之二。

大多數的人──包括過去的人，現在的人，以及未來的人，認為教育目的應該培養下一代子女之見解與觀點必須與上一輩相合。因此，敬長、服從、忠誠、堅忍、及犧牲等品德乃作為教育目的。這種教育目的的實際表現，還幾乎代表了古代希伯來教育及斯巴達教育中的全部。不過卽令在當今非常文明的國家裏，各級教育，尤其是中小學校教育，也莫不強調學生上述各種品德的培養。這是保守性教育的特色之三。

如果我們不把「保守性」看作是一種負價值的名詞，則我們可以發現保守性的教育之所以以復古而不重今，以重視羣體生存而忽略個體發展，及以順從上一輩言行為意旨作為教育目標，並且這種教育目標又存在於人類歷史文化中那麼長久，這是有原因的。最重要的原因之一是：堅持保守性教育目標的人認為教育目的旣在追求人間理想，而人間理想的境界一找到，則那種理想自可作為教育目的。這批保守人士聲稱他們已在人類過去的生活中找到了人間理想。換句話說，人間理想早已存在於祖先的時代裏。因此，復古、敬老順長當然就是教育目的。言必稱堯舜，非先人之言不敢言，非先人之服不敢服等乃形成教育者的座右銘。這是古代中國教育的寫照。而印度民族的理想，

就存在於佛化的忘我境界中，這種境界使後代子弟不惜摧殘自我以求與神意相合。個性之受忽視自爲這種觀念之結果。

縱使保守人士承認過去並非人間理想境界，但他們也並不以爲現在及未來會比過去美好；非但現在及未來的變化不可能比過去美好，並且有惡化的危險（Steinberg, 1968:28-32）。在不能保證比過去更爲良善的情況下，他們寧願安於現狀。因此重複過去的措施，走過去走過的路，自然較爲安全。許多人認爲傳統遺留下來的教育制度或教育措施旣已實行這麼長久，因此就應繼續下去。「凡存在的就有價値」(to be is to be right) 這個哲學語句支配人心甚長。這個語句又可推演成「存在的時間越長，則價値越高」之結論。這種說詞，目前仍時有所聞。臺灣大專院校入學聯考制度之繼續存在，就是這個說詞的陰魂在作祟。「安於現狀」或可稱爲保守性教育目的的特色之四。

以過去爲理想，則教育活動如果能夠將過去予以「複演」，則教育目的就已達到。持這種說法的，在教育史上稱之爲「複演說」(Education as Recapitulation or Retrospection)。複演說是生物學上的術語。與複演說有異曲同工之妙的理論，稱爲「文化期學說」(Culture-epoch Theory)。文化期學說則是歷史學或文化學上的名詞。

二、複演說及文化期說

複演說認爲各種生物的生長順序，「完全」在複演該種生物進化的順序。這種現象尤其顯現在由胚胎之形成以至降生的那段時間內。以人爲例，由精子與卵子之交配而獲得生命之後，一直到出生之前，乃是由單細胞動物演化成多細胞動物，再經由頓體動物、腮呼吸動物、肺呼吸動物，最後才能轉變爲具有人形的動物的過程。

複演說在十九世紀時更因達爾文(Charles Robert Darwin, 1809-1882) 提出進化論（Theory of Evolution）之假設而獲得不少助力。達爾文旣認爲高等動物係由低等動物演化而來，因之他乃主張單細胞生物是複雜組織動物的「物種原始」(Origin of Species, 達爾文的名作)。可見，達爾文的進化論與複演說是「一丘之貉」。

將生物學上的複演說越過一大步，自然就形成文化期理論。文化期理論者以爲人自出生後，在道德及智能的活動表現上，無不與人種道德及智能的發展程序相呼應。人之進步到現在的「文明人」階段，乃由「野蠻人」及「原始人」而來。因之，美國名心理學家霍爾（G. Stanley Hall, 1846-1924）乃說從兒童遊戲狀態就可以了解過去祖先的活動狀況。因爲兒童行爲正是祖先活動的「複演」。比如說，兒童遊戲中的「模仿」，乃是複演動物時代的活動；兒童遊戲中的狩獵式活動，乃是野蠻時代活動的翻版；兒童之喜愛動物，乃是畜牧時代活動的復活；兒童之有興趣於園藝栽培，就是農業時代再度顯現的明證。霍爾之有這種說法，受到幼稚園的創始者福祿培爾（Friedrich Wilhelm August Froebel, 1782-1852）的影響甚大。福氏強調：「每一代人，以及每一期人，若要了解過去及現在，就必須經歷過以前人種文化的每一面」。(Hughes, 1897:261)

部份教育學者，如瑞士教育家穆勒爾（Fritz Müller）更明確的指出：六歲以前的兒童活動，是複演漁獵時代的文化；六歲至八歲的兒童活動，是複演畜牧時代的文化；八歲至十二歲的兒童活動，是複演初期農工時代的文化；十二歲至十四歲的少年活動，是複演東方民族移殖時代的文化；十四歲至十六歲的靑少年活動，是複演騎士時代的文化；十六歲至十八歲的靑年活動，是複演文藝復興時代的文化；十八歲至二十歲，是複演啓蒙時代的文化；二十歲至二十二歲，則是

複演現代文化（孫邦正，1969:13）。

這種論調，在十九世紀的德國哲學裏，還可以聽到回響。黑格爾的絕對理性主義（Absolute Idealism），部份說法就與此相合。他說，歷史乃是「絕對」（Absolute）在人類事務中實現自己的記錄。它靠正、反、合的發展，亦步亦趨的從原始發展到完美（卽「絕對」）。其後德國教育哲學家、提倡多方面興趣的赫爾巴特，及其學生齊勒（Tuiskon Ziller, 1817-1882）亦附和其說，使得這種說法在十九世紀及二十世紀的教育理論裏，甚具勢力。

其實也不必等到十九世紀，遠在中世紀初，早期基督教會的教父們在勸誘基督徒研究希臘文化而不把它當作異教產物時（早期基督教教父對於希臘羅馬學術，甚為敵視），就訴諸這種學說來作為理論依據。教父們說，上帝帶領人類經由猶太文化、希臘文化、然後才發展到基督教文化。

複演說及文化期理論所形成的教育目的，卽把過去文化發展的程序重新予以再現，並以體認過去文化精華作為教育的最高指標。因之，教育乃喻為「複演」或「回顧」的歷程。這種教育主張的最大貢獻，在於使人們較能了解個體身心發展的情況，使得教材之選擇、課程之編整、及活動之設計等，較能根據兒童身心發展狀況來決定。此外，兒童生長過程中的各種活動，既在「複演」人種過去文化行為，則不管兒童活動為粗俗或野蠻（如打架與搶奪），都認定為形成文明行為當中的一種過渡行為，也是塑造文明人過程中的轉站。第三，既以「複演」或「回顧」作為教育目的，則教育活動如能善取過去人類智慧的結晶，利用祖先經驗的精華，則對於吾人眼前及未來經驗之提供，是相當有助的。活用古聖先賢的至理名言，卽變為「當前」的知識。昔美國芝加哥大學（University of Chicago）著名校長赫欽斯

(Robert Hutchins, 1899-1977) 建議美國馬利蘭州聖約翰大學 (St. John's College, Maryland) 的教授們以古今學者「名著」(Great Books) 一百册作為大學生四年的研讀敎材，或許就深含此意。

複演說及文化期說，表面上似乎證據確鑿，但實質上，它卻犯了如下的錯誤 (Dewey, 1966:72-74)：

1. 複演說所根據的生物學上的證明是不足爲訓的。無可諱言，胎兒的發展「類似」低等動物的發展，但人類受精卵的性質卻異於他種動物的雙細胞性質。人類受精卵的發展潛能性絕非他種生物所可比擬，因爲「類似」並不就是「等於」。强二者爲同一，就好比將「敎育『似』複演」說成「敎育『就是』複演」一樣的會發生困難。

2. 根據本書第一章的敍述，敎育目的絕不應只在複述過去而已；以傳遞或保存旣有的經驗爲已足，這不是良好的敎育目的。杜威說得好：「假如都是一成不變的重復，則進化殆爲不可能」(1966:73)。物種之發展，是一種「層創性的演化」(creative evolution) (這是法國哲學家柏格森 Henri Bergson, 1859-1941 的語句)。如果只是一味的複述過去的發展歷程，則時間再長，也都只停留在過去的境界裏。根據前段所述瑞士敎育學者穆勒爾之說法，則請問二十二歲以後的活動是否都棲息在所謂「現代文化」的行爲上？如果這種說法屬眞，試問「現代文化」是否可以作爲人類文化的最高級？是否卽是人類發展的最理想層次？並且在「現代文化」級之前的「啓蒙時代文化」，如果當時的敎育活動乃是以複述過去種族文化發展到「啓蒙文化」爲止時爲敎育目的，則「啓蒙文化」又如何演化成「現代文化」？這些問題之無法獲得合理的解答，乃是複演說及文化期理論的致命傷。

3. 教育活動如果都要個體以原始性的種族活動作學習起點，並以此作爲教育的終極目的，則那種教育活動，實在是一種教育上的浪費。教育之爲用，尤其是正式學校教育之功能，正如第一章第四節所述，乃在於使兒童免於全盤重踏人類過去的發展步伐，並解放現代人所受過去祖先的束縛。教育之目的，要使學生於有限的時間內能迅卽掌握人類過去發展的軌跡，並以此作爲基點來「創造」新文化。而不是終其一生都在重複前人的活動而已。因之，吸取前人經驗的精華，也只是發展自我的工具，它不是目的，也不是終結性與完足性的（卽到此爲止的）目的。如果將過去崇奉爲目前及未來行爲的標準，對先人頂禮膜拜，絲毫不敢抗逆，那不但對文化發展沒有助力，反而是一種阻力。啓學生思古之幽情可，緬懷過去甚至生活在過去裏則不可。拿先人經驗作爲眼前行動的參考，及以他們的經驗作典型或標準來規範吾人活動，這二者之間有極大的差別（Dewey, 1966:74）。

三、以分析現在生活活動及職業活動作爲決定教育目的的依據

教育史上所出現的教育目的理論，多半是教育學者或思想家憑自己的主觀見解所得出來的結果。二十世紀以來，各種學科的科學研究相當盛行，教育學者也擬以科學方法來研究教育這門學術，他們希望因科學新技術的使用而使教育成爲一門獨立的教育科學。因之教育的內容乃相繼的經過科學洗滌劑清洗，如此教育學才能奠立在穩固的基礎上而與其他堅實的學科如政治學、經濟學等分庭抗禮。

科學的教育學者也對教育目的的決定動了手術。教育目的要有客

觀性及可信賴性（這兩者為科學的兩大特性），就得切除主觀性及任意性的毒瘤。他們認為教育目的之科學決定，就得運用調查方法將現階段生活活動及職業生活活動的內容加以分析，將分析所得的成分作為教育目的。

這種教育研究的科學傾向，在美國最為突出。其中尤以巴比特（Franklin Bobbitt, 1876-1956）及迦特斯（Werrett W. Charters, 1875-1952）最為熱中。巴氏及迦氏領銜作職業分析及活動分析，根據他們分析的結果，當前生活活動或職業活動之領域有十，即：語言活動（Language activities），健康（Health），公民（Citizenship），一般社交（General social contacts），心理適應（Keeping mentally fit），閒暇活動（Leisure occupations），宗敎活動（Religious activities），家長職責（Parental responsibilities），非專門性的實際活動（Unspecialized practical activities），及職業活動（Vocational activities）。兩氏又認為這些活動領域如果太廣，則不足以作為指導實際敎學之用。因此他們又謹慎的將這些活動領域予以細分，如「公民」一項又分為「睦鄰」、「有良心的投票者」、「熱心照顧孩童的父母親」等數項；但這幾項仍可以繼續分析成更小的單元，巴氏就把上述的十項分成一百項特殊目的。如此條分縷舉，對課程之編整及敎學倒有實用性的幫忙（Bobbitt, 1924:11-29）。

另有部份學者為了要使教育目的的決定更有科學味，乃求助於心理學。他們以學童當前的「需要」來作為決定教育目的的基礎，拿天生的心理及生理衝動及性需要來作為選擇教育目標的依據。這些人中尤以曾受弗洛伊德（Sigmund Freud, 1856-1939）心理分析說（Psycho-analysis）所影響的教育學者、及相信天性衝動的自由表現具有治療價值的教師為最。另有部份學者轉移視線，認為滿足生理及心

理的需要固然重要，但環境適應的功能也不可忽視。因此他們乃借助於生物學的概念，以對環境的「適應」(adaptation) 或「調適」(adjustment) 作為教育目的。

以生活或職業活動之分析來決定教育目的，使得教育目的有一種具體的實在感；並且一再分析的結果，則教育目的可與教學實際活動密切配合。如此，對於教師之教學及教材之選擇與編製相當有助，這是優點之一（詳見課程一章）。其次，教育目的既根據當前的活動，則教育目的即近在眼前，毫無空疏、抽象、高遠之弊。建立在這樣子基礎上的教學活動，較能引發學生學習興趣，也較能增進教學效果。

但是，以科學方式來決定教育目的，尤其是以分析當前生活及職業活動、生理及心理需要、或對環境的適應等來作為決定教育目的之依據，顯然會遭遇到教育哲學家的反對。反對聲浪最高的教育哲學家就是波得 (Boyd H. Bode, 1873-1953)。波得反對的理由如下：

1. 教育科學家沒有資格決定教育目的。因為科學家只探討「事實」，不究「價值」。教育目的是一種理想，理想的層次是價值的層次，不是事實的層次。教育科學的探討只能告訴我們教育事實，他們可以指陳我們這個社會裏的成人及小孩所想要的「是」什麼，而不能決定這些成人及小孩所想要的「應該」是什麼。教育科學家據目前活動之分析及調查，就妄想橫跨一大步來決定教育目的，這就好比駕車行駛跨過道一般，是相當危險的。教育科學可以探討欲望事實，但卻不能判斷何種欲望才具「可欲性」(desirability)。經由活動分析，教育科學家可以將所得資料呈現給教育哲學家使之有助於決定教育目的。單由科學分析是不足以挑決定教育目的之大樑的。

2. 教育科學的分析工作既無法作價值的抉擇，則分析的結果只

能讓吾人了解活動的眞象而已。這些眞象有好有壞、有善有惡、有眞有假、有美有醜。以這些沒有經過取捨的活動眞象作爲敎育目的，作爲師生共同追求的理想，則顯然有違「敎育」本意。敎育目的應該純眞、純美、純善。以現在人們生活活動及職業行爲的分析或身心的需要來作爲決定敎育目的的標準，有使敎育「安於現狀」之弊；除非現階段的生活活動及職業行爲，社會環境，及學童本身之需要都已完美無缺，但是這又不是事實。

用科學技巧來決定敎育目的，雖然相當新穎，但因爲實質上它卻以現狀作敎育目的，因之它仍然具有保守性。

第二節　追求未來的敎育目的

一、追求未來的敎育目的之特色

保守性的敎育目的，是把眼光放在過去及現在的情況裏，追求未來的敎育目的則正好相反。追求未來的敎育目的著眼於未來的理想境界。這種境界有的是敎育哲學家所設想的烏托邦，有的是學者所主張的「完美生活」，有的則是神學家所預擬的天國世界。敎育目的的特色，就是「準備」（preparation）學童過未來生活。這是追求未來的敎育目的之第一個特色。

第二，保守性的敎育目的以過去的理想來規範敎育活動，追求未來的敎育目的則以未來的理想來指導學童行爲。眞正的理想有可能存在於過去的年代裏（如以爲堯舜的禪讓政治是最完美的政治理想）；

或者是不存在於過去裏，但思想家卻據之作為托古改制的藉口。保守性的教育既以復古為目的，古與今之距離雖然遙遠，卻仍然有歷史可資溯源。而追求未來的教育，把教育活動作為追求未來理想的手段，而完成這種理想的時刻，距離現在可說遙不可期。如果那種未來境界是天國世界，則更不是人間的世界。因之追求未來的教育目的強調超越（transcendence），重視天啓（revelation），他們的理想（ideal）可能就是夢想（dream）。

第三，追求未來的教育目的如果不是遠在天邊，但也絕不是近在眼前。換句話說，那種目的，與保守式的教育目的同，都是基於成人的立場及過去封建社會中貴族的角度去擬訂的。它絕不是以兒童或平民本身作出發點而建立起來的教育目的。甚至那種目的也不是人所定而正是神意之所授呢！

教育史上以追求未來作為教育目的的理論，存在於中西古代的思想家之著作，西洋基督教教父的學說，及由英哲斯賓塞（Herbart Spencer 1820-1903）所倡導的主張中。

二、烏托邦式的未來教育目的

中西都有許多思想家提出烏托邦式的教育目的。他們提出的教育目的既是烏托邦式的，也就是說不可能完全實現（至少在人世間不可能）；但教育思想家提出那種目的，卻可以作為人間永無止境追求的「理想」。雖然人們自知那種理想境界無法達到，但那種預懸的理想也可以鞭策部份人士往前邁進，並作為引導吾人當前行為的指針與標準。

孔子以「仁」來作為「人」的最高境界，也作為未來的理想人的

境界。但「仁」的含義爲何，相信唸了一部論語，也無法明確又具體的予以敍述出來。抽象意境之領會，只能「意在不言中」。就是領會了仁的本意，可是要身體力行，卻非易事。卽如顏回之謹言愼行，孔子也只許他「三月不違仁」而已。至若一般凡夫俗子，更是動輒都有違仁的可能。聖人如孔子自己，要言行中矩，也得等到古稀之年的七十歲，才能「不逾矩」。可見孔子所訂的標準──也是教育目的，是高不可攀、遠不可致的。

希臘三大哲學家之一的柏拉圖更有一本膾炙人口的烏托邦式著作，卽「共和國」(*Republic*)。「共和國」是一本政治著作也是教育著作（政敎合一）。在這本著作裏，柏氏爲理想世界設計一個藍圖。根據這個藍圖，共和國裏的人民都得爲理想世界貢獻自己所應貢獻的能力。因爲依柏氏的分析，組成爲理想國家（卽共和國）的國民，分子有三種，這就好比人的心靈組織有三種一般。組成國家的三種分子與人的心靈之三種成分互相呼應。在人的心靈組織方面，有理性、意性、及慾性三種；理性存在於頭部，位置最高，因此也是最珍貴的部份，它是指揮意性及慾性的總樞紐。意性藏在人的胸部，慾性則位於腹部，地處最下，是最不具價値的部份。理性充分發揮，就可以培養出智德（wisdom）；胸部的意性有滿腔熱血，剛毅果敢，充分發揮意性就可以培養勇德（courage）；至於爲大腸小腸充塞的腹部則是慾望無窮的所在；不是想吃就是想喝，因之要予以約束，卽培養節制之德（temperance）。這三種德圓滿的各盡功能，則成爲完人。相應著這三種功能而組成的國家，就是由智德所造就的哲學家，由勇德所塑成的軍人，及由節制之德所訓練出來的農工商人所組成的國家。哲學家旣由最高的理性所培育，因此他在共和國裏，應該自然的、也是應然的成爲統治者（ruler）。最高的統治者是國王，那麼，這名國王也就是哲

學家，他就是「哲學王」（philosopher-king）。軍人捍衞國土，維護地方安寧；農工商人則各盡本分，生產日常生活用品。這三種人分工合作，則形成爲理想國家。在這理想國家當中，人人都沒有自私念頭，所有財物都是共有，甚至個人也爲羣體所共。因此，共妻、共產乃爲共和國之特色。

學術造詣不遜於其師柏拉圖的傑出哲學家亞里士多德也接下了「烏托邦」作者的衣缽。亞氏以「幸福」（happiness）爲政治及教育上的最高目的。他在名著「政治學」（*Politics*）及「倫理學」（*Ethics*）中闡明，只有自由民才有獲得幸福的資格。而所謂自由民，依當時希臘社會制度而言，就是指「勞心」階級；換句話說，就是有閒階級（leisure class）。有閒階級因不必從事身體方面的勞動，因此擁有經濟上的自由；由經濟上的自由又獲得政治上的自由。這些自由民在道德行爲上的最高極致，要奉行一條與「幸福」相埒的「金律」（Golden Mean），這金律即是「中庸之道」。中庸之道就是不趨極端，因爲「過」與「不及」都非善行，也不得幸福。比如說，魯莽與懦弱都是極端，勇敢才是中庸；吝嗇與奢侈也是極端，慷慨才是中庸；中庸之道說起來簡單，做起來卻相當困難，它直與孔子之「仁」的意境同等。能上臻這種境界的人不用說少之又少，就是稍涉及周緣的人，也寥寥無幾。

中國古代經籍「禮運大同篇」所述的大同世界，正是烏托邦式政治理想（也是教育目的）的典型。玆抄錄於下：

> 大道之行也，天下爲公。選賢與能，講信修睦。故人不獨親其親，不獨子其子；使老有所終，壯有所用，幼有所長，鰥、寡、孤獨、廢疾者皆有所養。男有分，女有歸。貨惡其棄於地也，不必藏於己；力惡其不出於身也，不必爲己。是故謀閉而不興，盜竊亂賊而不作，故外戶而不閉，是謂大同。

這種世界「只能天上有」，人間非但不可能有幾時見，並且根本無法得見。

三、追求天國的教育目的

明目張膽的以未來天國作爲教育目的的，就是基督敎敎父們的主張。基督敎的敎育目的重來世，求永生。敎徒們認爲現在的這個世界，末日即將來臨，並且目前的世界充滿罪惡與汚穢，只有在「上帝之城」(The City of God) 裏 (註1)，才能享受天堂之樂；因此他們非但不注意爲現時生活作準備的敎育，還鄙夷俗世的生活。所有敎育活動都以準備過天國生活爲依歸。

來世的教育目的有如下的幾個重點：

1. 肯定塵世凡俗都是惡，而惡的根源乃因人之肉體所產生。人是身心二元的合成物，自亞當吃了禁果以來，人性早已墮落。人性之墮落乃因人接受物質欲望所引起，人如無肉體，就根本沒有物質欲望。但生存的人又不可能沒有肉體。幸而人有心靈，心靈乃是駕馭肉體的中心。因之，基督教教育的目的在於使人們在早已墮落的人性當中拯救他們自己的心靈。而拯救心靈的方式，莫過於棄絕物質欲望及塵世生活，教育就自然的以禁慾爲目的。

禁慾的敎育活動旨在注重精神及道德而壓抑肉體。這種教育目標

註1：「上帝之城」(*The City of God*) 爲聖奧古斯丁 (St. Augustine, 354-430) 的大著作之一。氏仿柏拉圖的作風，將世界分成兩種，一爲卑下與幻滅的人間世界——即柏拉圖的「經驗世界」(the world of experience)，一爲眞善美的天國世界——即柏拉圖的「觀念世界」(the world of ideas)。人們應捨前者而就後者。

表現在中世紀早期的寺院（monastery）活動中最為明顯。寺院裏的教徒必須貞潔（chastity）、安貧（poverty）、服從（obedience）。他們忽略體育，甚至殘害肢體，忍受肉體之煎熬，吃最少的食物，穿最少的衣服，住最簡陋的地方，洗最少的澡等，他們認為如果今世越痛苦，來世就越能過天國生活，這種觀念眞令現代人不堪想像（註2）。

2. 信仰的力量是生活的主力。教徒全心全力的尊奉神的造物主——耶和華（Jehowa），祂是全知全能的上帝。塵世間的一切行為都應該遵照祂的啓示來進行。神的啓示之一就是舊約聖經（Old Testament）。此外，上帝為了拯救祂的子民，乃將神的智慧與神性的領悟形體化於耶穌（Jesus Christ）身上。因之，記載耶穌言行的新約聖經（New Testament）乃又成為基督教徒奉行不逾的法典。基督教的教育目的，就是希望教徒取法耶穌行徑。耶穌是牧羊人，上帝的子民則都是迷途的羔羊。

自天而降的啓示是至高無上，獨一無二的。教徒對聖經不得心存猶疑，更不得對它懷有敵意，否則卽遭受天譴。對於異教文化，採取排他性及不寬容態度。基督教的教育目的之一就是要教士們不辭勞苦甚至不惜犧牲生命去宣揚教義，改變異教徒，並打擊批評基督教教義的「異端邪說」。

3. 信仰（faith）雖不可或缺，但人類理性（reason）的力量也不容忽視。信仰產生宗教，理性則產生哲學。信仰與理性，或宗教與哲學雖不一定對立，但卻經常不睦。基督教徒在此種場合中所堅信不移的，是固守信仰高於理性，宗教優於哲學的說法。因此宗教指揮哲學，信仰主宰理性，這種概念乃成為教父們風行的主張，也是基督教

註2：中國的顏回之生活情況可與寺院裏的教士比擬——「一簞食、一瓢飲，在陋巷，人不堪其憂，回也不改其樂。」

正統的理論。信仰與理性相合,那是最理想不過;若宗教與哲學發生衝突,則宗教教義就變成最後的裁判官,哲學學說就得屈服在宗教主張之下。

基督教成立之初,多數教父們認為理性非但無助於信仰,反而經常產生對教義的懷疑。「光憑信仰即已足夠」的口號更喧囂塵上,聖奧古斯丁且揚言:無知者更能進入天國。因此,早期基督教教育目的只在道德行為上用力,而忽略了知識的研習。卽令有些許的知識探討活動,那種知識也以聖經作範圍。因為教父們認為一部聖經就已涵蓋了全部知識領域。其後,由於知識之進展,以及對基督教教義本身發生質疑問難之士日夥,攻擊基督教教義的異教徒日衆,因之,基督教父們認為有必要把基督教建立在較為穩固的基礎上,將宗教(religion)提升為神學(theology)。而孵化宗教為神學的,就是哲學。哲學與宗教從此携手合作,信仰自此披上了理性的外衣。基督教哲學因之形成。基督教哲學的專門術語,稱之為士林哲學,或經院哲學,或教父哲學(scholasticism)。教父哲學就是以理性作為信仰的護符,人的理性力可以解釋部份神祕的神力與神跡,但有些天啓觀念是人的解釋力所不可及的。在這種情況之下,並非理性與信仰有矛盾,而是人的理性力有缺陷。因之,人們除了全然的「信仰」之外,別無他途可資遵循。這種說法,正是天主教(Catholics)解釋教義的最高權威——聖多瑪斯(St. Thomas Acquinas, 1225-1274)的見解。當宗教與哲學可以相合時,把宗教納入哲學理論的最佳工具,就是亞里士多德的演繹邏輯(deductive logic)。因此,基督教教父們在異教學術作品中,高於亞氏地位。多瑪斯崇亞氏為「哲學家」(The Philosopher),其意卽指只有亞氏才夠資格配稱為哲學家。

可見基督教教育目的是以追隨權威為主旨。在教義上,教徒取聖

經及教父對聖經的解釋爲權威,在非宗教學術上則取亞里士多德的著作爲權威。這種作風演變成權威主義。權威主義就是不分青紅皂白的盲從,這種爲學目的,阻礙了學術的進展,也桎梏了文明的生機。

四、完美生活的教育目的

完美生活的教育目的沒有宗教式的教育目的那麼遙遠,但它仍然是一種追求未來的教育目的。因爲持完美生活爲教育目的的學者,預擬幾種活動作爲學童所追求的完美生活活動,它的目的還是高懸在前的。

十九世紀中葉,英國社會哲學家斯賓塞首因於當時教育目的的衆說紛紛,繼而擬尋求一種標準來衡量各種教育目的的價值。斯氏所根據以衡量教育目的的價值標準,是當時頗具威力的功利主義(Utilitarianism)及進化論科學學說。根據這兩種理論,則教育目的應依個人及社會生存價值的高下予以排列。換句話說,能夠維持個體及羣體「生存」的活動,教育價值最高,也最有「功利」。教育目的就在於完成這些活動,這些活動一旦完成,則是「完美生活」(complete living)的來臨。

「完美生活」所需要的最重要知識有那些呢?「何種知識最有價值?」(What Knowledge Is Most Worth?)是斯氏的一篇甚有影響力的著作。斯氏認爲科學知識最有價值。而科學知識之與個體及羣體生存有關的活動,有下列五種:

1. 直接從事自存(self-preservation)的活動;
2. 獲取生活上所必須而間接從事自存的活動;

3. 與養育後代有關的活動；
4. 維持正當的社會及政治關係的活動；
5. 充分利用休閒時間而盡心從事於滿足情調及嗜好的各種活動。

這五種活動可以簡化為：健康生活活動、職業生活活動、家庭生活活動、公民生活活動、及休閒生活活動。這五種活動的價值依序排列，健康生活活動的價值最高，休閒生活活動的價值最低（但仍然是最具價值的活動之一）。

這種教育目的觀，與傳統的教育目的有極大的出入。最明顯的一點是，它將習俗認為價值最高的文字學習（即休閒生活活動）降為教育價值系列中的最下層。健康體育的價值高踞要津，而讀書寫字的重要性卻是殿底。

斯氏所播下的種子，在二十世紀的美國即盛開花果。美國教育學會（National Education Association 簡稱為 NEA）於 1918 年所制定的「中等教育七項主要原則」(Seven Cardinal Principles of Secondary Education)，就幾乎是斯氏「完美生活」教育目的的翻版。雖然這七項原則只對中等教育而言，但因為這七項原則是經過教育學者審慎決定的，因此也可以作為各級學校的教育目的。這七項原則是把美國生活範圍劃分為七個要項。七項原則如下：

1. 基本學科的學習 (Fundamental Processes)；
2. 健康 (Health)；
3. 家庭成員職責 (Home Membership)；
4. 職業 (Vocation)；
5. 公民 (Citizenship)；

6. 休閒時間（Leisure Time）；
7. 倫理關係（Ethical Relationships）。

這七種活動的教育價值並無高下之別，因此在排列上，何種活動居首，何種活動居末，已無關宏旨。這是與斯氏之依價值等級而排列的方式有所不同之處。

追求未來的教育目的在教育史上甚具勢力。雖然天國式的教育理想，在當前的時代裏已少有人提及，但晚近新亞里士多德學派（Neo-Aristotelianism）已重新復活天主敎敎育主張。加上在戰亂頻仍，人類日感凡俗世界有毀滅之虞的今天，人們憧憬天國世界之情乃愈切。而斯賓塞所倡導的完美生活之教育目的，更控制美國教育措施達數十年之久。至於烏托邦式的教育目的，因其與政治目的合一，更是當今許多國家（包括共產國家及專制國家在內）的教育總目標。

不過，追求未來的教育目的，並無不可疵議之處。我們可以分兩個重點予以批判：

第一，天國式的教育理想，只施用於特殊的時代——即宗教氣氛籠罩的時代（如中世紀），及偶有的境遇——即恐懼死亡或威脅羣體生命的境遇裏才會盛行。在安定及昇平的國度裏，人們對現世充滿希望與信心，是無暇顧及另一個世界存在的。且天國式的教育目的所作的教育要求太過嚴苛，「其道太苦」，非一般人所能接受。而多數食人間煙火的凡夫俗子，也不能超越現世世界而領會天國世界的生活所代表的意義。

第二，烏托邦式的教育目的與完美生活的教育目的都把教育「喩」爲「準備」（preparation）。這種比喻，同樣也遭受大教育學者的批判。杜威就提出下列幾種意見（1966:54ff）：

1. 教育太注重未來並為未來作準備，則只好犧牲現在。未來代表成人的世界，現在則代表兒童的園地。教育既注重未來，這種觀念顯然的是以成人為本位的教育觀念。成人本位的教育觀，易「喪失現有的動力」，如此，學習就失去動機與興趣。並且以成人來規範兒童，顯然，對兒童不公平也不合理。因為成人雖有成人的價值，但兒童也自個兒有兒童的重要性。兒童的重要性不下於成人。低估兒童價值，蔑視兒童地位，乃為此派學說的一大缺點（詳見「學生」一章）。

2. 目的既然高懸，則頗不易達成；今日努力勤奮，與明日之懶散鬆懈，對於縮短目的之距離，都沒有明顯的差別。此種情況，適足以獎勵「優柔寡斷（shilly-shally）與延宕推諉（procrastination）」的惡習。因為好逸惡勞係人之本性，逸與勞都無法達成預期的教育目的，則何必用心著急？當老師告訴學生：我們所要追求的教育理想在你們這一代不能實現，下一代也不能實現，下兩代、下二十代甚至幾千百代都無法實現。試問這種教育目的還有何「實用」價值？

3. 上一代既為下一代擬定理想目的，則學童之教育活動只能在成人所預設的模子中打轉。這顯然的忽略了學童的興趣及能力等個別差異的事實。學童猶如孫行者，他的一舉一動完全在如來佛（成人）的掌握中。學童不敢輕舉妄動的冒險以突破成人的控制。不用說，這與教育的本意相左。

4. 以成人的標準來規範學童行為，又忽略兒童地位，不顧及兒童興趣與需要，則教育活動之還能夠進行如故，只好訴諸於外在的獎懲，或以糖衣式的方法來誘導學生從事不覺得有意義、並且也不樂意從事的工作。教育目的既無法燃燒自發自動的學習火焰，而完全憑賴苦樂措施來達成，則教育意義的崇高性已失。他人所設想的目的加諸自己身上，目的非從己出，而執行目的的行為，卻要自己去進行，且

也「必須」去進行，則學童將視教育為畏途。

上述缺點，都是不注意兒童本身所引起的後果。教育史上以兒童本位來決定教育目的的，即是自我發展的教育目的。

第三節　自我發展的教育目的

一、自我發展的教育目的之特色

自我發展的教育目的，絕不是如同保守式的教育目的以回顧為重點，它與追求未來的教育目的同，都在於前瞻。但它之前瞻又與追求未來的前瞻有別。自我發展特別強調現有的基點，並以現有的基點作為「發展」的起始點。它也在追求未來，但絕不是追求那種空疏、抽象、遙不可期的未來，卻是追求可以把握、可以控制、可以實現的未來。

其次，自我實現的教育目的，以兒童為中心（child-center），而非以成人為中心。這是教育上的哥白尼式革命。哥白尼（Nicolaus Copernicus, 1473-1543）的天文學革命，把宇宙的中心從地球搬到太陽。教育史上自盧梭（Jean Jacques Rousseau, 1712-1778）開始，也發動了一次史無前例的教育革命。革命的結果，使得教育的重心，漸漸的從成人轉移到兒童。從此，兒童變成了教育的主人，下一代變成了教育的焦點。這是與保守式的及追求未來的教育目的有天壤之別的地方。

第三，自我實現的教育目的，強調個人的重要性。而旋轉教育乾

坤的兒童中心主張，也特別注意兒童之興趣、需要，及能力之發展。因之，個別差異（individual differences）之事實乃為教育學者所承認，也為教育學者所提倡。教育的目的既主自我實現，則不是注重整齊劃一的共同性教育目的，而是有彈性的個別性教育目的。各人的教育機會雖然平等，但各人在接受教育之前的稟賦有別。教育只是提供各種有利措施，使得各人才幹作最大的發展。因之教育的結果也無法期望人人有相同的成就。教育不是一種呆板與機械的模子，經由模子來鑄造所有形狀、大小、輕重等等都千篇一律的產品。自我發展的教育目的恰好反是，它所要求的是多采多姿的人格表現，並擁有在人生舞台上爭奇鬥艷，與人一較短長的能力。

第四，自我發展的教育目的，並不把目的當成終止性的，卻把它看成繼續不斷的開展性。目的一達到，並非活動就結束；因為此一目的乃為次一目的之始，而次一目的又為再其次目的之基；達到此一目的，則另一目的正在期待著活動的繼續進行。因此，目的與其說成終點（end），不如說是一種過程（process），它是無止境的。並且，目的並非預懸，它是根據現有的情況來擬定。它沒有事先指出一條一成不變的步伐，要後人朝之往前邁進；而只在眼前呈現出追求下一目的的多種可能性。因此，這種目的的性質，含有極大的冒險成份。它獎勵變化，鼓吹新奇，特重創造性的才能。

二、教育本身就是目的

把教育看成過程，則教育沒有外在目的，它只是過程；如果教育一定要有目的，則過程本身就是目的。過程本身就是教育本身，因此，教育本身就是教育目的。

持這種說法的學者，就是影響二十世紀美國教育及世界各國教育相當深遠的美國教育哲學家杜威。杜威認爲教育旣是一種繼續不斷的歷程，則教育的目的就是讓受教者繼續接受教育。教育目的包括在教育過程中，吾人絕不在教育過程之外尋找一種教育目的（Dewey, 1966:100）。這就好比說，學生研讀「教育概論」的目的，就在於使學生繼續研究教育；學生學習數學的目的乃在於使學生繼續研究數學一般。如果接受教育的結果使受教者希望繼續接受教育，則教育的目的卽已達成；這也就好比說，如果學生學習數學的結果，希望繼續學習數學，則數學教育卽算成功，數學教育目的也算達到。教育的目的顯現在教育過程中，猶如學習數學的成果表現在學習數學當中一樣。

教育的目的顯現在教育過程中，這種情況之能夠成立，至少必須滿足以下的兩個條件：

第一個條件，受教育者對於所接受的教育活動深感興趣，也深覺有意義。這種教育活動以學童爲出發點，它所要求的目的又相當切近與明確，稍作努力卽可獲得。因之學習者興味盎然。一經品嚐學習成果之後，馬上激起繼續學習的念頭。學習旣有鞭策力，則受教者就能夠養成「活到老，學到老」的習慣。絕不會在學習時光中如坐針氈，度日如年。學習活動根本不必由外力所左右，它卻是學生自發自動的行爲。因此，學習沒有終了的時候，每段時間都是開始。學生不會在離開教室、考堂或走出校門之後，就把學習材料忘得一乾二淨，或將教科書束之高閣，甚至拿到舊書攤賣光。

第二個條件，能夠實現的目的，本身並不完美。學習者完成了一種切近的目的之後，還想繼續追求下一目的。下一目的的完美度應比前一次目的的完美度爲高。但卽令目的的完美度繼續增加，卻仍然沒有十全十美的教育目的。這種情況在學習者所追求的教育目的是如

此,在學習者本身的「生長」過程中亦如是。學習者在生長程序上的任何一階段都顯示出「不成熟」(immaturity),因此希冀繼續生長,以達「成熟」境界。但所謂「成熟」,只是相對的成熟,沒有絕對的成熟。換句話說,在一般的情況之下,二十歲比十五歲的學生成熟,但二十歲的學生之成熟度,並非毫無瑕疵的成熟——絕對的成熟。因之,學習者體認出本身的不成熟度,就能把學習看成是一種繼續不斷的生長歷程。

顯然地,這種說法大受相對論(Relativism)所影響。也很顯然地,這種主張乃係追隨達爾文進化論而以生物學的學說爲張本所必然而成的理論。

杜威本人就把教育喻爲「生長」(growth)。生長本身是一種過程,生長的目的就是繼續不斷的生長,除此之外,生長無目的。而個體之生長,在小孩、在大人,都是不可抹煞的事實。如果以成人的觀點來評量小孩,則易忽略小孩的特有能力,那是誤解、也是歪曲了生長的正確含義。杜威說:

> 正常兒童及正常成人,都一樣的正在生長當中,二者之區別並非是一個在生長,一個不生長;而是區別在對不同情境的不同反應上。當我們說,發展一種解決某種科學及經濟問題的能力時,兒童應該發展成成人;但當我們說,發展一種熱心、好奇、不偏不倚、及不小心眼的反應時,則成人倒應該生長成小孩!(1966:50)

上段引語頗有啓思性。傳統觀念都視兒童爲幼稚,因此小孩唸書的地方稱之爲「幼稚園」。其實這充分顯示出大人們的偏見與自私。事實告訴我們,成人在某方面之幼稚與無知,更比小孩有過之而無不及,成人更有資格進入「幼稚園」接受教育呢!

不過,視教育如同生長的說法,卻也遭受不少人的非難。美國教育家霍恩(Herman Harrell Horne, 1874-1946)就認為生長有好有壞,假定生長是良善的,則以此作為教育目的,似乎也無可厚非;但如果生長是惡劣的,如癌症式的生長(canceric growth)則適足以妨礙生長,且使生長停止而導致有機體的死亡。這恰與教育之原意相左,是不可以拿它當作教育目的的。

其實霍恩之指責也似是而非。就以他舉癌症式的生長是惡的生長作為例子來說,當然這種生長不能作為教育目的。不過嚴格予以解析,癌症式的生長,或惡劣的生長,根本就不是杜威所言之「生長」。杜威所言之生長,是指有利於機體其後生長的生長;因此,有害於機體其後「生長」的各種生長,都不是「生長」。

三、和諧的自我發展為教育目的

自我發展,強調個人而不是羣體,注重可以掌握的現在而不是渺茫的未來,信賴自己而不仰靠他人。

以成人為本位,以社會國家為重點,及以他人外鑠的理想作為教育目的,在教育史上已行之有數千年之久。如果成人一切都完美,國家完全都良善,則由成人及國家所制定的教育目的,既然實行這麼長久,則必定有豐碩的收穫。但衡諸史實,教育景象卻每多未見改善,且常有每下愈況的情形。許多思想家,尤其是自然主義(naturalism)及主張放任政策(laisser-faire)的學者們,卻一再聲言國家政府是一種「必然的惡」(necessarily evil)(即一無是處),而成人更是窒息兒童天性發展的劊子手。被拿破崙(Napoleon, 1769-1821)形容為法國如果少掉了他,法國大革命就無法成功的盧梭,就是這種說法

的典型代表人物。盧梭生長在十八世紀歐洲政治最為昏暗的法國，他目睹當時政府的老朽腐化又敗壞，如果要當時的政府來制定教育目的並承擔達成教育目的的責任，那是萬萬不可的。至於成人，他更無好感。盧梭在他的名著愛彌兒（*Emile*）開頭就如此寫道：「上帝創造萬物都是好的，但一經人手就變壞了」。把創造物變壞的「人」就是成人，成人最壞。因為成人在文化社會裏，已失去天生的自然本質，而天生的自然本質無一不好。

因此，教育不能假手於成人，教育目的更不能經由國家政府來達成。這是不言自喻的道理。教育的對象既是孩童，則應該以孩童對待孩童，而非以小大人視之。換句話說，教育必須顧及到兒童本身的目的。「為了未來而犧牲眼前，我們稱那是野蠻的教育方式」。盧梭叫嚷著：「為了要準備遙遠的、虛假的幸福，那種吾人恐怕永遠無法享受到的幸福，並以此作為教育的開始，那是多麼不幸啊！」（Archer, 1912:88）因之，盧梭乃為兒童請命，為下一代作發言人。教育史上體認兒童地位，看清兒童價值，並重視兒童意義的，乃自盧梭始。

號稱為國民教育之父的瑞士人裴斯塔洛齊（Johann Heinrich Pestalozzi, 1746-1827）更步著盧梭的腳跟，將新生的一代比喻為可以發展成龐然大樹的種子。這顆種子之能發展，雖然需要陽光、空氣、水分、養料、及園丁的照顧，但種子之生長成為何種花朵及果實，都「內在的」蘊藏於種子的潛能中，外力絕對無法改變其本質。

創辦幼稚園（kindergarten）的德國神秘主義教育者福祿培爾更由於重視年幼兒童的價值，因此把教育注意力集中於六歲以下的幼兒身上。福氏認為和諧的自我活動，可以使人性與神性合一。因之，教育目的特別強調自我發展的重要性。教育就是提供機會讓學童在無拘無束的情況下發展兒童的內在天性，而「恩物」（gifts）——即玩具、

遊戲、勞作、及繪畫乃為達成自我發展的教育目的之不二法門。

總而言之，上述教育學者主張和諧的自我發展作為教育目的，他們倒有幾點共同的說法：

1. 人性本善論 歐洲有好幾世紀的時間，尤其自基督教成立之後，幾乎絕大多數的神學家及思想家，都與中國古時候的荀子相同，在人性論方面力言人性本惡的**觀念**。人性如本惡，則化惡為善就得依賴「人為」（荀子：人性惡，其善者偽也）或環境的力量。這種說法根深蒂固於人心，牢不可拔。但自十八世紀盧梭的反動派教育學說出現之後，宣揚人性本善的學說卻也風起雲湧，勢力銳不可擋。雖然性善論及性惡論都是任性的說法，二者都沒有奠立在科學的探查基礎上，但至少性善論可以與性惡論分庭抗禮，並矯性惡論的偏激之弊。根據性善論者的主張，人性都是善良的，而最能讓人知悉人性之善良度的年齡，是在小孩而不在成人。因為小孩最接近天性，成人則離天性較遠。從這種角度來看，小孩的價值高過於成人。中國的老子也有「聖人皆孩之」及「比於赤子」之佳句。孩童最純**真**，也最自然。他絕不會矯揉造作，心懷陰險，笑裏藏刀，或口蜜腹劍。因此，恢復到嬰孩狀態，自是教育的理想目的。性**既**善，則孟子之所言「乃若（順）其情（性）」也就變成必然的教育措施，因為如此「則可以為善矣」！

性是善性，善性就是自然性。就因為這個緣故，盧梭乃唱起「返回自然」（back to nature）的教育口號，一切唯自然是從，這與老子相同。「人法地，地法天，天法道，道法**自然**」的語句，幾乎使人們以為是與盧梭同一張嘴巴說出的。

2. 強調兒童的獨立性 裴斯塔洛齊說得好，「教育的最終目的，並非要學童……獲得盲目服從的習慣以及對指定功課的勤勉，而是準

備有能力獨立行動」（Anderson, 1931: 166）。不管兒童的社會身分，裴氏認為他們都有相同的天生能力。為了要使兒童獨立，則教育應以天生能力的諧和發展為目的。假定各人都能人盡其才，也都能營獨立生活，則社會上不平等的人為制限也就立刻解體。

　　使學童營獨立生活，就得在早期培養學童不仰賴他人的習性，並教育他（她）自我批判、自己作決定的態度。教育乃提供各種刺激，設計各種複雜的情境，讓學童有選擇考慮的機會，從中體驗出唯有慎謀能斷才能適應變化多端的現代化生活。在競爭激烈的社會生活中，成人所給予學童的教訓，是在容許失敗與錯誤的途程中，能修改自己前進的路線，並以之作為指導未來行事方針的座標。教育活動中注重學生的自主自立，也賦予學童承擔自我決定之後的後果責任。學童的活動都是根據當時他自認為最明智的決定（intelligent decision）而來，決不含有外力、逼迫、或勉強成分在內。在自我判斷之後所進行的行動，還讓學童品嚐活動之後的甘苦，並評價活動過程的優劣短長。成功了，當然可沾沾自喜；失敗了，也不必太過後悔。因為行為之先旣經殫精竭慮，則行為之後果即使有挫折，也能够心安理得，無愧吾心。

　　這種行為責任觀，與成人規約式的要學童就範於旣成的道德行為之觀念，二者大異其趣。行為之原動力如果不是來自於成人的越俎代庖，而是根據學童本身的自我考慮，則行為的後果則應全屬學童本身肩負，他不得推諉塞責。如此才能培養接受挑戰，面對現實的人生觀。

　　自我發展的教育目的說，在教育史上形成一股學派，這股學派號稱「進步主義」（Progressivism）學派。進步主義教育學說在十九世

紀及二十世紀時對美國及世界教育所造成的勢力，直如狂風與浪潮，它雖經本世紀三十年代之經濟大蕭條（depression）及二次世界大戰後美蘇兩國冷戰（cold war）之不利影響，但這派學說高抬兒童之地位，重視下一代之尊嚴，提倡教育之主動自發性等，卻是教育史上不可抹滅的貢獻。

四、與自我發展有關的教育比喻意義

相關於這種教育目的觀的幾種教育比喻意義，倒有必要在這裏予以釐清它們的概念。

（一）杜威把教育解釋爲一種「經驗」(experience)

教育的過程就是經驗的再行組織、與重新改造（reorganization and reconstruction）；教育的結果就是經驗的意義繼續增加，並且藉之可以指導未來的行爲（1966:76）。

這種說法是頗富有建設性的，也很具體實在。

第一，把教育喻之爲經驗，經驗之起點不是零，終點也不是一百。它不是絕對的無經驗，也不是絕對的完美經驗。人一生下來，內在的軀體卽與外在的環境作交互作用（interaction）；甚至一開始有生命（卽在母胎之時），這種內外的聯繫活動卽已產生。其後，經驗不斷累積至個體死亡。個人屆死亡之時的經驗雖比初生時之經驗豐富，但也沒有達到十全十美的地步。所以經驗沒有終點，也就是說沒有止境。並且個人雖然在這個世界中消失，但他可以藉文字語言等方式，將他的經驗傳遞給後代的子孫。經驗是一種不斷緜延的歷程，這與教育的眞意無異。

第二，當前的行為表現，乃是將過去累積下來的經驗予以重新改造與改組而來。過去經驗之必須改造，乃顯示出過去經驗之不完美性。在變動不居的生活環境裏，當前所面臨的情勢，絕不會完完全全的與過去相合。因之，生活活動無時無刻不發生待解決的新問題。並且卽令當前所面臨的情勢，曾經毫無更動的發生在過去裏（雖然這是不可能的，因為最少，時間、空間都已不同），但過去的解決方式（卽過去的經驗）卻不一定能令個體感到滿足，也不一定徹底的可以**解決**當時所產生的問題。可見處理當前的問題，不得不將過去的經驗予以修正、補充、整理，這就是對經驗的重新改造與再行組織。經過這番手腳之後，則經驗的意義就與前有異，經驗的內容也就加深，經驗的範圍也就加廣了。

第三，經驗改造或重組的結果，必須要導向一個目的，這種經驗改造或重組才能具有價值。這個目的卽：經驗的意義增加了，並且也可以藉之指導其後的行為。獲有這樣結果（目的）的經驗，本身就是一種「生長」。

比如說，火對幼兒而言，只是引起幼兒好奇的刺激物，幼兒對之所知不多。如以幼兒之玩火所得的經驗作基點，則這時的經驗顯然意義非常貧乏。其後由於「教育」之結果，學童了解火之產生、火之為用及火所可能產生的災害等；他可以解除以往怕火的恐懼經驗（因不知火之熱性而被火燙）、或增加對火之科學知識（如了解火只能在有氧的空氣中才會燃燒），並因此等認識，而產生不縱火、不隨便玩火的習慣，及形成以火來作有利人生用途的看法等。如此，就可以看出經驗在經過改造或重組之後，經驗的意義可以增加，並有助於引導個體向更有利於生長的方向前進。

(二) 杜威把教育比喻爲「指導」(education as direction)

根據上面的陳述，教育工作是一種主動積極的（active）作爲，而非被動消極的（passive）行動。教育絕不是教者或受教者單方面在動而已。從這個角度來說，教育猶如「指導」(education as direction)。這是杜威對教育的另一種比喻。

1. 教育如指導，則教者應該「指導」受教者。教者指導受教者，這在教育史上以及當今多數人心目中，是天經地義的事。教育既是人類有意的行爲，又是充滿目的的行爲，則教育行爲不是任性的、偶發的、可有可無的。教育如果好比「生長」，則教育不是「任其生長」。任其生長意指教師對學生採取放任不干涉態度，任其自生自滅，一概不聞不問。教育果眞如此，又何必設立「教育」機構來進行「教育」活動？但教育也不是「代其生長」──即百分之百的以教者爲本位，或「揠苗助長」式的生長。教者取代受教者的地位，表現出來的結果可能比受教者較佳（數學教師作數學作業比中小學生作數學作業的成績好），但那是教者越俎代庖的結果，那種較佳的學習結果，歸於教者而非歸於受教者。在這種情況之下，表面上看起來，受教者好像「生長」了，其實卻日漸枯萎而有死亡的可能。眞正的教育意義是把教育喻爲「導其生長」，即教者設計一種有利學習的情境（考慮到學生的過去經驗、當前的學習動力、及學習材料或活動的性質等），指導學生改造或重組經驗，使經驗的意義更爲增加，並在其後的行爲中，更有成效。

2. 在教育情境裏，參與教育活動的成員都具有指導他人之責與

受他人指導之機會。學生從教師的教學中獲得新經驗,教師也在學生「自我發展」活動中獲得新啓示、新靈感。以往的教師多半是「先生」,學生是「晚生」,因之前者經驗大過後者;現代的教師在年齡上雖不見得比學生大,但在學術研究的「經驗」上,則「聞道有先後,術業有專攻」;因此教師指導學生本是份內的工作。但教育側重獨創性的結果,學生的花樣及下一代的表現卻也多多少少對上一代及對教師有「指導」之功。中國古語所云「教學相長」就是這個道理。

3. 指導(教育)的行爲不是單行道的行爲,有來無往。指導者不可能徹底的控制被指導者,讓被指導者完全失去自主性。指導行爲之有效,必須顧及被指導者內外的情況。指導者千萬別忘記他(她)可以把馬強拉至河邊,但卻不可能強要牠喝水;同樣,吾人也可以把別人關在感化院裏,但要這個人懺悔,那是不必然的。這種行徑之不發生效果,或者有反效果,乃因行爲當事者不明白行爲所代表的意義所致。一匹不渴的馬是不會喝水的,一位理直氣壯的學生是不會悔過的。指導者言之諄諄,但受指導者卻聽之藐藐,這就失去「教育」意義,也失去「指導」的功能。雖然指導者講解得天花亂墜,或者說得口沫橫飛,表面上看,這是「講述相當成功」(successful *telling*);但受教者如因此作周公遊,或起抗拒,則絕對不是「教得成功」(successful *teaching*) (Schffler, 1976:86)。指導工作最理想的目的,就是經由一段時間的受他人指導之後,會產生「自我指導」(self-direction)。這是道德教育的旨趣 (Dewey, 1966: chap. 3),從他律變成自律。

4. 學生可作指導者,猶如教師可作指導者一般。這種觀念即承認師生二者都有人格、都有尊嚴、都有地位。教師代表成人社會,學生代表新生的一代;二者之間如能相互取法、切磋琢磨,則兩代必定能相當愉快的共處一堂。

盧梭等人的自然主義學說，力倡人性本善論，這是對當時時代的反動主張，也是一種矯枉過正的論調。從現在的眼光來看，不足爲訓。持平而言，成人並非都惡，兒童也非都善。兒童有價值，成人自亦有價值。因之成人的價值應該作爲兒童所追求的目標，兒童的善良天性必然也可以作爲成人「返璞歸眞」的指示燈。基於這種認識，任何以成人爲本位的教育觀點、任何以上一代爲標準的教育目的，都不是健全的教育學說。因之就如同德哲赫爾巴特之以「教育好比形成（塑造）（Education as Formation)」的說法一般，純粹站在教師的立場說話，或單以教材之編排作爲考慮重點，而把學生排除在外的主張一樣，都有所偏。同理，任何純以兒童天性的「開展」（Education as Unfolding）爲已足的教育說法，那就如同鐘擺上的另一極，也並非穩健的教育目的觀（註3）。

第四節 心靈陶冶的教育目的

按理說，教育目的旣作了緬懷過去、追求未來、及注意當前能力的發展這三種分法，則教育目的之敍述，就可告一段落。但在教育史上卻有一種心靈陶冶（Mental Discipline）理論，對於教育目的提出不同的說法，且影響甚大。心靈陶冶學說雖然現在已明日黃花，但其理論卻改頭換面，在當前知識爆炸（knowledge explosion）及重現

註3：這些觀念的較詳盡討論及批判，本來都屬於「教育哲學」一科的領域。本節之介紹只是「點到爲止」而已。讀者如欲進一步研究，可詳看杜威（John Dewey）的「民主主義與教育」（*Democracy and Education*）。本書是一本很有深度的教育哲學著作，有中譯本，商務印書館印行。

英才教育（elite education）的時代裏，卻有死灰復燃之勢。因此有必要列一專節加以評述這種學說對於教育目的的看法。

一、心靈陶冶的教育目的說之要旨

1. 心靈陶冶說，是認定每人生下來之時，就具有人人共有的心靈能力（faculties），如推理能力、判斷能力、想像能力、思考能力、意志力、及記憶能力等。這些能力是先天的（innate），這與「先天觀念」說同。但發展這些能力，卻有待「訓練」（training or discipline）。訓練這些心理能力使之熟練成習慣，就是教育所要達到的目的。

2. 教育既以訓練心理能力為目的，則教學活動及教材編排就以心理能力的培育為依歸。這些心理能力都是抽象能力，因之教材內容也都是離實際生活頗為遙遠的抽象材料；而教學方法就是固守在機械的重複練習心理能力而已。越抽象的教材越有陶冶心理能力的價值。越抽象的教材就是越形式的教材，越形式的教材也就是越無實質內容的教材。所以心靈陶冶（mental discipline）說又稱之為形式訓練（formal discipline）說。比方說，教育的目的如果在於培養學童的記憶能力，則教育的活動就是成天讓學童記憶人名、地名、年代、數目字等為主；至於所記憶的人名、地名、年代、或數目字等等是否具有意義，或者是否有具體內容，都不在考慮之列。因為教育的目的並不在於使學童了解年代的意義、人名的內容、地名的實質、或數目字所代表的蘊涵。總括一句話說，記憶的目的就是為記憶而記憶，至於記憶這些毫無意義的形式材料有何「實用」價值，則不需過問。

3. 一種心靈能力培育成功之後，可以在需要運用該種心靈能力的任何時刻與任何場所裏，左右逢源而不覺困難。這就是心理學上由

來已久的「學習遷移」(transfer of learning) 理論。由於過份相信形式材料有助於記憶能力的增加，有人乃以「無意義音節」(nonsense syllables) 來訓練學生的記憶能力。當學生在教育期間內，熟背了「13257, 15621, 314579, ……」（無意義的數字）之後，則當面臨需要記住電話號碼、身份證號碼、年代、甚至人名時，就可以把以往培養的記憶能力「遷移」過來。如此，教育可以省下許多時間，雖然學生並不知道「13257, 15621, 314579, ……」是什麼意義（事實上這些數字也不具意義）。但只要能够在限定時間內記憶這些數字，則教育目的已經完成。

4. 智力的培育是如此，體力及品德之陶冶亦莫不如是。拳擊家如經常練習閃避，則在比賽場合中可以免於對手之突擊；不依據本身欲望而行，甚至反方向而行，則是陶冶德行的不二法門。英國教育哲學家洛克在他的教育論著「教育論叢」(*Some Thoughts Concerning Education*) 中，持此說最力。在學習的遷移方面，精於代數的也優於幾何（智育）；善跑者也是善跳者（體育）；會騎腳踏車的也會騎機車（技巧）；親親者也會親及他人之親（德行）。

5. 在以智育代表教育全部的傳統觀念裏，最能陶冶心靈能力的學科，就是工具學科。因此，數學及語文科目在課程中份量最重。純粹符號之演算被認為對推理能力的培養有莫大的幫助；與實際生活不相干的算術題目（如雞兔同籠）則又被視之為訓練思考能力的佳徑。至於西洋各級學校課程裏，拉丁文及希臘文之欲去還留，中國文言文之長期霸佔課程地盤，這種現象，都不外乎由於許多學者認為古典語文雖為死語文，但以之作為培育學童重古尊長及啓發想像力方面，卻是彌足珍貴的材料！古典語文因有這種學說替其撐腰，難怪在課程裏滯留長存。

6. 科學昌明後，科學知識一日千里，知識範圍神速的擴大，知識內容也比往前加深。因此，自亞里士多德以來，學者所欲窮盡宇宙中所有知識的抱負，乃漸感心力不可支。以百科知識為教育目的（encyclopedic aim of education）的說法也就漸漸失勢。科學發達的結果雖然產生這樣子的一種情況，但科學之發達也由科學方法之注重所起。利用科學方法，比較可以解答宇宙中的奧秘，並克服當前所遭遇的難題。因之教育學者如捷克人康米紐斯（Johann Amos Comenius, 1592-1670）及英儒培根等人乃企圖以科學方法來研討所有知識。他們堅信只要學習者能夠妥善運用科學方法，則學習的結果，仍然能夠獲得「百科」知識──他們稱之為「泛知」（pansophism）。而所謂科學方法，就是將科學實際內容予以形式化，注重演繹、分析、或歸納等過程。並且多數科學倡導者也明示自然科學的研究不但使科學文明突飛猛進，且科學教材亦有陶冶學童心靈的價值。宣揚科學精神不遺餘力的英國學者斯賓塞（在教育上主張生活預備說的教育家，見前）更倡言：科學不但如同語文科目一樣有心靈陶冶之功用，且科學之心靈陶冶功用還比語言有過之而無不及。更有甚者，斯氏竟然這樣聲言：「語言使人熟悉非理性之間的關係，科學則使人認識理性間的關係。前者僅僅運用記憶力而已，後者則運用記憶力及悟性力兼而有之」（Spencer, 1966:39）。

晚近知識爆炸的結果，更使人了解以有涯之年要窮研浩瀚如淵海的知識，殆為夢想。並且，近年來由於國際間武力競爭所產生的尖端科學之研究，也令各國政府覺得欲在國際舞臺上佔一席地位，不得不獎掖高級科學研究人才。這種人才就是英才（elite），這種人才也就是善於作高度抽象能力思考的人。英才即令不是完全不顧及思考之「內容」（content），但卻絕對不停留在「內容」上，他們大半都在「形式」

（form）上運思。教育如果要節省學生時間與精力，就不應該側重分殊的、歧異的「內容」之了解；而應強調單一的、整合的「形式」之領會。知識之「形式」非他，就是知識之「結構」（structure）；如數學上的「集合」、「函數」等。教學這種知識結構，以後在需要應用的場合中，可以取之不盡、用之不竭。當代許多心理學家就持這種主張。而執這種主張的牛耳的，當推哈佛大學教授布魯納（Jerome S. Bruner, 1915-　）。布氏在其名著「教育的過程」（*The Process of Education*）中曾詳述知識構造的教育目的觀（Bruner, 1960）。

二　心靈陶冶的教育目的之批判

1. 心靈陶冶說植基於「官能心理學」（Faculty Psychology）。官能心理學最重要的論據，就是前述的「學習遷移」說。可是「學習遷移」說經過近代心理學家的研究，已經不是可以經得起考驗的學說。以美國心理學家桑戴克（Edward Lee Thorndike, 1874-1949）領銜的「動態心理學」（Dynamic Psychology）或「功能心理學」（Functional Psychology）從事各種心理能力的實驗結果，證明學習雖可遷移，但絕非無條件的遷移。學習能力之可以遷移，是有限制的（如兩種學習情境之類似性等）。一味的要學生在「舉一隅」之後，就可以在任何情境裏都能作「三隅反」，這顯然是強學生之所難。如果在兩種不同的學習情境中間還沒有搭起過渡橋樑前，就妄想從此端安步過彼端，這是會發生危險的。

2. 心靈陶冶的教育目的既重形式訓練，而非注意實質內容，則教學相當枯燥乏味；學生失去學習動機，也無學習的內在驅策力。在這種情況下，要想達到教育目的，殊非易事。學習活動之所以還能夠

進行，大概就要訴諸外在的獎懲了。學習活動乃因外在獎懲才產生，這是卑賤、下等、也是不具美感的。學習者對學習教材之所以了無興趣，乃因教材太抽象、太「形式」、太不合學習者的口味。難怪一個英國學者對形式訓練說作一種比喻性的嘲笑。他說：一種活動如果旨在強化兒童的消化能力，則吃牛排與嚼橡皮筋都可以滿足這種要求。但顯然地，學生會捨棄吃牛排而選擇嚼橡皮筋嗎（吳俊升，1962:56-57）？主張教育目的在於心靈陶冶，無異要學童天天在學校裏或在校外作學校功課時都形同在嚼橡皮筋，這種情況難保學生不將學校看成地獄，視學習活動爲畏途，在教室內頻頻看錶，恨不得早點下課，或一心只想逃課或趕緊畢業了。

3. 重視知識結構的教學，爲當前教育發展的一股重要趨勢；領會知識結構，也是現代教育的一層重要目的，這是科學知識發達之後的必然潮流，相信今後的教育活動，也會朝這種方向前進。不過這條路不是坦途大道，卻爲荊棘所充滿，因之有賴教育學者羣策羣力，方始有將它夷爲平地的希望。

重視知識的結構，就是重視組成知識的過程（process）；了解這種過程，也就掌握了追求該知識的方法。教育的目的，不在使學童知道答案，而是要學生認識獲得該答案的方法。只知答案，價值不高；清楚的體會通往答案的過程，才是眞正目的。前者是 Knowledge that，後者則是 Knowledge how。「一枝鉛筆3元，一枝原子筆5元，小華買鉛筆3枝及原子筆2枝，試問要花多少元？」這種數學問題的教學目的，不在強調學童獲得「19元」的正確答案（Knowledge that），而是要學童知道解決該數學問題的正確思考「過程」，即「3元×3＋5元×2＝19元」的運算過程。這正如西方的孔子蘇格拉底的教學方

式一般。蘇氏向學生提出問題，首先問的是:「那是什麼?」(What is it?)然後必隨著問:「怎麼知道的?」(How do you know?)。這種方式是刺激學生邏輯思考、運用豐富想像力的最佳方法。而思考力及想像力等就是學童的基本能力。

熟知某科知識的基本結構之人士，必定是該學科的專家。因此，課程編製必假借大學教授之手。但大學教授編出來的中小學教科書，既以知識結構爲其主要內容，則那些高度抽象化的、形式化的教材，能否爲中小學師生所了解，殊成問題。此外，卽令是一位深知知識結構的教師，但他（她）不懂敎學法、不諳學生心理，則更可能把本已枯燥單調的教材教得更爲枯燥單調。

所以，知識結構的教育目的觀，加重了教師的職責。一方面，教師要透徹了解所教知識的基本結構；一方面，教師要深悉敎學方法。果能如此，則如布魯納之所言: 吾人能將最艱深的教材教給最愚蠢的學生了解（Bruner, 1960）。從事教育工作的我們，實在應該有這層抱負。只是教育的「實際」情況要眞正達到這種境界，實在困難重重。布魯納的說法，或是另一種形式的烏托邦吧（註4）！

第五節　具體的教育目標

具體的教育目標就是近程的教育目標，它與遠程的一般性教育目

註4: 本章所述教育目的，部份資料得自 John S. Brubacher, *A History of the Problems of Education* (2nd ed., N. Y.: McGraw-Hill Book Company, 1966, Chapter I, Educational Aims.) 該書由林玉體譯成中文，書名爲「西洋教育史，教育問題的歷史發展」，教育文物出版社印行，1977。

的有別。但近程的教育目標乃附屬於遠程的教育目的之下。遠程教育目的與近程教育目標之間的關係，猶主人與僕役之間的關係，後者在服侍前者，後者只作為達成前者的一種手段而已（目標與目的二字作同義解）。

　　遠程教育目的相當高遠，相當抽象，也頗為空洞。如果要有指導實際教學活動的功用，則必須將遠程教育目的加以分析成切近的及具體的教育目標。但所謂切近或具體，也都是相對的字眼。比如說，一國有一國的教育目的、各級學校有各級學校的教育目的、各年級有各年級的教育目的、各學科有各學科的教育目標、各教學單元又有各教學單元的目標等。國文科的教學目標對全國性的教育目的而言，是具體的，也是切近的；但它對「出師表」這課教學單元的教學目標而言，則顯然是較為遙遠也較為模糊的目標。任何有「教育」意義的行為，有時在當前就看出教育效果，有時則需假以時日；它的效果有時可以立竿見影，有時則要等百年之後，所謂「百年樹人」就是這個道理。

　　最具體的目標，就是能夠訴諸行為表現的目標。受教者在接受教育之後，可以用言語、文字、動作、表情等方式來宣示他所獲得的學習效果。這就是所謂教育上的「行為目標」(behavioral objectives) 或能力本位的目標。行為目標及能力本位的目標是「行為主義」(Behaviorism) 影響教育的產物。它完全以外表的行為來判斷學習者所學習的目的是否達到。教者在施教之先，擬定幾個「具體」的目標要學生達成。目標既要「具體」，又要能用行為表現，因之那種目標是可以用數量來表示的。比如說，教學一課英文之後，就要學生能夠：①寫出本課生字；②三分鐘之內唸完課文；③記住兩條與本課有關的英文文法；……。

　　有許多老師喜歡使用行為目標，因為它非常明確，也很清楚，實

在有指示教學方向之用；教育行政機關也對它特別寵愛，因爲它適合於考核教學效果，**相當客觀，且可資計量**。不過平心而論，行爲目標雖然可以免除一般性教育目標之含混與模糊，但它也不能代表教育目標的全部。行爲目標把教育「行爲」完全予以量化，但教育行爲的大部份，卻是一種「質」，「質」是不能以「量」來代替的，「量」越軌而指使「質」，顯然很不妥當。

根據美國教育學家、追隨杜威左右的克伯屈（William H. Kilpatrick, 1871-1965）之意見，任何一種學科教學，都應同時具有三種目的：

1. 教學之後學生馬上知道該學科在本教學時間內所提供的知識或技能。比方說，教學科目是歷史，教學單元是「鴉片戰爭」，則教了「鴉片戰爭」這一單元之後，學生應立卽知道鴉片戰爭的歷史知識。鴉片戰爭的歷史知識至少包括鴉片戰爭的前因後果及鴉片戰爭的經過情形等；假定鴉片戰爭的原因有五，則學生知道該五種原因，卽爲敎學「鴉片戰爭」這一單元的行爲目標，技能動作學習亦然。克氏稱獲得這種教學目標的學習爲「主學習」（primary learning）。

2. 與本學科教學單元有直接關係的他學科知識或技能，亦得在本教學時間內讓學生了解與熟練。依上面的例子，教學鴉片戰爭的同時，也應該傳授地理知識、或生物學知識等。如英軍從何處登陸、五口通商的地理位置何在（地理學科知識）；鴉片爲何物（生物學知識）等。如此教學，學生對於分門別類的知識就較能產生一致性的認識，而不是獲得支離破碎的零星知識，或各學科孤立不相連屬的知識了。克氏稱這種學習爲「副學習」（secondary learning）。

3. 任何學習活動，都旨在變化學習者之氣質，陶冶學生之個

性、矯正他們的不良觀念或態度。這種結果非立卽可就，更非一蹴可及。讓我們再拿上例說明此項目標的重要性。教學「鴉片戰爭」這個教學單元之後的結果，如果僅完成「主學習」及「副學習」的目的而已，則沒有達到該單元教學的理想目的。如果學生在認識鴉片戰爭之後，因而在觀念上產生愛國的情操、民族的意識、及同仇敵愾的心理，則才眞正達到歷史教學的目的。這種教育目的是情操上的涵泳以及意境上的修鍊；而這兩種是「量」所無法表示的。克氏稱此種學習爲「輔學習」(concomitant learning)，且認爲這種學習才是最重要的學習。

行爲目標，或是說具體的目標，是將教育的大目標分析成小目標；但這種分析工作應該適可而止，否則有以量代質及以部份代表全體之弊。一般人把教育分成德、智、體、羣、美等五種，行爲目標只能施用在這五種「育」當中的部份而已，如十分鐘記住十個生字，一分鐘達到投籃入框十五球的要求等；但關於價值方面的領域，則行爲目標就較無用武之地了。晚近教育學者也強調教育應達成三方面——卽認知(cognitive)、情意(affective)及技能(psychomotor)的功能。在這三方面中，有關情意的具體教育目標就頗難用具體的字眼加以表示，也不容易用行爲來說明。這方面的詳細說明，詳見「課程」一章。

下面各舉兩例，分別說明教育目標之籠統與具體。

1. 根據中華民國教育宗旨（詳下節）而制定的現行高級中學教育目標爲:

爲實現高級中學法第一條「以發展青年身心並爲研究高深學術及學習專門知能之預備爲宗旨」之規定，高級中學課程之實施須達成下列目標:
一、陶冶國家觀念、民族意識、養成修己善羣、勤勞服務的習性。

二、加強語文閱讀、寫作、欣賞的興趣與能力。
三、增進基本的數學及科學知識，訓練思考的能力，培養其進一步研究學術的興趣與能力。
四、鍛鍊健全身心，充實軍事知能，培養文武兼修的人才。
五、培養審美能力，陶融高尚情操，發揚固有文化。（教育部，1983:11）

高級中學教育目標當然比全國性的教育宗旨具體。而根據高級中學的教育目標，則高級中學的各教學科目又有比較具體的教育目標之規定。如高級中學國文科教學目標爲:

壹、指導學生研讀語體文，提高其閱讀及寫作語體文之能力。
貳、指導學生精讀文言文，培養其閱讀淺近古籍之興趣及寫作明易文言文之能力。
參、教導學生研讀中國文化基本教材，培養其倫理道德之觀念，愛國淑世之精神。
肆、輔導學生閱讀純正優美之文藝作品，增進其文藝欣賞與創作之能力。
伍、輔導學生閱讀有關思想及勵志之課外讀物，培養其思考判斷之能力與恢宏堅忍之意志。
陸、輔導學生臨摹楷書及行書等碑帖，增進其鑑賞及書寫之能力。

（教育部，1983:27）

根據各學科教學目標，就可以擬定各教學單元的教學目標。學科單元目標也就是「教案」（teaching plan）所記載之目標，這種目標是最爲具體的。但理想的單元教學目標，應該將上文所介紹的克氏之三種學習目標同時包括進去，並兼顧認知、情意、及技能三方面。

2. 上文曾提到，教育目的如果在於培養良好公民，則教育學者會異口同聲贊同這種目的。教育史上也有許多名學者取「公民」的立場來釐定教育目的，他們視羣體的社會爲一實在體，而認爲獨立的個

人只有附屬在社會之下，才能顯示其意義。這本來是社會主義學者的主張，但晚近學者對於「公民」(citizenship) 之概念，已沒有社會主義學者所主張的那麼極端，他們並不忽視個人之價值。不過，到底什麼才是「良好公民」，這問題卻是相當棘手（註5）。下面是美國教育學會（N. E. A. 卽National Education Association）所屬之教育政策委員會（The Educational Policies Cmmission）對「公民責任之目標」（The Objectives of Civic Responsibility）所作的一種比較具體的分析:

1. 洞悉人類環境之差異性；
2. 實際參與改進社會不良情況之活動；
3. 了解社會組織與社會心理；
4. 防禦宣傳性之活動；
5. 尊重別人意見；
6. 保衞國家權益；
7. 認識科學對人類幸福之貢獻；
8. 作爲國際社會中之合作份子；
9. 恪守國家法律；
10. 具備經濟知識；
11. 履行公民職責；
12. 篤信民主理想。（NEA, 1938:47-108）

上述的每一項目，還可以繼續細分。

註5: 這種問題牽涉到教育的「終極目的」問題。有關此種問題的討論，英國倫敦大學教授皮特斯（R. S. Peters）論之甚詳，他反對教育應有「終極目的」，參見氏所著 *Authority, Responsibility and Education* (London: Gerrge Allen and Unwim Ltd., 1959), p. 94.

第六節　中國教育目的

一、中國古代之教育目的

中國的教育,在廣義的生活教育方面已有數千年的歷史;但在狹義的學校教育方面,則尙屬童年。學校教育未立,則有形的教育宗旨、或見之於官方文件的教育目的,就不可能存在。一般而言,中國的文化是泛道德的文化,一切以行爲之善爲依歸。教育活動是文化的反映,因之教育乃以德性之陶冶爲宗旨。古代的中國人強調品德而忽視知識,重德而不重知。因此,「愚蠢得可憐」之行爲,也被譽爲「其行可嘉」(蔣夢麟,1960:272-273)。「二十四孝」在中國社會流傳,並普受讚揚,正是泛道德文化精神之表現。泛道德的教育目的使得個人在家要孝,爲官要忠,與人交要信。至於知識之獲得,那是其次的工作;「行有餘力,則以學文」。學習如何作人,而非學習如何作學問,是中國古代的教育宗旨(註6)。

學生知道如何作人,就得認識人倫。人倫之道有五,卽「父子有親,君臣有義,夫婦有別,長幼有序,朋友有信」。孟子說:「設爲庠序學校以教之……皆所以明人倫也」(孟子盡心篇)。

孔子以「仁」、孟子以「義」作爲人倫之極致。孝悌爲仁之本,推己及人爲仁之方,富貴不能淫、貧賤不能移、威武不能屈等爲義之表

註6:這方面的例子很多,有人問孔子,他的門徒當中誰最好「學」,孔子答以「顏回」。而孔子對於什麼是「好學」,卻說:「不遷怒,不二過」。此外中文「教」字,以「孝」爲傍(林語堂,吾國吾民,臺北德華,民69, p. 164),例子太多,指不勝屈。

現。

宋朝的朱熹更以言忠信、行篤敬、懲忿窒慾、遷善改過爲修身之要；以「正其誼不謀其利，明其道不計其功」爲處世之旨；以「己所不欲，勿施於人；行有不得，反求諸己」爲接物之方。這些教育目的，雖名目繁多，但一言以蔽之，都是道德修養而已。

二、清末教育宗旨

中國正式的學校系統，始見於光緒二十八年（1902）之「欽定學堂章程」，但該章程胎死腹中。光緒二十九年（1903），又頒佈「奏定學堂章程」。本章程是內亂外患之後的產物，清廷在遭受諸如太平天國之內亂以及鴉片戰爭等之外患後，才覺得要振衰起敝、救亡圖存，必須從根本下手。而起死回生的根本乃在教育。但清末時局是非常之局，要應變就非採非常之教育不爲功。因之乃把延續一千多年的科舉制度，毅然決然的予以廢除，並且舉國興辦學校。這在中國教育史上是值得大書特書之事。

西學之輸入，使得中國學術及教育活動不得不改弦易轍。時人悚於洋人之船堅砲利，但又不忍丟棄中國古學的包袱，因而興起「中學爲體，西學爲用」之主張。中學可以治身心，西學可以應世變；中學爲主，西學爲輔；中學爲經，西學爲緯；中學爲內學，西學爲外學等等說辭，不一而足。這種學風，乃形成了光緒三十二年的「教育宗旨」。

光緒三十二年（1906）的教育宗旨爲：「忠君、尊孔、尙公、尙武、尙實」。分析言之，忠君與尊孔，是中國固有之文化遺產；也是帝國體制之內，臣民接受教育應該達成的目的；這是「中學」。但中

國之病在於「私、弱、虛」，卽自私心太重，國勢積弱，產業不豐。針對這些缺點，就有必要採歐美文化之長處；在教育措施上實施「尚公」以濟「私」，「尚武」以救「弱」，「尚實」以免「虛」。從現在的教育術語而言，尚公教育就是公民教育；尚武教育就是軍事教育；尚實教育就是職業教育；這是「西學」。

清朝帝祚旋踵卽滅，中國帝制卽由孫中山所率領之中國革命軍所推翻；君主政體改爲民主政體。光緒三十二年之教育宗旨，也就由國民政府明令廢止。

三、民國初年之教育宗旨

民國肇建，不只是歷史上改朝換代而已，中國自此步入民主國家之林。政治體制既已更改，則教育宗旨也不得不變（至少，已不能有「忠君」字眼）。民國成立之後，中央政府設立教育部。民國元年（1912），教育部頒佈教育宗旨爲：

注重道德教育，以實利教育、軍國民教育輔之，更以美感教育完成其道德。

時賢都認爲這是當時教育總長蔡元培之教育主張。蔡氏是前清翰林，有深厚的中學根基，又赴德國求學多年，深受德國哲學家康德、黑格爾，教育學家菲希特、洪保德（Wilhelm von Humboldt, 1767-1835，任日耳曼邦教育部長）等人學說之影響，因之西學基礎也甚爲穩固。蔡氏之意旨，在於教育應以道德之完成爲最高旨趣。但追求善的道德，應含有追求美之美感成份在內。否則僅是善的德行修爲，有失嚴厲與單調之虞，這是中國傳統道德教育之通病。「美感者，含美麗與尊嚴……」。並且，有美感的人生，也正是多采多姿的人生；具

有多采多姿的人生則人生的面甚廣。人不只生在具體世界（蔡氏稱爲現象世界），如「采蓮羹豆」、「火山赤石、大風破舟」等；但由於美之感受，還可將現象世界提升一層，將個人納入自然界中，與造物爲友。如飲食之事的采蓮羹豆，一成詩歌，則是一種美；自然界之變化經常可怖可駭，但一入圖畫，則又是頗值欣賞之美。這種意境，就是「實體世界」的意境。如此的人生意義，不是豐富無比，令人流連忘返嗎？（蔡元培，1961:79-81）

但教育仍然要拯救國難。因此，教育應重視實利教育，以使民生富足，國家富強。教育之強調軍國民教育，更在於袪除「東亞病夫」的不雅稱呼，並消滅傳統士大夫「四體不勤」的標誌。人民要有強健的體魄，魁偉的身材，國家要有可戰之兵，有禦侮之力，則除了注重軍國民教育之外別無他途可尋。

但依蔡氏之見，實利教育及軍國民教育，都只是達成美的道德教育之手段而已，它們本身是工具，不是目的。這是應該注意的。

四、袁世凱於民國四年（1915）所頒佈之教育目的

袁世凱欲帝制自爲，乃斷然取消民國初年所頒行之教育宗旨。袁氏所訂之教育宗旨如下：

愛國、尚武、崇實；法孔孟、重自治、戒貪爭、戒躁進。

袁氏之教育宗旨，有幾項與過去之教育宗旨異名而同實。「愛國」就是「尚公」，「尚武」則與清末所訂之教育宗旨之一「尚武」雷同，

「崇實」就是「尚實」。「重自治」之目標甚爲冠冕堂皇，但熟諳歷史者，知道這是袁氏君主立憲的藉口，或作爲抵禦外國政府干涉他稱帝的口號。至於「戒貪爭、戒躁進」，則更暴露出他個人認爲中國之政治體制不得由君主「躁進的」轉換爲民主，並且除了他本人之外，他人不得「貪爭」君主寶座，這種企圖的原形了。如此的教育宗旨，則袁氏之政治野心，已如司馬昭之心，路人皆知矣！（註7）

拿教育作爲達成私利的工具，視教育爲獲得政治陰謀的手段，這是非常不應該的。

幸袁氏逆時潮之舉不得逞，他所頒的教育宗旨也就隨之夭折。袁氏之教育宗旨，雖在近代中國教育史上如曇花一現，但卻是而後擬定教育宗旨應予警惕的前鑑。

○

五、現行教育宗旨

現行教育宗旨，是在民國十八年（1929）由中國國民黨第三次全國代表大會於南京開會通過的，國民政府於同年四月頒佈。原文如下：

> 中華民國之教育，根據三民主義，以充實人民生活，扶植社會生存，發展國民生計，延續民族生命爲目的；務期民族獨立、民權普遍、民生發展，以促進世界大同。

這個教育宗旨，一直使用至今。

註7：令人覺得「詭異的」（paradoxical）就是當前仍有許多人認爲實行民主不應太躁進，這不是與袁世凱同一論調嗎？只是袁氏提出該主張時，民國才成立四年，但現在已七十多年了。

當年頒佈這個教育宗旨的同時，也規定各類教育實施方針：

1. 各級學校三民主義之敎學，應與全體課程及課外作業相連貫，以史地敎材闡明民族主義之眞諦；以集體生活訓練民權主義之運用；以各種之生產勞動的實習培養實行民生主義之基礎。務使知識道德融會貫通於三民主義之下，以收篤信力行之效。
2. 普通教育須根據 總理遺教，陶融兒童及青年「忠、孝、仁、愛、信、義、和、平」之國民道德，並養成國民之生活技能、增進國民生產能力爲主要目的。
3. 社會教育必須使人民認識國際情況、了解民族意義，並具備近代都市及農村生活之常識，家庭經濟改善之技能，公民自治必備之資格，保護公共事業及森林園地之習慣，養老恤貧、防災互助之美德。
4. 大學及專門教育必須注重實用科學，充實學科內容，養成專門知識技能，並切實陶融爲國家社會服務之健全品格。
5. 師範教育爲實現三民主義的國民教育之本源，必須以最適宜之科學教育及最嚴格之身心訓練，養成一般國民道德上學術上最健全之師資，爲主要之任務。於可能範圍內，使其獨立設置，並盡量發展鄉村師範教育。
6. 男女教育機會平等。女子教育並須注重陶冶健全之德性，保持母性之特質，並建設良好之家庭生活及社會生活。
7. 各級學校及社會教育應一律注重發展國民之體育。中等學校及大學專門學校學生，須受相當之軍事訓練。發展體育之目的，固在增強民族之體力，尤須以鍛鍊強健之精神，養成規律之習慣爲主要任務。
8. 農業推廣須由農業教育機關積極設施。凡農業生產方法之改進、農民技能之增高、農村組織與農民生活之改善、農業科學知識之普及、以及農民生產消費合作之促進，須全力推行，並應與產業界取得切實聯絡，俾有實用。

分析這種教育宗旨及教育實施方針,有下列幾種特色:

1. 學校教育與人民實際生活合一。教育之設計要為大多數不能升學之青年著想,因此要實施「生活教育」。而以充實人民「生」活,扶植社會「生」存,發展國民「生」計,延續民族「生」命,為教育之主要目的。

2. 各級教育不可偏於高玄空洞之理論,而應以實用科學來促進生產之發達,以裕國民之生計。

3. 教育制度與設施,掌握住一中心主義,而無從來教育活動祗抄襲流行學說之弊。教育的中心主義,就是作為建國的三民主義。教育有了定點,才不會隨波逐流,隨俗浮沉。

4. 教育理想相當遠大。在民族獨立、民權普遍、民生發展之後,更以世界大同作為終極目標。

民國三十六年所頒佈的中華民國憲法,其中第158條之規定,亦類似於教育宗旨;該條條文如下:

> 教育文化,應發展國民之民族精神,自治精神,國民道德,健全體格,科學及生活智能。

這條教育基本大法與十八年之教育宗旨,二者可說表裏一致,內外合一。

只是教育宗旨如果懸的太高,反有不切實際之感。教育宗旨可以說就是人生理想,人生理想頗難有實現的一日。如果終其一生,終此一代,甚至終此一世紀的教育努力,仍然距離教育宗旨所要求的境界相當遙遠,沒有任何明顯的進展可言,則這種主張也難免受到如杜威對於「完美生活」的教育目的之指控一般。此外,根據憲法及三民主

義而制定的教育宗旨，事實上是否貫徹憲法及三民主義之精神，力行民主教育方式，保障人民言論、思想自由，則不無可資檢討改進之處。

本 章 摘 要

1. 遠程的教育目的稱爲「宗旨」，近程的教育目的稱爲「政策」。
2. 從教育史上看，教育目的有強烈的保守性。安於現狀及社會動盪不定時，此種保守性的教育目的居於優勢。且一般人也有惰性，蕭規曹隨，自能駕輕就熟。此外，理想境界存在於過去，因此保存固有，自是教育所追求的目的。這些是保守性教育目的的主要原因。
3. 複演說，文化期理論，職業活動及生活活動分析說，都是保守性教育目的的代表學說。
4. 企變求新、前瞻式的教育目的，就是與保守性教育目的相反的教育目的。烏托邦氏的教育理想、天國生活的教育主張、完美生活的學說，就是追求未來的教育目的的典型代表。
5. 注重自我發展，強調人性本善，並且在教育活動中，個人優先於社會的學說，就是自我實現的教育目的。
6. 心靈陶冶的教育目的，側重學習遷移，而抽象學科及工具科目的價值大爲提高，知識結構之說也甚居勢力。
7. 教育宗旨如不能由具體可行的教育目標來表現，則行同具文。
8. 中國過去的教育目的，偏向德性的涵養，卻忽略了知識的研究。清末以來才有明定的教育宗旨。有些很具體，有些則仍空洞。
9. 我國當前的教育宗旨形同政治理想，教育政策較具實用。
10. 憲法亦有教育條文，其中的教育目的可作爲我國教育發展的方向。

討論問題

1. 俗云「守成不易，創業維艱」。討論保守性教育目的與追求未來的教育目的，二者如何取得協調？
2. 當前我國的教育活動，有那些具有保守性色彩，有那些具有創新性色彩？
3. 理想境界出現過嗎？出現在何時與何處？今不如古呢？還是古不如今？還是二者半斤八兩？
4. 教育活動應該獎助「依古」還是「疑古」？
5. 「適應」環境，這個名詞，含有極高價值嗎？「適應不良」應予以貶斥嗎？
6. 我們此地的教育有無「天國」色彩？
7. 我國教育宗旨是否是一種「烏托邦」？
8. 柏拉圖的教育學說，含有「人盡其才」的意義嗎？
9. 傳統的教育是教材配合學生呢？還是學生配合教材？有證據嗎？
10. 討論「經驗的重組與改造」所形成的教育目的。

第三章
教育的基礎

　　教育的理論與教育活動之實施,借助於其他學科之處頗多。嚴格說起來,「教育」要成為「教育學」,並不是一件很容易的事。教育本身不是一門「自主性的學科」(autonomous discipline),它有許多領域與其他學科重疊,且糾纏在一起。要努力釐清某種內容專屬教育所「獨有」,似乎是相當困難的。

　　由於教育依賴其他學科,因之它是一門綜合性的學科,也是最富有「科際性的」(interdisciplinary)學科。教育不是孤立的,它與許多學科研究息息相關;其他學科的研究成果影響教育理論的成立及教育活動的進行,而教育的成效也部份的左右了其他學科的研究方向。要想充分了解教育的本質及現行教育活動的來龍去脈,就不得不探討教育與其他學科的關係。

　　一般而言,教育與其他學科都有關係。本章因限於篇幅,只提出幾種與教育較有密切及直接關係的學科來作討論。至於本章沒有提到的學科,讀者千萬不要誤以為那些學科與教育為零相關。而它們的關係如何,讀者自可從本章的敘述中舉一反三而獲得認識。

　　影響教育實際的最重要人生活動,莫過於政治與經濟;而左右教

育理論之發展至深且鉅的，當推心理學與哲學。本章就從這兩大點出發，作底下的論述。

第一節 政治與教育

政治與教育的關係相當密切，「政教合一」是我們常聽到的名詞。「政治」的希臘字是「城市」的意思，本來它只在指明城市的實體存在而已。但其後卻也意謂著城市生活事務——尤其是公共事務——的處理。當人民生活在悠哉悠哉的農業社會，享受日出而作，日入而息的鄉村生活時，「政治」對人民而言，似乎是不太必要的。但當人口集中而形成了「城市」後，人與人之間的交往就頻繁，人間的問題也就層出不窮。這時，「政治」乃自然而然的為人民所感到必要。城市生活的有形面之一，就是學校教育活動。因之政治與教育乃構成不可分的關係。

城市生活要過得順遂，就必須有人來處理公共事務。但處理公共事務應委諸一個人身上呢？還是寄賴於少數人？或是要靠眾人來決定？一人獨力處理公務的政治，就是君主政治（monarchy）、或專制政治（despotism）、或獨裁政治（dictatorship）；少數人來處理公務的政治，就是寡頭政治（oligarchy）、或貴族政治（aristocracy）；眾人都來參與公務處理的政治，就是民主政治（democracy）。將政治內容依政權分配的人數之多寡而加以分類的，就是希臘哲學家亞里士多德的創舉。亞氏在他的政治學名著「政治學」一書中，即把政權作上述三種分配，他的「政治學」也是一本名垂千古的教育著作。

相應著這些政治權力分配的類型，則有不同的教育型態出現。教

育學者所關心的問題是: 何種政權的教育為優？何種政權的教育為劣？處理公務人才的教育應該如何？誰享有權利去接受治者（即處理公務的人才）的教育？治者之課程如何？治於人者的教育又應如何？他們的課程又是什麼？

一、君主政治與教育

人類的歷史上有一段相當長的時間，政治權力由帝王所獨享。帝王擁有最高政治權（包括教育權）。他是天之子，與凡夫俗子不同。天子是主人，凡夫俗子是僕役。主人是發號施令的，僕役卻是聽命服侍主人的。帝王可以說「朕即國家」，一般人則「君要臣死，臣不敢不死」。

如此位尊勢重的權力人物，他自己的教育如何呢？他對臣民的教育又採取何種態度呢？

1. 多數的歷史學家為了迎合帝王心意，大都描述帝王是天縱英明，生具異稟，有別於常人。天子不是兩手過膝，雙耳垂肩，就是誕生時雷電交作，紅光滿室。帝王既有如此生象，則他的一言一行自為國人所表率，他的命令就是聖旨，臣民不得違抗；他的想法與觀念，就變成堅定不移的教條。帝王是天之子，奉天行運，代天行事，因此他不受人間之教育。歷史上多數朝代的創位帝王，「教育」程度不高。

但也有不少帝王重視本身的學養，因而有皇家教師之設置。皇家教師除了教育皇帝本人之外，更重要的，是教導皇太子，也就是未來的皇帝。馬其頓（Macedon）國王菲力浦（Philip, 382-336 B.C. 統治期間359-336 B.C.）敦聘希臘大哲學家亞里士多德來教養他的孩子

──後來成為大帝的亞歷山大（Alexander the Great, 356-323 B. C.）。法蘭克王查理曼大帝（Charlemagne, 742-814, 在位768-814）自英倫聘請學者亞爾坤（Alcuin, 735-804）來皇室主持「宮廷學校」（Palace School），教導他本人、皇后、皇太子、及顯要之子弟。英國都鐸（Tudor）王朝時（1485-1603）伊利沙白女王（Elizabeth I, 1533-1603）未登基之前，由劍橋（Cambridge）大學名希臘文教授阿斯堪（Roger Ascham, 1515-1568）教導她古典語文；上王位寶座之後，女王續請她的御前教師當女王秘書。

2. 受教育不多，本性又粗暴的「天子」，則對臣民的教育多數採取忽視的態度。帝王本身好大喜功，以征伐他國，虐待自己臣民為樂，實在也無暇顧及他人之教育。如秦始皇焚書坑儒，但卻南征北伐，大興土木，築阿房宮，開運河。並且帝王又以為臣民受教育越多越不可能對他忠順，反而有叛逆或革命之可能。即令有少數帝王也認清教育對國家建設之重要性，但因教育效果遲緩，因之，目光如豆的天子對於修建碉堡的興趣大過於興辦學校（封建社會裏），築橋樑、美化馬路的熱心高過於蓋教室（現代社會裏）。啟迪民智的教育活動，就斷喪在短視的帝王手中，人民變成文盲，無知無識。

幸運的，如果人間歷史上出現了一位英明有為、目光遠大、鴿子棲於雙肩上的帝王，則文教昌明，學術研究風氣濃厚，教育機構也就林立了。查理曼大帝之振興文教，史家稱之為中世紀漫漫長夜中，稍露曙光的卡洛林文藝復興（Carolingian Renaissance）；伊利沙白女王之重視古典學術研究，也使得意大利的文藝復興運動能夠在英國生了深根。而漢武帝之獨寵儒術，更奠定了孔學在中國的至尊地位。

在專制社會裏，教育活動之興替就如同政治之隆污一般，帝王個人的性格及才幹是左右時局的主要因素。因之人存政舉，人亡政息，

乃變成獨裁政治的通有現象。教育之實施未成制度，則教育活動卽令有時來運轉的美好時光，但終究是如同曇花一現，有瞬卽凋零之危。

3.至於帝制社會中，誰才能享有最高統治權的問題，這在帝制社會與王位世襲制度合流時，因王位是代代相承的，因而除非改朝換代，否則父退子繼，這種制度在古代的社會裏，中外皆然。

4.學者對統治者教育的論述：柏拉圖在他的教育名著「共和國」一書中，就提出他對於帝王教育的觀點。人性有理性、情性、及欲性三種；理性居最高的部位，是主宰其他兩性的樞紐。理性之爲用就是作抽象思考，或作形而上的冥想。換句話說，就是哲學研究工作。理性的人是治者，他治理軍人（情性之人）及生產階級人士（欲性之人）。但治者並非世襲，因爲一個理想的國家旣必須由最有理性之人來統治，而事實告訴我們，這一代的統治者縱使有最高的理性，但他的子孫卻未必是在下一代人羣中具有最高理性之人。只有理性的人物才能有巨眼，看出遙遠的理想目標，也會依那目標而進行追求活動。因之，治者之培育必須在全民中選拔，層層淘汰。經得起理性考驗的人可以在全民中突出。這是非常有民主意味的教育方式。治者旣要精於抽象思考，不以具體實物對象作爲思考主體，他不依傍感官界，不仰賴可摸可看可聽的經驗，而一任理性在理念世界中馳騁。因此，治者教育最重要的學科，莫過於數學及形上學。難怪柏拉圖在他所設立的「學苑」上掛個牌子，上書：「不懂幾何的人不得進來」。這猶如孔子之所言「舉一隅不以三隅反」，則「朽木不可雕」的意思一樣。數學最有理性思考的訓練功能。而理性發揮到最高極致，就是哲學的境界，哲學家與理性者合一，也就是哲學家與治者合一，因此柏氏最理想的治者就是「哲學王」。

法家的學者對於治者之教育採取不同的觀點。意大利文藝復興時期個人主義的政治學者馬基維里（Niccolo Machiavelli, 1469-1527）在其所著「君王論」（*The Prince*）一書中，就要君王有狐狸的狡猾及獅子的力氣。前者可以使君王免於落入陷阱，後者則可以使君王成爲萬獸之王。這是人性本惡論的延伸。中國的法家大師韓非，也根據人性惡的立場，來闡釋爲王者之道。上位者應懂得「勢」「術」及「法」（即法家三寶），否則沒有資格充當一位統治者。法家的治者三寶說甚容易了解，也具相當說服力，且有部份道理。簡言之，「勢」就是要有地位，有「權」力；「術」就是可以有獎懲技巧，「法」就是要有制度。

至於儒家的思想，對於王者之道更持不同的看法。孔子說：「君君」，那是說，君要像君的樣。但什麼是君的樣呢？要「居之無倦，行之以忠」，要「政者正也」（論語顏淵），要「先之，勞之」。如此則「其身正，不令而行。其身不正，雖令不從」（論語子路）。孟子更以去利行仁義來期勉君主：「王何必曰利，亦有仁義而已矣！王曰何以利吾國，大夫曰何以利吾家，士庶人曰何以利吾身。上下交征利而國危矣。……苟爲後義而先利，不奪不饜。未有仁而遺其親者也，未有義而後其君者也」（孟子梁惠王）。孟子並希望君主引伸不忍人之心來行不忍人之政。儒家的另一名學者，荀子，則以聖人爲王：「天下者至重也，非至彊莫之能任；至大也，非至辨莫之能分；至衆也，非至明莫之能知。此三者，非聖人莫之能盡。故非聖人莫之能王」（荀子正論）。儒家重「人」治，要以身作則；法家則重「法」治，主張要有「制度」。

墨子更倡言兼相愛、交相利來規範帝王行爲，並主張帝王應非戰與節葬。老子則言無爲，也影響了中國歷史上的一些帝王之作爲。

二、貴族政治與教育

次於最高統治階層的治者，泰半就是貴族。貴族有些是世襲（如古代的東西社會），有些則否（如古代中國社會）。在古希臘羅馬社會中，只有貴族才是有閒階級。有閒階級就是自由民，自由民不必花費體力從事生產工作，因爲生產工作已經由奴隸一手承擔。因此，自由民就有「餘閒」從政，政治工作也就落在他們的雙肩上。有閒階級就是讀書人，西洋的「教育」早就專指「閒暇階級」而言。教育與政治之合一，也就在這個地方顯現出來。而勞力階級之農工商人士，是不能「提升」到治者層的。換句話說，治者卽是貴族。並且今生是貴族，則永世都是貴族。

中國古代社會亦然。但中國傳統社會卻發展一套「考試制度」。在考試制度中，大多數的人都有資格應試（但女人除外）。王公將相之子，與布衣平民之子同列考場。在公平的考試競爭中一較短長。因此，貧寒人家只要肯度十年寒窗苦，則可以在金榜上揚眉吐氣，使本來居於下階層的地位，提升爲高階層的治者身份。「士」本是讀書人，但「士」與「仕」幾乎是同義的。「學而優則仕」的觀念早就牢牢的埋植於中國傳統讀書人心中（不幸，這種觀念現在還殘存著）。所以中國的考試制度使中國的社會結構並不十分僵固。只是中國過去的科舉考試太注重文字形式，並偏於古籍之模仿與記憶，因之考生如想獵取功名，就得花相當多的時間從事準備工作，這種準備工作對不愁衣食的貴族子弟而言，當然比三餐不繼的平民較爲容易。因此，社會的階級意味仍然相當濃厚。

中國古代教育以經籍來薰陶士人，猶如歐洲文藝復興時代人文主

義(Humanism)教育學者主張以古希臘羅馬的文學著作來培養治者階層一般。而古希臘羅馬對於有閒階級之教育，則強調「七藝」(Seven liberal arts)之教學。所謂七藝就是注重語文的「三藝」(trivium)——文法、修辭、邏輯；及注重自然科學的「四藝」(quadrivium)——算術、幾何、天文、音樂。文雅學科(liberal arts)才能使公民享有「自由」，(liberal 與 liberty，只是形變而已)。其後歐洲社會之教育活動，大都指貴族教育而言；而教育之主要內容，就是古典語文之研究。這在大學自不用說；中學，如法國之文科學校(Colleges, Lycee)，英國之文法學校(Grammar Schools)，德國之古文學校(Gymnasium)，都以拉丁文法為學習主科。拉丁是學者用語，更是治者用語。歐洲上層人士之使用拉丁語文，就像中國士大夫階級之使用文言文一般。

　　貴族既擁有政治權，他們也就把享有的教育權看作是「既得利益」(vested interest)，死抓不放。他們權力在握，是不容許他人侵犯他們的權益的，更不許他人破壞他們的權益。貴族教育又稱「英才教育」(elite education)，治者人士認為貴族才是英才，士大夫才是可造就之士。因此只有他們才可接受教育。他們公然揚言，教育是貴族的特權。這種說法，聽起來似乎是理直氣壯，其實卻是經不起考驗的。只要機會平等，則有些平民之潛能發展，正不下於貴族。

　　其次，不少中西學者也曾對治者教育發表不少言論。一部論語，大都在談「士」或「君子」。士之學就是「六藝」——數、書、射、禮、樂、御（文武兼備）。君子之修養極致就是仁人，仁就是忠恕；盡己之謂忠，推己及人之為恕。至於仁之方，就是孝悌。仁者言行要嚴謹，非禮勿視、勿言、勿聽、也勿行；他要一日三省吾身，時時檢討自己；行有不得則要反求諸己。孟子也言大丈夫要威武不能屈，貧

賤不能移，富貴不能淫，任重而道遠；還要忍受苦心志、勞筋骨、餓體膚、身空乏、行拂亂之考驗；並以求仁取義爲職責。

歐洲社會在國家組織型態未出現之前，政治權力落在「宮臣」(courtiers)或「朝臣」(governors)身上。這種人是融合基督教精神、武士精神、及人文精神的產物。關於他們的教育，時人恰有兩種專書出世。一卽郞世寧（Baldassare Castiglione, 1478-1529）之「宮臣之書」(*The Book of the Courtier, 1528*)，一卽伊利歐特爵士（Sir Thomas Elyot, 1490-1546）之「朝臣之書」(*The Boke named the Governour, 1531*)。朝臣或宮臣都非貴族莫屬。綜觀卡氏及伊氏兩部書之著作內容，貴族教育必須達到下列目標：①孔武有力，精於征戰，勇於冒險，不畏艱難；習於射箭、游泳、舞蹈、及武器之使用；②善於演說，用語端莊，口齒清晰，富有說服力；③機智且有才識，熟悉人文學科、了解古文學內容、應變靈活、思想敏捷、判斷明智。④以理性支配情感、節制、公正、寬宏大量，還要有虔誠的宗教信仰。可知作爲一個治士，要德、智、體育並重，缺一不可（Boyd, 1964:212-216）。

在有形的教育機構——學校大量興建以前，部份貴族子弟進入專門以古典語文爲學習科目的私立學校就讀，這一點前已述及。但多數貴族子弟都有私人教師陪伴，這些私人教師的學問多半非常淵博。沙特斯堡伯爵（Earl of Shaftesbury）聘英國大哲學家洛克教導其子；伯伊尼堡男爵（Baron von Boyneburg）則敦請數學家兼哲學家來布尼玆（Wilhelm Leibnitz, 1646-1716）當家庭教師。當時歐洲社會流行「紳士」教育（gentleman education），文質彬彬，行動矯捷，能歌善舞，敬愛婦女，乃是紳士的必備條件。

三、民主政治與教育

貴族政治在教育上的影響，最明顯的就是教育制度的雙軌制系統（two-track system）之建立。雙軌平行，永不相交。貴族是其中一軌，而平民則是另一軌。平民那一軌是貴族基於「憐憫」或「慈悲」，而為教導平民不得為非作歹，甚至灌輸給平民心甘情願接受命定論調而設立的學校。平民入學性質既與貴族有異，則平民子弟不得轉入貴族學校，貴族子弟也不屑與平民子弟為伍，這是極其自然的現象。

民主政治興起後，政治主權在民，人人都有參政權，任何個人不分性別與社會階級，都積極參與公共事務的處理，並且共享社會福利。因此，人人接受教育，乃形成「不可讓渡的權利」(inalienable right)。這種權利是「自明的」(self-evident)，他人不可剝奪。並且人人所接受的教育，基本上又是相同的。教育機會平等及教育普及化的口號乃因此而生，且成為福利國家的重要施政目標之一。

傳統的雙軌制教育體系乃變成單軌。接受教育不僅成為權利，還是義務呢！有義務則非履行不可，否則則接受警告、罰款、監禁等處分。先進國家自十八世紀後，紛紛宣佈強迫國民教育法案。其後歷史證明，最先實施普及教育的國家，最先富強。普魯士最先頒佈普及國民教育法，因而使以後的德國突出於歐陸羣國；美國最先延長義務教育到中學階段，也使得美國變成第一個超級強國。

立足點平等的教育，使得平民中出現了許多英才；全民教育的結果，也使得整個國家的知識水準提高，文明的進步速度更是今非昔比。人人盡其才，才又盡其用，正是民主政治與教育二者相輔相成的主要收穫。

最先領受普及教育恩澤的，就是貧民。要貧民能接受教育，則一定要免他們的一切教育費用。政府普設公立國民學校，貧民就不必入私立的貴族小學就讀。不但如此，品學兼優的貧民還受到獎勵。當年羅馬皇帝圖拉眞（Emperor Trajan, 52-117）就以獎學金授給「腦袋重」而「錢袋輕」的學生（Meyer, 1972:46），正是這個道理。如果因子弟入學而致家庭經濟遭受損失（如因孩子入校而無法看顧更小的小孩，使得家長要花錢雇人來照顧幼兒；或大人在家裏花時間自己照顧幼兒，因而不能出外賺錢；或孩子入學而少掉一筆到工廠當技工的薪金等），則損失由政府負責賠償。甚至政府還負起強健下一代國民的責任，一看貧民子弟面黃肌瘦，四肢乏力，則在他們入學期間還提供午餐——營養的。另外，政府也實施失學民衆免費補習教育措施，使得已逾學齡的成人男女能獲有識字受學的機會。

其次，各級學校要以本國語言教學，而不再使用古典語文（如西洋之拉丁及中國之文言文）作爲教學媒介，並注重現代外國語之學習。課程內容強調與實際生活有關的實用材料，而不是遠離具體經驗的死教材。

不能實施中學義務教育的國家，也普設各類型中學，降低學費，大量收容國民學校畢業生入學。換句話說，中學教育機會不能爲貴族富豪階級所專有。因之，美國乃有阿卡德米（Academy）學校運動，英國設立了技藝中學（Technical School）、現代中學（Modern School）；德國也興建了實科中學（Realschule）等。這種性質的中等教育學府，大都是爲平民而提供教育機會的。這些學府不但以本國語言教學，並且實施最有實用性的學科教學，如測量、航海等（Brubacher, 1966: Ch. 2.)。

高等教育亦然。傳統貴族式的中學，如拉丁文法學校旣不願向民

主政治的教育潮流屈服，民主國家只好另設學校機構，使得新舊學府平分秋色，學生素質也不分軒輊。但大學如果仍然偏重古文研究，則顯然對新式中學的畢業生之申請進入大學就讀，極為不利。民主國家乃又廣設各類科大學或專科學院。加上科學知識之突飛猛進，知識擴充之速度驚人，各門各類新知識已發展得可以獨立成為一新學科，則知識研究的範圍已不能完全由傳統學科所包辦。且新學科的研究結果，更有助於文明之邁進；因此大學林立，學科種類五花八門，乃是必然的結果。

社會教育亦推波助瀾的擴充了普及教育的範圍。報紙、雜誌、電視、廣播、戲劇、體育競賽、音樂歌舞等等都加入「繼續教育」（Continuity education）行列。這是民主政治社會普及知識的充分表現。

民主政治的教育精神，表現在對學生的尊重，以及對學術研究的自由上。因之，學校教育富有民主作風，一切都公開。學校教育的政策，由教育行政人員、學校行政人員、教師、學生、及家長來共同釐訂，大家都有參與感（feeling of participation）。經由多數人所同意的學校教育政策，實施起來，也比較能羣策羣力，心甘情願；並且較少驅迫感，也就無厭惡感。

教學內容在實質上，也培育學童民主觀念，注重民治精神；強調獨立性、批判性、及容忍性。負責教育工作的人員也首先表現民主作風，以身作則，為下一代的楷模。不體罰學生、不威嚇兒童，而代之以鼓勵、勸導，使學生樂意向學。免於恐懼的教學氣氛，才是民主教育應該達到的要求。

民主自由與教育的關係，第九章還要詳述，因為這是當今教育的最重要課題。

四、政治與教育應有的關係

依據上述，政治與教育的關係相當密切，有怎麼樣的政治，就有怎麼樣的教育；但我們似乎比較難說有怎麼樣的教育，就有怎麼樣的政治。這是由於政治是主而教育是從的緣故。因為從來政治與權力是合一的，雖然英哲培根曾說過「知識就是力量（或譯為權力）」(Knowledge is power) 這句名言，但教育之力是無形的，且較為緩慢。因之，教育即變成影子，政治是形體，影隨形走。而政治干涉教育是輕而易舉之事，教育要左右政治，就非如同反掌折枝那麼簡單了。

當然，在民主教育根基相當雄厚的國度裏，不當的政治措施要支配教育活動的正常進行，不但不能得逞，且不當的政治措施會立即引起全體國民的反抗或阻止，實施不當的政治措施之政府，還有被人民推翻的可能。這樣子的民主教育，才算已經步入正軌。

底下分兩部份敍述政治與教育之關係，一是不正當的，二是正當的。

1. 不當的政治措施阻礙了教育的正常發展。歷來多數政權之擁有者都把教育看作是遂行政治利益的工具，視教育為達成政治目的的手段。政治是主，教育不只是從而已，簡直就是政治人物頤指氣使的奴僕了。

英國在宗教改革期間，於1534年頒佈「權力至尊法案」(The Act of Supremacy)，還成立審訊政策 (inquisitorial policy)，規定對英國國教信心不堅定之教師予以監禁或解職，任用非英國國教者，處以十英鎊罰款。1662年還頒佈「信仰一致法案」(Act of Uniformity)，

下令所有教師都得宣誓效忠英國國教，各地主教要視察並偵探教師言行，遇有嫌疑，就予以監禁、解職、或罰款。

即使在二十世紀的美國，天主敎勢力雄厚的地區，如有大學敎授公然在講堂上宣揚達爾文的物種進化原理，則馬上遭到解聘的命運。不要說敎授之言行與國家政策有違時會遇到危險，即使與大學當局之觀念不一致，仍會產生麻煩。以前美國加州史坦福大學（Stanford University）經濟學敎授羅斯（Professor Ross），為文抨擊史坦福大學創辦人史坦福當年興建美國東西鐵路時壓榨勞工（大部份是華人）之不當，因而招史坦福夫人之痛恨（時史氏本人已作古），乃向史坦福大學校長施壓力，終於把羅斯解職。

近代國家大都認識敎育對政治的重要性，因此也頗爲重視敎育工作之推行。但如果政治本身不正，則政治敎育的結果，更造成惡劣的國民。比如說政府動用大筆經費支助學術研究活動及敎育活動，但爲了符合政治利益，卻指定研究項目並規範敎育活動性質，從而指示敎育應配合政治政策，這些都是不該有的措施。昔羅馬帝王非常獎勵文敎工作，但獎勵不當，乃使多數敎育史家譏爲對文敎工作之管制。因爲金錢支助在其前，約束命令乃緊隨其後。敎育工作者不聽命於政治的指揮，輕則解聘，重則監禁或驅逐出境或有生命危險，這些都是政治干預敎育的不當措施。

2. 光明正大的政治與敎育活動相輔相成，共同爲啓廸民智、廣佈知識、追求公正幸福社會而努力。敎育與政治合作，敎育藉政治力量而達成敎育使命，而政治也尊重敎育之獨立性，不可積極或消極的阻止敎育活動之進行。

當年宗敎改革的發起者路德（Martin Luther, 1483-1546）提倡人人要研讀聖經，他的威丁堡大學（University of Wittenburg，成

立於1502年)同事布肯哈根(John Bugenhagen, 1485-1558)在北日耳曼地區經徵得邦主同意,乃下令讀書識字乃是信仰的條件,並且作爲通過結婚許可的第一關要求。換句話說,目不識丁者不得結婚。人民目不識丁是沒有接受教育的結果,許可結婚卻是政治的權力。人民如想結婚,就得先接受教育,文盲者不得結婚。政治與教育通力合作,二者打成一片。

美國在普及國民教育初期的努力中,聯邦政府也下令文盲者不能享有投票權。也就是說沒有受過教育的人不能有政治權力。這是非常合理的教育政治措施。文盲者判斷比較不明智,由比較不明智的人選出來的民意代表並非眞正代表民意的代表。美國民主政治人士一再表明民主政治必須建基於民主教育上,民智不提高,則民主政治就沒有根底。因此,民主政治必須仰賴民主式的敎育。

政治與教育合作的正常面,還得要政治權力不得侵犯教育園地。教育人士長期追求教育獨立以來,政治人士也體認出教育之能夠正常發展,必須教育活動不受干擾。因此,先進國家的政府大都對教育工作人員給予相當大的信任,而授予最大的自由權,尤其是在高等教育階層裏。民主國家對大學教育之採取放任政策,已是由來已久的事。德國學術研究成果,在十九世紀或二十世紀時之獨步全球,乃賴大學教授之「學術研究自由」(Lehrfreiheit)及大學生之「學習活動自由」(Lernfreiheit)所致。知識研究要有豐碩成果,只有對知識研究者寄予信賴,充分給予自由,研究者才能爲研究而研究,才能專心致志的集中精力於研究上,爲它奉獻,爲它犧牲,研究到後來自然能開花結果。如果處處給予干涉,時時想到有政治禁忌,則研究者早已被束縛了手腳,動彈不得,那裏還有什麼成效可言?

嚴格說,教育與政治之正當關係,應「以教育爲導向」;政治人

物應受教育人物「教育」，這或許是教育的未來學（Educational Futurism）應該努力的方向吧！

第二節　經濟與教育

　　在影響教育發展的所有社會因素當中，經濟因素帶給教育的問題可以說是最為棘手的。教育的活動必須賴經濟力予以維持，但令人感到相當困惑的，是歷來的教育活動卻對經濟相應不理，人們不重視與經濟有關的教育——職業教育，經濟方面的課程很遲緩的才被擺在學校課程裏；並且它的地位只有敬陪末座的份，很難與普通教育——即一般文化陶冶的教育相抗衡。這實在是頗為有趣且費解的問題。

　　幸而這種情況在工業革命之後已經改觀，目前職業教育及經濟課程不但在學校教育的地位上日日高升，且有後來居上之勢。晚近教育學者與經濟學者已大部份能體認出教育活動與經濟活動的相依相附性。並且由於時移勢易，卽令是從事最下層經濟活動的勞工階級，他們的尊嚴與價值也因教育與經濟關係的改變而奠立了起來。

一、教育活動有賴經濟

（一）教育措施受經濟發展的影響

　　有形教育（卽學校教育），一定要在全民當中的部份，甚至是全部都能享受相當多的閒暇時間時才有可能產生。而部份人民或全部人民之能享有休閒時間，又必賴他們的謀生活動能夠使財富增加到可以剩

下空餘時間來作爲接受正式教育之用的地步。西文的「教育」一詞，本來就是「閒暇」的意思。寅吃卯糧的人民，或終年勞動的人士，是不能接受正式教育的，因爲他們沒閒。他們要爲下頓飯的着落操心，那有「餘力」可以「學文」？

人民之有閒暇時間，有兩個原因。第一個原因是階級的。有些人生來就註定享有休閒時間，他們是「閒暇階級」。閒暇階級不必勞動，不必擔心經濟問題，因爲他們的生計，已有另一階級的人士代爲操勞。因之閒暇階級就是治者階級、主人階級、上層階級、或貴族階級。代他們解決生活問題的階級，就是被治者階級、奴隸階級、下層階級、或平（平與貧同）民階級。這就形成古代社會階級的二元 (dualism)。這兩層階級都是世襲的，平行的，兩不相交，換句話說，沒有社會流動性 (social mobility)。貴族子弟命定就是有閒階級，平民子弟命定就得勞動終生。平民不能上升爲貴族，貴族也不會下降爲平民。如果只有閒暇人士才能接受教育，則教育機會就只限定上層階級才能享有，下層階級是不能、也不敢問津的。

第二種促使人民有閒暇的原因，是工業革命所造成的。工業革命之後，機器代替了手工。以往一天可以作得了的工作，現在不消數分鐘甚至數秒鐘就可以竟事。因此，產量大增。並且以往手工勞動時代，勞動者在勞動時間中必須親臨其境的執行勞動行爲。現在一旦機器可以代替人力，只要機器安裝得恰當，機器性能良好，則操縱機器者只要把開關扭動，則生產工作卽在進行中，他只需間時的巡視機器運作情形卽可，不必全時的把時間與精力灌注於勞動工作上。此種結果，使得閒暇時間更形增加。賺一天就可以維生數天，不賺的時間就是休閒時間。因之，休閒時間構成教育的「必要條件」就如此建立了起來（卽有休閒時間不--定就產生教育活動，但如果沒有休閒時間，

則一定不能產生教育活動）。

坐享勞動階級勞動成果的貴族階級，只是全部人口中的少數；假如全民當中只有這層階級的人才能接受教育，則顯然地，那種教育機會是不普及的。但是工業革命後所產生的閒暇時間，幾乎是社會上各階層人士都能享有。既然有閒者應接受教育，而現在全民都有閒暇時間，因之全民都應該接受教育，這是絕對可以成立的推論。基於這種觀點，全民普及教育的口號喊了出來，大眾教育的行動也見諸實行。

全民教育、普及教育、或大眾教育，這些教育上的理想，很早就有人提出。在中國，孔子的有教無類；在西洋，八世紀末的查理曼大帝就曾頒佈數道敕令，要境內各教區普遍設立學校，由教士免費教導境內一般平民。新教革命者路德對於普及教育之推展，更不遺餘力。但這些理想要能夠在中國古代或西方八世紀、甚至十六世紀見諸實行，卻形同天方夜譚。而阻礙全民教育理想之實現的最重大因素，乃是經濟因素。八世紀的歐洲飽受蠻族入侵，在民不聊生、兵荒馬亂、經濟無法自立的時候，要奢談全民教育，則形同夢想；即令在十六世紀的歐洲，當時由封建社會所形成的地主及佃農壁壘分明的制度，仍然是普及教育的絆腳石。羅素曾讚美中國是過去所有國家中最注重知書達禮的，但也只有5％的人口接受教育（Russell, 1932:125）。中國在二十世紀初期也頒佈舉國一致的普及教育法案，但真正付諸實施的地方不多。無法實施普及教育的最大癥結所在，仍然是經濟因素。可見教育不考慮經濟因素，則教育的措施就無法順利進行。

（二）教育觀念隨著經濟發展而改變

教育與經濟的關係，除了上述一點外，教育觀念也受經濟發展的影響，古代社會的閒暇觀念與現代社會的閒暇觀念又有懸殊的差別。

古代的貴族或中古社會的地主自認是治人者、勞心者。治人者或勞心者就是高人一等者，因此他們的教育應該不能由治於人者、勞動者所享有。卽令治於人者或勞動者也有教育活動的話，那種教育也要與治者的教育方式劃淸鴻溝。這就是過去教育制度雙軌制的由來。上層人民不屑於下層人民的教育，上下兩層教育的對象旣有別，年限也不同。貴族教育較長，勞動階級教育時間較短。二者的課程也有很大的出入，上層階級子弟接受文雅學科（literary studies）的教育，主要的文雅科目是古典語文——拉丁及希臘語文；而下層階級子弟則只有學習「土語」——本國語言（或地方語言）（vernacular）的份。上層階級人士之受教育，是一種「權利」（right）或是「特權」（privilege）；下層階級子弟接受的教育，是慈善性質的、或施捨性質的，他們的學校，通稱「慈善學校」（charity schools）。因爲他們之獲有教育機會，是部份上層階級的人道之士所給的「恩賜」，因此只要唸唸三R（讀 reading，寫 writing，算 arithmetic），加上品格陶冶及宗教訓練卽可。一般貴族都認爲勞動者只要稍微識字、德行馴順、對上帝虔誠就已足夠，他們沒有硏讀高深學術的必要；身體健壯以便從事生產，以及唯主人之命是從，就是勞動人士教育的主要目標。

這種說法，還得到哲學家的合理化解釋。中國敎育史上把勞心與勞力分家，所謂「勞心者治人，勞力者治於人」，則顯然是孟子思想在這一方面的反映。勞心者位尊，是指令他人的，是拿鞭子的；勞力者位卑，是服侍他人的，是聽差的。勞心者是官吏，在中國傳統上，官吏是由考試中選拔出來的，「學而優則仕」，因之「仕」就是「士」，「士」就有可能當治者；而勞力階級如農工商者，是「治於人」的，所以「士」居四民之首。士的教育就是要吟詩作詞，純作心靈冥思；而農工商者卻要手巧腳敏，身體動作多。心靈活動是尊貴的，肉體活

動是低賤的。

　　把這種觀念發揮得淋漓盡致的是希臘哲學家亞里士多德。亞氏從心理學上的觀點將人心劃分兩層。上層是「理性」(reason)，下層是「嗜欲」(appetite)。合於上層理性的就是治者，即貴族；而勞動階級因唯欲望是從，因之就註定要受上層階級所管制及指揮。前者教育就是文雅教育 (liberal education)，後者教育就是職業教育 (vocational education)。文雅教育著重「七藝」(seven liberal arts)，而職業教育則側重手工勞動。勞心與勞力也就從此分野；文雅教育與職業教育的對立，以及文雅教育遠優於職業教育的觀念，也就牢不可拔的建立了起來。

　　消除二者鴻溝，打破二者界限的主力，仍來自於工業革命之後經濟發展的結果。那時人們才體會出勞心與勞力，內在的冥思與外表的活動，心靈及肉體二者不是可以截然劃分的。帶動工業革命及經濟革命的後座力──科學革命，乃是由於科學家內在思考之外還加上外在的活動，如實驗、觀察、解剖等二者合一而產生。按照杜威的說法，心物具有連續性 (continuity)，精神之中含有肉體，肉體之中也有精神成份。一種有意義的活動，是身心二者相輔相成的表現。職業課程有很多部份需要勞心，文雅科目有許多活動需要勞力。因此職業教育與文雅教育地位同等，不相上下。歷來職業教育價值之偏低，也由於這種觀念而受到糾正。

　　職業教育地位日益提高的因素之一，也由於向來以職業活動為主的下層人民之經濟條件大為改善之後，他們在「民主」社會裏獲得了舉足輕重的地位所造成。他們在政治上既有發言權，在經濟上又有獨立性，不必仰他人鼻息且有左右社會組織架構的勢力，則他們所從事的活動，自受他人重視。

二、教育影響經濟

上面的敍述，重點放在經濟影響教育上，這種影響存在於歷史的時間相當悠長。教育史實已告訴我們，教育受經濟的影響大，而教育給經濟的影響小。這種情況對教育發展就不太有利，教育變成隨經濟發展之波而逐流。當經濟相當繁榮時，教育就蓬勃發展，例如雅典在成為提洛聯盟（Delian League）——商業貿易聯盟時，是希臘教育的黃金時代；而經濟不景氣的時候，教育活動卽一蹶不振，如美國1837、1857、1893、及1929年的經濟大恐慌時代，那是美國教育陷入低潮時刻。這都是教育史上不可否認的事實。

晚近教育學者體認出教育不是僅作為經濟的附庸而已，而應該趨於主動，來帶領經濟發展。教育本身被視為「投資」（investment），是一項必能盈利的投資，因為教育在於培養經濟人力。從廣義的觀點而言，任何教育都是職業教育，職業人力資源的提供，正是教育無可旁貸的重責。學校教育不但供應經濟發展所需要的人力，且學校教育培養的人才，更能突破現有經濟發展上的困難，解決當前經濟發展上的瓶頸，從而使經濟發展更能加速的進行。

教育帶動經濟進步的最好例子，就是十九世紀時的丹麥以及兩次世界大戰期間墨西哥的教育政策。在這兩個國家裏，由於教育的改革使得國家增加了人力資源。有遠見之士發現教育正是挽回經濟蕭條的手段，而不是只繼續作為經濟勢力的受格而已。良好的教育正可使國家從經濟泥淖當中脫離出來。

所謂良好的教育，也就是本書前兩章特別強調的「創造性」的教育。教育如果鼓舞學童的原創性，則在經濟發展當中，「創業」的機會

就增加，「創業」的可能性也大幅度提高。教育供給經濟發展的生力軍，在充滿動態、幹勁十足、且不拘泥於傳統經濟觀念的人員加入經濟發展行列中時，則經濟的不景氣就會復甦，經濟發展的潛能，正如教育潛能一樣，前途無可限量(註1)。並且民主式的教育還可消滅經濟發展過程中所引起的階級鬥爭。

不過這種境界之達成，必須要各階層領導人物認清教育的長遠目的。以教育作為行動的導向，不急功好利，不目光短淺。對於教育費用應該慷慨，不得吝嗇，更不可挪用。晚近先進國家的教育經費無不在國家總預算中，佔相當大的比例，有些甚至高達百分之六十、七十者。中國憲法中第164條亦明文規定教育經費在中央總預算中不得少於15%，在省市不得少於25%，在縣市則不得少於35%。這種硬性規定教育經費的比例，也是基於教育重要性之體認而來。希望經由教育活動的注重，而帶動整個社會的進步，其中經濟進步當然是整個社會進步的一環。

教育活動所需的費用甚鉅，比如說為了全民平等的接受基本教育，則不得不實施免費的義務教育。而免費的義務教育所花費的教育費用，全都由國家負擔；現在的教師已是一種專業人員，教師以教書為生，他（她）總不能像蘇格拉底那般的以教學為樂趣，不收學費過活，而至少也要學孔子以收取束脩謀生。因之教師薪水之發給，也在教育經費中佔相當高的比例。他如學校建築、學校設備等等，都需要金錢，雖然這些費用可向學生收取（如學雜費），但大部份的教育經費，仍落到政府身上。幸而高瞻遠矚的立法者都立法要求政府承受這種鉅額的教育負擔。這種現象，至少也說明了他們已能明瞭教育對於

註1：目前我國有「青年創業協會」的組織，只是功效如何，不得而知。

經濟發展的重要性。

其實,學校教育早已承擔了經濟發展的責任。在「學徒制度」(apprenticeship)時期,各種工商業行會(gilds)組織,有各自的技藝學徒訓練方式。但經濟型態發生變革之後,學徒制度已由學校教育所取代,目前學校不但開設各種職業教育課程,且職業學校與普通學校的數目比例,還發生重大的改變。以臺灣為例,十幾年前,普通高中與職業學校為7:3;但現在正好相反,普通高中居3,而職業學校反而居7。不只如此,各職業機構皆有研究發展部門,或者採取建教合作方式。當各行業如發生重大問題與困難時,則委由教育機關代予解決。且教育機關也主動的進行各種「創業」研究。如此,經濟支援教育,教育刺激經濟發展,二者攜手合作,人民才能幸福與富足。

三、教育與經濟造成的社會流動

由於經濟之發展,工作機會之增加,致富之途也向大眾開放。只要勤奮、努力、肯動腦筋,再加上運氣好,就可以從一貧如洗,變為腰纏萬貫。而教育普及化的結果,更助長這種趨勢。在大家都接受立足點平等的教育機會上,有才幹之士自然能脫穎而出,「布衣」升為「卿相」。因此,教育與經濟都造成社會大幅度的、及頻繁的流動。這種社會是「動態的」(dynamic)社會,而不是過去世襲的、封建的、及保守的「靜態」(static)社會。

社會流動的經濟面,是使得本來是「下層階級」(low class)的,有機會變成「中產階級」(middle-class);本來是中產階級的有機會躍升為「中上階級」(middle upper class)或上升為「上層階級」(upper class)。而「上層階級」之向下遞降,就如同「下層階級」之

往上升級，情形相同。中產階級又有可能變成「資產階級」(bourgeoisie)或「資本家」(capitalists)。他們掌握工商業社會的經濟牛耳。

但勞動者階級仍居全民中的多數。他們為了免於利益被資產階級剝削，因之乃形成各種勞工聯盟，如「美國勞工聯盟」(American Federation of Labour)之類的組織。這種聯盟堅持各人種及各階級子弟都應該在同一屋頂之下接受教育。這種主張促使美國「綜合中學」(Comprehensive High School)取代了傳統歐洲各種類型的中等學校型態；也積極鼓吹「初級學院」(Junior Colleges)或「社區學院」(Community Colleges)之設立。他們一方面在經濟力上力爭上游，也希望經由教育途徑，來發展才幹，而與他人一較短長。

勞動大衆的地位如日中天的時代及國家，是1917年的蘇俄。這時，無產階級(proletariat)──即勞工階級(working class)的社會地位最高，他們上升到社會階梯的頂峯。工人英雄是全國歡呼的對象，勞動者獲得了史無前例的社會尊嚴。這種社會流動也在教育措施上明顯的表示出來。歷來受人輕視的勞動課程，現在則位居要津。學校、工廠、及農場三者合一(Russell, 1932:125-132)。

他如代表英國勞動大衆的工黨，他們的領袖經常主持英國國政；而美國勞動階級之流動到上層階級，例子實在指不勝數。曾任美國總統的卡特(Jimmy Carter, 1977-1980)就是花生農出身。當然卡特總統也受過良好的學校教育。

由於經濟發展的結果，至少現在的職業教育與普通文雅教育，地位已經拉平；而社會流動性之驟增，也使得社會階級間的界限不十分明顯。如此，經濟與教育相互影響，也共同促進社會流動。雖然社會流動的結果，階級仍然存在，但是整個社會的生活及教育水平，已比以往合理且增高。這種趨勢，今後不僅需延續下去，還有必要加速度

推行（Brubacher, 1966: Chapter 4）。

第三節　教育與心理學

　　心理學影響教育學之發展，現在已變成家曉戶喻的事實。而實際上，教育學與心理學之密切相關，也正可由當今一門學科在大學裏成爲獨立學科的事實上來獲得印證。這門學科就是「教育心理學」（Educational Psychology）。

　　教育的對象是人，只有人才有教育活動。但教育活動要能進行得順利與成功，就必須先對教育的對象（卽人）認識清楚。人是身心的合一體，認識人就得先了解人之生理構造與心理現象。因之人體生理學及心理學都是教育學者所應該研究的學科。但從學科與教育學的相關度而言，心理學與教育學的關係大過於生理學與教育學的關係。並且，生理學與心理學二者又彼此有關，生理結構影響人之心理（如肢體殘廢者產生自卑心，或生理分泌影響性格），人之心理也會影響生理之發展（如哀莫大於心死）。因之，研究其一就必然會牽涉其二。加上當今心理學的發展也擴及到生理學的領域，如談人格及遺傳等必涉及生理結構。因此擬進入教育學大門者，將心理學或教育心理學作爲先修科，是不可或缺的。

　　心理學是研究個體行爲的科學。個體包括動物及人類。心理學研究對象之要包括動物在內，乃因作爲一門社會科學的心理學，在作實驗觀察研究以建立純粹「科學」之際，無法像自然科學那般的可以由研究者任意控制（如解剖）研究對象所致。動物心理學之研究，有助於吾人了解人之心理。只是在作動物心理研究結果的引伸時——尤其

引伸到人的心理現象上,得格外小心謹慎。因為人雖然是動物的一種,但人絕不完全同於動物。這種條件上的限制,我們已在前面章節中談過。根據第一章的敍述,我們可以對狗「訓練」,但如果我們也對人說「訓練」,那實在是對人的侮辱,也貶低了人的價值。

教育學（Science of Education）的奠基者德國教育哲學家赫爾巴特認為教育要成為一門科學,就應建立在兩種學科之上。一是心理學（psychology）,一是倫理學（ethics）。前者決定教育方法,後者則支配教育目的。一般言之,心理學與教育學之關係,可由「個別差異」、「學習歷程」、及「教學方法」等三方面去探討。

一、個別差異

有經驗的教師,大都能覺察學生在各方面有極大的個別差異性。上帝造物不齊,造人尤不齊。俗語說,人心不同,各如其面。這句話說明人之生理有異,人之心理更有別。天底下找不出兩個完全相同的人來。即令是同卵雙生子（identical twins）,長相唯妙唯肖,他人幾乎頗難辨認,但生他們的父母卻能一眼即叫出二者之姓名。外表既不可能完全相同,他如觀念、見解、學習能力等等方面的表現,更難望有完全同一之人了。個別差異,重要的有底下幾種:

（一）能力差異

以前孔子教書,就認為教育力量（或環境力量）只能影響中庸之才,「唯上智與下愚不移」。他顯然將人的能力分成三等——上智、中庸、與下愚,這是指先天能力上的差異。照現代心理學者的研究,人的智商（I. Q.）高低不同。所謂智商,就是以心理年齡（mental age）來除以生理年齡（chronological age）所得的商數再乘以100的結果。

$$I.Q. = \frac{MA}{CA} \times 100$$

生理年齡（C. A. Chronological Ages）即指實足年齡，即出生至測驗時的年齡，通常以月計算，如6歲半，即為78個月。心理年齡（M. A. Mental Ages）即心理學家以一種標準化了的智力測驗來測驗受試者，受試者所得成績與該測驗的常模（norm）相比較而算出來的年齡。前者除以後者而要乘以100的原因，乃在於去除小數點。根據這種計算所評定出來的人之智力差異，則上智與下愚之間的等級甚多。如下表（張春興及林清山，1975：376）：

智商	類別	百分比
140 以上	極優異	1
120—139	優異	11
110—119	中上	18
90—109	中材	46
80—89	中下	15
70—79	臨界智能	6
70以下	智能不足	3

而 I. Q. 在70以下的還可再細分。這種科學心理學研究出來的個別差異結果，倒比孔子之說法較為詳盡。不過，承認人之能力有差異，倒是古今中外學者的共同看法。

至聖先師也把學生學習的結果（或教師教學的結果）分成四類：文學、政事、言語、法律。那就是說，有些學生長於文學，有些學生優於政事，有些學生精於言語，有些學生則善於法律。現代心理學家賽斯通（L. L. Thurstone）也提倡智力的「羣因論」(group-factor theory)。賽氏認為智力可分析成如下幾個基本因素：

1. 數字（N. number）。
2. 語文理解（V. verbal comprehension）。
3. 空間（S. space）。
4. 語文流暢（W. word fluency）。
5. 推理（R. reasoning）。
6. 機械記憶（M. associative memory）。
7. 知覺（P. perceptual）。

教書教久的人，或眼光銳利的教師，大都可以看出有些學生數學能力相當優越，但機械記憶則較為笨拙；有些則有語文天才，卻短於推理，這些都是不可抹煞的教育事實。

天生我才必有用。人之能力所顯現的面甚多，拙於此者可能長於彼，長於此者可能拙於彼。很少有一種人的所有各種能力盡優於他人，也很少有一種人的所有能力盡劣於他人。俗話說三百六十行，行行出狀元。如果我們能充分發展吾人先天優越的那種能力，則必然有所成就，也必然在那行中可以做為人上人。發現能力之有差異，也發現能力之有短長，乃是心理學的事；但是如何發展長處，盡力激發潛在能力使之獲得充分有用的發展，則是教育活動的職責。

（二）興趣差異

智力之有差異，主要係受先天的因素所決定，但興趣差異則多半是由於後天環境的影響。興趣是學習的原動力，也是教育活動不可或缺的因素之一。學習不基於學生興趣，則枯燥乏味，教育活動不考慮興趣，則徒勞無功。

興趣就是喜歡狀態。有些學生對數學非常感興趣，這就是說他（她）非常喜歡學數學。有些學生興趣於研究語文，這也就是說他（她）非常喜歡學語文科目。學生興趣差異範圍之大，不下於能力差異。

教學如果顧及興趣，則易想到引起學習動機（motivation）的重要性。學習一有強烈動機，就好比機器有了衝勁十足的馬達，它不僅能維持學習活動之繼續進行，且學習效果也大增。但興趣既有明顯的差異，則教師也不可能強學生之所難，在學生無法感到興趣的學習科目上，硬要逼迫學生學習。當然，興趣與能力一樣，在基本範圍內，是有個大家所共具的領域的。比如說學習基本語文、基本數學、基本社會及自然科學等，則只要學生具有某一程度的能力（此種能力不必要很高），則人人都可進行學習。興趣尤其如此，在基本學科的學習上，教師應引發學生學習興趣。且興趣可以由後天環境予以培養。

興趣的引發既然掌握在教師的手中，則教師就應該選擇良好的教材，運用良好的教學方法，並且提供多種方式，來培養學生「多方面的興趣」(註2)。所謂多方面的興趣就是讓學生嘗試各種學習活動，一方面

註2：「多方面的興趣」是德國教育哲學家赫爾巴特的主張。他認為學生的興趣有兩個來源：一為對人的興趣，一為對物的興趣。前者是倫理興趣，後者為自然興趣。倫理興趣又分①同情興趣（sympathetic interest）、②社會興趣（social interest）、及③宗教興趣（religious interest）三種。自然興趣也分為①經驗興趣（empirical interest）、②抽象興趣（speculative interest）、及③審美興趣（aesthetic interest）三種。

培養學生的學習興趣，一方面在於探索並激發學生的潛在能力。有多方面興趣的學生，知識必定廣博 (know something about everything)，他每一樣知識都知悉一些，甚至每種技能、運動、遊戲等也都能玩一兩手。這種人容易交朋友，生活也多采多姿，這是教育目的當中很重要的一項。

興趣發展到了某種階段後，就有分化的傾向。也就是說興趣差異開始大幅度的擴展。最良好的現象，莫過於學生發展的興趣活動，或極感喜愛的學科，也恰好是他（她）潛能之所在的學科或活動。如此則良好的能力加上高昂的興趣，正是「人盡其才」的最佳教育條件。如果興趣之所在卻非能力之所在，則往興趣的學科發展，就不見得有突出的表現，充其量只不過是個庸碌之才罷了；這是人才的浪費。因之學校教育應該舉行興趣及能力測驗，並好好指導學生作學習活動的選擇。目前學生升學考試所選擇的科系，大抵都憑「興趣」來決定。但興趣與能力不一定相合。有些學生之喜愛唸數學，大概因為第一次數學考試得 100 分，或第一個教數學的老師令其心儀。其實這名學生之數學發展潛力，可能並非居他所有發展潛能當中的最優秀部份（或者他較長於文學或音樂）。因之他之唸數學系，或有可能埋沒了他的長才。胡適以前到美國深造，要以農報國，乃唸了以農科出名的康乃爾大學 (Cornell University)，其後發現農科非能力之所在，遂轉學到哥倫比亞大學 (Columbia University) 學文哲。到大學才有此發現，的確太晚。

（三）人格差異

能力來之於先天，興趣來之於後天，人格則是先天與後天的共同產物。

早期的希臘人就以血液的性質來區分人的人格。他們分人的人格爲：膽汁質、黏液質、多血質、與黃膽質四種。現在的人也根據血型來區分人的人格爲Ａ型、Ｂ型、ＡＢ型、及Ｏ型四種。基於遺傳的因素（血型由遺傳而來，環境不能變更）來斷定有些人抑鬱寡歡、沉默寡言（如Ａ型）；有些人則剛毅果斷，做事乾脆（如Ｏ型）；有些人則善與人交，喜過團體生活（如Ｂ型）。不過，某人之具有某種人格，遺傳雖是一項基礎，但教育與環境卻能改變人格之發展。因之人格不是定型的。至於「內傾」(introversion) 與「外傾」(extroversion) 之分法（心理學家容格 C. G. Jung, 1875-1961 所分），更不能作爲人格的絕對二分 (dichotomy)。因爲事實告訴我們，很少有人是絕然的內傾，也很少有人是完全的外傾。內傾與外傾之間是有許多層次的。

人格雖然有差異，但人人在過社會羣居生活之時，爲了避免因人格之差異而造成彼此格格不入與難以相處之感，則應培養健全的人格。而學校教育正是培養健全人格的最恰當場所。

人除了上述幾種差異外，另有性別差異、體型差異、及年齡差異等不一而足，因之教育上應注意個別化教學，否則只要求齊一水準，劃一步驟，則削足適履，那是齊頭點的「假平等」。

從民主教育的立場而言，教育不僅承認學童（卽民主社會的未來成員）個別差異的事實，且努力維持這種事實，並且強調個別差異的重要性。在民主社會裏，大家意見可以交流，思想可以相互影響，且可以共享彼此之間的奇特觀念與作風。如此可以擴展生活的層面，顯現社會的多樣性。如果個別差異消失，則由之而得到的經驗，必然相當單調而乏味。那麼在這種社會中，還想追求美感生活，那直如緣木求魚了。

二、學習歷程

心理學的研究,可以提供教師了解學生學習的歷程。大致而言,學習歷程可分主動面與被動面兩種。

(一) 被動的學習歷程說

有些心理學家認為人類的學習與動物的學習沒有什麼兩樣,都是對刺激的「固定」反應。刺激與反應建立起聯繫關係,則學習就算成功。因之學習的歷程就是刺激反應的歷程。

個體既對刺激產生「固定」的反應,則那種反應相當機械,並且可以預測,也可以控制。因之建立在這種說法的學習觀,可稱為被動的學習觀。因為這種學習觀,只在說明個體對情境的被動接受,且反應方式並無選擇的餘地。這種學習不就是強調學習者的被動性嗎?此外,學習歷程既是刺激與反應之間的聯繫,這種聯繫是可以靠練習而增強的,因之學習就形同習慣的養成。

其次,反應方式既固定不變,而反應與刺激之聯繫又可靠練習而增強,因之任何人只要練習次數夠多,都可以造成同樣的學習效果。這就與「教育萬能」或「環境左右一切」的說法,有異曲同工之妙了。或者我們更可以說,這種學習理論與洛克主張心如「蠟板」的心理學說,是同出一轍的。

首先提出這種學習心理觀的,是俄國生理學家巴夫洛夫 (Ivan P. Pavlov, 1849-1936)。巴氏在心理學史上作了一個名聞遐邇的重要實驗。他在實驗室裏實驗一隻狗對於原始刺激(如香噴噴的肉)與中介刺激(如鈴聲)的反應(如流口水)情況。一般而言,狗對於原始

刺激會非常自然的、也非常必然的產生可預知的反應；但對於中介刺激則否。實驗者想要知悉：當原始刺激與中介刺激同時出現的次數很多，或原始刺激與中介刺激相伴而起的次數很多，則只有出現中介刺激而不出現原始刺激時，個體（如狗）是否也會產生非常自然的、也非常必然的生理反應（如流口水）。巴氏試驗的結果，證明如果鈴聲與肉同時出現在狗面前，而出現的次數夠多，則以後僅出現鈴聲，狗也會流口水。

巴氏的實驗所顯示的學習歷程，稱為「制約作用」或「條件反應」（conditioning）。餓狗對肉產生流口水的反應，是「不具條件的」（unconditioning）的反應，因為正常的餓狗，都會對肉產生流口水的反應。這是狗的求生本能，猶之乎嬰兒在肚子餓了的時候，會張口吸奶瓶嘴一般。但餓狗無論怎麼餓，卻不會對鈴聲產生流口水的反應。餓狗之會對鈴聲產生流口水的反應，是「條件反應」（conditioned response）。換句話說，餓狗聽到鈴聲響也會流口水，這種反應是有條件的。其中一種最重要的條件就是本來不會讓餓狗流口水的中介刺激物（鈴聲）要與本來就會讓餓狗流口水的原始刺激物（如肉）二者同時出現，且出現的次數要達到某種程度。餓狗從本來不會產生反應的刺激變成也對之產生反應，這種過程乃是「學習」的結果。

如果這種過程就是「學習」的話，則這種學習與「訓練」或「習慣化」是沒有什麼兩樣的。

能夠令狗產生「條件反應」的刺激物，可以令實驗者隨意選用。巴氏用鈴聲，其實用其他方式（如口哨聲、擊桌聲等）也可以達到相同的結果。

人類對於語言文字的學習多如此類。語言文字之使用就是一種習慣，且是約定俗成的結果。如果嬰兒在第一次接觸到奶瓶之時，母親

卽伴以「餵奶」之語，則嬰孩自會將母親手握的奶瓶與「餵奶」之語言建立起聯繫。嬰兒看到奶瓶會起期待與雀躍的反應，但以後一聽母親或他人言及「餵奶」，則也能產生相同的反應。這種反應乃是嬰兒「學習」的結果，也是他由原始反應過渡到條件反應的歷程。

美國心理學家桑戴克更提出「嘗試錯誤」(trial and error)來解釋學習歷程。他在1898年以老鼠走迷籠(puzzle box)的實驗結果說明人類的學習（動物的學習之應用），乃是一而再，再而三的嘗試錯誤又嘗試錯誤的結果。行爲學派(Behaviorism)的健將斯肯納(B. F. Skinner) 也設計了「斯肯納箱」(Skinner box)，他以白老鼠在箱內壓槓桿的情況來說明「學習」歷程。雖然巴氏、桑氏、及斯氏之實驗或有小異（張春興，1975:116-143），但基本觀念都是巴氏實驗結果的引伸，學習就是習慣。學生的學習完全由外在因素所「制約」，本身毫無選擇的餘地。當母親每次餵奶的同時，也向嬰孩不停的說：「來吃奶，來吃奶」，則嬰孩就會把「來吃奶」的語言與餵奶的動作連在一起。可是如果媽媽每次餵奶的同時就向嬰孩說：「來讀書，來讀書」，則嬰孩心中就烙下了一種印象，以爲：「來讀書」的語言原來就是維持他早年生命的主要活動方式——「來讀書」就是「吃奶」的意思（註3）。

(二) 主動的學習歷程說

個體在學習情境中，不只受學習情境所「制約」，還擬「制約」

註3：外國語教學大概更能說明語言文字本身是約定俗成的產物。中國成人每當拿水給小孩喝的同時，就說「水！水！」，則小孩就了解到他所喝的，在語言上叫「水」。英國成人拿水給小孩喝時就說「water! water!」則英國小孩就會了解到他所喝的，在語言上叫'water'。

學習情境。制約學習情境的學習,就是個體充分利用外在情境,並基於內心思考或智力來達成某種目的的學習。這種學習,顯然地,學習者並不完全爲情境所束,他還會主動的去改變外在情境。而個體對學習情境的作爲,絕非單純的是「嘗試錯誤」的盲目動作,卻是由於「洞見」學習情境的訣竅,「領悟」解決問題的線索,因而進行有意義及有目的的行爲。

首先強調個體對學習情境之「洞見」或「領悟」的,就是德國柏林大學教授庫勒(W. Köhler, 1887-1967)。庫勒實驗的對象,是智力遠比白老鼠或狗都高的黑猩猩。他將飢餓的黑猩猩關在籠子裏,籠外放有牠拿不到的香蕉及不能直接取到的長條竹桿,但在近處則放一根牠垂手可得的短木棍。猩猩爲了要吃到香蕉,乃用短木棍去取。但因短木棍不及牠到香蕉的距離,因之吃香蕉的希望不能如願。庫氏發現,當黑猩猩用短木棍取不到香蕉後,即停止「嘗試錯誤」的舉動,而「若有所思」,並四下張望。「突然地」,牠注意到了不遠處的長竹桿,並試圖用短木棍去取長竹桿,這下正好能從心所欲。牠可立即將長竹桿置於手中而取香蕉,終於,「桿到蕉來」,「問題」隨即迎刃而解。

上述的實驗,說明一件事實。當個體於試行某項活動而無所成之後,個體會運用思考及藉舊有經驗來審度週遭情境。智力越高的個體,運用思考及藉舊有經驗來解決當前困難的情形就越多,反之則越少。庫氏認爲黑猩猩在看到長竹桿時,有了一項「頓悟」(insight)。卽:長竹桿可以取到香蕉,而由短木棍可以取得長竹桿。因之一連串的「思考」活動先在腦中進行,隨即訴諸行動。而恰好行動的結果也能印證腦中之想法。庫氏之實驗,說明了個體了解情境「關鍵」的重要性。

黑猩猩能夠利用旣有的材料(短木棍),又能改變旣有的情境(把

遠距離的長竹桿取來作爲己用），終於解決了吃香蕉的問題。而解決一項問題就是「學習」的結果。因之，學習乃是個體「主動的」操縱（或制約）學習情境的歷程。

由庫勒等人所主張的「完形心理學」（Gestalt Psychology），注重情境的「整體」之認識而非瑣碎部份之了解，強調智力在學習上的重要性等，也是上述實驗結果的應用。

學生學習幾何學的時候，可以根據既有的幾何圖形來解答問題。但既有的幾何圖形無法解決問題之時，就得充分運用思考，藉舊有經驗來把握問題的核心及關鍵。在找到解決問題的線索之時，學生就會想到如多畫一條或一條以上的補助線，則解決該問題就易如反掌。補助線之畫出，操縱在學習者心中。也就是說，個體「制約」了學習情境，而非完全受學習情境所制約。學習者是主動的而非只是被動而已。

從教育的觀點來看，人的一些習慣、技能、或知識，是由不停的刺激與反應所得的結果。比如說話、文字之運用（習慣）、打字、騎車（技能）、課文背誦、名詞數字之記憶與熟悉等（知識）都是如此。人之擁有這些，大抵與動物之獲得這些，沒有什麼差別。但這種學習只限定在具體經驗界或簡單事物界的學習而已；如果在複雜而抽象的學習上，則非賴學生的領悟力不為功。被動的學習歷程只說明了人類學習的一面，而主動的學習歷程又說明了人類學習的另一面。二者如能相輔相成，則更能看出人類學習活動的全貌。

三、教學方法及教學技術上的應用

教學方法，本書列有專章討論。不過，與上述心理實驗直接有關

的教學方法就有兩類: (1)強調學習者的被動面之教學法,就是注入式的教學法。(2)強調學習者的主動面之教學法;就是啓發式教學法;啓發式的教學法可以說淵源於蘇格拉底的「產婆術」(maieutics) 或問題敎學法。至於這些方法的詳細說明,請參見本書第八章。此處只擬提出幾項要點先讓讀者了解:

1. 歷來心理學家對人「心」之見解不一。人「心」之研究,是傳統哲學家的研究重點之一;不過,現在的心理學者已不拘限在那種玄學層上打轉,而特別注重「行爲」的研究。這兩種研究對象容或有主觀、客觀之分,但不管是傳統的「心」理學家(多數是哲學家),還是現代的「行爲」科學家,對於人類心理運作的歷程,都有偏於主動或偏於被動的看法。心理運作的主動性,則強調敎育的「引出」功能,認爲人有固定的幾種「官能」(faculties) 存在。這就與「官能心理學」有關,也與「先天觀念」說法相合。教學著重「引出」,則形成「啓發式」教學,強調學童對問題情境之體認及解決問題線索之尋獲等。而這些結果,多半要學生自己來進行,教師只居於輔導者的立場,不代替學生學習。學生悟力較高者,自然能夠心領神會。這方面的教學,適合於運用高度思考及推理能力的學科,如數學等之教學。

偏重心理運作的被動面之教學,則注重「注入」。人心如果像經驗主義學者洛克之所言,是毫無顏色且無定型的蠟板,則觀念的形成都由外在情境所影響。所以「練習」是學習的良方,「重複」是獲知的捷徑。這種學習方式,適用於語言及技能學科的學習。

2. 心理學的研究,得知學生的學習歷程,在年齡越低的時候越對感官界、具體界、或經驗界有所認識。年齡稍長,才漸漸能與抽象界相合。因之成功的教學,必須配合這種發展過程。

教育史上有一段相當長的時間，學生學習的材料，及教師所使用的教學法，都注重抽象界及符號界，即使對年幼學童亦是如此。第一個注重感官經驗界並且據之作為改革教科書依據的教育學者，就是十七世紀的捷克人康米紐斯。康氏的一本名教科書「世界圖解」(*Orbis Pictus*) 乃是教科書裏面首度出現圖畫的第一本。其後發展的結果，不但課本內有圖畫，並且圖畫是彩色的；而在教學方法上，康氏以來的學者，一再的提倡以實物代替文字，以感官印象代替抽象思考。因之當前國民學校的教學上，教具的購置變成教學設備當中最重要的一環了。

3. 因材施教更是心理學的研究給教育學最重要的觀念。因為因材施教的基礎是建立在「個別差異」的事實上。

古代的教學多半是私塾式的，教師教學的學生不多，因之比較容易認識學生在性格上、在學業成就上、以及在理想態度上的種種差異。優良的教師也能針對學生的長處予以發展，專就學生的短處予以補救。但現代的教學多半是班級式教學，教師一人同時要教四五十名學生。因之對於因材施教，難免有力不從心之感，無法人人顧到。這不但使能力優秀的學生不耐於教師的「簡單」教學，能力低劣的學生趕不上教師的「困難」教學；還可能造成一些與此有關的品行問題，如打架滋事或逃學逃課等，現在的心理學家告訴教育學者，學校教育應該進行多項「輔導」(guidance) 工作，如教育輔導、生活輔導、及職業輔導等。教學配合輔導，則教學效果更能彰顯，學生不但可就性（指能力）之所近而發揮長才，並且可以在人格發展上，獲得健康又完美的人格。

第四節　教育與哲學

　　如果說「教育心理學」一科之成立，可以說明教育與心理學之間的密切關係；則「教育哲學」一科之發展，也可以說明教育與哲學之間的密切關係。雖然，「教育哲學」一科之發展時間並不長，但教育與哲學，卻如齒之與舌，二者密不可分。

　　哲學之原意，稱為愛智（love of wisdom）之學。雖然這個作為萬學之源的哲學，至今並未有恰切的定義，但它對任何一學科的發展，都具有影響力量。我們可以說，哲學就是根本之學。任何一門學科，當涉及到根源問題時，則已踏入哲學領域。用樹來作比喻，哲學是樹根，其他有些學科是樹幹，有些學科則是枝葉。

　　什麼是各學科的根源問題（基本問題）呢？學術研究雖然分門別類，但探討的領域，總不外乎宇宙及人生。前者屬於自然世界，後者屬於人文社會世界。一個對物，一個對人。哲學之初期，哲學家對宇宙天文現象感到興趣（如希臘早期哲學家提出萬物本源問題）。其後思想家方熱中於人生界的探討（如西方之辯者，蘇格拉底等人，及中國自孔子以還的多數學者）。因之宇宙討論及人生討論乃蔚為哲學的兩大討論領域。殆後，哲學家又對思想及知識之本身，開始集中心力去研究，因之知識論乃又成為哲學研究的園地。

　　目前哲學的研究範圍有三：一是討論形相世界的「背後」之學，這是自然科學研究的「根本」。自然科學研究的對象是「物」，研究「物」之學，統稱為「物理學」（physics）。因為自然科學注重觀察、實驗、與解剖等，而實驗、觀察、及解剖等之對象一定是有形體的

「物」。因之天文學（重觀察）、生物學（重解剖）、物理學、化學（重實驗）等均屬之。但是學者研究這些有形體的對象之後，還不感到滿足，他們還想更進一步的探測形體界之背後是什麼。換句話說，他們要了解是不是有什麼在作爲形體世界的支柱，左右星體之運行，影響人生之悲歡離合……。那麼，作爲形體界背後的，就是不具形相的，不具形相的就是抽象，也就是觀念。這部份的範圍，依亞里士多德著作之安排，是放在「物」理世界之後來討論的。因之，這部份之學，稱爲「後物理學」（metaphysics, meta 是 after 之意）。日人譯 metaphysics 爲「形而上學」，因爲中國易經有一段話說：「形而上者謂之道，形而下者謂之器」。「道」是無形相的，器（器具）是有形相的。「道」正可說明「後物理學」的內容。「形而上學」、「道」、及「後物理學」三者異名而同實。

其次，哲學家討論人所得到的知識，到底來源如何呢？知識是後天的產物，還是先天本就具有？人的知識有限度嗎？知識之正確標準爲何？眞理的屬性又是如何？眞理是絕對的呢？還是相對的？討論這些問題，就是「知識論」（epistemology）的問題（epistemology 就是 theories of knowledge, 知識理論）。

第三：「人」是什麼？「人性」又是什麼？人生目的何在？人生意義又在那裏？人的行爲要趨向於善嗎？善是什麼？惡又是什麼？善惡憑什麼來決定？倫理規範又具什麼價值？這些討論都是「人生哲學」（Philosophy of Life）的範圍。

哲學既分成形而上學、知識論、及人生哲學三種，這三種與教育產生什麼關係呢？底下擬依序來略述二者之間的關係。

一、形而上學與教育

形而上學是道學，它是討論形相物理界背後之學。形上學者認為形相世界變動不居，非學問探討之所在，具體經驗界都是幻影，更非「實體」之寓所。可見他們把世界分為兩層，一層是「現象世界」，一層是「觀念世界」。前者因具形體，故價值低於無形相的觀念世界。

形而上學給予教育的影響約有下述數項：

1. 教育之目的，在於培養學生體認「道」之價值。「形而下」乃受「形而上」所支配，有形的也受無形的所左右。因之，抽象界高於形體界。根據人的抽象作用，我們可以將紛然雜陳的萬事萬物加以歸納分類，抽象了一層，又可抽象一層，如此持續下去，就得出主宰宇宙及人生的原則，這種原則會越來越少，少到最後剩下「一」(One, O字母是大寫的)。這一個「一」就是「道」，其實「道」是不可名相的。老子說得好：「有物混成，先天地生，寂乎寥乎，……吾不知其名，字之曰道」。因此，「道可道，非常道」這句話的意思是說：似乎虛無飄緲但卻頗為「實在」的「道」，是不能用具體化的字眼加以描述的。教育如果能讓學生體認這層道理，則教育目的算已達成。窮盡人的一生如能領會「道」的境界，則人生在世已經夠本，那時即令死掉亦不足惜。孔子說過：「朝聞道，夕死可矣！」就是這個道理。

2. 如果說人是精神與物質的合成體，則教育活動就應注重精神面而忽略物質面，因為精神面是無形相的，而物質面是有形相的。精神面是永恆的，物質面則是短暫的。物質面有多端，精神面則只有一。人生的樂趣寓於精神層而非居於物質層。是故「士志於道」就不可以「恥惡衣惡食」，而要像顏回一般：「一簞食，一瓢飲，在陋巷，

人不堪其憂」，但他仍然「不改其樂」。是故物質上的富貴，對於有心求道的人士而言，直如「天上之浮雲」。

精神生活之追求，對於一個從事教育工作的人而言，是相當重要的。

3. 形上世界的最高原則即是「一」，因而「爲學日益，爲道日損」，那就是說，終日在細節上學習，則越學越多，越學門類越雜；但如能歸納，則能發現異中有同，多中有一，並且細節當中有原則，而小原則之間又有大原則。當最基本原則一把握之後，則能知悉萬事萬物之間的關係。老子說：「道生一，一生二，二生三，三生萬物」，這是說明宇宙演變情況。易經也說：「太極生兩儀，兩儀生四象，四象生八卦，八卦生六十四卦」（此處的太極與道無異）。也正說明道是統類萬物的基本原則。而求道之方，則不外注重康德（I. Kant, 1724-1804）之「超越」或「先驗」（a priori），（不基於經驗或超脫經驗）或宋明理學家之「尊德性」（「修心養性」，打坐），如此才能「明天理」。

4.「一」既爲宇宙原理，「道」既爲萬物之本原，則基督敎乃視這些字眼與「上帝」（God）或「造物者」（Creator）同一。因之形而上學的敎育一變爲宗敎敎育之後，抽象界之追求，乃變成來世世界之嚮往。敎徒視今世如同現象世界之可鄙，把具體界都看成罪惡的淵藪。重來世，忽今生，遂變成宗敎敎育的最大特色。

二、知識論與敎育

哲學中的知識論，最能與敎育產生關係的是敎學。因爲敎學旨在知識的提供。雖然敎學不只限定在知識這一層，其他如技能、習慣、

情操、態度等等學習上也都是教學的職責，但無疑的，知識教學佔了教學的最重要部份。

哲學界對知識的討論，大要有兩大派。一派主張知識是先天的產物，一派則認為知識乃是後天經驗的累積。前者稱為理性主義（rationalism），後者稱為經驗主義（empiricism）。理性主義的學者認為真理是絕對的，故為絕對論者。經驗主義學者則主張真理是相對的，故為相對論者。

（一）理性主義與教育的關係

1. 理性主義者非常強調人異於動物的「幾希」之點。人與動物的最大差別，在於前者是「理性的」，後者是「非理性的」。人非「二足而無毛」（featherless biped）的動物（註4）。人的理性表現在推理能力、想像能力、記憶能力及判斷能力等等之上。具有這些能力，才夠資格稱為人。否則人與動物同列。人之自詡為萬物之靈，也就是由於人有這些「異稟」，否則人早為其他動物所奴。人「力不若牛，走不若馬，而牛馬為用」（荀子集解，王制篇）者，也端賴人有這些能力。因此人是主，萬物是人之僕。理性主義把教育重點置於這些能力的發展，那是理所當然之事。

2. 人人都具有理性，教育的工作就是把人原已有的理性能力盡量加以發展而已。因此教育工作是由內往外的「引出」，知識教學是一種「發現」而非一種「發明」。因為知識能力早已存在學生心中，唯賴環境之刺激，教育之引誘，使原已有的潛力「開展」（unfolding）出來。所以本書前述之蘇格拉底的「產婆法」，正是此種主張的教學

註4：荀子之語。而柏拉圖後代在「學苑」作各種定義討論時，也涉及此語。見 Yu-Tee Lin, 1974：Chap. 5。

方法。

　　3. 最能將理性主義所強調的推理能力及思考能力等加以「開展」出來的一般方法，叫做「演繹法」(deductive)。演繹法是根據肯定不移的信念作推論的「前提」(premises)，然後再根據推論法則將該前提加以演繹，則所得的推論結果也變成肯定不移的信念。一般而言，作爲推論前提的肯定不移信念，就是「共相」(universal)。共相即施用於普遍、而無時空限制的觀念，如「凡人必死」,「三角形有三個角」等。而推論結果所使用的語句，則是「殊相」(particulars)。殊相即個別的具體對象，如「張三必死」、「△ABC 有三個角」等。如果「凡人必死」爲眞，而「張三是人」，因之「張三必死」也必眞；同理，如果「三角形有三個角」爲眞，而「△ABC 是三角形」，則「△ABC 有三個角」也必然爲眞。這就是支持理性主義甚力的亞里士多德的「三段論式」(syllogism)。理性主義旣力行演繹法，因之理性主義的教育思想家也大倡演繹法。這種方法在以「儒術」至上的中國傳統教育以及西方以宗敎道統獨尊的敎父哲學 (scholasticism) 敎育時代裏，幾乎可以說是唯一的教學方法。因爲無論東方或西方在這個時候，學者作學問或教師教學生，都以「肯定不移」的信念作爲演繹推論的前提。（只是有些「肯定不移」的信念卻是經不起考驗的，如「女子與小人爲難養也」，「女人能力劣於男人」等皆是）。

　　4. 在學科教材方面，最有演繹色彩的學科莫如數學。而「開展」記憶能力最有效的方式就是學習古典語文。因之中國的文言文，西洋古希臘及拉丁語文之學習，加上數學（這種學科倒很少在中國過去的學校課程中出現）乃成爲學校教育中的重要學科。

(二) 經驗主義與教育的關係

1. 經驗主義的教育特別強調教育的後天性,認為人是環境的產物。人自呱呱墮地後,如不施以良好教育,則終其一生,人與動物無別,人與動物毫無「幾希」之差異。在知識教學方面,既肯定知識乃是由經驗而起,因之知識之豐富,乃有必要由外向內作「注入」式的提供。學習者變成一個被動的受納器,而非如理性主義的教育學者之認為學生對周遭環境有主動選擇的能力。

2. 經驗主義學者聲言,可靠而真實的知識,只止於經驗界,超出經驗界之外的知識都不太可靠也不太真實。因之最好的教學,就是提供直接經驗的教學。而最能提供直接經驗的教學就是實物教學,實物教學可以讓學生的感官獲得深刻的印象。最理想的教學就是能讓學童五種感官都同時可以獲得印象的教學。比如說教兒童認識蘋果,那麼最好的方式就是每個兒童都分給一個蘋果,讓他(她)看看(視覺),摸摸(觸覺),敲敲(聽覺),聞聞(嗅覺),吃吃(味覺),則學童一定對蘋果的印象永難忘懷。如果辦不到這一點,也應該用其他方式來取代實物教學,如借用標本、模型、圖片(彩色的)、電影等。因之經驗主義的思想家認為教科書一定要充滿五彩繽紛的圖畫,並且紙張硬度及字體大小都有適合的編排,這跟理性主義思想家認為教科書只要有密密麻麻的文字為已足的看法,直有霄壤之別。

3. 由此可知經驗主義的教育學者特重「歸納法」(inductive)。歸納法的教學方式恰與演繹法相反,它是由個別的具體實物作教學起點,然後才形成結論。因之它是「殊相」到「共相」的過程。這是近代科學之父的英儒培根所提倡的。殊相界就是經驗界,由殊相歸納成共相,則歸納的結果,不能產生「必然」的結果。如由「甲女性適合

於當老師」，「乙女性適合於當老師」⋯⋯而推論出「所有女性都適合當老師」即是。所以歸納推論是「概然的」（probable）眞，這與演繹推論之「必然的」（absolute）眞不同。前者乃主張眞理係相對，後者則堅信眞理是絕對，這種差異也可以說乃是由於使用方法之不同所造成。

4. 在敎材的選擇上，以最能提供直接經驗的敎材列爲第一優先。經驗主義敎育學者極力抨擊距離學生經驗相當遙遠、甚至終其一生都不可能有該種經驗的敎材。因之如果在高中以下的敎科書中出現描述「太太回娘家，則丈夫如何寂寞」的文章，那是非常不智的；如果再選上「與太太訣別」之類的文章，則學生更不知所云了。並且敎師敎學，不可以拿「只可意會，不可言傳」來搪塞抽象境界的難以解釋。敎師得設法提供學生間接經驗，使學生在自身與抽象界中建立起媒介。如參觀、旅行、採集標本、製作模型、或培養氣氛等，都是良好的敎學方式。

5. 經驗主義旣認爲知識乃是經驗的產物，而經驗之產生，又賴感官之接納外界刺激而引起。因之要獲得可靠的知識，必須先有健全的感官。敎育要與健全感官爲友而非與其爲敵，乃是經驗主義敎育學者的口號。注重學童健全感官，乃是經驗主義賜給學校敎育的禮物。一名學生學業低落，不能怪他不注意聽講，不努力唸書，或 I. Q. 過低，原因可能就是因爲他近視，老師寫在黑板上的字他不能看淸楚；或者他耳朶重聽，敎師的話他聽不到。一個學生脾氣暴躁，行爲乖戾，不能怪他本性可惡，仔細追究原因，或有可能乃因他的腦部生瘤，或分泌腺機能失調所造成。因此學校應有醫療設備，也要有醫護人員，並定期的向學生作健康檢查。

6. 學校建築更必須符合學生感官經驗的要求。比如說敎室方向

應注重採光原則，課桌椅高低應配合學生年齡的大小。他如空氣之流通，音響之效果，及教室佈置等，都應特別注意。教師對於學生座位的安排，也得顧及學生感官上的條件。由於視感官乃是五種感官當中相當重要的一種（俗云：百聞不如一見），因之教室的照明設備，尤不可等閒視之。

三、道德哲學與教育的關係

人生哲學的領域甚廣，道德哲學是其中之一。道德哲學影響了教育中的德育，因此此處乃討論道德哲學與德育之關係。

道德哲學討論善與惡的問題，正與教育的「育」字「養子使作善也」之意有相合之處。我們可以這麼說，哲學中的知識論涉及了教育中的「教」，而哲學中的道德學說則與教育中的「育」息息相關。

關於「善」「惡」是什麼的問題，哲學界又有兩大派別在爭論。一派認為「善」就是快樂，惡就是痛苦；善惡之認知乃根據善行與惡行之後的苦樂經驗；而為了使人行善去惡，則須使用獎懲手段，並且判斷善惡的標準乃依行為之後的後果所達成的苦樂程度來衡量。持這種學說的人，稱為「功利主義」（utilitarianism）的學者。另外有學者卻認為「善」行乃依「良心」的行為，「惡」行則為反良心的行為。善行與惡行的判斷應依行為者的動機而定。良心乃人所共具，因此善意行為乃天生，非後天所習得。持這種學說的人就是「動機主義」（motivationalism）的學者（註5）。

註5：討論這兩大派最為詳盡也最有體系的，乃是吳俊升。參見吳俊升著：教育哲學大綱（臺灣商務印書館，民51.），第六章。

（一）功利主義的善惡觀與德育的關係

1. 善既是快樂，惡既是痛苦，因此令他人快樂的行為就是善行，令他人痛苦的行為就是惡行。功利主義的學者認為，假如偷竊他人也能令他人快樂的話，則竊者不但無罪，還應予以表揚。可是經驗告訴我們沒有這回事。由於偷竊他人財物會使他人遭受痛苦，因之有偷竊罪的罪名。同理，如果打人而能使挨打者也能感到舒服，則打人者應予記功嘉獎。但事實上除了患精神不正常的被虐待狂之外，任何人挨打，都不會感到快樂。因之打人的行為是惡行。基於此種理論，教育應該培養學生在體認何種行為可以使他人快樂、何種行為可以使他人痛苦之後，盡量作使他人快樂的行為而去除使他人痛苦的行為。

2. 獎可以使人快樂，懲可以使人痛苦；因此功利主義學者非常重視利用獎懲手段來使人趨善行而去惡行。功利主義的健將英哲邊沁（Jeremy Bentham, 1748-1832）所提出的四種「制裁」（sanctions）——懲罰——都是指外在的獎懲而言：a. 宗教制裁，如善有善報，惡有惡報，今生作好人，來世投胎為較好之人；前世作壞事，則降生為猪、牛、或馬等動物。善人死後上天國與神同在（獎），惡者則上刀山下油鍋（罰）等都屬宗教制裁之類。b. 法律制裁：犯法者繩之於法，所謂「殺人者死，傷人及盜抵罪」皆是。c. 輿論制裁：反習俗與違傳統雖沒有達到犯法程度，但眾目所視眾手所指，也令一般人不敢奇裝異服的公然招搖於街市，這是輿論制裁的結果。d. 物理制裁或稱自然制裁（此種制裁為盧梭所首倡），吃太多東西，肚子就痛；天涼不加衣，就會受寒；打破玻璃，就會受冷風吹襲等，都是自然界給人類的必然制裁。在這裏應予注意的是，功利主義學者所言之制裁並不包含「良心」制裁在內，他們認為沒有這種制裁。

3. 行為善惡的標準是依行為後果來衡量，行為後果的衡量比較客觀。獎懲就純依行為後果的苦樂而給予。因此執行獎賞與懲罰的訓導人員就能比較順利的進行獎懲工作。比如說打破玻璃應記警告兩次，考試作弊則記大過乙次，作弊科目零分計算；打架滋事記大過乙次等；或拾金不昧者獎賞，凡拾壹佰元而交到訓導處者，記小功乙次；凡拾壹千元而交到訓導處者，記大功乙次等。

（二）行為的動機論對教育的影響

1. 行為的動機論者（提倡此種理論最力的是德哲康德，中國的孟子倡仁義非功利，董仲舒的正其誼不謀其利，明其道不計其功的思想亦屬之）主張行為的善惡不能由行為後果來衡量。因為行為後果非行為者所能掌握，如以行為者無法掌握的行為後果來衡量行為者行為之善惡，則顯然對行為者並不公平。評斷善惡的最恰當根據，應該是行為的動機。有動機善而行為後果善（如存心救人而結果也救活了人），有動機善而行為結果惡（如存心救人而非但沒把人救活，卻把他「救」死），有動機惡而行為後果善（如存心殺人而卻令對方逃離另一險境），有動機惡而行為結果惡（如存心殺人而結果也殺了人）。在上述四種行為動機與行為結果的分析中，一、二兩種因為行為者的動機良善，因此不管行為造成善果抑或惡果，都應該將行為者的行為列為善行。三、四兩種因為行為者的動機不善，因此不管行為造成善果抑或惡果，都應該將行為者的行為列為惡行。動機惡而行為後果為善，那是偶然的；動機善而行為後果為惡，那是「謀事在人，成事在天」，怪不得當事人本身。這種觀念對訓育的實際措施影響甚大。訓導人員在發現一種行為之後，必須問行為者的內心動機，憑內心動機之良善而作獎懲的依據。如同是打破玻璃的行為，因動機之不同而不能有同一

的懲罰。甲生之打破玻璃，可能是打掃教室不小心的結果；乙生打破玻璃，可能是蓄意破壞公物之心在作祟；丙生打破玻璃，也許就是師長不注意他，他就打破玻璃來引起師長的注意……，行為的原因眞是種類繁多。如果上述甲乙丙的打破玻璃行為都得到記警告兩次的結果（就如同功利學者之所言），則顯然地，這種懲罰並不見得公允與合理。

2. 行為的動機論者認為每當執行一種行為，只問對得起良心——即只要問心無愧，則不計較行為後果。這是「只問耕耘，不求收穫」的精神。只為善而行善，不問其他。孟子曾經舉個例來說明這種善行。比如說： 看到一個小孩將要掉到井裏去， 則基於人的「惻隱之心」（良心的一種），一定立卽趨往救之。救小孩的行為，並非「要譽於鄉里」，也不是因與該小孩之父母熟識。 換句話說，救小孩不是要作該鄉里的好人好事代表，也不是要上報或記者就會因此來訪問，也不是因孩子的爸會贈他金錢以酬謝救子之恩。救小孩就是救小孩。這是最高的德行，如有其他外在原因才去拯救小孩，則救小孩的善行就會打了折扣，善行已不純，而含有雜質在內。含有雜質在內的善行就像含有污沙在內的金子一般，無法光耀奪目，善行也不算是「義」舉了。這種道德觀在教育上的應用，就是培養學生為德行而德行的作風。比如說，考試之要誠實，乃因為考試本來就要誠實。學生之遵守這條規則，並非由於懼怕如果不誠實則會記過，如果誠實則導師會加操行分數等才來履行「考試時要誠實」這種德行。他如為公衆服務，誠實不欺，信守諾言等德行，亦復如是。

3. 因此，最神聖的道德行為，乃是基於「良心」的行為。「良心」之指令，任何情況都不可違抗，它是一種義務，非履行不可。康德稱良心指令為「無上命令」(categorical imperative)，那種指令像聖旨一般，至高無上。人如果不遵良心行事，卽令沒有受到如功利

主義者所言的種種制裁,他也會因「良心」不安,而徹夜難眠。動機論者認為惡行之良心懲罰,善行之良心獎賞,乃是最崇高的獎賞,其他獎賞都無法取代。而人人皆有良心,即令是罪魁禍首、殺人不眨眼的強盜,也會有「天良發現」的時日。「人之將死,其言也善」正是表示他受良心懲罰的時刻。因之,只要「良心」發現,則德育就能成功。僅依外在的獎懲才能行善去惡,則不見得光明堂皇,那種行為是停留在「他律」的階段;接受「良心」所指引的行為,則已步入「自律」的殿堂了,那是德的極致。

四、對立學說的調和應用

上述所言之知識論及道德哲學,似乎都有對立的兩派,因而對教育也產生兩極的影響。其實對立的學說是可以調和的。如果我們借用杜威的學說,認為教育就是一種繼續不斷的發展歷程的話,則在知識論上,知識教學正應該由感官經驗之提供作出發點,而以抽象觀念的認知作結束。換句話說,年級越低,越適合於採用經驗主義的教育學說;年級越高,則引用理性主義的教育觀就越為恰當。

道德學說亦復如是,靠獎懲的外在條件才能遷善改過,這種作法適用於年級低的學童;能夠體認德行本身就是德行,那是高年級學生的最高教育目的。因老師在旁監視而不敢作弊,這種行為價值不高;老師不監考,雖有作弊機會但仍然不作弊,則為最高的德。除此之外,杜威仍然認為最理想的行為是兼有善意(動機)及善行(後果)的行為。善意本身是德,善意而產生善行,則要依賴知識。因此德知要合一。有救人的心意,要配合救生的科學知識,才能將瀕臨溺斃邊緣的人救活。因之良好的教育,也不指望培養精神可嘉(動機良善),

但行為卻愚蠢得可憐（無善行）的學生。中國古代的孝子，夏天因為怕雙親被蚊子咬，乃先睡在蓆上讓蚊子咬飽，然後才讓雙親就寢。這種行為是「孝行」可嘉，但卻愚不可及。這位孝子如果動用腦筋，運用智慧，或可發明「拜貢」或蚊香、滅飛之類的殺蟲劑呢！那不是知識可以增加善的效果更擴大善的範圍嗎？

五、哲學指導教育，教育印證哲學

一般說來，哲學是理論，教育是實際；因之，哲學在指導教育，教育在印證哲理理論。杜威說：「哲學是教育的指導原理，教育則是哲學的實驗室」(Dewey, 1966:329)。二者相輔相成，不可偏倚。套用康德的習用語，我們也可以說，教育沒有哲學，是盲的；哲學沒有教育，則是空的。衡諸事實，哲學與教育如影之隨形。

近年來，哲學發展又呈現一些新面目。在此值得一提的有兩種，一是絕對不討論玄學——形而上學，而專以「經驗」(experience)及「邏輯」(logic)為知識效標的「邏輯實證論」(logical positivism)。他們拋棄不可印證的討論界域，以為那種境界只在玩弄文字魔術而已，說來說去，就是盡說些令人無法了解的一堆謎樣的文字。因之邏輯實證論者的職責，乃在於作「語言分析」(language analysis)。因為他們譴責歷史上許多哲學問題之不能獲得答案，乃由於哲學語言沒有符合笛卡爾所說「清晰」又可「分辨」(clear and distinct)的要求。因此哲學用語——應用在教育上就變成教育用語，要簡明而不得故弄玄虛，討論界域 (domain of discourse) 要明確。這一學派發展在英美國家較盛。

另一派是產生於歐陸的「存在主義」(existentialism)。存在主

義是對機器文明蔑視人性尊嚴的一種反動。它提出人的「存在」之不自由性,及人的「本質」之自由性的重要觀念(人之被生並非由於他個人的選擇與決定,但人一出生之後,就應享有自由抉擇權);也不隱瞞的宣揚人性之醜陋面及黑暗面(因而令人作嘔);也說明人無時無刻面臨死亡的可能性(因之焦慮、不安乃人生之寫照)。它所注重的個別性(individuality)及自由(freedom),的確可以做醒沉睡於「大量製造」(mass production)、注重集體性而忽略個性的人們。

邏輯實證論及存在主義都是純粹哲學,它們的教育應用,目前正在發展當中。

本章摘要

1. 教育學是一門科際整合的學科,它與社會學(政治學及經濟學)、心理學及哲學等有密切關係。
2. 政治活動與教育形成關係者有二:領導者如何選擇與如何教育,一般人民又如何教育。
3. 傳統教育中的貴族與平民雙軌制教育,因在歷史上存在時間甚久,現雖無此形式,但實質卻仍支配許多地區的教育活動。
4. 民主教育側重機會平等、實際需要的教學、本國語文的加強,及民主精神的提倡。
5. 普及教育必須仰賴經濟生活的滿足之後才能普遍實施。職業教育是「教育」與「經濟」二者密切合作的證明。
6. 心理學的發展提供教育的方法、教學的技巧、學生個別差異的認識等。
7. 哲學的發展有益於教育價值判斷的正確抉擇,提供教育宗旨的建立,並且在知識上、德性上提示應行的方針。
8. 哲學學派與教育有關的是形上學理論、理性主義、經驗主義、功利主義與

動機主義。至於當今的邏輯實證論及存在主義對教育的影響，也不容小視。
9. 心理學學派影響教育活動的，主要有嘗試錯誤說及完形心理學。
10. 教育學的奠立還未完成。

討 論 問 題

1. 除了本章所述，政治、經濟、心理學、及哲學對教育的關係之外，討論其他學科甚至是自然科學的研究或戰爭對教育的影響。
2. 傳統對治者的教育，有參考的價值嗎？
3. 目前我們進行的教育，是屬於何種型態的政治教育？
4. 職業教育與文雅教育的異同何在？
5. 「創業性的」教育對經濟發展有何幫助？
6. 心理學提供教育的「實然」事實，哲學則提供教育的「應然」價值，試伸其義。
7. 個別差異應否加強，還是要削平？
8. 舉實例討論學習中嘗試錯誤及頓悟的狀況。
9. 學習過程中，你已聞了多少「道」？
10. 現代的學校建築要注重採光、通風、衛生等條件，這是受什麼哲學主張的影響？有必要考慮這些條件嗎？

第四章

中西教育的歷史背景

教育既是人類特有的活動，而人是有機體，人的活動都有時間上的連續性，因此欲了解當前的教育現狀，有必要先認識過去的教育史實。現在的教育問題，是有傳統因素貫穿其間的；這就好比我們如擬了解一位學生，必先進行「個案研究」(case study) 一般，一定要調查他的身家背景或過去歷史。如果把現狀「孤離」，不與過去發生關係，這就忽略了傳統支配現代的力量了。並且想認清當前教育的優劣，可以與過去的教育活動或理論作一番比較。所以教育的歷史背景之研究，實可作爲當前教育實施的殷鑑。此外，文化教育之交流，目前已是世界各國的正常現象。他山之石可以攻錯，因此認識西洋教育的歷史背景，亦是研究教育的人所不可忽略的主題；並且研究西洋教育以便督促中國教育的改進，更可作爲衡量中國教育優劣短長的一大挑戰力量。

第一節　中國傳統教育的特色

中國教育，源遠流長。自三代以還，就設庠序學校以教導國民。

爲政者亦知「建國君民，教學爲先」。而私人講學，更由孔子開其先河，私塾存在於鄉間，書院設於山林，也是中國傳統社會普遍的現象。皇朝又以士取仕，考試制度因此建立起來。思想家也著書立說，爲文提倡敎育的重要性。使得中國文化，光輝燦爛，獨樹一幟，遠非他國可以比擬。羅素曾說，中國是所有文明古國中最注重知書達禮的地區 (Russell, 1932:125)。中國的文敎廣被四海，是東方文化的代表之一，也是世界文化的重要支柱。

悠久的中國教育傳統，發展出一套與西方教育傳統有別的特色。中國傳統教育的特色，約略言之，有下列數點：

一、注重個人的倫理規範

個人是教育的出發點，個人的修爲，變成教育的目的。個人修爲的極致，是孔子的「仁」，或孟子的「義」。仁、義，都是倫理規範。教育既以人倫爲範圍，以道德品格的涵養作爲最主要的敎育活動，所以過去的學校（庠序）以「五倫」爲敎。五倫就是君臣、父子、夫婦、長幼、朋友；其德目就是君臣有義、父子有親、夫婦有別、長幼有序、朋友有信。考試用人，也以個人修爲作爲最重要標準，無論是民間講學場所的私塾或書院，也以五倫爲教材。倫理規範作爲教育的主位，這已形成爲中國傳統教育的一大特色。

假定社會上沒有其他人存在，只有「己」，則「己」不必講究人倫道德。但人是羣居動物，有「己」而無「人」，「己」也不能生存。因此個人之修爲，乃由於有他人之存在而顯示出重要性。「人」「己」關係是古今中外學者難免要研究的主題。中國過去教育之注重及此，亦是自然現象。但中國過去教育之注重個人修爲，卻有下述幾種特徵：

1. 以個己為本位之修為往他人擴充之範圍，對象止於有親密關係或利害關係之君臣、父子、夫婦、長幼、及朋友等五種。至於不是君臣、父子、夫婦、長幼、及朋友關係者，則似乎不在考慮之內。因此對外地人或非親非故之輩，是否也應共同遵守倫範，則似乎不計及。當然，「四海之內皆兄弟也」，兄弟亦可當朋友看待，但朋友是一種主觀上的認定，非形同君臣、父子、夫婦、長幼等是客觀的事實。主觀的期望未必能改變客觀的事實。並且，與「己」發生關係之君臣、父子、夫婦、長幼或朋友等，數量不多、範圍有限。除此之外的「人己」關係，即自己與非朋非友之間的關係，不但非常複雜，並且涉及的人也甚眾。中國過去教育對於五倫討論甚詳，卻很少研究如何建立「人己」關係。因此凡屬君臣、父子、夫婦、長幼、朋友，則都是「自己人」，大家相互禮讓、信賴、效忠（如臣對君）、愛護；而凡非君臣、父子、夫婦、長幼、或朋友關係者都是他人。對待他人之道與對待自己人有霄壤之別。所以中國過去的教育雖甚重「私德」，但卻對「公德」很少研究。換句話說，對待自己人客客氣氣，對待非自己人，則可能你爭我奪，互不相讓。介紹朋友或同事給晚輩時，則要晚輩以叔叔、嬸嬸或伯父、姨母稱之，如果能因此攀上「親戚」關係，則以後相處也較融洽。

2. 只要「反求諸己」而「無愧於心」，就可以作為人己權界的準則；並且由此可以「推己及人」，「己立立人」，「己達達人」。至於別人是否合於己心，則不甚重要。所以「己所不欲，勿施於人」。在這種場合中，不必考慮別人欲不欲。凡己之所欲，必定也是人之所欲；凡己之所不欲，必定也是人之所不欲；或者說，凡己之所欲，人是不會不欲也不可不欲；而凡己之所不欲，人是不會欲也不敢欲。比如說，我「惡惡臭」（己所不欲），而斷定別人必定也「惡惡臭」（人亦

不欲），因此不可把「惡臭」施於人；但至於我「好好色」（己所欲），是否就可斷定別人也必「好好色」（人所欲），因此要「施於人」？根據上述之解析，似乎也是可能成立的說法。

　　這就形成自我為中心的論調了，並且也容易造成「個人為萬物尺度」的主張。只要我自己認為可欲的行為，我是不必顧及他人的；只要我自己認為不可欲的行為，我一定不讓他人承受該行為。「將心比心」可以無往而不利。我欲行仁義，他人也必欲行仁義，所以我推仁義於他人身上；反之，我不欲行霸道，相信他人也不欲行霸道，所以我不將霸道施於他人，這是一種極高的品德，但卻是一種一廂情願的品德。因為事實告訴我們，海邊有逐臭之夫（孟子之語）。「己所不欲」恰為他人之所欲，那時，如也「不施於人」，實在是刻薄，甚至是殘忍。我自己如不喜歡吃臭豆腐，則「將心比心」認為別人也一定不會喜歡吃臭豆腐，因之「勿施於人」，這難道是應有的人倫準則嗎？

　　3. 對於「物」的處理態度亦如是。「人為萬物之靈」，所以萬物皆是「有意的」供給人們作倫理規範作用的。「看到秋雁的整列南飛，便聯想到兄弟姊妹之間的手足之愛；看見了羊羔跪乳，便聯想到人子之孝親。周濂溪的『綠滿窗前草不除』，仍脫離不了對自然的一種同情看法，而說：『與自己意思一般』。程明道養魚，時時觀之，而說是『欲觀萬物自得之意』，又有詩在吟：『萬物靜觀皆自得，四時佳興與人同』。（臧廣恩，1959：220）。似乎遠山都對自己含笑，日月都對自己有情，萬物對自己有意，這是人自己的主觀意識作祟；但自己既對萬物生情，則萬物也就與自己有親。個人品德上的修為，也可以透過對物的感染情結來進行（佛教的說法更有這種色彩，如「一花一世界，一葉一如來，翠竹黃花皆般若」）。

底下一個人盡皆知的故事，更說明了個人對萬物的主觀情意作用：

　　莊子秋水篇：莊子與惠子遊於濠梁之上，莊子曰：鯈魚出遊從容，是魚樂也。

　　惠子曰：子非魚，安知魚之樂？

　　莊子曰：子非我，安知我不知魚之樂？……

這不是十足的表示自我中心本位的看法嗎？並且以個人的喜樂推想到魚的喜樂。「我認為魚是快樂的，所以魚就是快樂的」。萬物不但有倫範作用，且人也給萬物以倫範標誌。這種倫範的泛濫正與本書第一章所言「泛道德主義」的情況有若合符節之妙。

二、重人文而輕物理

就是由於上述原因，人倫也侵越了物理，而使物之理不能原原本本的呈現出來。物理真相從此被人倫遮了面目，真相遂無法大白。不只如此，物理天文地理的研究，還會妨害心性的陶冶，對修心養性的倫理修為毫無幫助。「玩物喪志」，「志」是「士之心」，「士」是讀書人，因此讀書人不應把玩物器（如現在的電動玩具），物是「奇巧淫技」之所由生。純客觀的物理世界已用感情或倫範價值予以判決「有害」了。

宋朝的朱熹是理學健將，是自承延續周公、孔子、孟子等儒學法統的人物。朱熹是一流人才，學問非常淵博。但他既融合儒釋道三家於一身，乃以「修心養性」為人生唯一準則。有一天他上山觀賞風景，但在人跡罕至之處竟然發現有貝殼，這位大學者左思右想，乃提

出「滄海桑田」的「假設」，以為羣山都屬波浪型，可見數萬年或數百萬年前，羣山可能在海底，所以才會在高山上出現貝殼。但朱熹提出這一種頗合乎物理研究的構想之際，卻馬上放棄此種想法，認為不可心有旁鶩，不應關心此山以前在何處。因為一位以修心養性為任務的儒者，探討此山以前在何處，已屬不務正業，遠離正軌了。

　　西方科學家正為「太陽中心說」或「地球中心說」奮鬥得頭破血流之時，有許多偉大天文學家正因為爭取真理，而犧牲了生命，不是上斷頭台，就是上絞刑，或終生監禁。但這一種爭端介紹到中國來的時候，卻未聞有中國學者因提倡太陽中心說而身敗名裂或遭殺身之禍或有牢獄之災。是不是中國社會較西方社會容忍呢？或者中國早就有「太陽中心說」的主張，因而認為該說早已深入人心不足以大驚小怪呢？不是。因為中國傳統觀念認為凡不屬於「修心養性」的知識，都「不予關心」(indifferent)，並且都是雕蟲小技，不足掛齒。太陽繞地球轉還是地球繞誰轉，都是「無稽之談」，誰繞誰轉，都差不多（羅家倫，1976:21）。

　　中國傳統也有物理之學，所謂「大學」的「格物致知」就是（也是清末設的「格致」學）。但「格物」的「格」，是「正」的意思，「正」是以「心」正之。所以格物仍以「心」為出發點，心性修為是格物的先決條件，以「心」來「正」物，就是「格物」的主旨。如此就可「致知」，然後「修心、齊家、治國、平天下」的一番大道理就出來了。但是如果「物」的研究一定要仰賴「心」去格，並且以「心」去「格物」乃作為研究物的唯一方法，卻不依靠其他的儀器或設備，則「格物」是不能格出什麼「真相」的，反而會因此徒費心血而致病呢！最有趣的例子莫如王陽明以「心」去格竹，結果格了七天，格出病來了。王陽明是「心」學健將，他在「傳習錄」上說：

第四章 中西教育的歷史背景

「衆人只說格物要依晦翁（朱熹），何曾把他的說去用？我著實曾用來。初年與錢友同論做聖賢要格天下之物，如今安得這種大的力量？因指亭前竹子今去格看，錢子早夜去格竹子的道理，竭其心思，至於三日，便致勞神成疾。當初說他是精力不足，某因自去窮格，早夜不得其理，到七日亦勞思致疾，遂相與嘆聖賢是做不得的，無他力量去格物了」（註1）。

以「心」格物，竟然「格」出病來，學者雖有志於「格物」，也就只好中途而廢了。其實中途而廢還是「迷途知返」呢！否則越陷越深，不但以心格物會格出病來，還可能一病不起，嗚呼哀哉。物理研究，從此陷入停頓狀態。

這也是「人倫」教育思想表現在中國傳統教育當中的另一特色。孟子滕文公上說：

「逸居而無敎，則近於禽獸；聖人有憂之，使契爲司徒（教育部長），教以人倫。」

「謹庠序之教，申之以孝悌之義。」

「庠者，養也；校者，教也；序者，射也。夏曰校，殷曰序，周曰庠，學則三代共之，皆所以明人倫也。」

人倫學科也就是人文學科，自然科學從來不在教育當中佔有地位。自唐宋以還，學校教育雖也有算學、醫學、律學等科目。但一來科學考試不考這些科目，二來任教者仍有強烈的泛道德及泛倫理主義之意識型態，所以這些科目的教學也只聊備一格而已。科技研究雖代有人才出，且研究成果也令人震驚，但他們在當時的研究處境，都非常可憐，有些是三餐無以爲繼。「性狷介，不求仕進，以布衣終」

註1：這段話可以與本書第一章言「教育」是「引出」意併看。知識光「由內向外引」，有時是引不出什麼來的。

(如清咸同年間製造中國第一艘機輪，時速40里的徐壽和華蘅芳)。有些雖有震古撼今的不朽名著，但只有抱著被文人「棄置案頭，於功名進取毫不相關也」的心理準備(如明崇禎年間著「天工開物」的宋應星)。這些史實，的確令人唏噓！

即令到了中國飽嚐西方船堅砲利的踩躪之時，有人主張學西學與西技之際，清朝理學名臣倭仁仍然固執的上奏「天文算學，爲益甚微」，「古今未聞有恃術數而能起衰振弱者也」(殷海光，1966:239-240)。這樣子觀念的學者早就有「半部論語治天下」的念頭，而一部論語，不就是瀰漫著人文色彩的作品嗎？中國過去讀書人既以「治國平天下」爲己任，而半部論語已足可平天下，則唸了整部論語，更可治平外太空了。中國傳統文人，是以「人文」掛帥的。

三、人性論與體罰

人性論影響教育的觀念至深且鉅。不管古今中外，教育學者一定會涉及人性問題。而中國歷代學者對此問題之研究興趣，似乎是全球首屈一指。一部中國哲學史或思想史，可以說是一部中國人性論史。而人性論又與教育學說脫離不了關係，因此我們也可以說，一部中國哲學史或思想史，形同一部中國教育學說史。

探討人性的本來面目，可以了解人的受教育可能性，接受教育的方法，認識學生及教師心理，安排何種課程，提供何種教材，以及領會教育的旨趣與歸趨，甚至知悉教育的限度，對於教育情境的管理亦有不少助益，師生之間的關係也由此建立起來。但是研究人性的本來面目確實不易，中國思想家對此一問題的解答，雖有客觀實徵性的證據，但卻無法窮盡所有經驗上的事實；據有所偏頗的證據就立下主觀

斷語，爭議遂因之而生。中國思想史在人性論上的爭議相當熱鬧，卻無法產生可以平息眾議的結論，這是中國傳統文教上的一大特色。

中國學者探討人性，偏重在善惡方面，而較少涉及心性能力的數量之多寡，因此形成了人性哲學而沒能形成人性科學（如 I. Q. 高低之研究）。孔子雖無明言人性善惡，但自孟子力倡人性善之論調後，荀子立即予以反駁，而大談人性惡的說法；法家的韓非與李斯是荀子弟子，因此更發揮人性惡的學說不遺餘力。其後漢代揚雄說人性是「善惡混」，王充則說性有三品，即善、惡、及善惡混；宋明學者也加入人性論爭，幾乎所有中國學者無一例外。王陽明最後提出「四句教」，更使我們對人性論的了解不能達到笛卡爾所說的「清晰」又「明確」的地步。王陽明的「四句教」如下：

> 無善無惡心之體，
> 有善有惡意之動，
> 知善知惡是良知，
> 爲善去惡是格物。

其實這種說法，也的確令學者撲朔迷離，莫知其意。以現代科學眼光視之，人性善惡問題非目前的人力（智力）所能解決。不幸，在中國過去這麼長的時間裏，竟然浪費了這麼多一流的腦筋卻終生在探討不能獲得答案的問題，的確可惜。如果改弦更張，轉移研究方向，或許對教育的幫助更大。

儒家孟子的性善論雖居中國傳統人性論的顯赫地位，但教育實際措施中，荀子的人性惡卻大行其道。人性惡在教育上最直接的表現，就是「體罰」。體罰在中國教育傳統中，簡直是家常便飯，甚至是學校的代名詞，教鞭也變成教師不可或缺的教具。「不打不成器」，「耳提

面命」,「夏楚二物, 以收其威也」。傳統教育觀念在於使「倒子」變成「正子」(見第一章教育的原始義)。「倒子」是「性惡」之人,「正子」即是「性善」之人。「人性惡, 其善者僞也」(荀子性惡篇)。「僞」即人爲, 人爲即教育, 教育過程中難免要動用棍子以防惡或去惡。師嚴的一種重要方式, 即是體罰。

這樣子的教育產生什麼情況呢？即令到了清末時, 學校的嚴厲氣氛猶存。玆錄下蔣夢麟及胡適的求學經驗, 蔣夢麟在「西潮」裏說:

「我恨透了家塾裏的生活。有一天, 我乘先生不注意我的時候, 偸偸地爬下椅子, 像一隻掙脫鎖鍊的小狗, 一溜烟逃回家中, 躱到母親的懷裏。

母親自然很感意外, 但是她祇是很慈祥地問我:『你怎麼跑回家來了, 孩子？』

我答道:『家塾不好, 先生不好, 書本不好。』

『你不怕先生嗎？他也許會到家裏來找你呢！』母親笑著說。

『先生, 我要殺了他！家塾, 我要放把火燒了它！』我着急著說。」

(蔣夢麟, 1960: 23)

胡適在「四十自述」的「九年的家鄉教育」中說他的小學同學常逃學的事:

「他(嗣昭)逃出去, 往往躱在麥田裏或稻田裏, 寧可睡在田裏挨餓, 也不願唸書。先生往往差嗣秋(另一同學)去捉; 有時候, 嗣昭被捉回來了, 總得挨一頓打; 有時候, 連嗣秋也不回來了, ——樂得不回來了, 因爲這是『奉命差遣』, 不算是逃學！」(胡適, 一, 1979: 24)

胡適回憶有許多小孩子身體不好的, 往往有被學堂磨折死的, 也有得神經病終身的。有一種責罰小孩子的方法是「作瘤栗」, 就是老師鉤起五個指頭, 打在學生的光腦袋瓜子上, 常常打起瘤子, 故以

「作瘤栗」名之；不幸，像胡適那麼聰慧又用功的小孩，也被「作瘤栗」一次。所以凡是受學校教育的孩童，沒有一個不被體罰的。

四、缺乏競爭性的文化教育系統

中國文化教育的發展，可以說在東方領袖羣倫，一枝獨秀，它不但維持中國政治體制數千年，且文教也廣被四方。中國文化無論在哲學、文學、藝術、技術、教育上都有優越的成就，而環繞在中國四周的民族，文化水平多不足稱述，遠落中國之後。中國以文化征服外族，早有史實斑斑可考,不必爭議,外族也以文化臣服於中國。所以自有中外之接觸以來，外族紛紛派遣留學生來中國就學。外族不但在政治上朝貢中國，且在他們本土上也設立中國文化教育的宣揚場所（如孔廟之興建，及漢文的使用或改變等）。中國文化及教育，的確聲威遠播。

中國地理位置，東臨世界最大的海洋，西有大沙漠，西南又有全球最高的埃佛勒斯山峯。崇山峻嶺加上大海之阻隔，所以中國人不但自認是世界之「中」，且自以為中國即是天下，不但未能與西洋文化相互交流，且與同屬東方文明古國的印度也頗無來往。當時西洋及印度的文化教育成就，如與中國相比，中國非但毫不遜色，且已凌駕西洋與印度之上。中國的地理環境，形成中國閉關自守；中國的文化成就，造成了唯我獨尊。這種情況容易培養自大自傲的心態，自認是天朝，視別族為番、蠻、狄、羌、夷、戎，甚至是玁（商朝時名「鬼方」，周朝時稱「玁狁」，秦漢時叫「匈奴」)、猺（南方民族）、獠（嶺南人）、獞（湖南、廣西之山地人）、猓玀（雲、貴、川、及越南等民族）或犵（西南民族）。從這些中國字來看，中國人不但歧視這些「異族」是原始不開化，且簡直野蠻得不是人，而屬走獸（都是以「犭」

作偏旁）之類。這種妄自尊大的現象，雖然有妄自尊大的本錢，但卻給中國文化的發展帶來不利的影響。華人自認高級，外族不是土人就是下賤。外族入貢朝拜皇朝之時，要行三跪九叩之禮。中國人是「夏」，外族是「夷」，當時如有中外之文化交流，就形同是「夏威夷」式的型態──「華夏」在「威服外夷」。

從過去的史實來看，中國人在文化成就上的造詣，的確令外族刮目相看；與中國文化同時出現在舞臺上的外族文化，尤其是環繞在中國外周的四夷，確實對中國文化不能起競爭作用。能引起競爭作用的文教系統，就如同賽跑者的對手一般，必須是旗鼓相當，勢均力敵，二者不相上下。否則優劣相差懸殊，則對二者紀錄之突破，成績之改善，都沒有幫助。當中國文化教育的成就是外夷景仰之時，而外夷也自承不能相提並論之際，這種現象就好比在賽跑的跑道上只有中國人一人獨跑一般，其他陪跑者都瞠乎其後，中國人遙遙領先。當跑道上只有一人獨跑的時候，這個人是永遠得冠軍的。他跑快是冠軍，跑慢也是冠軍，停下來仍是冠軍，左右亂跑亦是冠軍，甚至往後跑也都是會得冠軍的。

不幸，這種冠軍局面卻無法持久。西學一侵入中國後，中國的軍事、經濟、政治、教育，甚至思想制度卻像摧枯拉朽式的塌了下來。一部中國近代史，變成「夷威夏」式的悲慘歷史。原本是天朝的王國，幾乎變成列強瓜分的屬地，甚至連從前被中國視爲動物禽獸的邊疆民族也相率騷擾中原。並且最具諷刺性的就是，原先中國人視外夷形同獸類，但洋人入侵中國後，也以獸類視中國人。中國各大都市的洋人租借區之遊樂場所都寫上「狗及華人不准入內」。洋人視中國人與狗同類，簡直是侮辱之至。如果洋人將中國人看成狗，這種觀念不應該的話，則中國人視外夷爲獸類，同樣也不應該。

四夷文化教育,在過去無法與中國抗衡,這是造成中國文化教育產生「捨我其誰」的一大主因。此外,中國文化教育系統內缺乏激盪力量,更是形成中國文化日趨沒落的主要理由。中國最有影響力的教育思想家,是儒家。儒家自孔子奠定其教育理論根基之後,就形成中國思想界的顯學,又加上漢武帝時董仲舒上奏「諸不在六藝之列,孔子之術者,皆絕其道,勿使並進」。「六藝」就是禮、樂、射、御、書、數,都是周朝的禮節與習俗,是孔子特別推崇的;至於「孔子之術」,卽「論語」一書的內容。董仲舒要求教育活動,罷黜百家,獨尊儒術。百家卽春秋戰國時諸子齊鳴、百花齊放的法家、墨家、陰陽家、小說家、道家、縱橫家、兵家、農家等等學說。漢武帝採納其議,從此儒家思想卽支配了中國數千年來的教育觀念與活動。

孔子的地位在宋儒心目中如日中天,尊稱為「至聖先師」;孟子則是「亞聖」;其他七十二門人,各有「聖賢」地位。論語、孟子、大學、中庸,被奉為「四書」,其地位如同西方基督徒的聖經,是讀書人的「經典」,非熟背牢記不可。從此聖賢的「權威」地位乃建立了起來,後代門徒不可質疑問難,更不可以背離經義,否則就是大不敬的行為。任何敢與儒學相異的主張,就是邪說,妖言惑眾;無論何種行為不合聖人之道,就是辟行,形同洪水猛獸。「非聖人之言不敢言,非聖人之服不敢服,非聖人之道不敢道」。言必稱堯舜,動不動就「子曰」。「既經聖人言,議論安敢到」。這是傳統讀書人的典型作風。孔子最寵愛的大弟子顏回就是如此,「回也不違如愚,於吾言無所不悅」,一幅乖順模樣,最能討得老師歡心。荀子也要求學生必須「表情唯唯諾諾」(色從),「恭恭敬敬」(禮恭),「說話低聲下氣」(辭順),然後教師才願指導為道之方。所以中國傳統教師卽令有許多是「卽之也溫」,但卻多半是「望之嚴然」。「師嚴然後道尊,道尊然後

民知敬學」;「敎不嚴,師之過」。宋朝程伊川就是這種敎師的典型代表。程伊川對學生不苟言笑,對學生經常大聲斥責,所以有「程門立雪」故事。學生在程門受學,有如臨深淵,如履薄冰之感;戒愼恐懼,惟恐言行上犯有瑕疵。中國傳統敎師有極其濃厚的權威型性格;並且也就是這種權威型性格,才能維持大一統的敎育思想。學生或後代在嚴師的諄諄告誡之下,是不太可能違抗敎師意旨而另找出路、自成一格的。

　　思想定於一尊,敎育力求整齊,即令思想造詣頗高,敎育多提倡,仍難免於僵化與硬化。如果內部缺乏衝刺力,外部又無挑戰者,則敎育文化就會形成靜態,靜態的文敎就死氣沉沉了。自己不知上進,又因惰性的助長,中國人就如一頭睡獅。昏睡不醒的獅,仍要作夢自己是「萬獸之王」,則難免要爲虎狼吞噬分屍或欺侮的。

　　中國的敎育思想,如同哲學一般,自儒家被封爲一尊之後,就無甚更易的主宰中國敎育活動。代表儒家思想的敎材,在初等敎育階段是「三字經」,初等敎育以上就是「四書」「五經」(詩、書、易、禮、春秋)。孔孟之後的儒學者,只闡揚孔孟學說,或爲其辯護,或爲其註解;「一經說至數萬言」,但仍脫離不了孔孟窠臼,逃不出儒家範疇,掙不出聖賢畛域,卻不敢發表個人見解。即令敢攻擊瓣香孔孟法統(朱熹)的清代實用主義大師顏元,也只敢批朱而不敢遙評孔孟。顏元說「必破一分程朱,始入一分孔孟」。可見這位難得一見的中國懷疑主義的學者,仍然不敢大膽而徹底的過問儒學的掌門人。敎育思想及哲學理論的一尊,已深入中國士者之心,搖撼不得的。

　　文化敎育體系的圈子外,缺乏競爭力量;圈子內又禁錮「異己」之論,壓抑懷疑批判態度。如此的結果,文化發展的停滯與國家之積弱,乃爲必然現象。

五、科舉考試制度

科舉考試制度是中國傳統教育的一大特色。自隋煬帝大業十年（西元615年）開始設進士科後，到清光緒31年（1905年）廢除科舉為止，科舉考試制度在中國延續了一千三百年左右光景，對中國教育之影響至深且鉅，對中國傳統讀書人接受教育的心態，也具十足的左右力量。

儒學的開山祖孔子栖栖遑遑周遊於列國，且曾為魯司寇；孟子也周旋於諸侯間，因此學以致仕，早就成為夙昔典型。其後讀書人又有科舉考試作為進官之階，因此作詩填詞及背誦義理文章，有了實用的動機。只要十年寒窗苦，一朝成名天下知。一試及第，則功名利祿，悉聚一身；榮華富貴，不招自來。並且科舉考試制度也促進中國社會的流動，官吏非世襲，平民也有晉升機會。由下面一首詩就可看出端倪：

朝為田舍郎，暮登天子堂；
將相本無種，男兒當自強。

所以，「書中自有黃金屋，書中自有顏如玉；書中自有千鍾粟，書中車馬多如簇」。

科舉取仕的程序，大略分為三層。第一層是「鄉試」，即地方性的考試，凡屬同縣者都在縣府應考。第二層是「會試」，即在省（州府）都舉辦。第三層是「廷試」，或「殿試」，在首都進行。主試官是各級行政首長（如「縣令」——即縣長），中央則由「禮部」或「翰林院」（即現今之教育部）負責。鄉試及格者才准參加會試，會試通

過者才准參加廷試。通例是每三年舉辦考試一次，但有時也有例外而中輟考試。鄉試及格者稱為舉人，會試及格者稱為貢士；殿試有時是天子親自考驗，第一名稱為狀元，第二名稱為榜眼，第三名稱為探花，其他則稱為「賜進士出身」或「賜同進士出身」。然後分官任職，有些派發地方充當縣令，有些則在京師輔佐中樞。

科舉考試的錄取標準就是經義的背誦、文字之表達、與字體之端莊秀麗或淨潔；觀念上側重四書五經之闡釋，傳統倫教之發揚，孔孟學說之辯護及注解；明清兩代尤重朱子集注。考試文體在明代更發展為「統一格式」──八股文 (註2)。字數還嚴格限定，超過或不足者都會影響成績。如考試洩題或有循私情況而被發覺者，主考官處以極刑，絕不寬宥；科舉考試，是國家掄才大典，非比等閒。為了防止舞弊，力求公正，宋代還有糊名謄錄的措施。糊名形同現在的暗碼，考生不得以姓名書於考卷上，而以密碼代之。謄錄即是將考卷作答內容全由一人代為謄寫一番，以便使閱卷者無法認出筆跡，避免主觀印象。如此的嚴格科舉考試作業，「金榜題名時」，不但是個人的榮宗耀祖之舉，且也令他人欽羨不已。不僅政府賞官授爵，且也隆宴款待，故里還張燈結綵，一片喜氣洋洋。傳統社會鄭重其事，才是士人一生盡瘁於斯的主因。

「學而優則仕」的傳統觀念因此深植於士人之心。讀書的目的，就是「升官發財」；求學的要旨，就在於應付考試。因此，政治指揮了教育，考試領導了教學。這種現象，君主是樂見其成的。唐太宗

註2：八股文即指作文分八部份，一為破題，共二句，在道破題目要義；二為承題，在伸明破題之義；三為起講或稱原起，含開講之意；四為提比或提股，即起講後入手之處；五為虛比或虛股，係承提比之後；六曰中比或中股，為全文中堅；七曰後比，在暢明中比未盡之意；八曰大結，即結論。作文不合此規格者，不得錄取。

說:「天下英雄,盡入吾彀中矣」!的確,科舉選拔了不少中國過去傑出的學者與政治家,如唐代的韓愈、柳宗元,宋代的王安石、范仲淹、朱熹,明代的張居正,清代的李鴻章及曾國藩等,都是經世致用的棟樑之才。但一來學者為「名」、「財」、「權」所誘,甘願雌伏於政權的「彀中」,已較無發揮潛能的餘地; 二來一試及第者並不多見, 考場經常都出現有百試不餒的老考生。這些人奮戰不懈,焚膏繼晷,終日伏案研讀,不事勞動,因此養成了「手無縛雞之力的文弱書生」。第三,考試科目都是過去的經籍,內容多屬辭章,對實際事務或日常問題的解決, 毫無所助。從此,「百無一用是書生」,「四體不勤, 五穀不分」乃是對讀書人的諷刺。第四,考試科目既限為經籍,考試格式又以八股為要,內容又不准批判古聖先賢,不能發表己見,所以不少一流人才屢試不成, 的確是個人及國家的損失。時人已酷評八股摧殘士人之烈,其害尤甚於焚書坑儒。清代最具現代精神的大思想家顧炎武應試多次,但都名落孫山。有些較有風骨的學者,則絕意仕途,未曾應試科舉,如宋代的胡瑗(安定),早年的程明道(顥),或明代的薛瑄。不過絕大多數人還是趨科舉若鶩。每年報考者輒以萬計(中國過去的文盲,幾有95％)。

中國教育學術大一統的局面,也賴科舉取士制度予以維持。每逢科舉考試,全國上下,無不慎重將事。而學校教育淪為科舉之附庸,所以科舉考試制度的奠定,形成了中國傳統教育措施中,只重選拔人才,而不重視培養人才的特徵。

中國政府自設立官學以來,教育機構大略可分為二,一是上層階級子弟所設的學校,一是平民階級子弟所受的教育場所。前者通稱為國子學,太學;後者通稱為鄉學,小學。前者是高等教育機構,後者則為初等教育機構。平民入的學校,多半以讀書識字為要務,以培養

敬老、尊賢、尚古、服從爲目的,但仍以應科舉爲重點;這些學校設在地方。貴族所接受的教育場所則設於京都,以勤研四書五經,以爲文賦詩爲本義,而最終旨趣,仍以應考爲核心。卽令有民間講學的「書院」,由碩學鴻儒主持其事,雖不以應試爲能事,但因講學內容,仍不脫經義之範圍,與科舉考試材料大同小異。

第二節 西洋傳統教育的特色

西洋文化有異於中國文化,西洋文化不像中國文化由較爲單一的文化體系所組成。西洋文化是由希臘文化、羅馬文化及基督教文化所建構,教育亦然。這些文敎系統,各具特色。其歷史之悠久也不下於中國,而其複雜變化性則遠超出中國之外。

一、希臘的文雅教育及教育學說

希臘人喜沉思,重想像,好理論,所以思想家輩出,文學及哲學的成就,首屈一指。荷馬(Homer)的史詩,是曠世不朽的文學作品;而蘇格拉底、柏拉圖、及亞里士多德等希臘三哲,更是家曉戶喻的西方哲學奠基者。當許多民族還繼續以實用或具體爲注意焦點之際,希臘人卻能形成抽象,轉移形下而形上,所以文化程度較其他民族爲深。柏拉圖曾諷刺的說過,希臘人知道乘法的時候,埃及人卻僅知加法以解決乘法問題。埃及王熱衷於興建金字塔,但希臘卻有「雅典大學」之設,前者是勞師動衆且犧牲無數百姓生命而造成的物質文明,後者卻是學者滙聚共同探討學問的所在,二者所發出來的文化光

芒，亮度之強弱實不可以道里計。

實行城邦政治（City-State）是希臘文化爭奇鬥艷的主因。各城邦自治，所以不同的政治型態及教育措施乃同時出現在希臘地區，最典型的就是民主的雅典及軍國民式的斯巴達。因不同而生比較，因比較而起競爭，因競爭而有進步。斯巴達教育要培養驍勇善戰的軍人，無論男女，都應「力能擋牛」；並以塑造無條件服從的公民為目標，所以長上有鞭打下輩之習俗，還舉行鞭打比賽。與賽者不僅要表現堅忍的毅力，還得對執鞭者生敬虔之情；比賽完了，更應對鞭打者道謝。這種作風，留傳到歐美各地，演變成高級班學生對新生頤指氣使的傳統。雅典教育則與此大異其趣，雅典教育除了仍強調教育應如同斯巴達教育一般重視「力」外，還更強調「美」。美就是優雅與廣博，優雅與廣博形成了「文雅教育」的主要因素。所以雅典學童不只上體育學校，還兼上音樂學校與文法學校。德智體三者合一，這種教育較為廣博；他們在樂器的偏好上還挑七弦琴而不選笛子。這就如同亞里士多德所說，因為彈七弦琴者可以邊唱邊彈，比吹笛子者只能吹不能唱廣博得多。並且吹笛子時臉色漲紅，嘴頰擴大，都不自然，缺乏美感。這種唯美作風還表現在體育競技上，雅典人所歌頌的各種運動好手，並非是紀錄打破者，也非奪得錦標者，他們大為欣賞那些面不改色，不氣喘如牛，不倒在地上像僵屍一般的好手。如果一個賽跑者抵達終點，雖然獲得第一名，卻不支倒地，面如土色，或因此氣絕而亡，試問這種場面那有「美」感，又那裏是體育競技的目的？所以雅典人特重「風度」翩翩，姿態優雅，氣質高尚，這是高度文化的特徵。希臘文化在西洋文化的貢獻上，是雅典高過於斯巴達的。雅典人也以此自豪，希臘人也因雅典的文化優越性，而受西洋人的崇敬。

在民主及優雅的社會裏，最容易孕育知識研究的種子。這些種子

由「辯者」(Sophists) 下播，而在希臘三哲中開花結果。辯者是遊歷四方的學者，能言善辯，以收取學費謀生，所以他們是西洋史上第一批專業化的教師。由於辯者的雲集雅典，文教活動頓即熱鬧非凡。有設帳講學的，有街頭辯論的，有在集會所演說的，整個雅典變成希臘的學校。他們以文辭取勝，以辯才服人；討論的重點又偏重在人事上，是「把哲學從天上掉到人間」的學者。他們不像早期泰列士(Thales)等思想家有興趣於仰觀天文，卻喜過問實際生活問題，尤其是道德問題的討論。由於意見之有出入，觀念之有差別，乃導致「個人為萬物尺度」(Man is the measure of all things)的說法。因這種倫理「相對論」的刺激，乃使得學者對探討知識的正確標準問題有所反應，這就是希臘哲學思想顛峯造極的時候，也就是希臘三哲登上雅典舞台的日子，並且在此種學術氣氛中，雅典大學遂應時而生。

蘇格拉底是西方的孔子，述而不作。柏拉圖親領蘇氏教學，特別強調理想觀念世界的追求，認為現狀都有瑕疵，唯有徹底推翻目前，才能建造一個完美的未來。所以柏氏思想是「革進式的」(revolutionary)，也是「全斗換」式的。要建設就得先破壞，因此全盤更換乃是柏氏思想的核心。因而他的著作「共和國」(*Republic*) 又中譯為「理想國」或「烏托邦」。強調「超越」，是冥想或沉思的傑作。柏氏門徒亞里士多德反是，亞氏認為理想與現實之間應有連貫性，一個是「實現性」(actualization)，一個是「潛能性」(potentialities)；沒有潛能，那來實現？但若無實現，潛能就無發揮餘地。所以亞氏的思想路線是「就地改良」，「漸進式的」(evolutionary)。追求理想應根據現況，現狀的修補也是趨向完美的重要方式，所以他不採取「全斗換」作法，卻主張「半斗換」措施。柏拉圖與亞里士多德兩位師徒，思想方向有別，心性有異，一個是數學家，一個是生物學者，因

此產生兩種改造社會的理論,也是追求教育目的的兩種途徑。一個是大刀闊斧的全部更新,一個是修枝剪葉的部份改良。一個是架空的高遠理論,一個是落實的切近主張。二者之優劣短長互見,各有千秋。但是也由於這兩種學說,變成指揮西洋其後重要思想家的觀點。柏氏由於追求遙遠,大爲基督教早期最偉大的神父奧古斯丁所喜愛,更爲宗教改革家馬丁路德所推崇,尤爲法國自然主義教育思想家盧梭所尊敬。這批學者一再認爲現狀社會(如教育情境)都應大幅度更動,並以一個嶄新的教育制度取而代之。亞里士多德因主張理想與現實有相協合之處,但應修正現實以追求理想。這種觀念換個角度來看,也等於說: 理想是天國世界,現實則是人間世界。天國世界是信仰的世界,人間世界則爲哲學的世界;信仰應與哲學相合,二者不生離異,並以哲學來奠定信仰基礎。這種主張,就是天主教解釋聖經教義最大的權威多瑪斯(St. Thomas Acquinas, 1225-1274)的最基本說法。因而多瑪斯心儀亞里士多德,尊稱他爲「哲學家」(The Philosopher),其意卽亞氏才是眞正偉大也眞正是標準的學者。難怪英國當代名儒懷德海(A. N. Whitehead)說,西洋學說(包括教育學說)都是柏拉圖及亞里士多德哲學的註脚而已。

二、羅馬的實用教育及人文教育的影響

羅馬人的氣質有別於希臘民族。羅馬人重實用、偏政治、喜建設、尊法律。所以他們在文化及教育上的表現又是另外一種面目。希臘人產生一流的哲學家,羅馬人則出現優秀的政治及法律人才。

羅馬法律,濫觴於 450 B. C. 的「十二銅表法」(Twelve Tables),其後於六世紀左右又編纂成查士丁尼法典(Justinian Code);前者

是羅馬人共同遵守的法律，後者則是「民法」(Civil Law) 基礎，也是中古時代最早設立的大學之一——波隆尼亞 (Bolongna) 大學的最重要研究科目。法律的研究，是十二世紀後，歐美高等教育機構的主要學門。

在共和時期，也是 27 B. C. 以前，辯才是從政的重要條件；動人的演說，是大衆津津樂道的題材。刺殺凱撒後，安東尼 (Antony) 及布魯特斯 (Brutus) 各爲自己行爲及觀念辯護，其說詞風迷聽衆，其表情更是動人心弦。這種社會風氣影響於教育上的，就是以「雄辯」作爲教育的活動，以培養滔滔不絕的口才作爲教育目的。羅馬人認爲希臘學者只是知識淵博與精深而已，但如果不善於表達，也只是一個不實用的書呆子。有些人雖然才高八斗，滿腹經綸，但一說起話來，卻辭不達意，令人不知所云，這種人那能「教育」他人？所以哲學理論應服侍口才，光有知識是不足的。哲學家不一定是雄辯家，但雄辯家除了身具哲學家資格之外，還須有「辯才無礙」的條件，可見雄辯家的價值高過於哲學家。

雄辯家除了應有百科知識——上通天文，下曉地理——之外，更應有豐富的辭藻，優美的言語，引人的腔調，有條不紊的解釋，動人的體態與手勢，還要反應靈敏，富有機智及神奇的想像力，並伸張正義，維護眞理。所以雄辯家應研究文學、音樂、邏輯、體育、倫理學等科目。文學包括文法、修辭二者。這些科目的強調，使得西洋教育傳統中的所謂「七藝」(seven liberal arts) 從此奠立起來。七藝指七種學科，分爲「三藝」(trivium)——即文法 (grammar)、修辭 (rhetoric)、和邏輯 (dialectic)，及「四藝」——即算術 (arithmetic)、幾何 (geometry)、天文 (astronomy)、和音樂 (music)。既然言詞的表達是教育重點，所以「三藝」比「四藝」較受青睞。其中，修辭

的地位大爲提高。如果亞里士多德把人定義爲「理性的動物」，則羅馬學者（如坤體良，Quintilian, 35-100）更要說，「人是會說話的動物」了。理性雖是人異於禽獸之處，但理性是內隱的；善於說話更是人與動物有別的地方。且善於說話是外顯的，比較人與動物之不同，從「善於說話」與「不善於說話」，更可以馬上顯示出來。

羅馬本是農業民族，文化水準不高；但一接觸並吸收希臘文化之後，加上政治上辯說之需要，因此羅馬文字的改良及研究，使得羅馬人覺得使用羅馬文字語言的精確度及實用性，也不下於希臘語文。羅馬語文即是拉丁語文。拉丁語文及希臘語文之學習，卽本國語文及外國語文之學習，在羅馬學校教育上並行不悖，且相輔相成。其後由於羅馬帝國疆土之遼濶，加上對祖國之熱愛情懷，學者爲文著作，多取拉丁文而捨棄希臘文，拉丁語文也變成國際政治外交舞台上的用語。一般人以拉丁語文作爲交談媒介，拉丁語文也變成各級學校教學語言。但是由於希臘文的原典著作保存了希臘學術的寶藏，所以研究知識的學者或高等教育機構，希臘語文之學習也不可或缺。從此，希臘文及拉丁文變成「古典語文」(classical languages)。古典語文在西洋教育史上的地位，猶如文言文在中國傳統教育上的地位一般，固若磐石，穩如泰山。

由於拉丁語文的教學與研究，拉丁文法的重要性也因此大增。拉丁文法學校的設立，簡直成了歐美其後設立學校的唯一張本。這種情況，尤其在十四世紀左右的文藝復興（Renaissance）時期爲最。歐洲各地創設古代語文的學校，如意大利的宮廷學校（Palace School），法國的里賽（Lycee），日耳曼地區的古文學校（Gymnasium）、英倫的文法學校（Grammar School）。這些學校形成日後中等教育機構的主幹。拉丁文法學校，顧名思義，在學習拉丁文法，但也涉及拉丁

文學。拉丁文學作品最富代表性的作家，就是西塞洛（Cicero, 106-43 B.C.）。教師與學生都得不鬆懈的鑽研西塞洛作品的語言文法，集中心力去探討語彙、語尾變化、語態、隱喻、格式、語調、相反詞及相似詞、每句話的結構、每個字的力道、甚至連分詞都不應予以忽略，如此才能領會西氏文學作品的奧旨，才能了解文章要義。西塞洛的著作在文藝復興期間重被挖掘之後，學校教育直以西氏作品作爲教材，予以背誦、記憶、模仿，師生好比成了「西塞洛的猴子」。由於文法及文字的教學列爲重點，又以西塞洛作品爲仿效目標，從此，文法學校教育變成只重文字之美而不究文學內容，只具形式而實質卻空洞無物。從而，西塞洛主義（Ciceronianism）、文字主義（Verbalism）、文法主義（Grammarianism）乃興，流弊乃現。文勝過質，則只有軀殼而無骨肉，文學教育落到這個地步，也就變成死氣沉沉，了無生氣了。這種教育之爲害，與中國傳統教育以「八股」考試的情況一般。捨本逐末，不吸精髓，死啃殘渣，這就是文法學校爲人所詬病的主因。

三、基督教的教育主張及宗教教育活動

基督教是一神教，教徒崇拜上帝耶和華（Jehovah）。上帝全知全能，至善至眞至美。上帝無所不在，是造物主，萬物依祂而生。因之基督徒有統一的信仰，不像希臘社會的「神人同體」（anthropomorphism）(註3)，也反對羅馬人之祭父拜祖。唯有耶和華才是救世主，才是眞神，其他都是邪神惡神，應該予以排斥與消滅，所以基督教有

註3：神人同體觀念，指神與人具相似本性及能力，會爭鬥、吵架、談情說愛，甚至有時還會淫蕩、欺騙、及偸竊。

強烈的排他性。上帝廣施恩寵，普濟衆生，不惜遣派祂的獨生子耶穌（Jesus）下凡來拯救塵俗界人民以便進升天國境界，雖然因此犧牲了生命，但卻留給世人一種教訓，以爲塵世生活不足惜，人間社會不足戀。且現今世界充滿罪惡、痛苦、災難、不公平、無正義。只有模仿耶穌典型，效法先知行徑，一心向神，才能在來世免於下地獄的煎熬而有再生希望。再生的世界是公義、眞理與光明的世界。

1. 一神觀念與再生觀念是基督教最重要的教義之一，這種教義深深的改變了西方世界的宗教及道德教育之發展，也左右了歐美人士之人生觀。基督教傳教工作（也就是基督教教育工作）的重點之一，就是要教徒體認今生短暫，有如過眼雲煙，稍縱即逝。追求幸福如作爲教育目的，則幸福也非由人們在塵世上的地位、頭銜、權力、或物質享受的程度來決定，而是以能否作爲上帝的子民來衡量。因此基督教徒的活動，一方面祈禱感念與神同在；一方面則改宗異教徒，使世人同受上帝仁慈之庇蔭。同時，基督教育並不如同希臘羅馬之爲今世準備，卻進行著爲來生鋪路的宗教教育。因爲基督徒認爲現存的這個世界，末日即將來臨，馬上要爲極樂世界所取代，所以他們並不注意眼前及此刻的教育。他們即使關心當前的教育活動，也多半以造物主所認可的道德行爲規範來作爲教育活動的指標。

2. 基督教義宣揚人人平等，人人都有共同的天父，人人都是上帝的子民。這種身份，不因種族、階級、老幼、經濟狀況、性別之不同而有區別。因此人人都把人當人看待，不可歧視或奴使，人人都有平等的尊嚴與價值。基督教義對個人性的尊重，比之於希臘社會之注重個人主義，猶有過之而無不及。因爲希臘社會享有自由的人，只限於公民而已，奴隸沒有份；羅馬社會亦然。但基督教義則稱言人人在

上帝面前，一律平等。上帝對子民之愛，並無差等。這種普施之愛，不啻是給遭受殘忍待遇的人民一劑撫慰心靈的救藥，當他們頻頻目睹人為社會的不平等現象且身歷其境而又不敢公然反抗時，內心只好依托天主，寄望來世。神愛眾人的說法，對他們而言，簡直就是福音。其次，人人既同屬上帝子民，則人人不是兄弟就是姊妹，因之彼此猜忌、陷害、爭鬥等敗壞的私德都不應存在。大家應相互關切，且以施捨救濟為主要活動。

人人平等的主張，孕育了政治上的民主制度及教育上的普及教育措施。

3. 人性本墮落及原罪（original sin）的觀念，深植於基督教教徒心中，光依賴人心，是不能得救的，還必須靠神的恩賜。教育的過程，就是贖罪的過程。教徒要仰天祈禱，沉思悔過。眾生就像迷失的羔羊一般，經過牧羊者之引導，才能步出迷津，走向正道。基督教因此非常重視教育功能，教徒須依教師之指揮，而最偉大的教師就是耶穌本人；須熟記基督教材，而最好的教材就是聖經，須遵從宗教組織之命令及其對教義之闡釋，而最正統的教義闡釋機關就是羅馬教會。擅自翻譯聖經者處以極刑，天主教會（Catholic）含有「統一」之意。

既然人性本惡，大家都犯了原罪，善又不能人為，因此年齡越小者越顯示出人的墮落天性。兒童是撒旦附身、惡魔附體的說法，就普遍的為基督徒所接受。除掉惡魔，驅出撒旦，乃為拯救孩子的手段。孩童之任性、剛愎自用、執拗違抗等，正是性惡的表徵。糾正這些惡性，只好採取嚴厲的管教措施。因此基督教世界裏的兒童教育，都絕少有快樂活潑的氣息。這種氣息，在宗教革命後的清教徒社會裏，更是變本加厲。

自耶穌傳播福音，教導羣衆，以及基督敎於 325 年成爲羅馬國敎後，西洋敎育的活動及敎育思想，無不含有極爲濃厚的宗敎敎育色彩。四世紀至十四世紀之間的所謂蠻族入侵的中世紀時間，寺院林立，敎徒在這種「爲神服務的場所」中，傳抄宗敎典籍，做著保存西洋文化的工作，爲文藝復興奠下基礎。九世紀到十三世紀之間，神父們爲了要以理性來支持宗敎信仰，神學披上哲學外衣，「敎父哲學」也變成支配西洋敎育文化的主流。而神學的研究，更形成中世紀大學的主科。十六世紀宗敎改革後，無論是新敎或舊敎，爲了鞏固原有地盤，傳播信仰觀念，打擊「異端邪說」，無不振興文敎。學校敎材中充斥著敬畏上帝及熱愛耶穌的字眼。卽如1690年出版而流行於美國東北部的一般平民敎科書，都有如下的語句：

  In Adam's fall,
  We sinned all.
  Fear God all Day,
  Parents obey.
  No false thing say,
  By no sin stray.
  Love Christ alway,
  In Secret pray.（Meyer, 1972:204）

西洋獨立國家出現之後，敎會更與政府共辦敎育。「政敎不分」是西洋敎育在十九世紀以前的特色。下表是英國在1851年以前新敎各派及舊敎（羅馬敎會）辦理小學的狀況表：

年　　代	總數	英國教派	不英國教派	遵國教派	獨立教或公理教	美以美教派	羅馬教會	浸信會	其他
1801 以前	766	709	16	8	7	10		
1801—1811	410	350	28	9	4	10		
1811—1821	879	756	77	12	17	14		
1821—1831	1,021	897	45	21	17	28		
1831—1841	2,417	2,002	191	95	62	69		
1841—1851	4,604	3,448	449	269	239	166		
未明年代者	498	409	46	17	17	14	131	331
總　　數	10,595	8,571	852	431	363	311	131	331

(Cubberley, 1920:632)

高等教育機構，更爲教會所壟斷。在政府未設公立大學之前，幾乎所有大學或學院都由宗教團體所獨佔。歐陸及英倫有長久的宗教教育傳統自不用說，卽如美洲新大陸在美國獨立之前的九所學院，幾乎清一色的是宗教教派的私立大學，由次頁之表可見一斑：

教會如此熱衷於辦理教育事業，發生了兩大問題。第一，教會與政府相互爭奪教育控制權。第二，教會本身內部因教派之林立，教派解釋聖經教義之不同因而設校宗旨也異，導致於各教會學校進行宗教教學時如何選擇宗教教材並如何說明聖經，乃引起廣泛的論辯。這兩大問題，困擾了歐美國家及教育學者。最後得出來的結果是：政府創

第四章 中西教育的歷史背景 171

成立次序	成立年代	學院名稱（原名）	成立地區	歸屬教派
1	1636	哈佛 Harvard	麻薩諸塞 Massachusetts	清教 Puritan
2	1693	威廉瑪利 William and Mary	佛琴尼亞 Virginia	安立甘 Anglican
3	1701	耶魯 Yale	康乃狄格 Connecticut	公理教會 Congregational
4	1746	紐澤西學院（註4） College of New Jersey	紐澤西 New Jersey	長老會 Presbyterian
5	1753	費城學院（註5） College of Philadelphia	賓西法尼亞 Pennsylvania	無
6	1754	國王學院（註6） King's College	紐約 New York	安立甘
7	1764	布朗 Brown	羅得島 Rhode Island	浸信會 Baptist
8	1766	皇后學院（註7） Queen's College	紐澤西	改革教會 Reformed Church
9	1769	達特茅斯 Dartmouth	新罕布夏 New Hampshire	公理教會

註4：即現在的普林斯頓大學（Princeton University）
註5：即現在的賓州大學（University of Pennsylvania）
註6：即現在的哥倫比亞大學（Columbia University）
註7：即現在的路特加大學（Rutgers University）

辦免費普及且強迫式的公立學校，不含教派色彩，嚴守信仰中立。「政教分離」從此變成西洋國家辦理教育的準則。其次，各教派所成立的私立學府，宗教信仰自由，不得強迫學生進行宗教教學活動。從此，教會設立的私立學校與政府辦的公立學校分庭抗禮，相互頡頏。

四、變化多端的教育觀念

懷德海雖說西洋思想，不出柏拉圖及亞里士多德路線，這在哲學界已不盡然是事實，在教育理論界，尤非如是。自基督教籠罩西洋社會以來，教父哲學是當時的顯學。為了要以亞氏三段論式來辯證神學之基礎，所以邏輯位居要津，神學的研究是教父們責無旁貸的任務。神學與邏輯學科的探討，乃形成中世紀的「大學」。可見高等教育的背後思想，即是教父哲學。十四世紀以後的文藝復興，以探討人文為要務，以恢復古代希臘羅馬文學為要旨。以今世今生為目標，一反過去重天國求來世之方針，因而形成人文主義（Humanism）。人文主義的風氣產生了人文學校（Humanistic Schools），即是古文學校或文法學校。在文法學校或古文學校裏，文法學科的重要性乃在七藝中高過於邏輯。人文學校為歐美的「中學」奠基，可見中等教育的設立原因，就是人文主義。宗教革命後，教會改革者（舊教及新教）都強調聖經研讀是認識教義的先決條件，而識字又不可或缺，人人為了得救，所以人人都應接受三R——即讀、寫、算之教學，普及教育乃有了影子。又加上十七世紀唯實論（Realism）一反文藝復興以來的人文主義精神，重視本國語文教學，認為人文學校只教死語文（即拉丁希臘語文），毫無實用。唯實論認為一般國民應以日常實用的語文教學，所以各國國語隨即出現。日耳曼地區進行德語教學，而英法兩地則以

英語及法語作爲教學媒體。從此，國語學校乃應時而生。可見初等教育的思想背景，來之於唯實論。茲列一表以示之：

教育機構	出現時間	思想背景
大　　學（高等教育機構）	12、13世紀以後	教父哲學
人文學校（中等教育機構）	14、15世紀以後	人文主義
國語學校（初等教育機構）	17、18世紀以後	唯實論

　　僅由上表，就可知西洋教育活動的演變以及教育思想的發展，似乎是「正」「反」二者相互輪替的結果。人文主義反教父哲學，而唯實論又反人文主義。教育由某一學說所策動，時間一久，易入極端，從而流弊叢生；爲了要糾正過錯，乃提出一新學說以撥亂反正；但此一新學說在取得優勢之後，亦易產生如同先前學說所產生的毛病，因之另一新學說又取而代之。這種趨勢，在西洋教育史上最是常見。而西洋學校制度之出現小學、中學、及大學，又都是思想或時代精神之反映。各時代精神又與前後時代精神有顯明的差異。
　　譬如文藝復興所產生的人文主義，在於對抗中世紀的教父哲學。文藝復興本有「再生」之意，再生指的是古文學的再生，也指的是個人的再生。在古文學再生方面，中世紀由於注重神學與哲學而強調邏輯的功能，因此是唯理性的；文藝復興的人物則反理崇情，因而提高文學的價值。而文學造詣之極致，捨古羅馬（以後兼有希臘）之著作莫屬，這是反動精神之表現。就個人之再生面而言，中世紀只有教會而

無個人，只知有神而不知有人，只知天國來世，而不知有今生今世；只知超自然而不知有自然，只知有團體而不知有個體。前者渺不可測，帶有神祕的面紗，且附有嚴厲的束縛個性之符咒，是箝制自由的枷鎖，禁錮人心的鐐銬。時人對此種壓抑的反抗，就是恢復個人的尊嚴，喚醒個人的價值，提高今生的意義。文藝復興就是「人」的重新拾獲，不事事仰賴「神」。所以文藝復興與人文主義異名而同實。人文主義，顧名思義是以人為本位，人本是神本的反動；人開始覺醒了，所以也是「覺醒」（awakening）時代。換句話說，人文主義的學者不再卑躬曲膝，卻要昂首挺胸，他們以追求聲名及享受人生為要務。

古希臘羅馬的生活，才是道地的「人」的生活；古希臘拉丁的文學，才是優美的文學。所以古典語文的研究，乃是人文學校的重要科目。「回返過去」（Back to the past）的口號振耳欲聾；社會以仿古為風尚，詩詞文藝以古典為宗，宮廷衛隊服羅馬古裝，文士名流改稱希臘羅馬名字。人們以染古味為榮，認為只有復古方能再生。人文學校唸古書，古意盎然。

但是教育只是讀書嗎？並且讀書只能讀古書嗎？語言的使用只限於希臘及拉丁嗎？這些問題仍然難免引起學者的批評。恰好自1492年哥倫布發現新大陸後，自然科學的研究突飛猛進，學問的探討已不能只停止在古典語文的學習上，唯實論的興起乃是直接反抗人文主義的結果。唯實論的學者指摘人文學校只學習「死」文字，不使用「活」語言。人文學者大談「一年的讀書勝過二十年的經驗」，唯實論者則反駁說：「一年的旅行勝過二十年的讀書」，二者針鋒相對。但由於時勢之所趨，因而注意具體的經驗世界，強調感官功能的重要性，以及側重自然界的唯實論，乃擯棄了人文主義作風，學校開始使用本地語言，進行生活、實用、及旅行教育，也傾向自然的探索。

就本國語言或地方語言的推崇上,唯實論者認為英語、法語、德語所能表達的語意之清晰精要及優雅上,不下於古典語文。這種主張,可以舉英國學者穆爾卡斯特(Richard Mulcaster, 1531-1611)為代表。他說:

我喜歡羅馬,但更喜歡倫敦;
我愛意大利,但更愛英格蘭;
我崇敬拉丁,但更崇敬英文。(Cubberley, 1920: 405)

從此,各國國語之教學,打破了古文「只此一家」的局面。

生活教育與旅行教育,更與傳統教育作對。旅行的教育價值頗高,旅行也就是要學生放棄課本,離開學校,而投入在社會環境與自然環境的懷抱中,自己體認生活、克服困難、訓練機智、充實經驗、擴展視野、增廣見聞、培養判斷能力、學習外地語言、以及促進獨立自主的人格發展的不二法門。法國唯實論者拉伯雷(Francis Rabelais, 1495-1553)說,為了解除唸書之煩悶,一個月選擇一天晴朗的日子,到郊外、森林、海邊等地郊遊,盡情的玩樂、唱歌、跳舞、嬉戲;於草原上獵取麻雀、撿圓石,在溪流裏垂釣,抓青蛙或魚蟹,則其樂融融,生活多愜意(Compayre, 1900: 97)。

唯實論的另一面,就是感官教學,非文字教學。而最具效果的感官教學,就是實物教學;實物教學,印象最深刻,經驗最牢固。如果無法進行實物教學,也應以圖畫佐之。傳統的教科書,都是密密麻麻的文字,字體小,紙質又差,學生很少喜愛教科書的。捷克大教育家,也是唯實論中最偉大的學者之一,康米紐斯(John Amos Comenius, 1592-1670)在1657年出版了史上第一本有圖畫的教科書,書名「世界圖解」(*Orbis Pictus*)。書中左行是圖畫,右行則是拉丁文

或捷克文。這是教育史上的重大革命，學生看到有圖畫的教材，自然就高興無比，學習起來也比較不會那麼索然乏味與沉悶單調了。從此，教育觀念開始改變，傳統的觀念是學生要配合教材，但現在卻相反。現在的教育要教材配合學生，學生成了教育的主人，教材是輔，如此學生才能生動活潑，教育才有樂趣。這種把教育重心作180度轉移的先鋒健將，是法國自然主義學者盧梭。盧梭在教育史上的地位，直如哥白尼在天文學上的地位一般，後者在天文學的研究上，把宇宙的重心從地球轉移到太陽；前者則在教育的重點上，從成人搬到孩童。「兒童中心」的教育說法，從此奠基。「兒童中心」是直衝著「成人中心」而來的，兩者誓不兩立。盧梭對於成人的矯揉造作，大為憤怒，他指斥貴族社會的形式作風，違反自然，已失去天性的純真、樸實等善良本性。因此「返回自然」（Back to Nature）乃是盧梭思想的代表。盧梭這種注重兒童，關心平民的說法，為當時歐洲各國推行國民教育，有了推波助瀾的貢獻。「平民教育之父」，瑞士大教育家裴斯塔洛齊大受盧梭著作所感召，他連同愛妻，花費一生積蓄，傾家蕩產的為流浪街頭、無家可歸、貧苦無依、孤苦零行的孩童進行教育工作，且兼收身心殘廢的學生，教育的對象就不只限於傳統的貴族階級了。西洋的教育從此更落實在廣大的國民上。其後幼稚園的創辦者，德國教育家福祿培爾更把教育往下紮根，教育3-6歲孩童。歐洲教育可以說是全民的了。西洋教育學說之差別，雖然如同鐘擺之兩極一般，但由於學說的對立，所以推陳出新，花樣百出。並且也由於如此的論辯，引起大眾對教育的關注。教育之受重視，也是這種論辯的結果。

五、民主教育與極權教育的對抗

民主政治革命首先產生在美國（1776年），繼而爆發在法國（1789年）。但民主政治革命的思想卻發源於英國。十七世紀的英國哲學家兼教育思想家洛克就有政治民主化的強烈主張，他是提倡開明政治的開山祖師。洛克認為民主政治加上唯實論的教育，可以使眾人達到智愚平等的地步，這種樂觀論調大為法國革命家所讚賞；而制訂美國憲法的諸先賢，也多半從洛克著作的研讀中獲取政治智慧。民主政治變成歐美各國的時尚，但卻遇到阻力重重的障礙。這種現象在當前西洋教育上產生如下的背景：

1. 全民平等的政治觀念演變成全民教育機會平等的措施：歐美基督教義雖把人人平等高唱入雲，但實際的社會活動，卻是貴族與平民之階級壁壘分明。二者在政治上的權利不同，教育利益也是南轅北轍。人文學校所注重的拉丁語文學習，是專門為貴族而設的；唯實論的主張之後所設立的國語學校，乃為平民而開，平民就是貧民。歐洲教育的「雙軌制」（two-track system）就是社會制度的產物。平民入免費學校、慈善學校、或施捨性質的學校，學的是現代語文，內容是與日常生活有關的技巧與知識；學校設備簡陋，教師素質低劣，教育年限短暫。貴族接受的教育則以研究拉丁或希臘語文為主，要繳交昂貴學費，師資優良，設備齊全，年限較長。這兩種性質的學校，彼此不相聯繫，如同平行線一般，永不相交。二者入學的年齡容或相同，但平民從國語學校畢業後，幾乎不能轉入貴族學校，而貴族子弟也不屑於進入平民學校就讀。民主政治革命以後，首先取消這種教育上的

階級措施的國家，就是美國。美國第三任總統，也是教育總統傑佛遜（Thomas Jefferson, 1743-1826）於1779年擬議的佛琴尼亞（Virginia）學制，就是「單軌制」（one-track system）。單軌制卽全民入學，能者升入中學，優異者再升入大學。法國大革命時期的教育改革主張，也提議男女要共入相同的學校就讀，無論貴族或平民子弟都吃相同食物，穿同樣校服，接受相同方式的教學，不可有差別待遇。

2. 教育內容之更新及教育民主化的阻力：教育既採單軌制，教育內容也以民主材料為主，不宣揚「我族中心主義」（ethnocentrism），不惡意批評他種民族，不培養民族優越感，強調世界和平。在教育態度上加深民主觀念，教育行政上採用公開合理的措施，且鼓勵師生參與校務。如此的民主社會條件，最能保證教育的自由發展。所以十九世紀以來，進行教育實驗的學校，多如過江之鯽。而以進步主義（Progressivism）為首的學校，幾乎遍佈歐美。甚至有完全放任，充分自由的學校存在，如意大利女醫學博士孟特梭利（Maria Montessori, 1870-1952）所實驗的小學，由學生自治；而英國教育家尼爾（A. S. Neill, 1883-1973）所創辦的「夏山學校」（Summer Hill）更名聞遐邇。去除管束，注重自律，就是民主式教育的原則。

但自由與民主卻是極權政府的大敵。先是十九世紀中葉歐陸專制政權迫使許多德國人移民新大陸，連福祿培爾提倡孩童自主的幼稚園都慘遭關閉的命運。不過，歐洲最悲慘的教育命運，落在二次大戰時期的軸心國家及當前的共產鐵幕地區。

希特勒及墨索里尼掌德、意政權時，學校教育灌輸愛國思想及仇恨觀念。所有教師都應宣誓效忠政府，不可批評政府政策。不聽命於政府政策者，輒受嚴厲的制裁。許多有學術良心而有道德勇氣的大學教授不是遭囚禁就是被殺戮或驅逐出境。最典型的例子就是納粹迫害

名科學家愛因斯坦（Albert Einstein, 1879-1955）。全國青年都組成「青年軍」，每間教室、玄關、走廊、禮堂都掛元首像，學生頂禮膜拜，違者必遭處分。至於當今俄共及世界上有一些假民主之名而行專制之實的國家之教育，更在進行學術迫害或政治干預教育的勾當。只有對黨忠貞的黨員才能當校長，才有升遷希望，任何敢對黨有微詞者，則被封爲異己份子，悲慘的下場就落在這些有骨氣的教師身上。甚至動員全國性的宣傳機構，以封閉年輕一代的心靈，使他們見不到也聽不到與官方正統教條相左的言論。並且校園密探四佈，間諜無孔不入，安全人員隨時出現左右，人們稍有不滿，馬上爲偵探機關所查覺。情報系統如同天羅地網，人民生活在緊張與恐懼當中，精神上的折磨，無以復加。這種政治領導教育的氣焰，目前似乎仍然甚爲熾熱，倒不無令吾人憂心如焚。民主教育與極權教育之對壘，正是當前歐美教育的寫照。

第三節　中西傳統教育的異同

　　根據上兩節所述，中國及西洋的教育發展，成爲世界上兩個重要的教育傳統。二者在近代才開始接觸，在漫長的演變過程中，二者有類似的地方，但亦有顯明的差別處。在略知中西教育史之後，進一步的再來比較二者之間的異同，更能清楚的認識我國目前的教育狀況。因爲現在的我國教育，一方面是固有教育傳統的延續，一方面卻是西方文化教育的激盪所造成。

一、中西傳統教育，權威意味甚濃

　　中國哲學是單一性的思想體系（春秋戰國時代除外），教育觀念及實際活動亦然。爲了維護此教育傳統，教學時權威性十足。朱熹註論語首句「學而時習之」的「學」字，說「學之爲言效也」。學就是上施下效。教師在古代的地位相當崇高，「天地君親師」五者並列。教者是長者，在中國社會裏，老年人是享有絕對威權的。長者取得威權的一種重要方式就是體罰，上一代有義務體罰下一代，且打孩童變成理所當然。過去在私塾裏唸書的孩子如果被教師賞以耳光，即令打得很沒道理，孩童甚覺委曲，是不能有申辯餘地的；誰敢申辯，可能招來更嚴重的毒打。孩童只好在放學途中放聲大哭，但在快臨家門時，就得趕緊擦乾眼淚，因爲家長若知孩童之哭乃因教師責打而起，則家長也會不問三七二十一就先打一頓再說。體罰成爲教育風氣，即令是當前的教育環境裏，仍是司空見慣。

　　權威教育的另一種層面就是不得向道統、法統、或學統批評或挑戰，教師是維繫法統、學統、或道統的代言人，嚴師才能使人尊道。不過，如果對教師失敬，成了大逆不道的不良學生，那頂多也遭皮肉之苦而已。但如膽敢向道統挑釁，那簡直是顛覆道統的不法之徒，則必有牢獄之災，更有殺身之禍。清代光緒的老師翁同龢看了康有爲的孔子改制考，就對光緒皇帝說「此人居心叵測」；湖南曾濂上書說「康有爲可斬」。明代李卓吾以卑侮孔孟，鬱死獄中，所作書籍，盡行焚燬。李氏沉痛的指出：

　　　　二千年以來無議論，非無議論也，以孔夫子之議論爲議論，此其所以無議論也。二千年以來無是非，非無是非也，以孔夫子之是非爲是非，此其所以無

是非也。而孟軻之闢楊、墨亦曰:「楊氏爲我,是無君;墨氏兼愛,是無父。無父無君,是禽獸也。」仍以君父並尊,爲儒教立教之大本。夫爲我何至於無君?兼愛何至於無父?此不合論理之言,學者早已譏之。而今世民主之國,概屬無君。豈皆如孟軻所詆爲禽獸者乎?使孟軻生今日,當慨禽獸之充塞於世界,抑將爽然自悔其言之無絲毫價值也。(殷海光,1966: 317)

李氏這種「異端邪說」,被正統之士或權威之人,視之形同「洪水猛獸」,必欲去之而後快。李氏之遭受焚書坑儒下場,是權威主義的運作結果。

權威型的教育,培養忠誠乖順的學生,忍耐是美德。「忍」字,可以說是中國文化的代表,也是教育的特徵。上者以「忍」教之,舉世還歌頌「忍」之價值。唐代宰相張公藝以九代同居爲世所艷羨,有一天唐高宗臨幸其居,問其所以能維持和睦之理,公藝乃取一紙一筆,書「忍」字百餘以對。天子爲此大受感動,還賜縑帛而去。「中國人非但不以此爲家族制度之悲鬱的註解,反世世羨慕張公之福,而『百忍』這句成語,化成通俗的格言,常書寫於硃紅箋以爲舊曆元旦之門聯」(林語堂,1980:44)。中國人世世代代,要求子弟「小不忍則亂大謀」,「大丈夫要能屈能伸」,「好漢不吃眼前虧」,「識時務者爲俊傑」,「人在屋簷下,不得不低頭」。艱忍的順從性(被奴役性)從此養成。下面唐代二位詩僧的對話,更可見其大概:

一日,寒山謂拾得:「今有人侮我、辱我、冷笑笑我、藐視目我、毀我傷我、嫌惡恨我、詐譎欺我,則奈何?」拾得曰:「子但忍受之,依他、讓他、敬他、避他、苦苦耐他、裝聾作啞,漠然置他。冷眼觀之,看他如何結局」。

(林語堂,1980:49)

孔子雖教人「斯可忍,孰不可忍」,要「小子鳴鼓而攻之」。孟子

也要「大丈夫威武不能屈」，要「見義勇為，捨生取義」。在為學上，孔子也教人要「不知為不知，知之為知之」，要「不恥下問」，並且還不喜顏回之「於吾言無所不悅」（顏回非助我者也）；孟子也勸告學生「盡信書不如無書」。但中國過去傳統，似乎忘了這些懷疑精神及批判勇氣，倒是培養了言聽計從的門徒。因為一來忠言太逆耳，不討人喜歡；二來學統有政權作後盾，因之有勇氣予以批駁的學者不多。有之，則血淋淋的遭遇即立現眼前，絕大多數人只好龜縮了。

　　西洋教育史上的權威作風及體罰，仍大行其道。斯巴達人有體罰比賽，這一點在本章第一節早已提過。「手拿棍子」在拉丁文中即表示「教書」，棍子是教室必備教具，遠離教鞭的瑟瑟聲，乃是當時羅馬學童「逃學」的代名詞（Castle, 1969: 130-131）。羅馬文學巨匠賀瑞斯（Horace）之業師奧比留（Orbilius）最常動用鞭子，Orbilius也就變成「體罰」的同義語。英文的 Cane（棍子）發音形同台語的「打」。中西在這方面可以說是相互「比醜」。奧古斯丁年屆72歲時，有人問他願意等死還是回返童年生活，這位神父說他寧願前者而不願後者，因為童年學校生活之體罰，令他餘悸猶存，一憶兒時就驚怖不已，「不堪回首」（Marrou, 1964: 367）。

　　基督教義之人性本惡觀念，更助長體罰之風。長輩既有義務處分下輩，歐美各級學校，即令是大學，也在訓導上盛行「父權」（*in loco parentis*）作風。師長如同父兄，有體罰學生的責任。「放下了鞭子，寵壞了孩子」（Spare the rod, Spoil the child）是西方人的口頭禪。十九世紀英國詩人克拉比（George Crabbe, 1754-1832）說：

　　　　學生猶如路上馬，
　　　　負載重物以前先鞭打。

至於說道:

> 學生都有一個背,
> 打了它,
> 他就能領會。

像這些押韻的詩,都是西方教育的常事。更有趣的是日耳曼斯華比亞(Swabia)地區有一教師漢伯耳(Hänberle),在他五十年七個月的教書生涯中,保守估計的結果,曾經體罰的方式及次數如下:

用藤杖打學生	911,527 次
用棍子打學生	124,010 次
用戒尺打學生	20,989 次
用手打學生	136,715 次
打耳光	7,905 次
打嘴巴	10,235 次
打頭部	1,115,800 次
用課本打學生	22,763 次
要學生跪在豆子上	777 次
要學生跪在三角板上	613 次
戴愚人帽	3,001 次
舉棒	1,707 次

如此,體罰就是教學,教學就是體罰了(林玉體,1978: 169-172)。

西方學術及教育活動,在近世紀以前,仍然有極為強烈的權威色彩。聖經管制所有學術,亞里士多德的地位,勢高力大,教會的威力伸展到每一角落。而不幸的,這三者聯成一氣,只問權威,不管事實。其實這種傳統,在基督教未成為國教之前,早就存在。探討真

相，說出眞話的學者，無不厄運頻頻。有西方孔子之稱的蘇格拉底爲追求眞理，結果死在牢獄中。耶穌爲求信仰自由，被釘在十字架上。哥白尼的天文學說，不敢在生前發表；伽利略宣揚其說，但囚禁多年，天文學家布魯諾（G. Bruno, 1548-1600）在羅馬廣場被活活燒死。因爲這些學者的太陽中心說，觸犯了聖經「天條」，褻瀆神明，藐視了上帝所造的人的居所（地球）之重要性。卽令是科學較昌明的時期，眞相仍受權威壓抑而無法大白。請看看下面一段敍述：

> 當太陽黑點的發現流傳開來之時，一位學生乃要求教師評論這種說法，但卻得到如下的答覆：「太陽沒有黑點，因爲我從頭到尾研讀亞里士多德的著作兩次，他說：太陽是不可毁滅的。清清你的透鏡吧！假如你的望遠鏡裏沒有黑點，那麼黑點就在你的眼睛裏面。」（Conpayre, 1900:74）

宗教改革後，新教及舊教都爲了鞏固信仰，無不對異教者施以不容情的撻伐，有油鍋、支解、摳眼、抽腸等慘絕人寰的酷刑。捷克布拉格（Brag）大學校長胡斯（John Huss, 1369-1415）因攻擊羅馬天主教會，被焚死斃命。馬丁路德被驅逐出教（excommunication），英儒丁道爾（William Tyndale, 1492-1536）因擅自譯聖經，不合羅馬教會本意，被押上絞台處死；捷克大教育家康米紐斯陷入新教舊教紛爭中，教會懸賞取其首級。盧梭著書倡言人性本善，是教會燒書的對象。天主教會頒佈「禁書目錄」（*Index librorum prohibitorum*），還設立「異端審判所」（Inquisition）。而新教的喀爾文（Calvin）燒死自由學者，卽西班牙的神學家塞維塔斯（Michael-Servetus, 1511-1553）；英國的「不遵英國國教者」（Dissenters）也慘遭迫害；法境新教與舊教發生1572年大屠殺，光是巴黎一地就有一萬名新教徒遇害，巴黎市外，被殺者四萬五千；倖存者只好四下逃竄（Cubberley,

1920:301-356)。美國第一所大學（哈佛）的首任校長丹士特（Henry Dunster）於 1654 年因嬰兒受洗 （infant baptism） 觀念與教會不合，終於被迫去職。(Morison, 1978: 18-19) 這些西方教育史上的事實，的確史不絕書。權威型的教育結果，也令自由派學者膽戰心驚。

二、古典語文長期霸佔教育課程

中國的文言文是學術界用語，一直使用到 1919 年所謂五四運動後，才在小學裏由白話文所取代。文言文因字簡意繁，講求對偶（如駢文與詩律），喜用典故，不用俗字，所以文人以爲古文既雅又美；而由文言文所寫的文學，就成爲中國傳統文學的正宗。以白話爲文的作品，卻未見重視。教育既以模仿爲務，又以復古爲尙，所以師生皆崇拜柳宗元及韓愈之文，這些人都是「文起八代之衰」的大文豪。正統的古文，工整又駢麗，皆屬高雅之作品。韓愈的「原道」一篇，起首「仁」「義」二句，與「道」「德」二字相對。下文云：「仁與義爲定名，道與德爲虛位」。又云：「故道有君子小人，而德有凶有吉」。這些都是駢偶之句。

傳統文學類多雕琢阿諛，詞多而意寡，形成貴族文學。以堆砌爲樂事，社會日常生活，非爲取材對象，非通俗的國民文學；漢代以後，崇尙聯句，演至唐朝，遂成律體；無韻之文，亦重對偶。爲利傳誦，且多韻語，駢體幾爲中國文章之正宗。但因其過份舖張與空泛，猶如塗濃脂抹重粉之泥塑女人，其爲害士人，比美八股試帖。韓愈一改此

風,但因其文以師古爲旨,且又主「文以載道」(註8)之說,其束縛文人之思想,殆可想見;爲文著書,都得「代聖賢立言」。其後文學,尊古蔑今,咬文嚼字,可說完全在抄襲古作;明清兩代文人(如歸、方、劉、姚等),或希榮欲慕,或無病呻吟,滿紙之乎者也矣焉哉。長篇大作,則搖頭擺尾,說來說去,不知所云。這就是桐城派文學的流弊。古文學是貴族文學,非一般平民所能領會,因其以難懂難寫的古文爲之;是山林文學,因其語意晦澀,卻自以爲名著,但因與羣衆脫離關係,只好藏諸名山;內容則有骨無肉,只有文字之美,卻空洞無一物,是裝飾品而了無實用(胡適,二,1979: 18-21)。論者指斥這種古文所寫的文學作品,與虛僞迂濶的國民性,有因果關係。如墓誌銘所刻諛揚之辭,已死去之人雖無該種功績與良善品德,但作者必照例爲之。居喪者雖華居美食,哀啓必欺人曰「苫塊昏迷」、「泣血稽顙」或「拭淚頓首」。贈醫生以匾額,不曰「術邁歧黃」,卽曰「妙手成春」。最有趣的是窮鄉僻壤的小豆腐店,春聯恒作「生意興隆通四海,財源茂盛達三江」(胡適,二,1979: 20,710)。

中國傳統教育的內容,就是要學生熟背古文學;科擧考試,也是一板一眼的以古文爲範本,中國教育之不能普及,知識之不能傳播於民間,乃是古文的罪過。而廣爲大衆所喜愛的小說,多半是白話小說,如水滸傳、紅樓夢、西遊記等。學者斷定,這些白話小說才是中國過

註8:「文以載道」的小說,卽是「演義」式的小說,如羅貫中的「三國演義」。在這本小說中,作者美化了劉備,醜化了曹操。其實冷靜觀之,曹操人品當然不好,但劉備也好不到那裏去。作者之有意如此,蓋以劉爲漢家正統故也。文以載道的觀念也支配當前的文學界,如爲文必重「主題意識」正確不正確。所以學生作文,最後一段都會以呼口號作完結篇;台上演講的人,大多以說教結束,寫鄉土小說者,除了「寫實」之外,必須「健康」。報導文學,只能歌功頌德,不能挖掘瘡疤,這與「泛道德主義」的精神同出一轍。

去一流的文學作品。最少,這些小說以「寫實」為主,且文字淺易,最有普及教育之作用。五四運動時,陳獨秀提出推翻貴族文學、古典文學、山林文學的主張,對古文學的毛病迎頭痛擊,宣告古文是死文的訃聞;胡適更提出「八不」主張,一曰須言之有物;二曰不摹仿古人;三曰須講求文法;四曰不作無病之呻吟;五曰務去爛調套語;六曰不用典;七曰不講對仗;八曰不避俗字俗語。從此白話文學運動如火如荼的展開。中國的文字教育及新文學運動,也從此有了蓬勃的生機。國民教育的推進,如不配合白話文之教學,則如綁了腳的女人一般,行動既遲緩,且諸多不便;自由之感盡失,人人平等之義也盡無。

西方教育內容之由古典文學獨佔,亦有長遠的歷史。溯自拉丁文取得文字教育之優勢後,所有教科書及學者之著作,莫不取拉丁為榮,以研讀拉丁為樂。除了專研學術的人還探討希臘文及希伯來文等「古文」外,拉丁變成教育的唯一語文。這種獨霸局面,到了文藝復興時,稍微有了改觀。文藝復興的學者既旨在重視今生今世,則描述今生今世之文學,自然應以地方語文為主。當時傳誦一時的文學作品都以異於拉丁的「俗語」(vernacalar)寫作,如但丁(Alighieri Dante, 1265-1321)之神曲(Divine Comedy),內容雖仍因襲天堂地獄之中世紀老套,但其所描繪的人物,卻都能顯出強烈的個性。但丁是意大利文學的開宗師。號稱為「意大利散文之父」的薄伽邱(Giovanni Boccacio, 1313-1375),大作「十日談」(Decameron),內含色情文學,卻多風趣與嘲諷。以英文著書的則有名小說家喬叟(Geoffrey Chaucer, 1340-1400),他在「坎特布里故事」(Cantebury Tales)中,生動的記載英國十四世紀末的社會習俗,嘲弄教士喜歡物欲,樂穿華麗的衣裳;當時雖然規定女修道士要全身裹衣,不管天氣冷熱皆應如此,但卻已發現部份女修道主持(Prioress)卻暴露全面及手臂,

摺起包頭巾，帶珠寶及金胸針，而胸針上赫然有「愛征服一切」(*Amor vincit ommia*) 的字眼。以日耳曼文從事聖經新舊約翻譯的是教會改革家路德，路德希望人人解釋聖經，同時人人要有能力閱讀聖經。所以聖經用語，就不能以少數人才能懂的拉丁文去寫作，卻要以人人皆能通曉的日耳曼語來書寫。路德的日耳曼文聖經，揭開了日耳曼文學的序幕；他在新文學中的地位，可與意大利的但丁、薄伽邱，及英國的喬叟比肩。但當時雖然有傑出的文學家以地方語文寫詩或散文，不過在古典語文長久居主位的西洋教育傳統裏，方言文學要與拉丁文學分庭抗禮，似乎時機未臻成熟。因此方言文學也就沒能在文藝復興時代的學校教育中佔一席地位。文藝復興時代所風行的學校，就是古典語文學校，而未聞有地方語文學校的成立，這就如同中國的白話文要取代文言文一般，即令到了二十世紀初期，提倡白話文學的健將，仍遭受主張文言文的頑固份子無情的打擊。歐洲拉丁文學勢力之雄厚，直可與中國之文言文學勢力相埒。就是到了十六世紀時代，英儒培根 (Francis Bacon, 1561-1626) 的散文著作「論集」(*Essay*)，也有拉丁文及英文兩種本子。培根本人還說，異日他能享不朽文名，當賴拉丁文本，而英文本只供一般俗人傳頌而已，無足輕重。法國哲學家兼數學家笛卡爾 (Rene Descartes, 1596-1650) 以法文作「方法論」(*Discourse on Methods*)，但卻以拉丁文寫「沉思錄」(*Meditations*)。此外，十七世紀捷克的偉大教育家康米紐斯之教育名著「大教育學」(*Great Didactic*)，先以捷克文成書於1630年，繼而為了讓學界通曉其觀念，不得已又於1657年以拉丁文著書。由此數例，足證方言要成為文學教育用語，還得等待時機。

被現代人詆為死文字、死文學的中國文言文及西洋拉丁與希臘語文，在漫長的教育活動中竟然有屹立不搖的地位，也顯示出東西教育

傳統上，共同實行「雙軌制」的教育系統。古文字及古文學由少數人、貴族、上層階級人使用，地方語言（在中國是白話，在西洋卽國語）則由多數人、平民、下層階級人士使用。這是專制時代的教育所造成的現象，民主政治成爲時髦之際，舉國上下皆採用現代語文敎學，古典語文乃退居幕後，其地位已一落千丈，不復有當年之雄姿了。

三、女子教育之受盡歧視，為東西傳統教育之所同

女子在中國，早就爲聖賢取作與小人同列之輩，皆「難養也」。孔子說：「唯女子與小人爲難養也，近之則不孫，遠之則怨」。習俗強調男女授受不親，男爲剛，女爲柔；男爲陽，女爲陰。男人有財產及地位繼承權，女人則無。女人一旦掌權，如出個女皇帝，像武則天或慈禧太后，便被稱爲「牝雞司晨」，這是反常的異數。社會上對兩性的規定，是男寬女嚴，男人可以隨意休妻，女人則須「不事二夫」。男人可以三妻四妾，女人則應三從四德 (註9)。有些農具，例如水車，女人不許跨過；女人內衣不可曬在房屋正面。有客駕臨，婦人必須避居後室。一般淑女不得公然在外抛頭露面，否則是傷風敗俗行徑。守寡者可得貞節牌坊，由政府予以表揚。至於接受教育，更是男人的事，女人不得問津，「女子無才便是德」。一些才女擬進學堂，就得仿祝英台女扮男裝。卽令到了蔡元培主掌北大時，蔡校長堅持招收女生；但傳統的阻力太大，最後得到的妥協方案是男生坐教室的一邊，女生坐

註9：「三從」卽指「在家從父，出嫁從夫，夫死從子」。「四德」卽「德、言、容、功」。

另一邊，中間以布條相隔。這種滑稽可笑的事實，都是歧視女性的觀念從中作梗的結果。

但中國仍有不少烈女擬進學堂以探討知識，其中以李超最爲典型，不過卻以悲劇收場。在胡適替這位不曾相識的可憐女子所立的「李超傳」中，她是有點男子氣概的。「一息苟存，烏得不稍求學問？蓋近來世變日亟，無論男女，皆以學識爲重。妹雖愚陋，不能與人爭勝，然亦欲趁此青年，力圖進取。苟得稍明義理，無愧所生，於願已足」。但因生長在大家族中，「先人不幸早逝」，女孩子又無權繼承財產，家人爲爭奪產業，已無和諧氣息；而她本身體孱弱，年近二十，逼婚之情甚急，她只好遠走高飛，以赴廣州及北京求學爲職志。這一來「開遠遊羊城（即廣州）求學之先河。……鄉黨之人少見多怪，必多指摘非議。」如此心境憂鬱，加重了當時無藥可救的肺疾，家人又斷絕經濟上的支助，終至咯血而死，享年二十三四歲（胡適，二，1979：767-778）。

讀這段史實，實不得不爲中國傳統的女人悲！不知多少才華橫溢或天資聰穎的女性被埋沒在中國傳統的教育觀念中。

西洋人對女性教育的忽視，簡直與中國人臭氣相投。斯巴達教育男女平等，大爲以後開明學者所稱讚；但雅典教育則不然。雅典社會希望婦女「不要被男人作爲善惡談話的對象」。這句話也就是說，婦女在生活上的隱居程度，要達到連男人都不會因褒貶而提及她們的地步，不聞不問是女人天份。她們在男人心目中，猶如不存在一般。其後希臘大師柏拉圖頗有男女能力平等之主張，但他卻一再強調女人能力略遜於男人。亞里士多德堅信女人牙多於男，所以是長舌婦；奧古斯丁還懷疑上帝爲何要創造女人？因女人心像蛇蠍，是禍水。被逐出伊甸樂園的故事，孕育了女人在品德上較爲墮落的觀念；引誘亞當噬

食禁果,也使人認為婦女乃是人性本惡的元兇禍首。中世紀時期雖有女寺院(Convent)之設,但對女性教育卻採取嚴厲的宗教禁欲措施。重節食,飲水而佐以麵包維生,不可吃肉,要經常處於飢餓中。「洗澡時覺得羞恥,更不可看到自己或她人之赤身裸體」(Eby and Arrowood, 1940: 626)。只能與同性出遊,不應知男人事,非禮勿聽,偶而聽之,也不應了解(Ulich, 1968: 164-165)。要心如止水,絕對的純淨,如同天使。最為荒唐的是十六世紀晚期時(1595年),日耳曼地區的威登堡大學(University of Wittenberg)教授還公開以「吾人應否承認女人是人」的話題作為學術辯論的主題(Meyer, 1972: 34)。

西洋教育史上極為前進的大教育家盧梭在他的教育小說「愛彌兒」一書的末章,以蘇菲亞(Sophia)的教育來說明他對女子教育的看法。這位自然主義的大師首先就說男女在「自然」上就有差異,所以適合於愛彌兒的教育並不適用於蘇菲亞。男強女弱,這是天性使然,勉強不得。女子應該以柔順、迎合、及取悅男人為天職。經由談話、舉止、外貌、及姿態等,深入了解男人的內心。不得拂逆男人意志,要忍辱負重,勿怨勿尤,還應曲意承歡,體認出「只有丈夫在側,她才有意義,也才有價值」。雖然婚前可以參加宴會或舞會,但婚後應以照料丈夫為主,必須留在家中,切勿不安於室。平時應當學習手藝,養成勤勉習性。「她最喜愛的工作就是作緞帶,沒有一樣工作比這項技藝更適合女人性情了,並且如此還可使她的手織細靈巧」。如能又唱又舞來使男人歡樂,則尤屬難能可貴(Rousseau, 1979: 357-372)。

就是這種觀念使得男女教育不能平等。即令到了民主革命提高女子地位之際,但以男人為中心的社會,也只不過是在男子教育學府裏

附設一間附屬於男校（annex）的機構而已，如哈佛的賴德克利芙（Radcliffe）及哥倫比亞大學之巴納（Barnard）女子學院。德國人說，有男人而無女人猶有頭而無身，有女人而無男人猶有身而無頭；法國人說，一個草做的男人勝於金做的女人；南斯拉夫人說，女人髮長而頭腦短；而俄國人更說，母鷄不應像公鷄一般的叫。這些西方諺語也道盡了西洋人歧視女性的事實（殷海光，1966: 162-163）。

四、西洋教育有極深的宗教意味，中國傳統教育則無

西洋自有基督教以來，歐美之教育，可以說是清一色的基督教宗教教育。中世紀早期的「寺院」自不必說，晚期成立的大學，是神學大學（如巴黎大學）。卽如以法律爲主的波隆尼亞大學，也以「宗教法」（Canon Laws）與「羅馬法」（Roman Laws，卽民法）作爲教學主題。而宗教對人的神聖觀念，卻阻礙了人體解剖的醫學研究。文藝復興時代雖注重「人本」，但人文學校亦以培養「虔誠」（piety）爲基調；這種教育目的，是揉合人文與基督教教義的產物。其他教徒及教會興辦學校，非但是常事，且屬任務。這種現象，尤以十六世紀以後的宗教改革爲然。

教會改革後，新教教派林立，不只新教與舊教誓不共存，新教派別彼此之間也時有瓜葛，糾紛爭亂時起。經過無數次的宗教戰爭之後，教派與教派之間都無法用武力屈服對方，他們乃改弦易轍。一方面用教育來鞏固教徒信仰教義的工具，一方面也以教育作爲宣揚教義、打擊別教派、拯救其他教徒靈魂的武器。學校成爲教派爭鬥的場

所,教師及學員也多半成為教會相互攻伐的爪牙,武鬥變成文爭。不管新教或舊教,大家都有興趣發展教育,教育也就變成為教會的附庸。往好處看,教育遍及各地;往壞處想,則教育成為宗教的奴婢。並且新教革命的結果,各國國家教會因之成立,如日耳曼地區以路德教派為當地最高教派,日內瓦則以喀爾文教為最具權威之教派,英倫則成立安立甘教派(即英國國教)。政治與教會打成一片,政教合一,在當時還相安無事,但卻給其後的『政教分離』政策帶來了無窮的困擾。

基督教因主張一神,故排他性甚強,好戰性特烈。古代教徒自稱是「教會戰士」(Church Militant),十字軍東征就是這些戰士的義舉。路德把傳教工作性質看成為「精神之劍」(Sword of the Spirit)。舊教的最大教育組織耶穌社(Jesuits)稱為「戰團」,首領叫做「將軍」,著實有殺氣騰騰之氣氛。這種好戰性,難怪蔣夢麟說,基督徒與佛教徒不一樣,佛教徒好和平,是乘大象來的;但基督徒卻坐大砲攻進中國。就是由於這份好戰性,歐洲甚至全世界,從此無寧日。而宗教的不容忍,也造成了屈指難數的學術迫害。上節所言歐美學術自由的奮鬥,泰半皆因教會之壓抑而引起。由不容忍而容忍,這是一段荊棘滿地的路途。

幸而,中國在文化及教育上,沒有這樣子的傳統。中國過去教育可以說都是世俗性的、人間性的。孔子說:「不能事人,焉能事鬼」;「不知生,焉知死」。所以對於天國世界採取漠然態度,教育上了無宗教痕跡。所以中國歷史上雖亦偶爾出現宗教戰爭,但時間之短暫及死傷之輕微,也非西方可比。至於因宗教信仰不同而遭生命威脅者,更毫無聽聞。唐韓愈排斥釋教,作「諫迎佛骨表」來非難佛教,請求皇帝「人其人」(即勒令還俗),「火其書」(即燒佛教經典),及「廬其居」(即將寺觀改作民房)。當時太史公(傅奕)上疏說:「佛在西域,言妖路遠。

漢譯胡書，恣其假託。故不忠不孝，削髮而揖君親。遊手遊食，易服以逃租稅。凡百黎庶，不究根源，乃追旣往之罪，虛覬將來之福。布施一錢，希萬倍之報。持齋一日，期百日之糧」（殷海光，1966: 242）。好在皇帝都不採納，照樣去迎佛骨。中國人在這方面，表示宗教信仰的寬宏大量。從此釋敎納入中國文化系統中，而與土生土長的儒道二說，醞釀成了宋明的「理學」。天主教傳入中國時，與中國有過一段甜蜜的歲月，後雖經守舊之士力斥，還被罵爲「天豬教」，但因其挾西洋的强勢文化作後盾，因而推展基督教似乎阻力也不大。

宗教教育的本義，在於强化道德。而德育及人格之健全是教育的主要功能。在基督教所設立的學校裏進行宗教教學，學生放學後又與家長於固定時間入教堂聆聽神父或牧師講道，作祈禱、唱聖歌，這種禮拜儀式活動，對於西洋人有潛移默化的氣質涵養作用。即令不入校的子女，也可從教會活動中獲取人生意義之了解，與爲人處世之道，並仰賴神恩之普施而得救。所以西洋教育傳統，自從蘇格拉底開始有了「重知主義」（intellectualism）之外，另有教會負品德教育之責。所以一般平民或貴族，也知要博愛、仁慈、施捨、和平。更有一批終生爲神奉獻的虔誠人士發憤爲教育而努力，出發點仍在於對耶穌基督之愛。西洋感人肺腑的教師多半是宗教家，教會是學校，教士就是教師。即令是命逢坎坷的學者，如身遭三十年宗教戰爭之害的康米紐斯，愛妻及愛子都葬身火海，著作被燬，生命還受威脅，但他卻對人類的希望相當樂觀，他認爲只有發揮天主之愛，人間罪惡才能洗滌淨盡，所以他的小名就是「愛」（amos）。偉大的情操，不只表現在教育家的教育行徑上，並且幾乎一流的歐美學者，都歌詠上帝之偉大。由於欲親臨神恩，突破塵俗，所以他們的成就，無論是哲學或文學作品，或是美術建築等，無不內含深沉又高遠的宗教意味。這種意味似

乎在中國甚少能聞嗅得到。基督教對於維繫西方人心之免於沉淪,有不可磨滅的貢獻;而中國人賴以明心見性的倫理教規,因來之於儒家的學說,所以民國初年,有些學者建議將孔學提昇為孔教,甚至仿耶穌生年為西洋紀年的做法,欲取孔子誕辰為中國紀元之始。不過,注重人倫的孔學,終非強調超脫的耶教可比。中國的宗教信仰並無如同西洋人信仰之穩固與單純的傳統。

五、西方教育重懷疑好問,中國教育重木訥寡言

中國傳統教育,一向忽略發問的重要性,說話必要唯唯謹謹,不得花言巧語,否則必是品德不良的表徵。「巧言令色,鮮矣仁!」因此養成中國學生很會「學」,但卻不會「問」。「人一己百,人百己千」,「勤有功,嬉無益」,「勤能補拙」等都是「學」的要旨。但因缺乏「問」,所以「學問」只有一半。囫圇吞棗,一知半解,生吞活剝,殆為重要現象。一有發問,則緊張萬分,唯恐觸怒師長,輕則招來一番訓斥,重則惹來一頓毒打。所以學生不敢輕易發言。學記說: 幼者聽而弗問,學不躐等也。「囝仔人(小孩)有耳無嘴」是臺灣民間俗語,卻延續了傳統中國教育的香火。老子也說: 善言不美,美言不善;知者不言,言者不知;信言不美,美言不信;善者不辯,辯者不善(註10)。

註10: 莊子有一段話,也說明辯之無益。不過該段話卻有知識上的討論價值,也是「個人為本位」的中國傳統教育作風,可與本章第一節參看。莊子齊物論:「既使我與若(你)辯矣,若勝我,我不若勝。若果是也?我果非也邪?我勝若,若不吾勝,我果是也?而(若)果非也邪?其或是也?其或非也邪?其俱是也?其俱非也邪?我與若不能相知也。則人因受其黮闇(不明確),吾誰使正之?使同乎若者正之,既與若同矣!惡能正之?使異乎我者正之,既同乎我矣,惡能正之?使異乎我與若者正之,既異乎我與若矣,惡能正之?使同乎我與若者正之,既同乎我與若矣,惡能正之?然則我與若與人俱不能相知也,而待彼也邪?」

這樣子的教育傳統，告戒門生最好不要說話，不要辯論，形同啞吧國家。更有趣的是明朝敖英的「愼言集訓」中所列的許多「戒言」，所戒之言如下：戒多言、戒輕言、戒妄言、戒雜言、戒戲言、戒直言、戒盡言、戒漏言、戒惡言、戒巧言、戒矜言、戒讒言、戒訐言、戒輕諾之言、戒強聒（聽者不想聽的話）、戒譏評之言、戒出位之言（不守分寸的話）或狎下之言（無禮貌的話）、戒諂諛之言、戒卑屈之言、戒取怨之言、戒招禍之言。言既有這麼多戒，大家只好閉口不說，因「禍從口出」，因此只有「噤若寒蟬」了。

的確，在權威主義盛行的國度裏，言出而惹禍的事層出不窮。因此除了那些不怕死的人之外，又有誰敢勇於建言，又有誰敢與教師頂撞？李斯因看到秦令下，則儒生街談巷議，因此要始皇坑儒 (註11)，道出眞相者更要遭殃。這樣的結果，統一言論、統一思想就能達成，大家只好說同調的話。但同調卻是單調，中國思想的黃金時代，自此絕跡，形同曇花一現。「審問」的爲學功夫不彰，連帶的，懷疑精神也不顯。雖然伊川曾說：「在可疑處而不疑者，不曾學」，「學貴會疑」，一流學者也不滿聖哲言論，但在政統及道統的強勢威逼之下，質疑問難的種子是萌不出芽來的。心中有疑，也只好往肚內吞，是不敢明目張膽的予以表達的。有人戲言中國人不善於說話，但爲了滿足嘴巴的功能，所以只好拼命的吃，吃是中國文化的特徵。難怪羅家倫曾說，對日抗戰時，中國社會的狀況是前方吃緊，後方緊吃。一有異己者，就要封住他的嘴巴，或給以悲慘的下場，我們還能深責中國人

註11：最著名的例子就是史記所載指鹿爲馬的故事。「趙高持鹿獻二世，曰：馬也。二世曰：丞相誤耶？謂鹿爲馬。問左右，或默，或言馬，或言鹿。高陰中諸言鹿者以法。」讀者請注意最後這句話。事實上，說眞話的人仍有，但因悚於淫威，懼於暴力，所以只好裝聾作啞，或顚倒是非。

不「大吃特吃」嗎?

「問」是為學要旨,「問」有兩層次, 一是問是非, 一是問價值判斷。前者以事實為標準, 後者以自由為依歸。在泛道德主義的中國傳統國度裏, 倫理規範的價值判斷常屬見仁見智, 並且多以習俗、權威、或政統作為效標。民主觀念未能被接受以前, 價值判斷的研究是不太可能有長足進步的。至於是非問題, 因有客觀標準可循, 比較無爭論。但這方面的討論若被價值判斷所侵犯, 則事實真相仍無水落石出的一天。不幸, 中國過去的傳統裏, 不問是非, 光問善惡的例子甚多。前者是「理」, 後者是「情」, 由情來馭理, 理已失本來面目, 因此理悖於情的情況之下, 有理是無處訴的。理屈於情之下, 是非即不能澄清。「父為子隱, 子為父隱」, 就是這種說法的代表。中國學者不善發問, 尤對是非問題不感興趣, 導致於中國對科學教育乏善可陳。

西方學者較有探討是非的傾向。請看亞里士多德所說的一句話:

> To say that what is is not, and say that what is not is, is false; but to say that what is is, and what is not is not, is true.
>
> (Aristotle, 1970: 1011b)

這句話是說: 當 is 時說成 is not, 而 is not 時說成 is, 那是騙人的; 但 is 時說 is, is not 時說 is not, 那才是真話。就是這種實事求是的精神, 使他在其師柏拉圖的「學苑」(Academy) 求學時, 經常反駁其師說法。也就是這種精神, 才使得師徒之主張不會全部相同。柏拉圖與亞里士多德的學說, 有極大的差別。在真理的面前, 是無師徒「情」分的; 即使是敬愛的老師, 也不可因師言而百般依從, 也絕不

可「隱」師之過（註12）。

西洋教育學術的發展，教會與亞里士多德結成一氣，變成最大的權威。但文藝復興強調的個人主義，培養了笛卡爾的懷疑好問精神及培根的打破權威偶像主張。笛卡爾在追求肯定不移的信念之過程中，懷疑一切。到了最後他喜出望外的找到了一個令他堅信不疑的定點，此不疑的定點即：我不懷疑我正在懷疑。這種懷疑精神與傳統哲學大相逕庭，也就是基於此種精神，使他博得「第一位現代化的哲學家」（The First Modern Philosopher）之雅號。培根攻擊偶像崇拜不遺餘力，只相信有證據的實驗事實，力除本位主義作風，擴大視野，解除蒙蔽。這種說法，使他擁有「第一位現代科學家」（The First Modern Scientist）之頭銜。追根究底的探討事實，對於科學之發展，功效最著。西洋學術思想從此在科學研究的果實上豐碩無比，雖然在狹義的學校教育上，注重科學實驗的「實科學校」仍無法與文法學校一爭短長，但廣義的科學研究氣氛，使得西方在物質文明的成就上，稱霸全球。並且建立在科學態度上的哲學研究，也使得歐美的精神科學令開明的東方學者刮目相看。

知識的追求，眞理的探討，除了「學」之外，加上「問」這層功夫，則知得較徹底，也了解得較清楚。並且有客觀事實支持的學問是不怕別人（學生）質問的。由如此踏實的知識所建立起來的思想體系才是最健全的思想體系，並且教育過程中如允許、甚至鼓勵相互之間的質問，效果也較大，進步也較快。中國近百年來吃了史無前例的大虧，歸根究底，可能就是教育上不喜學生發問的結果。

註12：中國的亞里士多德——荀子，也有類似態度。荀子說：是是非非之謂知，是非非是之謂愚。不過荀子雖是儒學健將，中國其後思想卻並不喜愛荀子的主張。這種現象至今仍存，現在有「孔孟學會」，但未及荀子。

本節前三項所言，指出中西教育及文化之同點，後兩項則提到二者之差異。其實，兩個教育及文化體系在發展過程中的殊途同歸及分道揚鑣，並不只是上述數項而已。讀者如有志於此的探討，則可進一步去研究。

本　章　摘　要

1. 了解教育的現狀，有必要先研究教育的過去，因為現在是過去的延續。
2. 探討西洋教育史，可以認清西洋教育的特色，或作為改進吾國教育的參考。
3. 中國傳統教育的特色是①強調人倫規範，②重人文而輕物理，③對人性論的研究特感興趣，④缺乏競爭性的文化教育系統，⑤科舉考試制度的建立。
4. 西洋傳統教育的特色是①注重文雅的希臘教育，②培養實用觀點的羅馬教育，③追求天國的基督教教育，④變化多端的教育觀念，⑤民主教育與極權教育的對抗。
5. 中西傳統教育的共同點有①權威意味濃，②古典語文霸佔教育課程，③女子教育之忽視。
6. 中西傳統教育的相異點有①西洋有宗教教育，中國無，②西洋重懷疑好問，中國則重木訥寡言。

討　論　問　題

1. 教育應重知抑重德，二者之間如何配合？
2. 人性善惡問題，為何會左右教育的發展？持人性善的觀念，會不會體罰學生？持人性惡的看法，會不會獎勵學生？理由是什麼？
3. 有什麼其他證據證明中國教育及文化缺乏競爭性？

4. 能找出實在例子說明科舉為害考生的身心健康嗎？
5. 目前的升學壓力，有無傳統因素在內？
6. 當前的訓育，強調中心德目的實施，這是意味著什麼？
7. 中國教育會不會走上宗教教育途徑？目前有些教會學校的教學活動，與非教會學校有何差別？
8. 體罰目前仍盛行，有歷史背景嗎？
9. 目前教育，注重科技發展，有外來因素嗎？
10. 好問是好事嗎？傳統上好問者有什麼下場？這種下場，應該嗎？

第五章

教育人員

　　教育事業是人的事業，教育事業的成敗，人的因素最為重要；因此教育人員的甄選、培養、任用及考核等，乃是辦理教育事業的一大重點。

　　通常所稱的教育人員有兩類，一類指教學人員，教學人員就是學校教師。另一類指教育行政人員，教育行政人員又分學校行政人員（如校長、教務主任等），及教育行政機關人員（如教育局長等）。如果我們把教育人員的範圍加以擴大，則社會教育機構的工作人員及學校教育機構裏的所有人員（甚至工友及職員）都應包括在內。很顯然地，如果正式教育機構（學校）要真正表現它的「教育」功能，則機構裏面的各色人等都要扮演「教育」角色，不得稍有偏差。這是一種理想，這種理想頗難辦到。本章所言之教育人員，除指教師及其他直接與教育工作有關的人員，如校長、學校主任、教育行政人員等外，也指家長、友朋、職員及其他社會教育人員。這些人員如能作為「教育」表率，則不難把整個教育機構造成「教育」風氣。此時其他人員在這種風氣裏耳濡目染，也自可收潛移默化之功。這種作用，猶之乎作用於學生身上一樣，都能達成教育效果。

第一節　教育人員的選擇

所有狹義的教育人員都應該要有教學經驗，教學人員（教師）因正在執行教學工作，他們之有教學經驗自不待說；而教育行政人員在執行教育行政工作之前，也得要有教學經驗。因此在討論教育行政或學校行政人員的選擇之前，應先討論教學人員之選擇。

一、教學人員之選擇

教學是一門專業，這種專業與醫學、法律、新聞等之成為專業一樣。所以並非任何人都可勝任該種工作。換句話說，並非「人盡可師」。

可是教學除了本身是一種專業之外，它還與其他專業的性質不同。教學的特徵表現在它是一種精神事業上。從事教學工作的人員，應該具備某種非其他專業人士所必須具備的特質。教學人員應該體認出教學是一種付出（give），而不是「取予」（take）。那就是說，教師只講求無條件的，也無保留的把自己的所學，教給下一代學子了解而不計較酬勞。這是一種「奉獻」（devotion）。教育人員對教育工作之奉獻，直與宗教人士對神之奉獻相埒。因之許多人把從事教育工作視為「神聖」工作，教育人員與神職人員不相上下。

教育工作的性質既是「施」多於「受」，甚至是只問「施」而不求「受」，因此從事這種工作的人絕對不是普通的一般人。有些人是不適合於從事這種工作的，有些人倒非常適合。

把教育工作的性質與人的性格作相關研究而研究結果最具意義的,是德國文化學大師斯普郎格(E. Spranger, 1882-1963)。斯氏將人的性格型態分成六型: 即經濟型,理論型,審美型,政治型,宗教型及社會型。他說相應著這六種類型,也就產生了人生所追求的六種價值。經濟型的人追求利,理論型的人追求眞,審美型的人追求美,政治型的人追求權,宗教型的人追求聖,社會型的人追求愛。這六種價值都是相當重要的。每一種類型的人也同時擁有其他五種類型的性格, 只是他在該種類型上表現得比較突出與顯著(dominate)。 比如說,經濟型的人本來在追求利,但他也同時會追求權、美、眞等等,只是利的追求乃是經濟型的人的重要考慮要項。六種類型猶如六個不等邊的六角形,經濟型的人「利」邊長,政治型的人「權」邊長,依此類推。因各邊之長短不一,因此乃構成千千萬萬個各種不同形狀的六邊形。如下圖:

因有千千萬萬個不同形狀的六邊形,因而有千千萬萬個不同性格的人。

在這種人格類型的分析當中,斯氏認為經濟型的人最不適合於從事教育工作。當然,經濟型的人在追求「利」,「利」是一種價值,前

已敍述。但天性追求「利」的人，卻最不應該作爲敎育行業裏的一員。因爲敎育工作實在無「利」可圖。從事敎育工作，是不能賺大錢、日進斗金的。如果有人希望在敎育工作當中營利，就只能開學店，一手敎書一手收錢，或是上課不認眞敎學，下課在補習班敎得非常起勁才可辦到。這種人是敎育上的敗類，也是敎育行業當中的害羣之馬。這種敗類，這種害羣之馬，「小子鳴鼓而攻之，可也」。如果敎育人員充斥著這種貨色（類型），那麼敎育一定變質。在師資培養機構裏，如果發現有這樣類型的人，那麼最好勸告他（她）轉校就讀。

那一種類型的人最適合於從事敎育工作呢？斯氏認爲是社會型的人。因爲社會型的人追求的人生價値是愛；而注重「施」，不注重「取」的人，就是施「愛」予他人的人。敎育人員所專有的愛，稱之爲「敎育愛」。斯氏對於「敎育愛」有極其獨到的解釋。他說敎育愛異於其他種愛。比如說，敎育愛與男女之間的愛是不同的。二者最顯著的差別，在於男女之間的愛是視對方價値之多寡而來決定愛的程度之高下。女方長得漂亮、有錢、學問好，則男方愛的程度就高；男方長得英俊、瀟灑、體格健壯、風度良好，女方就愛之入迷。因此男女雙方之愛是講求「郎才女貌」，「門當戶對」。你有八兩價値，我就愛你半斤。但是敎育愛反是。敎育工作者施予最高度的愛的對象，卻是指向價値最低的兒童。學童品行差、學業低落、身體殘缺、衣服髒亂，這種學童才正是敎師要給予最多關照的人（這個意思並非說敎師就不必施太多的愛在眉目淸秀及品學兼優的學生身上）。所以，對方的價値越低，則愛的程度就越高；對方的價値越高，則沒有那麼必要施予太多的愛。這正是敎育愛的一大特點。

斯氏還認爲敎育愛有另外一種特點。當敎師發揮了敎育愛之後，發現一位本來價値低的學童，經敎師關照呵護之後，卽能變成價値高

的學童。這種改變過程,正是師生體認「教育」意義的最佳時刻,也正是教師獲得教育「報酬」的最佳良辰,如果教師的教育工作還有「報酬」的話。並且這也是學生日後最能引發他(她)感師恩的時機。一位考試經常都在及格邊緣、脾氣乖戾的學童,在經過教師的一番愛的滋潤後,學業成績直線往上升,行為也變得正常,這不就是教師最感安慰並體會教育工作之最富神聖意味的時候嗎?

依斯氏的見解,挑選社會型的人來從事教育工作,則教育工作就有好的開始。「好的開始就是成功的一半」。教育工作本來就是人與人之間(師生關係)的工作,教師付出無比的愛心,即使學生是頑石,也能夠令他點頭;教育工作人員奉獻出崇高的教育愛,則學生即令在學業知識上無法有何長足進步,但在人格品行上也將極為健康,極為正常。

教育史上發揮高度教育愛,特別把愛施予價值低的對象,因而贏得世人崇敬的人士,就是瑞士大教育家、平民教育之父的裴斯塔洛齊。裴氏終其一生都為貧苦無依,孤苦零丁的兒童而獻身,他不惜因為教導那些形同乞丐的孤兒,而自己幾乎變成乞丐。他栖栖遑遑的在路上奔波,為的是要為那些無家可歸的饑餓兒童找到麵包,並教導他們ABC。裴氏心地之善良,博得了當地如花似玉的安娜(Anna Schulthess)小姐之芳心,她說光從他的眼睛就可以看出這位未來的夫婿全身散發著愛的氣息,這位面貌平庸的男士簡直就像耶穌的化身,難道這種人還不能託付終生嗎?(Good and Teller, 1969: 244)

十七世紀晚期,日耳曼虔誠教派(Pietism)的先驅弗蘭開(August Hermann Franke, 1663-1727)創辦了哈列基金會(Halle Foundation)。這個基金會設立了一系列的學校,有貧民小學、拉丁學校、科學性質的學校及師範學校等。弗蘭開本人與學生共同遊戲、共同工

作、共同學習。他在暗中觀察，如果發現學生當中有人喜愛跟兒童親近，樂意與小孩爲伍的，他就勸告這樣子的學生去唸師範學校，以便日後當教師。弗氏認爲這樣子性格的學生，先天上就是好教師的料。師範學校如果能有這樣子的學生入學，才能培養良好的未來師資。
(Belding, 1961: 97-102)。喜愛跟兒童親近，樂意與小孩一起遊玩的人，也就是斯普郎格所指的「社會型」的人。

在男女性別上，一般說來，女性在天性上比較樂於與小孩在一起。因此，女性從事教育工作，女同學成爲教育人員，是比男性恰當的。中小學教師多半是女性，這是教育發展的自然趨勢。在英語國家中，國小或國中教師的代名詞是 she，而不是 he，也正可說明這種傾向。至於幼稚園的教師可以說清一色的是女老師。由此看來，挑選女性來就讀師範院校，是一種正當的政策。不過，女性之適合於從事教育工作，那也是概然的，而非必然的。因爲我們實在無法從經驗中找到全然可靠的資料，來證明凡屬女性都百分之百的適合於當教師。經驗告訴我們，有些女性是相當惡劣的，有些男性的「教育愛」或比女性有過之而無不及，像上面所述的裴斯塔洛齊就是例證。因此，男女兩性，只要是「社會型」那邊較長的人，都是進師範院校就讀的好人才；具備愛的性格的人，才是從事教育工作的「必要條件」。

所謂「社會型」的人才具備從事教育工作的「必要條件」，這句話是說，具有奉獻愛的性格之人，不一定夠資格當教師；但不具有奉獻愛的性格之人，卻一定不夠資格當教師。因爲不是社會型的人，一定感到教育工作索然無味，他不是把教書工作看成爲轉業的踏腳板，就是對教育工作怨聲載道，終日長噓短嘆，牢騷滿腹。這種人怎能讓他（她）在神聖的教育行列中濫竽充數呢？這種人是不夠資格擔任「教師」職務的。至於光具備愛的性格之人，也不一定就夠資格當教

師。因爲良好的教師不僅是位「人師」，而且還是一個「經師」。在人格感召方面，具有愛的性格之人，足可當「人師」。可是教書工作現已變成專業，因此他（她）除了具備教育愛之外，還得有一般知識、專門知識、教育知識及技巧等。可見作爲一名「教師」，的確不是件容易的事。

　　基於上述的分析，我們可以獲得一項結論：在教育人員的挑選中，具備教育愛的人是進入師範院校就讀的先決條件。這一條件不具備，縱使他具備有其他非常優秀的條件，也就免談。

　　因此，師範院校有必要單獨招生。讓那些喜愛從事教育工作，樂於當敎師的人來報考，使「願者上鉤」，而不是由於其他因素才逼迫考生入學。在國家大力發展師範敎育的時刻，政府盡心辦理這種「教育之母」的學校之時，師範院校是可以招收到一流的學生而又有志於從事敎育工作的。這是推行師範敎育政策的上上之策。退而求其次，師範院校可能招收進來兩種類型的學生，一種是程度頗高但不樂於從事敎育工作，一種是程度不高（仍具備相當水準）但卻樂於從事敎育工作的學生。在這種情況之下，與其招收前者的學生入學，不如招收後者的學生入學（當然，師範院校本身的敎育，應該可以改變學生的志向與興趣的。這方面的討論，留到下節再予敍述）。如果師範院校只能招收程度差又厭惡從事敎育工作的學生入學，則師範院校關門也罷。這時，是全國敎育制度或社會風氣値得徹底整頓的時候了。

　　另一方面，各級學校應實施各種性向測驗及興趣測驗，從中挖掘有志於從事敎育工作的學生，然後鼓勵他（她）們繼續升入師範院校就讀，或轉入師範院校硏習。如此雙管齊下，方免有遺珠之憾。

　　當然，師範院校本身應該健全，社會人士也應該對敎育有正當的認識，國家應該把師範敎育列爲施政的一大重點，則師範院校不難招

收到既優秀又樂意獻身於教育的學生。師範院校有了理想的學生，則各級學校就有理想的教師；各級學校既有理想的教師，則各級學校也就能上軌道；既有理想的教育，則要建立一個理想的社會及世界，那是指日可待的。

二、教育行政人員的選擇

教育行政人員要執行教育政策，實施教育計劃，並服務教育工作人員。因此教育行政人員要從教師中挑選。

理想的教師既是以愛爲主的社會型人物，但在人格類型的六個邊中，他（她）的社會型邊雖然特別長，但這種人當中，部份仍然有政治型不短的人物。換句話說，有些人同時追求愛與權。這種人主持教育行政工作，是最恰當的人選。

教育行政人員都應該有最起碼的教學經驗，但並非每一位教學經驗豐富的人（也就是說，教書教久的教師），都是優良的教育行政人員。有的教師教起書來逸趣橫生，令學童如醉如痴，並使學生對教材心領神會，獲益無窮。但如要他（她）幹教育行政工作，那就味同咀蠟，不但毫無樂趣可言，並且行政效率低落，還可能造成千錯百差的嚴重後果。

一般說來，教育行政人員除了要有教學經驗之外，還至少要具備下列幾項條件：

1. 教育行政人員要有領導能力 使得全體教育人員共同爲某種教育方針而努力，羣策羣力來達成教育目標。教育行政人員必須能從細節中理出原則，能在會議的衆說紛紛之中歸納出要點，並能抓住討論問題之核心；善於組織，精於策劃，並能徹底執行教育政策，果斷

且有毅力，並具不屈不撓的精神。

  2. 教育行政人員要有民主風度 本來虛懷若谷、謙恭有禮，原就是作人的基本要求，但教育行政人員尤需具備這種條件。不只如此，他（她）還要有接受指責及批評的雅量。如此才能廣納衆議，避免獨斷獨行，我行我素。如果只是己之見而非他人之見，則易造成片面的偏見，無法得全。政策推行的結果，可能差之毫釐而謬以千里了。

  3. 教育行政人員要有服務教學人員之熱忱 行政本來就是服務性質的。民主國家的元首在向全國人民發表演說之時，都會自稱是「老百姓的僕人」（your servant）。教育行政人員與教學工作人員並非上下關係，而是主賓關係。主人之服務賓客，那是理所當然。因之教育行政人員非但對教學工作人員（指教師）不可以頤指氣使，盛氣凌人，反而要優禮有加，處處爲教師著想，爲他（她）們謀福利並解決困難。

  近來國內教育行政機關之用人有一明顯的趨勢，即是挑選高級學位來擔任教育行政的主管。這在提高教育行政人員的學識水準上自無可厚非，但高深的學問與行政能力並非全相關（即相關係數爲1）或高相關。有高深學問的學者不一定（也就是說不必然）可以擔任教育行政工作，更何況高級學位並不等於高深學問呢！在目前教育工作人員鮮有獲得高級學位的現況之下，一味盲目的挑選擁有高級學位的人來充當教育行政工作，不但對擁有高級學位的人的學術進修工作是一種妨礙，並且有助長「學而優則仕」的惡劣傳統遺風。先進國家因爲教育普及，獲得高級學位的人多，在許多擁有高級學位的學者當中，要挑出一些也適合於從事教育行政工作的人，自不是難事。中西情況不同，自不可東施效顰，畫虎不成則反類犬了！

裴斯塔洛齊，幼稚園的創辦者德國教育家福祿培爾，發起「泛愛學校」(Philanthropinum) 的巴斯道 (Johann Basedow, 1724-1790)，提倡德語教學的拉德凱 (Wolfgang Ratke, 1571-1635)，以及發明「班長制教學法」(monitorial system) 之一的英國教育家蘭卡斯特 (Joseph Lancaster, 1778-1838) 等人都有高度的教育熱忱，學問也不錯，但這些人在處理教育行政上，卻泰半一敗塗地。有些還因不會理教育財，因此弄得傾家蕩產，債台高築呢！

第二節　教育人員的培養

教育人員經過選擇之後，應該有專門機構予以培養。培養教育人員的專門機構叫做師範院校或大學教育系。說來也真夠奇怪，雖然自有人類以來就有教育活動，但教育人員的培養機構卻遲至十六世紀時才開始成立。在這之前，師資的培養是不受世人重視的。

師資培養不受重視的原因很多，而「人盡可師」的觀念永植於人民心中，可以說是最大的原因之一。早期的教師不需什麼教學技巧（教學只是背誦與記憶），也不需什麼高深知識（只教基本的讀寫算），教師身份地位又不高，因此他們是受忽略的一羣。希臘社會中，如果有人從樹上掉下來而摔斷了腿，那麼他就可以當老師，因為他已殘廢，不堪做其他工作。如有人走失或死掉，別人即譏以「他去當老師了」來取笑。奴隸或僕人更兼陪侍主人子弟入學之責，他們稱為「教僕」(pedagogues)。教師身份之卑微，由此可見一斑。即使到了十七、八世紀時，歐洲各國仍盛行「媼婦學校」(dame school)。「媼婦學校」即指一些四五十歲的太太在家做活的當兒，或利用做完家事的餘暇，

來教導鄰家貧苦兒童的讀寫算。在中國，雖然有「天地君親師」，或「一日為師，終生為父」的諺語，但一般說來，中國過去的教師地位仍不甚高。古代的人既這麼看不起教書人員，更不用說設立專門機構來培養這些人了。

教育學有了科學基礎之後，師資培養才大受重視。這種貢獻得歸功於瑞士教育家裴斯塔洛齊及德國教育哲學家赫爾巴特。裴氏的教育事業引起世人對國民教育的興趣，赫氏之學說則使得「教育學」變成大學的學科之一。學者開始研究教育學，使教育學躋身於學術之林。師範院校也就成為獨立機構或附屬於大學之下，而有獨自的崇高地位，教育學也有獨自的研究領域。

教育人員的培養應該注意幾項重點。

第一：如果師範院校挑選了有志於從事教育工作的學生入學，則師範院校的教師們應該在「教育愛」的發揮上，以身作則，為未來的教師樹下良好的楷模。師範院校的課程也應該首先注重「教育工作熱忱」的培養。那就是說，師範院校的各種措施，不但要使原已準備為教育而獻身的未來教師，更堅定其本已有的信念，使之不為物慾所惑，不因外來因素而中輟其終生為教育而服務的職志。如果師範院校裏面的教師作風及言行教學，以及師範院校課程的安排，非但未能加強師範院校學生奉獻教育愛的初衷，反而減低了教育工作熱忱，那是師範院校亮起紅燈的時刻；也是表示師範院校的教師誤人子弟，「毀」人不倦，師範院校課程及其內容有必要進行全盤修訂的時辰。

為了要達到上述的要求，師資培養機構至少要注意下列兩點：

1. 師資培養機構的教師是教師的教師，因此在挑選師範院校教師的時候，除了要求有專精及廣博的知識之外，還得注意這些老師是否具有「社會型」性格。如果說教師應該發揮教育愛，則教師的教

師，更應該發揮教育愛。

2.師範院校的課程中，最能讓學生（卽未來的教師）了解教育愛的意義、認識教育愛的精神之科目，莫過於教育史。教育史的研讀目的之一，就是介紹或評述中外古今重要教育學者的教育傳記及其教育活動事跡，希望在明白歷史上偉大教育學者對於教育之奉獻後，能使未來教師激起效古人之幽情，步他們後塵，繼續爲教育工作而努力的胸懷。換句話說，以教育上先聖先賢的言行來強化自己終生爲教育的決心。

師資培養機構在達成上述兩種要求之時，不僅可以使本有志於從事教育工作的學員對自己職業之選擇有鐵一般的信心，也可以使本來徬徨於前途十字路口的未來教師轉向，更可以使信心不太牢固而陷入猶豫不決境界的人迷途知返。因爲在目前各級學校辦理的招生考試中，師範院校實在不太可能完全招收「社會型」的學生入學，因之難免有魚目混珠的情況發生。雖然這樣的學生不是「天生的教師」(born teacher)，但他（她）們仍可在師資培養機構因接受薰陶及有意的教學或教師感召之下而改變了自己的興趣，對教育工作產生熱愛。人格類型除了先天的成份之外，後天環境也對它產生重要的影響。如果師範院校的教師以及師範院校所提供的課程教學，能夠使一位本來對教育工作既不喜愛也不厭惡的學生轉而喜愛教育工作，甚至能使一位本來厭惡於教育工作的學生減輕其厭惡程度並進而對它產生喜愛，則可以說就是師範院校教育的最大成功。

第二：作爲一位教師，「教育愛」只是「必要條件」而已，他（她）還得要有充分的「教育」知識。教師須具備 **教育知識**，也就是說在師範院校裏，要接受「教育學分」的教學。「教育學分」的提供，乃在於給未來的教師明瞭教育的基本特質及意義，教學方法，教育心

理等。「教育」已是一門學術，教育工作是一種專業，這一點前面已經述及。一個教師不是光憑一股愛心及粗淺的知識就可以教得勝任愉快的。即使是敎小學生或幼稚園的小朋友，雖然學生所要獲得的知識並不高深，但小學老師及幼稚園教師應該知道，教育不是「知育」所能包括；並且即令在知識敎學上，一位教師如不懂兒童心理，對敎學方法一竅不通，則他（她）仍然不可能讓小朋友領會所教的內容。徒有一番熱心與愛力，但事倍功不及半，那又有何效益呢？教學是一門大學問！一位大學敎授，滿腹經綸的學者，敎起大學生或研究生，可能綽綽有餘；可是一敎起小學生來，很可能力不從心而無法應付自如。可見知識豐富、學問淵博的人，不一定是良好的敎學人才。師範院校提供的敎育科目，如敎育概論、敎育心理學、敎育哲學、敎學法、輔導等課程，乃旨在培養未來的敎師能夠在教學中，認識學生的個別差異，運用恰當的敎學法，說話抑揚頓挫，聲量大小適中，板書清楚整齊，對學生恩威並重，寬猛並濟，與學生相處，逸趣橫生，水乳交融，如此則師生都對敎與學的活動，樂而不疲。

　　有些人非常反對敎師必須修「敎育學分」。反對的人認爲像孔子及裴斯塔洛齊等人都沒有修過敎育學分，而一位是至聖先師，一位則爲國民教育之父。這種反對似乎很動聽，但反對人士不知道「敎育學分」乃是「敎育學」成爲大學科目之一以及師範院校成爲獨立機構之後的事。孔子生在紀元前好幾百年，裴斯塔洛齊則生在十八世紀，那時並無所謂「敎育學分」的名稱，所以這兩位中西敎育上的先進都沒有修過敎育學分，也不能修敎育學分。但現在師範院校林立，所有想要躋身敎育行列的人員，都得修過「敎育學分」。不能因爲有了兩位敎育上的先進不曾修過敎育學分而敎學效果鮮有人可以與之媲敵，就來反對「敎育學分」設置的必要性，這是不正確的。一來反對的人實

在大言不慚，竟然拿教育上的先進往自己臉上貼金，而不覺面紅。他們的意思就是說：孔子與裴斯塔洛齊都沒有修過教育學分而二者都是偉大的教育家，因此我也不必修教育學分。這些人拿孔子及裴斯塔洛齊兩人與自己相比，也不自覺形穢。如果他們有這兩位教育先進的本領，那麼修一下教育學分，對他們而言，簡直易如反掌，有時更能減少一些瑕疵呢！二來偉大的教育學者像孔裴二氏，在史上並不多見。如果未來的教師都像孔子與裴斯塔洛齊，則師範院校可以關門大吉。但教書方面的天才可遇而不可求，一般教師都是凡夫俗子，不是聖人。如果只因教育上的聖人沒有修過教育學分，所以現在預備當老師的人也不要修教育學分，這種說法之謬誤與可笑，那就如同因為愛迪生沒有唸過大學而成為發明大王，而主張大學也不必要成立的說法一般。沒有聖人天份的一般教師，在接受過良好的教育科目之教學後，相信更能活用教學技術，體認教育的意義與價值。教育學分對一位教師而言，有百利而無一害。三來即使像孔子與裴斯塔洛齊等人沒有修過教育學分，那是時勢所造成。但以他們兩人對於教育的特殊見解，又大力鼓吹教育活動的重要性，則我們可以肯定的說，假如他們生在今日，也會贊同師範院校之必須設置「教育學分」課程，也支持凡未能修過教育學分的人員不具教師資格的這種規定。一般情況之下，研習過教育科目的，比沒有修過教育學分的，教學效果要優良得多。如果前者之教學效果反不如後者，罪不在「教育學分」本身，而在於教導「教育科目」的教師之師資不佳、教法不良或教材不當所致。

第三：良好的教師不只是位「人師」，並且還是一位「經師」。所謂「經師」就是知識很豐富，學問很淵博。現在的教師教學，大多分科而教。教師如要教學成功，就得對所任教科目的知識有很紮實的基礎，還作深一層的探討。許多先進國家都以接受過大學教育作為擔任

小學教師的資格，中學以上師資，則須由獲得碩士以上的人來擔當。

教師不但要對所擔任的課程有精深的知識，還要有廣博的常識。「精」就是「知得深」(Know everything about something)，「博」就是「知得廣」(Know something about everything)。「精」可以解學生專門知識上的惑，「博」可以去學生一般常識上的疑。「精」和「博」要相輔相成，缺一都有所偏。

在「精」與「博」方面，師範院校提供給未來教師的課程就有許多種。有些是共同必修科，有些則是分組專精科。而分科設系就如同普通院校一樣。所以師範院校的學生要擔負兩重責任，一是與其他普通院校同，追求博又精的知識；一是學習教育科目，預備擔負教書職責。別的院校學生只有一個重擔，師範院校學生則有兩個重擔，後者不只「任重」而已，還「道遠」呢！

基於上面的敘述，作一名教師先得要有教育工作熱忱，還要勤研教育理論與教學方法，並得探討任教學科的專門知識及其他學科的一般知識。具備這些資格的人，才能成為「人之師」。

可見教師要名副其實的具有「師」的條件。有許多人認為將教書人員稱為「教員」，是對教師的大不敬，而應該尊稱為「教師」。這種主張，從教書人員本身是專業人員的角度來看，是對的。教書工作之專業性與醫事工作、法律工作之專業性並無二致。從事醫事工作的人員稱為「醫師」，從事法律工作的人員稱為「律師」，則從事教書工作的人員應該稱為「教師」，那是理所當然之事。我們從來沒有聽人說過，稱呼「醫師」為「醫員」，或稱呼「律師」為「律員」的；因此，教書的人也不可以被稱呼為「教員」。連理髮的、美容的、按摩的，都自稱為「理髮師」、「美容師」及「按摩師」了，難道「教師」比這些「師」不如嗎？

有些教師自謙為「教書匠」，這是含有自貶身價的意味。「人必自侮，而後人侮之」。教書匠類型的教師，頂多只是「經師」罷了。這樣子的教師，教起書來非常叫座，但對於學生之品格、情操、理想等，卻不予顧及。因此，「教書匠」的教師，充其量也就是時下補習班裏「叫座」的教師或類似古希臘「辯者」(Sophists)之流的貨色而已。雖然嚴格說起來，要做到「教書匠」的地步，也不是一件容易的事呢！

在結束本節之前，還有兩點須附帶說明一下：

第一：師資的培養，尤重品德。但品德的陶冶，在本節裏卻隻字未提。我們可以這麼說，師範院校既挑選了「社會型」的學生入學，則具備「教育愛」的性格的人，一定不是品德敗壞之人。教師是「利他主義」(altruism)的人。利他的人，在品德上是高人一等的。所以「社會型」的人也就是品行端正，志節高操的人。這種人在行為上是比較少有缺點的。卽令師範院校無法全部挑選具備「教育愛」的學生入學，而有「非社會型」的學生混雜其中，但在師範院校的教師之耳提面命、諄諄教誨、同學之互相以堅守教育崗位來期勉，以及對教育科目之良好學習的氣氛下，不是「社會型」的學生也將有可能立下為教育而獻身的宏願，如果師範院校的學生在理想的師範院校情境裏，仍然「執迷不悟」、「冥頑不靈」，則最好將他（她）淘汰——退學或轉學。雖然這種人不見得在品格上有重大缺陷，但是他（她）之不適合於教書工作，已是非常顯然。

第二：晚近各國競相發展教育，以及教育學者努力鑽研教育學的結果，師資之培養已普遍的引起社會大眾的重視。因之政府應設立專門的教育機構來負培育師資之責，已成為各國教育的常態。幼稚園的教師及中小學教師，都有所謂幼稚師範科及師範院校等機構來負責培

養。這在目前的我國也是如此。師範學院培養小學及幼稚園的師資（附設幼稚師範科），台灣師範大學、高雄師範學院或政大教育系則負責培養中學師資。這些師資都須接受本節所言三種方面的教育，否則不是「合格教師」身份。「人盡可師」的時代已過去，「專業教師」的時代已來臨。這些中小學（含幼稚園）教師培養機構的最大特色，在於提供學生教育科目的研習，這是其他學校機構所沒有的。換句話說，中小學教師（包括幼稚園教師）都得修教育學分。但唯獨高等教育機構裏的教師培養，卻沒有這條規定，這也就是說，大學教授或講師不必修教育學分。反對大學教授也要修教育學分的人認為大學教育旨在作高深學術的研究，因此「學術探討」(research)第一，「教學」(teaching)第二。並且，大學生都比較能有獨立判斷、獨立思考、及自己進行研究的能力，他（她）們依賴教授的時候較少，因之大學教授只要能學富五車就已足夠，教學方法差一些，是可以原諒的。這種論調乍聽之下，或也言之成理。但反對人士應該知道，大學是個教育場所，不是純粹研究機構。大學教授除了研究之外，還得負教學之責。因此他（她）教得好不好，也是不能「等閒視之」的。我們經常可以發現一位飽學的大學教授一教起書來，學生聽得莫明其妙，他（她）不是口才不好，就是不懂得教學法。因此使得「傳道」工作大打折扣。這不是相當惋惜的事嗎？

當然，學問好又會教的學者不多 (註1)。不過，如果學問好的教授又能善用教學方法，那不是更可以使學生受益無窮嗎？

上文所提大學教授要「修」教育學分，並非指大學教授應到師範

註1： 杜威的學生克伯屈 (William H. Kilpatrick, 1871-1965) 就是這種類型。克氏在美國哥倫比亞大學 (Columbia University) 執教，因學問好又善於教書，被稱為「百萬教授」(Professor of Millionaire)。

院校去註冊選讀「教育科目」（當然他們如果願意這麼作，也應該予以鼓勵），而是說大學教授們最好能夠自行研讀教育心理學及教學法等方面的著作，並且自己揣摩良好的教學方式，注意學生的學習反應，或多多觀賞他人之優良教學法，則不難使自己的教學效果，更臻佳境。

如果我們的各級學校教師，都能有形無形的接受「教育科目」的教育，那是師範教育體制已屆完美之時。那時，任何教師都要有教育知識，無人可以倖免。

第三節　教育人員的任用與考核

一、教育人員的任用

教育工作人員在接受培育之後，應予任用。在講求嚴密教育計劃的國度裏，教育人員之供需是受到控制的。那也就是說，師資培養機構按照教師的需求量而決定招生人數；需求量多時，招生名額多（但卻要堅守「寧缺勿濫」的原則）；需求量少時，則招生名額少。在這種情形之下，教育人員都受政府分發任用，不會產生畢業即失業的現象。目前我國就是採用這種政策。

一般說來，任用一名教師之前，應該先讓他（她）試教或實習。教師之必須試教或實習，就形同以前「學徒制度」（Apprenticeship）時學徒要跟隨師傅練習手藝，在主人指導之下進行產品製作一般；也形同醫生或律師的學徒在未開業之前，要在熟練的醫生及律師門下接

受指正一樣。師範院校的學生在學校裏學習的是教學上的理論,而理論要如何與實際配合,就得在試教或實習當中進行。未來的教師在試教或實習當中,接受富有教學經驗及高明的教學能手予以指導,則以後在正式教學時,才能把教學方法運用自如,教學效果也比較顯著。

教師是專業人員,他(她)之選擇這項工作,純粹是在於為全人類進行精神建設工作,在物質待遇上,他(她)應該是沒有什麼企求的。不過,也就是因為如此,所以對於教師應該非常禮遇。有權任用教師的單位要「禮聘」教師。絕不可用一紙「派令」通知某某人到某某學校任教就算了事。雖然用不著「三顧茅廬」,但對教師尊敬,給教師享有自由權及自主權,對教師信任,這都是應該之舉。

政府或私立學校董事會禮聘教師來學校服務,教師與政府或教師與私校董事會之關係,並不是部屬對長官的關係,更非臣民對帝王的關係。政府及私校董事會邀請教師來幫忙,教師即使不是政府及私校董事會的恩人,最少也是朋友。而對待朋友的最重要方式,就是誠信不欺。因此教師之任用,應該給予教師有受崇敬、受信任及受寄託之感。如果說教育是一種良心工作,那麼也只有在教師充分被信任、充分受尊重、充分受寄託的時候,他(她)才會發揮最大的良心來進行教學工作。也惟有在這個時候,教師才會不辭辛勞,不計較金錢的來報答任用者的知遇之恩。

因此任用教師者,應該親自致奉聘書,並且要詞句懇切。如果態度傲慢,行動顯示出對教師之鄙夷,言語有冒犯教師尊嚴之處,則不但令教師氣結,且會令教師憤而不吃嗟來食,或揚手而去;而那些「為五斗米折腰」之教師,也不能發揮教育熱忱。教育之注定失敗,已未卜可知矣!

當然,吾人不敢保證受過師範教育的畢業生個個都是優良教師,

尤其在師範院校師資未臻健全，師範課程未達理想境界，並且不能全數挑選「社會型」學生入學的條件之下，難免有些未來的教師是不能稱職的。所以教師之考核相當重要。

其實教師之考核，不僅指糾正教師之不當言行、不良教法或甚至是不法行為而言。教師之考核仍有積極鼓勵的一面，即獎勵優良教師。底下就分這兩方面來敍述。

二、教師考核的消極面

教師如果不認真教學，不務正業，言行不足為學生表率，甚至行為粗暴，糾衆滋事，甚或打架賭博，或貪污亂法者，則應接受制裁。輕者應予改過自新機會，重而有敗壞教育淸譽者，則應罪加一等。教師係為人師表者，平時在台上，在講桌前都是規勸別人改過向善之人。因之如果有侵犯民法及刑法規定者，在一般百姓應罰監禁一年的判決時，教師實應坐牢兩年或兩年以上。

不過在制裁教師言行時，有幾點應予注意：

1. 教師言行如有不當之處，應該審視其動機。如果我們承認教師都是心地善良的人，都是以利他為前提的，那麼卽令他（她）在言行上有稍微過份之處，也應該予以寬宥而不必予以深究。這種教師卽令不受外在的制裁，他（她）本人也會捫心自問而受良心的懲罰。比如說教師體罰了學生，在當今有些民主國家裏，體罰學生是政府三令五申明令禁止的。可是坦白說，在教學及訓導工作中，要教師都不得動用棍子，的確不是一件容易的事；並且教師也是人，在盛怒之下，理性無法壓制情感的情況之下，就可能動了肝火而情不自禁的打了學生幾個耳光。如果這種舉動乃是為了學生好，要學生向上，則雖然敎

師的行為有點越軌，仍不應小題大作，或過份誇張。如果學生挨了教師幾記耳光，家長頓時請醫生來驗傷，並且招待記者，又上書教育行政當局或向某機關請願，結果鬧得周圍人士都向教師羣起而攻，那實在是師道墮落，教育風氣敗壞的表徵。

2. 有些行為是身為教師者不可以有的行為，如上述的賭博、打架滋事、貪污犯法之事。一旦查有實據證明教師有該種行為，則不是記過、申戒、降職、減薪、調校等處分所能濟於事的。有該種行為的教師一定要遠離教師行列，不得再執教鞭。試問一位犯有賭博前科的教師如何在學生面前說教，如何向學生「訓話」要學生戒除賭博惡習？雖然「知過能改，善莫大焉！」但一位登記有案的賭徒，總是會給學生留下不可磨滅的不良印象，對於學生品性之陶冶，會產生惡劣的影響。學生或會學習老師的榜樣，先賭後戒。可是一上賭癮，則要戒惡習，殊非易事。

3. 教師接受考核的成績如果不佳，原因如果是由於教學方法不良，專門知識不足或一般常識不夠所致，則考核者應設法補救教師的這些缺陷。學校應該多舉辦觀摩教學，使教師與教師間有彼此互相磋磨的機會；開教學檢討會，以便彼此提供良好的教學心得；甚至考核機關應該推薦教師到進修機關去繼續進修。考核者不可儘挑出教師毛病，而不知改善其缺點，那不就變成只會看病卻不會治病的醫生嗎？了解病因固然要緊，但能開出藥到病除的藥方，那才是恢復健康，步上正常之途的更重要方式。

三、教師考核的積極面

教育工作人員在未進行實際教學活動之前，早就抱定持續不懈的

為教育而獻身之心意。但人非聖賢，且不如意事常十之八九，教師在處理學生問題，執行教學職務時，難免會發生挫折、失敗等情事；如果旁人一味的訕笑，甚至無情的苛責或斥罵，那實在是對教育人員極為不公平的待遇。負考核教師職責的人士，倒要特別看重考核的積極面，卽用鼓舞及激勵方式來維持教師高昂的士氣。千萬不要使剛畢業而胸懷奉獻大志的教師第一年有愛心，第二年就灰心，第三年寒心，而第四年就死心了。

積極的考核可以使教師的教育工作熱忱如泉湧般的往上噴出，且其水源像海洋，取之不盡，用之不竭。積極的考核是一帖振奮劑，也是一股推動力。有了它，為教育而獻身的火焰才不會熄滅，因下一代而犧牲的毅力才會堅忍無比，而源源流出的教育愛泉水，才不會乾枯或斷流。

不過，獎勵教師，應該注意下列幾點：

1. 教師多屬清高之士，精神上的鼓舞勝於物質上的報酬。因此獎勵教師，不必過份用金錢或財物方式，而應該多用獎狀代之，並舉行隆重儀式，在莊嚴又愉快的氣氛中頒發之。如果用禮物甚至獎金來作為酬勞教師的工作代價，那對於安貧樂道的教師而言，雖然不一定對他（她）們是一種精神上的侮辱，但相信他（她）們也不會看重那些禮物與獎金。如果有人說，教師也是要吃飯的，則不妨在精神酬勞當中酌以物質酬勞輔之。但千萬要記住，後者是輔，前者是主；讓優良教師名利兼收，像諾貝爾獎金賞給學術界最高成就的學者一般，或者是一種較為可行，但卻較為市儈化的獎勵方式。

2. 自甘於清高、安貧、為教育而獻身的教師，多半有傲骨。他（她）們之盡職，對他（她）們內心而言，只是盡本分。卽使他（她）

們並非「爲善不欲人知」之人,但就是有第三者知道了教師的善言懿行,教師本人也自認那是沒有什麼值得稱道之事,不必表揚或獎勵。因之對於教師之獎勵,主事者應主動爲之;而非由教師本人自己申請表揚,毛遂自薦式的要他人予以獎勵,那是令有傲骨的教師相當齒冷的行徑。各級教育機構都有人事人員,人事人員應該填寫表揚或獎勵教師的各種表格,然後才禮貌的通知受表揚或受獎勵的教師。每逢教師節,如果各學校機關發下了通知,要教師到人事單位親自填寫「表揚資深優良教師」卡片,坦白說,稍微有骨氣的教師是不屑爲之的。

3. 有許多獎勵優良教育人員的方式,是用調校或調班,或調到較重要的教育機關服務來作爲酬勞。這是要慎重考慮的。有許多老師花了心血與精力進行教學,效果非常良好,如果他(她)教的是職業班,或「放牛班」,校長認爲這位教師「大才小用」,而調到「升學班」去教學,以獎勵這位優良教師,這種措施是不見得合乎「教育」意義的。同理,一位校長在發揮高度教育愛之後,對於所服務的學校已發生深厚的感情,與學校的師生相處如漆似膠,與地方人士也相處得頗爲愉快;校內的一草一木,一桌一椅,都與他(她)有了親密的關係。如果這位校長因辦學之優良,乃從「勇類學校」調到「仁類學校」,除非取得這名校長的同意,否則對已經與學校合一,以校爲家的校長而言,不啻是一種懲罰。如果學校分大小,優良校長就往大的學校調,不良校長就往小學校調;這就使得一般人形成一種觀念,以爲凡是在大學校(智類學校)服務的都是好校長,凡是在小學校(仁、勇類學校)服務的就是差的校長,如此易使校長奔走鑽營,一味的要往大學校求發展。教育風氣會受污染,這也是一種重要原因。同理,優良老師教升學班,指導優秀班級;比較差的教師一定要教較

差的學生，也會產生不良的教育惡果。

優良的校長，優良的教師，在他（她）們所服務的學校內，實在不應硬性的規定任期。任期制會束縛了他（她）們的手腳。如果辦校或教學優良，那麼就連續擔任下去，教育的長遠計劃也較能逐步實現。要是一位有遠大抱負的校長在上任之初，就已知道他（她）在該校服務年限，頂多五年或八年，則他（她）有再好的才華，也比較不能施展開來。要知道教育效果是不能立竿見影的，十年樹了一棵木，但百年才樹了一個人呢！

如果有關單位調動不了一位校長，或校長調動不了一位教師，而所以無法調動他（她）們的原因乃是由於他（她）們來頭大，背景勢力強，不得已乃用教育法令上的任期制條文來強迫辦校不良、教學不佳的校長或教師去位。教育行政走到這種地步，那是整個社會的教育風氣要全盤改革的時候。實施任期制也無法振衰起敝，也不能治療沈痾。與其「揚湯止沸」，還是不如「釜底抽薪」吧！

4. 在職進修（in-service education）可以說是獎勵教育人員的一種良好方式。教育人員除了在就職之前，接受嚴格的師資教育之外，還得在在職期間，利用閒暇，多做進修工作；或利用假期或晚間，到進修機構進修。一方面教學相長，一方面吸取新知，充實自己，也能使學生獲得較大的益處。先進國家對於各種職業人員的「繼續教育」（continuing education）非常重視，教育人員亦不例外。在日新月異的知識爆炸時代裏，任何人不尋求機會努力進修，則有落伍及受時代淘汰的可能。政府應該鼓勵教師進修。成績優良的教師或校長及行政人員，應該給予出國考查教育及參觀各地教育的機會，並且保送到學術機關進修。在返回原服務機關時，請他們介紹新觀念，舉行觀摩教學，以便使同事也能領受新知，改進教學法。如此，教師

就好比一池活泉水。英國名教育家安諾德 (Thomas Arnold, 1795-1842) 說：「我寧願我的學生吸飲流水，而不願學生喝死靜的池塘水」(Reeder, 1950: 524)。

為了要使教育人員都能趕上時代，現在的各國政府，多有教育人員定期進修的規定。在一定期限內不前往指定教育機關接受再教育者，或再教育而成績不合格者，就失去正式的教育人員資格。這種辦法，可以使整個教育事業充滿動態，表現生機。

四、考核的方式

對教育人員之考核，要公正合理，不可有失教師尊嚴。考核者應明察暗訪，但不可露出形跡；且應長期考核，避免以偏概全。

對人的考核與對事的考核不同。對事的考核可以訂出巨細無遺的客觀又明確的標準；但對人的考核則無法做到那種地步，且也不必做到那種地步，否則就太失「人味兒」了。有的校長為了要考核教師的勤惰，就訂出上班七小時的規定。因此每天大清早，校長就拿著一本簿子站在學校大門口，登記遲到的教師，卻忽略了考核教師到學校的工作內容，而只注意教師是否準時上下班。因為有些教師雖然按規定上下班，卻把上班時間用在聊天、下棋、打毛線衣或看報紙上，這樣子的教師再怎麼早到學校，又有何用處呢？有的校長要考核作文老師批改作文的情況，乃硬性規定一個學期至少要作幾篇文章（不幸，至少都變成至多），卻沒有顧及教師批改作文的詳略，而教師批改作業的詳略是不可能有客觀又詳細的標準的。因此教師只好虛應故事，圈圈點點而已。如此的批改法，對於學生作文之進步，殊少益處。盡職的教師雖然指導作文的篇數沒有學校規定的多，但批改時都能詳簡恰

到好處，令學生眞正有所收穫。試問校長要指斥這樣子的教師之作文批改不符合學校所規定的要求嗎？

教師每堂課教學，校長都要站在教室後面（有些甚至站到教室前面）「監視」（偶一行之，也是不應該的）。這種做法實在有損教師尊嚴。更有甚者，有些校長在「監視」教師教學的當兒，發現有不合己意的地方，即馬上取教師地位而代之，或在學生面前指正教師錯誤。有些校長在朝會向學生「訓話」時，指桑罵槐；教師聽來，心理有數，但卻感到非常不是味道。如此情況，只有造成考核者與教師之間的隔閡而已。二者之間的裂縫越陷越深，如因此使雙方變成冷戰局面，甚至演變成火水，那實在是教育界的不幸。

負考核之責的，要親自考核，不可輕易假手他人或用不當方式行之。除非是一些較爲刻板及行政要求之考核，才可以委由助理人員代勞。上述校長在校門口登記教師的上班遲到情況，如果由工友或人事人員代理，已經不妥當；如果考核教師之教學實效，校長還不親自出馬，則顯然是疏忽職責。校長要自己查堂，如果懶得走動，而在校長室裝一個「竊聽機」，則在各班上課的教師，內心不免有戰戰兢兢之感。校長在有冷氣的校長室內，坐在搖擺椅上，隨時都可以按上電鈕，聽到某班教室的上課情形。這種教學環境與極權制度的國家所行的警察監視方式，又有什麼兩樣呢？教師的自尊心不受損失，那才是令人不可思議的事。

事先謹愼的挑選教育人員，但一旦聘書下達，則應該給教師充分的自由權，並信賴教師。當發現教師不足以被信賴時，則立予解聘。如果訂出許多要求，限制教師左不可以如此，右不可以如彼，則「法令滋彰，盜賊多有」了。教育人員變成了教育盜賊，那還堪設想嗎？

第四節　我國教育人員現況

我國目前教育人員的選擇、培養、任用與考核，是否能如上面幾節所敍述的情況相同，殊值得檢討與研究。

一、我國教育人員的選擇

如果說單獨招生較能招收有志於從事教育工作的學生入學，則目前小學及幼稚園的師資培育機構——由師專改制的師範學院，並不採單獨招生方式；而中學師資的養成所——師範大學、高雄師範學院、彰化教育學院及政大教育系（這些機構的畢業生，也可以在小學敎書），也不單獨招生，而與普通大專院校聯合招生；因之進入上述機構的學生，是否心甘情願而來，或被逼而入，則不敢逆料。部份中學教師對敎書工作不感興趣，左思右想企圖改行轉業。轉業不成者又敷衍塞責，馬虎了事。這種現象，可以說是敎師人選不當所造成。

目前性向測驗、興趣測驗及各種成就測驗也不盛，否則在挑選合適的學員進入師範院校時，除了舉辦單獨招生外，還可另外舉行上述的幾種測驗。如此才能較為正確的選擇恰當的未來教師。

至於中學以上的師資來源，因種類繁多，比較難有齊一的標準來選擇大專院校的教師人選。照目前的辦法來看，大專院校的師資有大學畢業的（得有學士學位者）、也有研究所畢業的（得有碩士學位或博士學位者）。不過他們是否具備「社會型」性格，是否願意從事教

育工作，則不得而知。

目前教育行政工作，在學校行政職務上（如教務主任或訓育組長等），還能從富有敎學經驗的敎師當中選拔。但在一般敎育行政機關（如敎育局）裏，却只能從經過考試院敎育行政人員考試及格者當中去挑選。負責敎育行政工作，必須具備敎育專門知識，這種人員要通過嚴格的考試，這本無可厚非。但敎育行政人員之必須要有敎學經驗，這是作爲敎育行政人員的更重要資格之一。因此，如果敎育行政人員之考試，能夠規定應考者必須具備至少幾年的優良敎學經驗才能報考，則在敎育行政人員的挑選上，當更趨理想。

二、我國敎育人員的培養

中小學師資有專門學校機構培養。小學及幼稚園師資向由師範專科學校培養，招收國中畢業生入學，修業年限五年，或招收高中畢業生入學，修業年限兩年，各外加實習一年。自1987年開始，臺灣所有師範專科學校一律廢除而升格爲師範學院。中學師資則由臺灣師範大學、政治大學敎育系，彰化敎育學院及高雄師範學院培養，與其他普通大學院校共同聯合招生，招收高中畢業生入學，修業年限四年，外加實習一年。職業學校的師資，除了師資培養機構負責培養一部份外，其他大學相關科系畢業生而修畢敎育學分者，亦可充任職校敎師。政大敎育系及彰化敎育學院分公費生與自費生兩種，自費生無實習一年規定，公費生則有。至於大專院校的師資則由大學及研究所培養。按照一般的規定，大學畢業得有學士學位者，充任助敎；研究所畢業得有碩士學位者，充任講師；研究所畢業得有博士學位者，充任副敎授；副敎授有傑出著作、敎學優良，而已屆三年者，可以升等爲敎授。不具碩士學位或博士學位的助敎，如果有優良著作，且服務年資已屆四

年者，可以升等爲講師；而講師年資已屆三年者，可以升等爲副敎授，副敎授年資已屆三年者再升爲敎授。

爲了提高各級學校師資，有必要在師資培養的制度上進行下面幾項工作：

1. 小學師資（包括幼稚園敎師）應該提高到大學敎育階段。卽將所有師範專科學校升格爲大學，或由師範大學或大學師範學院（或敎育院系）接辦小學師資的培養責任。大學畢業生才够資格當小學老師，已是先進國家的通例。提高小學師資水準，不僅增強了小學敎師的素養，並且也使未來的國小敎師在生理及心理發展上，也較爲成熟。自1987年開始的師專之改制，絕對不是新瓶裝舊酒，徒具形式，不變內容；在師資、設備及課程安排上，都應該有一番新氣象才行。

2. 厲行在職進修制度。知識無窮，學海無邊；各級學校敎師要持續不懈的進修，中小學敎師可利用夜間或寒暑假、甚至休假時候，到進修機構進修；平時也應就個人之研究心得提出報告，以饗同好；大專院校敎師更應探討新知，研究新學術。美國大學對大學敎授有一句口號，叫做 publish or perish，意卽不出版著作、不發表論文，就得滾蛋（被解聘）。因此師資養成機構，不僅提供師資的「職前敎育」(pre-service education)，還要提供在職敎師的「在職敎育」(in-service education)。如此學術研究才會推陳出新，進步的敎學方法才能紛紛出籠，敎育的發展也較能顯現朝氣蓬勃的動態。

3. 大專院校師資水準應提高。目前研究所林立，出國深造也很平常，獲得高級學位在敎育發達的國家是謀求大學敎職的「必要條件」。在美國，所有要進大學敎書的人都得具備博士學位資格。並且一旦獲得敎職，還得經常發表論文。敎學優良爲學生所喜愛，才能獲得敎職的「鐵飯碗」(tenure)。美國大學把敎授分爲三級，剛得有博

士學位的畢業生，稱為「助理教授」(assistant professor)，以後成績傑出者升為「副教授」(associate professor)，然後再升為「正教授」(full professor)。由學士直升講師、副教授、甚至正教授的情況，可說已成歷史陳跡。為了鑽研高深學術，受嚴格的學位訓練，自是不可或缺。

　　4.師範院校的課程，依照本章第二節之敍述，應分成三類。一類是基本知識的加深，這類的課程如人生哲學、理則學、心理學、語文史地及自然科學等科目屬之。第二類是教育專業訓練，如教育概論、教育心理學、教材教法、教育史、教育哲學、中小學教育、測驗統計、輔導諮商、教育行政等數種。這類科目的教學，重點應放在教育熱忱的培養上，並且注重教育基本概念的認識，而非注意於教育上的瑣碎枝節及片斷部份。要使學生在教育園地裏，見樹更可見林，如此才不會陷入迷途，徬徨而不知向何方前進。第三類是專精於任教科目的課程，如師範院校或師範專科學校之分科設系中的主修課程。在這種科目的教學中，應該偏重該科目的教材及教法研究，而非旨在與一般大專院校的同類科系作毫無差別的教學，如此才能顯現師資培養機構的特色(註2)。

　　5.師範院校的環境應培養一種濃厚的「教育」氣氛，也就是說，師範院校的師生都有強烈的教育熱忱。因為氣氛是由人而生的。在這樣的環境裏，才能使本就有教育意願的未來教師更堅定信心，使本無強烈教育熱忱的未來教師改變心意。所以師範院校的師資最應在這方面為人楷模，發揮愛心與耐性，使「上行下效」。多鼓勵師生閱

註2：舉個例來說，師大的數學系課程與臺大數學系課程，重點應有不同。前者除了加深學生對數學知識的深度外，應再側重數學教材教法的研究。曾有人主張師大各學系都應加上「教育」兩個字，如「數學教育系」，如此更能標出師大科系之特點。

讀中外古今名教育家的感人事跡，或閱讀感人小說、電影、戲劇、或故事等；或仿照盧梭之建議，到孤兒院、老人院、醫院、監獄、或傷殘病院參觀，以激發師生的情憫與同胞愛，揚起助人為快樂之本的胸襟，這些都是培養「人師」的重要方法。如果師範院校的師長板起臉孔，一味說教；或擺出一付愛理不理模樣，師生見面形同路人，二者之間已無情誼可言，試問這樣的學校氣氛怎能培養優良教師？師範院校的「硬體」（建築物）不必宏偉壯麗，但「軟體」（教師）卻應散發教育的氣息，則師生日夜呼吸其間，自能變化氣質。

三、我國教育人員之任用與考核

目前小學教師採用派任制，即由教育行政機關任用小學教師至各小學服務，小學校長無任用權；高中以上教師則由校長直接聘用，任用權責在校長手中。國中教師則統一由各縣市政府教育局辦理甄選後由國中校長聘任。

至於各級教育人員之考核，則教育行政機關訂有詳細的考核辦法。詳查教育法令，自可知其規定。

不過在目前我國教育人員之任用與考核措施中，下列幾點，倒應該慎重予以考慮：

1. 任用教師，應該全權委由校內聘用委員會辦理，而付予校長重要的決定權。教師之任用，最重要的一項，就是要公平合理。為了杜絕循私情事，學校自應成立教師聘用委員會，由資深及優良教師擔任之。並請擬進教師試教，而由本校該試教科目之優秀教師擔任評審。如此，資質差，教法拙劣的教師才少倖進之門。如果教師任用權由教育行政機關掌理，則顯然有不尊重學校及校長之嫌；而單由校長

全權聘用教師，也失之過偏。折中而兩全之道，只有選擇此處所敍述之方法。

2. 任用教師及教育行政人員，應該以禮待之。除非不得已，聘書應該由主管直接交到教育人員手中，並面致敬意與謝意。切不可板起官僚架子，顯出衙門作風，那是對教育人員的侮辱。甚至聘書由工友轉交，那就更不成體統了。

3. 任用教育人員之後，應隨時以鼓勵代替斥責，並不得以有損教育人員尊嚴的方式來暗中監視或明目張膽的管束教育人員的言行。良心的教育工作，只有在充分給予教育人員信賴，充分給予他們自由的情況下，才能作最高限度的發揮。處處給予干涉，時時懷疑教育人員有不法行徑，「以小人之心來度君子之腹」，則教育工作熱忱自會冷卻，為教育而獻身的宏願大志也必會消失。因此教育人員的自主權及獨立權應較其他公務人員為大。如果教師或校長要動用一分錢，還得要發票，有收據，並得說明理由，更須經主計單位及人事單位層層審核，則教師及校長都會覺得非常不體面。

4. 教育人員之免職、獎懲，仍由各教育或學校機關組成委員會辦理之。委員由公正的優秀教師擔任，並給予當事的教師有申訴機會，這就牽涉到教育人員的組織問題了。歐洲自十一、二世紀以來所設立的大學，為了要維護教師及學生的權益，師生有罷教及罷課權。及至現代，各教育先進國家都有堅強的教師組織，一遇教師受不合理解聘，或受不當干擾時，則教師組織會起而抵制。目前我國仍有教育學會團體（如中國教育學會）之組織，但形同虛設，對於教育人員權益之爭取，實在乏善可陳。

5. 考核教育人員，重點應放在缺點的改進與優點的發揚上。目前教育人員之考核多流於形式。有些學校對於教師之獎勵用輪流分配

方式，形同分贓；非但沒有鼓舞教師士氣的作用，反而形成暮氣沉沉的現象。如果教育人員之受到表揚，竟由奔走請託而來，那麼教育發展已是步入危機，甚至病入膏肓，而陷入無可救藥之境地了。

至於教育人員在工作表現上的不當面，除了應予指出不當之處外，更應提出尋求改善之方法。換句話說，不可只作消極工作，更應積極予以輔導。

總之，教育人員之良窳，關係教育事業的成敗。教育人員經恰當的挑選，良好的培養，正確的任用，並公平的考核，則教育之進步就指日可待。俗云：好的開始，就是成功的一半。一個學校有好校長，一位校長聘請了好老師，則相信這所學校一定蒸蒸日上，前途無量。反之，一所學校內校長與教師沆瀣一氣，狼狽為奸，則這所學校非但不在進行「教育」工作，且在進行著「反教育」的工作呢！可見辦理教育的重點，應放在「人」的素質上——優良的教育人員，而不在於巍峨堂皇的學校建築或精良的教學儀器設備上。號稱為第一所現代化的大學——1694年成立於日耳曼的哈列大學（University of Halle），以及號稱為第一所現代化的美國大學——1876年成立的約翰霍浦金斯大學（Johns Hopkins University），都以名學者來任教作號召。「名師出高徒」(註3)，正是教育人員的座右銘。因此，師範教育應該是所有教育事業中最重要的一環。昔臺大校長傅斯年先生在師大演說，他第一句話就講：「我們臺大要辦得好，必須要你們師大先辦得好」，這句話實在是至理名言。因為臺大的學生是師大的學生教出來的（雖然，目前有部份中學教師非師大出身），師大辦理不善，則臺大休想辦好。

註3： 舉例來說，美國二十世紀最有影響力的教育哲學家杜威（John Dewey, 1859-1952），及一次大戰後提出和平十四原則的美國總統威爾遜（Thomas Woodrow Wilson, 1856-1924），都是約翰霍浦金斯大學的畢業生。

當前我國的教育工作千頭萬緒，缺點亦復不少，正有賴高瞻遠矚的政治家、教育行政人員、教育學者、及全體教育工作人員來羣策羣力，共同為我國教育事業的發展，貢獻自己之所長。而所有改善教育的種種措施當中，應由教育人員的健全開始，這一點深盼有關單位注意及之。

附： 表一、西方優秀教師的品質（Reeder, 1950:499）

1. 同情心
2. 長相
3. 衣著
4. 誠實
5. 樂觀
6. 熱心
7. 學問
8. 精力
9. 公正
10. 莊嚴

表二、中國學生心目中的好老師

1. 人生導遊
2. 橋
3. 道德範本
4. 追尋者
5. 付出愛心的人
6. 創造者
7. 夢想的鼓舞者
8. 畫家（提供知識指示方向者）
9. 說故事者和演員
10. 公正的評量者和演員
11. 馬克吐溫的精神（幽默）

表三、中國學生不歡迎的老師

1. 破唱片先生
2. 推銷員
3. 狐狸性格
4. 管家婆先生
5. 分數萬歲先生
6. 半瓶水先生
7. 撲克臉先生
8. 做秀式先生
9. 當舖老板

（張老師月刊，七，1983:10-12）

第五節 廣義的教育人員

　　教育的意義既有廣狹之分，則教育人員亦有廣狹之別。狹義的教育人員，卽是教師，或身兼教師職務的校長、主任、組長、或教育行政機關的人員。這些人員，尤其是教師，與學生接觸的時間很多，他（她）們的素質自會影響學生的品格、學識、觀念與情操。但學生之發展並非全天候的置於這些狹義教育人員的支配之下，卻有更多時間與機會暴露在廣義的教育場合中。家庭裏的父母、祖父母、兄弟、姊妹、管家、親戚、左隣右舍成員、朋友，以及學校的職員、工友、社會上形形色色的機構及人員等，無不時時刻刻的以直接或間接的方式

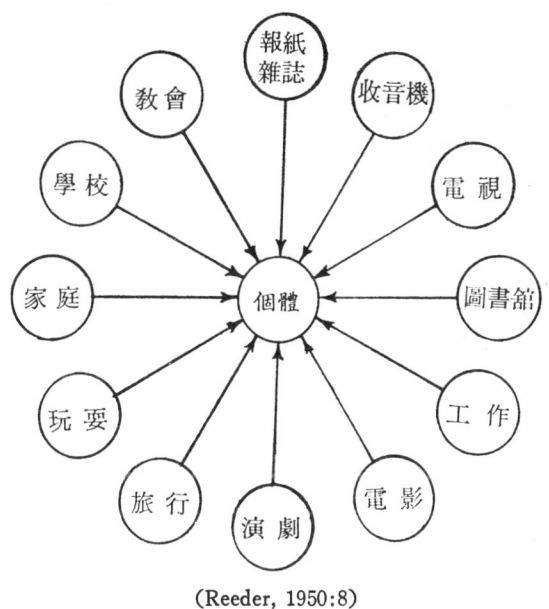

（教會、報紙雜誌、收音機、學校、電視、家庭、圖書館、玩耍、工作、旅行、演劇、電影 → 個體）

(Reeder, 1950:8)

在左右學生的言行。這種無形或有形的「教育」力量，可能比學校教師直接的教誨來得大。上面一個圖可見四面八方的影響力都作用在學生身上，學生實在無法抗拒這些影響力，而學校教師只不過是其中之一而已。

學生接受廣義教育人員的影響既是無組織無系統的，則廣義教育人員也談不上選擇、培養、任用與考核。雖然在全民都「以教育為導向」的社會裏，人人都能體會教育的重要性，機構都能認清教育的價值，但這種美景的社會離現狀仍遠。因此我們有義務喚醒大眾共同來努力，也促使學生如何選擇恰當的教育場所，接近良好的教育環境並向有益身心的人員請教，以免學校教育無法配合家庭教育與社會教育而形成一曝十寒的結果。

1. 長輩 父母或祖父母及教師等，都是學生的長輩。中國父母給予子女傳統的形象是「父嚴母慈」，不用說在過去已不盡然，現在更今非昔比了。子女年歲越少，聽從父母的百分比越高。年歲越大，越會反對父母意見。其實，父母如能立得正，知識又廣博，判斷也正確，則仍然可以作為子女之「師」。宗教改革家路德說得好，有些家長根本不知教育子女的重要性，家長即使知道教育子女的重要性，也不知道如何指導子女；家長即使知道如何指導子女，多數家長也無空閒去進行指導工作（林玉體，二，1980:200）。在這種情況底下，家長與子女之間是會生裂痕的。因此家長必須隨時進修，吸取新知，多與學校聯絡，並提供時間與機會主動去與子女接觸。在教育子女的當兒，切忌擺出一付威嚴不可侵犯的模樣，道貌岸然，權威性格十足；否則子女避之唯恐不及，那敢就近請益？不如採取蔡元培的作風，蔡氏當北大校長時對北大學生說：「予於大學生非父母可比，不過為大學生之兄弟耳」（蔣夢麟，1962:189）。家長或師長如自扮長輩模樣，

子女可能無法接受；如果家長自謙爲子女之兄弟（平輩），則子女更容易視父母或教師爲長輩。

2. **友朋** 學生遇到困難時多半不向教師請教（除了知識上的問題），卻大部份求助於友朋，所謂「同儕文化」（peer culture）乃構成學生活動的一重要部份。這種原因有些是由於不信任教師或長輩，有些是問題如對教師或父母提出，卻是難於啓齒（如性知識），而大部份原因是友朋比較親近，討論機會較多，彼此資料訊息的補足較爲自然。友朋的「教育」影響力，的確不可小視，尤其是年歲漸長時爲然。

過去的聖賢告訴我們，「三人行，必有我師焉！」周遭的朋友，會不時的提供我們所欠缺的經驗與知識，或不同於自己的看法與觀念，並幫助我們下決定與判斷。因此，「亦師亦友者」也是教育人員。「友直、友諒、友多聞」，則自己受益無窮。如果交上一些酒肉朋友、行爲乖戾、好吃懶做、爲非作歹、欺壓善良，如此的交友不愼，則可能一失足終成千古恨。

由於朋友的年齡相差無幾，心理感受大同小異，所以問題的了解較能深入。因此友朋的「教育」力量有時大過師長或父母。規勸一名學生，如能從他的朋友下手，可能遠較教師或父母的直接訓斥或教導有效得多。尤其國中以上學生，多半已聽不進師長或父母的耳提面命，卻服貼於友朋的三言兩語。因此一名教育人員，如能被學生認定是形同友朋，則開導的結果一定甚具成效。所以如何打進友朋圈，以便入「虎穴」得「虎子」，殆爲教育機關應予考慮的要點。此外，多提供對青少年健康有益的身心活動及交誼場所，以便彼此相互吸取新知，提升品質，大家都是對方的教育人員，如此就可達到教育的「全面」效果了。

3. **學校職員** 學校職員亦能發揮正負兩種教育影響力於學生身上。學校職員與學生接觸的時間與機會，不少於教師。雖然他們也許不能提供學識上的幫助，但卻對為人處世上給學生有好有壞的影響。設若學生在校辦理一些行政上的手續，如請假、借設備、交費用或申請修理門窗等，但職員要出官腔，不但態度傲慢，且惡言以向；或是不負責任，敷衍塞責；或與學生打交道時灌輸不正確的觀念，則教師在課堂裏的諄諄教誨，必然大受懷疑。相反的，學校職員如能和藹可親、認眞負責、誠信不欺，或樂以助人，則對學生也能形成一股不可抗拒的感化力量。此外，學校職員多半在校服務時日長久，流動性較少，因此對學校所知比教師或校長爲多，看的也多、聽的也多，因此甚至連工友或看門人都能提供學生有關校史或學校過去及現在所發生的種種事件，也能滿足學生的好奇心與求知慾。加上職員或工友與學生，較無成績上的利害關係，也較無輩份上的距離，所以學生也較喜與之接近，彼此之間也較能無話不說。許多學生與工友建立的感情，勝過與教師之間的關係；因此，工友的一言一行，不啻形同（或超過）教師的教育成效（賈馥茗，1983：399-401，Reeder, 1950：164）。

4. **課餘活動的提供者** 學生除了上課聽講、放學做功課或準備考試之外，已有不少時間作課外閱讀或看電視、電影等活動。根據「國中男女學生課外生活的實態研究」，國中生休閒生活中的第一種喜愛活動，就是看電視，第二種活動是看報紙（教育資料文摘，三，1980：92-120），而看連環漫畫書的也不少（教育資料文摘，六，1981：85-100）。另一項調查報告指出，我國兒童平均每天看電視時間約1小時52分，（男生約爲2小時，女生約爲1小時43分，四、五年級沒有差異。）而每天看電視的學童佔45%（教育資料文摘，二，1980：80）。

可見看電視已形成學生不可缺少的休閒活動。

因此電視節目製作者正以「教育人員」的姿態，透過節目向觀賞者（如學生）說教。好的電視節目製作者可以助長兒童說話，擴大語彙範圍、增加常識、刺激閱讀興趣、引發想像力或提供正確的人生方向與價值觀念。但不良的製作人員所製作的節目，如充斥著刀光血影以打鬥為能事，或故事結局未能伸張正義，或內容單調八股，則非但不能有正面的教育效果，反而在進行反教育了。

本 章 摘 要

1. 教育人員的範圍，就如同「教育」的範圍一般的廣，有形教育人員與無形教育人員都包括在內。
2. 教師之選擇，首要條件放在「熱忱」──即教育愛。人格類型中「社會型」的人最適宜從事教育工作，「經濟型」的人最不相宜。
3. 教育愛，有些是天生的，有些則靠後天培養。
4. 教育行政或學校行政人員，都應先具有教學經驗。
5. 教育人員的培養，應注重專業知識、教育服務熱忱，及一般學術根底。
6. 師範院校（培養師資的機構）的師資更應具有教育奉獻精神。
7. 教育人員的任用應先重實習，任用時應禮遇，考核應重獎勵而少斥責。
8. 教育人員應重在職進修。
9. 師資培養機構應納入一般大學之內，或師範教育課程建立在文理科基礎上，以提高教育學術品質。
10. 親朋友好、長輩、職員、工友、電視節目製作人等，都能發揮教育人員的教育作用。

討 論 問 題

1. 教育「學」能如其他「學」（如醫學）建立起「專業」的地位嗎？
2. 教育人員是否必要修教育學分（或教育科目）？
3. 在你的求學經驗中，有那些教師充分發揮教育愛？
4. 教育行政人員應該要有教學經驗嗎？
5. 根據斯普郎格的「人格類型」，你自己屬於何種類型？
6. 有實例證明工友給學生的影響力，大過於校長或老師嗎？
7. 教師隔一段時間以後，是否仍應進修？用什麼方式？
8. 師範院校應單獨設立，還是附屬於一般大學之內？
9. 試說明「實習」的重要性，並批評現在的實習制度。
10. 評述現在的教育科目內容及師範院校的師資、設備。
11. 評述現行獎勵「資深優良教師」的作法。
12. 學校規模分「智仁勇」三類，是否校長人選也應分等級？

第六章

學　　生

　　教育的對象是學生，認識學生，可以增進教育的成效。如果只一味的強調教師的角色，而不注重學生的反應，則教者諄諄，聽者藐藐。在既往的教育活動中，只顧教師教學而不管學生能否接受，學生必須無條件的遷就教師；教材能否引起學生興趣，教學法是否適應學生心理，管教是否配合學生需要，一概不在考慮之列，偶一考慮之，也是無足輕重之舉。這種錯誤的教育景象，已因生理學、心理學、及教育學之研究而改觀。因此體認學生的價值、探討學生生理及心理的發展，是當今優秀教育工作者的急務。而學生是接受教育者，如何管教學生，以及如何輔導學生，也是橫在每位教育工作者眼前的重要課題。

第一節　學生的價值

　　一般說來，學童因年歲輕，知能淺，所以價值層次不高，也因此有接受教育的必要性。教師或長輩因「聞道有先後，術業有專攻」

(韓愈師說)，因此價值高於學童。但這種受教者之價值低於教者的時間是暫時的，且也不是必然的。如果教者施予教育愛，在一番循循善誘之後，學童潛能就會激發，而潛能又無窮。大致來說，潛能分兩類，一是生理上的，一是心理上的；前者是體能，後者是智能。多數人承認生理潛能有極限，心理潛能則無止境。但卽令是較有限度的生理能力，在某種情況下，體力仍如神力，這類例子頗多（註1），更不用說心理潛能是不可思議了。培根在十七世紀早期就擬在大西洋中一個島嶼上設立一所科學實驗研究所，集合世界一流學界高手，利用科學研究法，則不久人類就可以製造在天空飛翔、在海底潛行、以及與遠地通訊甚至面談等儀器（林玉體，二，1980：268）。當時英國人都

註1：史記李將軍列傳：「廣出獵，見草中石，以爲虎，射之。中石，沒鏃，視之，石也」。另有一風趣的笑話說明人的生理潛能也不可限量。據說有一個人下班回家時要坐公共汽車，到家那一站下車後要步行一段路才能抵家，這段路並不近，沒有人居住，樹木很多，墳墓也不少。有一天下班時天已經很黑了，沒有星星也沒有月亮，北風呼呼的叫，非常陰森。他為了壯膽，就一邊走路一邊吹口哨。但不幸得很，不多久卻掉到一個坑裏去。他掉進去以後一看，糟了，這不是普通的坑，卻是人家挖好要埋棺材的，剛剛挖好，棺材未放進去，所以挖得很深也挖得很完整。這個人嚇了一跳，乃用盡力氣往外跳，可是跳了好多次都跳不成。跳得上氣不接下氣，面如土色，汗流浹背。他在無計可施的當兒，想了一想，算了，何必白費力氣呢？不要再「嘗試錯誤」了，不如蹲下來休息一下，看看有什麼「頓悟」沒有。他正在休息喘氣的當兒，恰也聽到不遠處似乎也有人在吹口哨，且口哨聲越來越近，大概情況與他類似。就是這麼湊巧，那個吹口哨的人也掉進同一坑裏來。因為天色很暗，第二個掉進坑裏的人不曉得老早已有一個人在坑裏，而第一個掉進坑裏的人知道有個傢伙掉進來了，他也不作聲，卻冷眼旁觀這位新來的朋友用什麼方法解決他當前的難題。第二個掉進坑的人一看也嚇了一跳，知道這個坑非同尋常，所以也用盡辦法想跳出此坑。但跳了幾次仍功敗垂成，同樣跳得氣喘如牛。他想既然跳不出，不如坐下休息，另謀對策。但當第二個人正想蹲下來休息時，第一個人說話了，他說：朋友呀！你永遠跳不出這個坑。第二個人一聽此話，結果奮力一跳，跳出此坑，逃之夭夭。

笑培根這種幻想簡直像瘋子，但沒有多久，培根的夢想卻一一**實現**（註2）。有人認爲師生能力之差別，猶如運河水閘一般，下游高度永無法超過上游。也就是說，下一代絕趕不過上一代。這種說法，除了比喻不當之外，也不必然是事實，更有消極悲**觀**觀念存在其間，**實**在不足爲訓。教育史上有許多學生的成就高過教師，下一代的表現優於上一代的事實。青出於藍，冰寒於水，一代勝過一代，長江後浪推前浪；這些觀念，總比一代不如一代，每下愈況的說法，更令教育工作者有激勵作用吧！

冷靜持平來看，生勝於師，有時卻是一廂情願的說法。倒是生不如師的例子指不勝數。前者是吾人的期望，後者則是無可奈何之事。但生不如師的原因可能有下述三種，其中前二種屬正常現象，後一種則爲異常，是過去教育所犯的過錯，也是當今教育亟應檢討的地方。

1. 學童聰明才智或天份及努力不如教師，則教師雖在教育園地裏熱心耕耘、灌漑、除草、施肥、防風、去虫，無奈種子不佳，因此長不出芽來，或早已腐化於土壤中；而卽使冒出芽來，也容易枯萎，更別奢想會開出鮮艷照人的花朶或結成甜美的果實。人生而有智愚，上帝造物不齊，造人尤不齊。設使智者爲師，愚者爲徒，則教育力量如何神奇，總無法變白痴爲天才，使下愚爲上智。教育萬能的說法，是得不到事實證明的。孟子說，得天下英才而教育之，是一種樂趣；但如果教的都是一批蠢才，無可造就，總無法化腐朽爲神奇。孔子也說，朽木不可雕也，糞土之牆不可圬也。教師或家長，總不可能對學

註2：數年前，美國太空人把美國國旗揷在月球上後，有一日本富商打算向美國政府買月球土地，面積有數萬坪之大，預定要作爲蓋觀光飯店之用。這位日本人打生意算盤，他認爲不久，人類不只旅遊阿里山、日月潭、或富士山，更會遠征月球。

童或孩子抱着恨鐵不成鋼的心理。後代要**能勝**過前代，也要出乎其類而拔乎其萃。所以以孔子之有**教無類**加上**循循善誘**，誨人不倦，他的及門弟子未有成就高過孔子者；柏拉圖是**西方思想界頂尖人才**，他所設立的學校「學苑」，除了亞里士多德可以承繼衣鉢並且在學術地位上二者平分秋色之外，卻充斥著三流貨色。這不能怪柏氏教學不盡責，只能說門徒資質不堪造就。

尤其在知識研究範圍狹窄又不注重個別差異的教育環境裏，潛能發展不能多枝分途，許多學生的傑出才華只能表現在同於教師所最拿手的才能上。生不如師，自爲意料中事。教師在學生心目中，「仰之**彌**高，**鑽**之**彌堅**」，學生只好自嘆不如，而一股崇敬之情，也就油然而生。

2. 師生潛能不相上下，但因教師「聞道」在先，學生是「後學」或「晚學」；所以在教師授業，學生領教的當兒，是生不如師的。並且雖然學生日日學習，天天有進益，教師也是勤加進修，奮力不懈。師生共同力爭上游，但因教師起跑點已超前，二者如同速前進，在一段時間內，仍然是教師領先學生。

在進步的學校教育裏，在動態的社會中，教師或長輩早已具有學習的有利基礎，獲取新知，自較學生及下一代方便。在「不研究就要解聘」（publish or perish）的督促下，教師不可以永遠停留在過去的知識水平內。杜威說，教育的目的，就是繼續接受教育；中國古語也說，活到老要學到老；就如同亞里士多德所說，教育是「潛能性」到「**實現性**」的過程；教師自覺「潛能性」並未完全**實現**，不滿足於**現**有的造詣，還擬追求登峯造極境界；所以一方面敎，一方面學，同時扮演敎師及學生角色。如果師生具有同等學力，則在學習成就的表現上，學生是要瞠乎其後的。教師之具有爲師資格，及指示迷津或

「解惑」功能,也基於此種理由。否則「不聽老人言,吃虧在眼前」;「人無遠慮,必有近憂」;「大人走過的橋,遠於小孩走過的路」;「成人吃過的鹽,多於孩童吃過的米」。在這方面,成人或教師的價值高過於學生的地方,就在於經驗豐富,見識較廣。學童只好「多一次教訓,學一次乖」。「上施下效」之教學,也就是一幅傳統教育的畫面。

3. 教師採取壓抑、灌輸、權威型的教學,使得學生不敢逾越教師所提供的知識範圍之外,更不敢批評教師或長輩觀點或看法。以教師之是非為是非,以長輩之善惡為善惡,學生毫無己見,只能看教師或長輩臉色行事。而多數教師及長輩也樂見此種情景。杜威引用英國哲學家米勒 (J. S. Mill, 1806-1873) 的話,指出一般教師都指望學生是個「言聽計從的追隨者」(disciple),而非「追根究底的探索者」(inquirer) (Dewey, 1966: 339)。一聽到讚美阿諛之詞,就心花怒放;一聽到指責批評的言論,就怒氣沖沖。這種類型的教師甚多,所以學生不敢發問,問也只能問老師會的。如果不幸問到老師所不知的地方,老師就顏面有損,有失師道尊嚴,教育悲劇就因此產生。如此上抑下的結果,學術程度自然就江河日下,連維持舊觀都不可得。中西教育傳統裏都有此種教育作風,所以中國直到近代,西洋到了十八世紀,知識水平非但未能提高,反而降下。要不是晚近教育觀念丕變,否則也不能產生一日千里,日新月異的文化成就。

晚近教育觀念的丕變,主力來自於**盧梭**。盧梭為孩童請命,為學生喊寃。他看出傳統教育太無「人」味,盡在進行壓抑個性,埋沒人才的惡行。成人將孩童看做「小大人」,一切唯成人之命是從,唯教師的話是聽。學生了無學生氣息,孩童價值盡失。學校好比監獄,教室猶如囚房,教師威如閻羅王,學生形同待刑的罪犯。鞭打聲不絕如

縷，嚎叫聲響徹雲霄。這種教育畫面，完全是「教師本位」、「成人至上」的錯誤教育觀念所造成。盧梭極力糾正此種令人作嘔也深惡痛絕的教育措施，所以一反傳統，而高抬學童的教育價值。

學童有許多價值是成人自嘆弗如的。約略言之，學童的價值有三，茲分述如下：

一、精力旺盛，所以好動性特強

學童生長快速，體重身高都年有增加；大人則反是，大人的生理發展已停滯不前。學童因生長快速，所以精力旺盛，體力充沛。為了尋求發洩，所以學童是靜不下來的，學童的生活是動態的，是很難長時間肅靜的。「生龍活虎」可以說是學童生活的最佳形容詞。成人一到三四十歲，身高已定形，體重雖有繼續增加的趨勢，卻是無用的剩餘廢物，反而因體重超過標準而生出一身毛病來，身寬體胖已非健康現象，又因笨重而動彈不得，更易趨向靜態生活。因此一有空閒時間，就擬休息；不是打盹，就是睡覺，尤其吃飽午飯之後為然。飯又吃得多，全身血液集中胃部，腦就昏昏的，當然就急著想上床了。所以目下許多學校都規定吃飽午飯以後得午睡，這顯然是應成人（教師）之要求而來；甚至連幼稚園都有類似規定，這實在是太拂逆了學童的自然發展了。

請看在街上的小孩，並沒有像成人般的走路。他們不是用走的，卻不是跑就是跳，請問大人還有這股能耐嗎？大人如也仿小孩般的跑跳，則不出數分鐘，必定筋疲力竭，兒童上下樓梯、地下道或天橋，不厭其煩的來回追逐，還其樂無窮呢！如果教師也如此，則保證會疲憊不堪，且不勝其煩，這是老態的徵兆。但成人或教師卻完全站在成

人或教師的立場，作出只能滿足成人或教師的要求，而完全不理會學生或孩童的需要。學生或孩童頗不願意吃飽午飯以後就睡覺。學童渾身是勁，他那能安靜下來？有人以爲中午小睡片刻，下午就精神百倍，上起課來比較不會「東倒西歪」，但這也不盡然。如果上的課都是靜態的，則就是早上最清醒的時候上課，學生照樣去找周公。如果下午上體育課之類的，則又有那位學生會睡著呢？試問學生會一邊打球一邊睡覺嗎？如果課業及考試逼得學生非做到三更半夜不敢就寢，路遠非早起以趕車赴校，因此而令學生睡眠不足有賴午睡補充，則這種教育已是病入膏肓了。

不幸，正值動態年華的學童，我們的教育卻以靜態應付。學校活動不是考試就是檢討試卷，上課要正襟危坐，早自修力求肅靜，甚至連午睡都嚴格規定「睡姿」，不得轉換。要學童徹底安靜，不如讓他死掉，墳墓場是最安靜的地方。羅素說，禁止學童喊叫甚至吵鬧，是殘酷的規定（Russell, 1932: 44）。其實，真正聚精會神或專心於工作的活動，也是免不了要偏頭沉思，尋找紙筆工具，甚至起立離座與同學相互討論的，那能靜如木頭人呢？（Dewey, 1900: 89）

精力旺盛，體力充沛是正常現象，也是健康的表示。如果學校教育嚴厲的要求肅靜，且長時期的肅靜，則違反自然發展。學生連下課後也靜靜的坐在位子上，則這名學生極可能有病。改靜態教育爲動態教育，學生才會對學習活動心感興趣，也能配合學生的生理發展需要。吃飽午飯以後，不可完全牽就教師管理上的方便，逼令學生午睡，卻應提供散步、看報、閱讀雜誌、下棋等節目，不但能促進消化，有益健康，且更具積極的教育意義。否則一味的強調「靜」，可能產生未老先衰或少年老成的模樣，東亞病夫的醜名仍會持續不斷的延續下去。連幼稚園的小朋友都要長時間的伏案讀書寫字，這不是斷

喪民族幼苗的行徑嗎？國中以上學生如以背誦課文、準備考試為能事，則身虛體弱，一遇烈陽，瞬卽不支倒地；一受風吹雨打，立刻感冒傷風，傳統士大夫的沉痾，都集中在學生身上，這是教育措施未能因應學生生理發展需要而造成的教育毒瘤。

二、學童好奇心特強，所以最喜歡發問

　　好奇心是人類求知的基礎，因好奇心而帶動求知欲。學童因所知較少，又有熱烈的學習意願，所以發問是必然現象。學童發問，在於知悉宇宙自然界的神奇及人生界的奧秘。如地震、海嘯、火山爆發、海水漲落、月之盈虧、四季運轉或生老病死等現象。心中既不明真相，只好向長輩或教師討教。啓發學童思考，誘引學童步上正確方向以繼續尋求答案，或以迷信塡注可欺的學童心靈，將成見灌入可騙的學童腦中，就掌握在教師的手中。羅素說有兩種人說話要特別愼重，一是牧師，一是教師。學童請教的對象，多半就是牧師或教師。教師或牧師最有機會推銷自己的觀念與想法。而在傳統的教育氣氛中，學童也對牧師或教師的說法信以為眞。

　　學童因好問，所以也多話，吱吱喳喳正是學童聚集的情景，這也是學童不能安靜的一個主因。學童因較不知成人社會的複雜面，所以一方面問的問題特別多，問的層面也特別廣，並且也因心直故口也快。有許多教師或成人不屑於向學童解釋早習以為常或早經解決的問題，「連這麼簡單的問題也問！」以此來堵住學童的嘴巴。這種做法，一方面已失去成人或教師對學童的教育功能；另一方面成人或教師早就忘了一件事實，卽他們自認為簡單的問題，在學童的眼光看來，可能就是甚感棘手的難題。人類是很會遺忘的動物，或許成人或教師在年

幼時碰到同種問題，也會覺得束手無策呢！教師或成人若以長輩標準來衡量學童，本屬不公平；如因此而斥罵學童無知愚蠢，則可能他們以前在年幼時，也許更是無知愚蠢呢！所以成人實在應該設身處地的為學童著想，不要自己過了河就把橋拆了，後人無法從彼岸渡到此岸。如果教師對學童的發問，採取恥笑、不耐或壓抑態度，則學童的求知慾就從此枯竭，好問心從此萎縮凋零。如此好不容易萌出的求知嫩苗，卻遭受寒風冷霜的侵襲，不死亡者又幾稀？

　　學童發問如問了老師早已知道的知識，若老師都不屑一答了，則學童發問如問了老師未知的領域，相信必有尷尬場面出現。孔子說：「知之為知之，不知為不知，知也」。要教師承認自己無知，這在愛面子的時代裏，簡直比登天還難。尤其在講求師道尊嚴的國度中，更是極不可能的事。傳統的觀念，認為教師無所不知，無所不曉。因此在教師經學生發問而不明所以的情況下，教師多半強不知以為知，學童的錯誤觀念由是形成。如果更進一步，學童敢挑出教師說法之不當，則一幅不堪入目的教育畫面，登時映入眼簾。出言頂撞教師，是罪不可赦的。大人都難免了，更何況小孩？在過去權威型的管教社會裏，這種不忍卒睹的制裁措施，使得學童的好問心大為收斂。

　　學童有如初生之犢不怕虎，因之有許多離奇古怪的問題纏繞腦際，以及成人預測不到的想法也蘊藏在孩童心中。如果允許學童異想天開的去「胡思亂想」，成人不加阻止，則碰到阻礙，他會知難而退；但若不屈不撓的衝破難關，則日積月累的結果，可能知識的瓶頸會有突破的時日，學問的範圍拓寬了，知識的層次也加深了。如果教師共同與學生合作，「教學相長」，集思廣益，共同提升知識的品質，解決學問的難題，相信社會的進步一定神速無比。設若認為學生問題無甚價值，孩童的好奇無何可取，而長輩或教師自認高高在上，採取「聚

千聾不能成一聰，集萬瞽不能成一明」的態度，以為學童都似既聾又啞之徒，而教師都屬耳聰目明之輩，則不知「三個臭皮匠，勝過一個諸葛亮」又是何意？何況教師也不是諸葛亮，學生更不是臭皮匠。經驗告訴我們，有不少學生的「聰明」勝過教師，也有部份教師的「聾瞽」不下於學生。

三、學童純樸可愛，天真無邪

雖然人性善惡問題無法訴諸於科學上的研究予以解決（至少到目前是如此），但孩童因較少受社會不良習俗的感染，所以心地非常純潔，不善於偽裝，不會做作。試以笑為例吧！孩童的笑非常可愛，極為自然，所以頗有美感，孩童的笑相當單純。但大人的笑反是。大人的笑是複雜的，有心懷叵測的陰笑或冷笑，這種笑都是笑裏藏刀的，笑完之後，可能就會有人血濺當場，身首異處。成人的笑種類真多，小孩的笑，純粹就只是笑而已；笑本身就是目的，那是快樂的表示。但大人卻經常以笑作為工具，使人解除防備，以便暗箭傷人。所以大人的笑雖亦有好看的，但醜態也多得不勝枚舉。當快樂時要笑，而在某些場合中，痛苦或受盡凌辱時也要笑，甚至想謀害他人時更要笑，所以使人不能捉摸。

成人由於考慮利害關係及情感因素，所以是非不明，真假不分，顛倒黑白，混淆善惡，實在令學童眼花撩亂，莫知適從。受了一次騙學了一次乖，孩童的純真性，從此變質。學生如果說謊，也是成人教出來的，沒有一個嬰孩看起來就是陰險的，也沒有一個學生本來就作惡多端。下一代所以會如此，多半是「上所施，下所效」的結果。從而爾虞我詐，互不以真面目相見，風俗日偷，習尚日壞，這那裏是兒

童的天性啊！成人倒應反老還童，歸眞反璞，衆人「皆孩之」(註3)，向兒童學習。在這方面，學童價值高出成人甚多，成人應該望學童興嘆才對。

從上述三點看來，學童的價值非成人可以比擬。精力旺盛是體育的基礎，好奇心特強是智育的本錢，而純眞可愛正是德育的最佳條件。在體育、智育及德育上，孩童都具備極高的價值，如善加利用與發展，則學生的成就必定高過教師。其實，「師以徒爲榮」，「父以子爲貴」早就是中國俗語。老師看到自己門徒的成就比自己高，非但不會嫉妒，還覺驕傲；父母親看到子女學歷比自己好，也樂於向人誇耀。雖然學生潛能不一定比老師優秀，但也不一定比老師差。「天生我才必有用」，況且卽使「名師」也應出「高徒」呢！以胡適的才華橫溢，在北京大學敎書期間，他就發覺坐在底下聽課的學生中，就有看書看得比他多，寫文章比他寫得好的學生。雖然這是胡適獎掖後進之語，也是自謙的話；但學生閱讀的書籍也許不是胡適所專的文學，當然就比胡適看更多那類的書。而像傅斯年這種學生，文筆之流暢，析理之犀利，也不下胡適。英國大儒米勒父子，小米勒 (J. S. Mill) 之才華高於大米勒 (James Mill)。培根唸劍橋大學時，發現劍橋敎授都愚蠢無知，他的成就超過劍橋敎授甚多。至於父母親是文盲（可能無接受敎育機會）而誕生出震驚科學界、文學界、音樂界或詩壇的兒女，多如過江之鯽；平庸的敎師也可能有非凡的門徒。吾人又怎能小看下輩呢？

就是基於此種敎育信心，使得學生的潛能可以發揮到最高限度，人類過去遭遇到許多無法解決的難題，但目前多半已經克服；現在仍

註3：仿老子「聖人皆孩之」之語。

然存在有更多的難題,正期待這一代以及其後的人設法予以解決。人類憑潛能的開展,向無知的領域進軍。「人為萬物之靈」或「人定勝天」,也漸漸的實現。

第二節 學生的管教與輔導

上節所述學生的重要價值,可見教育活動中,教師應尊重學生。但這種說法,並不是說,教育活動一概由學生作主。只不過是說,學生的價值應作為教育的起點。學生是要接受教育的,而教育(尤其是學校教育)是一個有固定場所、有系統的教學活動,提供精選的教材以作為學生學習之用,所以學生也不能為所欲為,任其自然。教育上有一條鐵律,即應考慮學生的需要、興趣與能力,但不能停止在學生的興趣、需要與能力上;否則沒有必要聘請教師,學生的管教與輔導是必不得已的措施。換句話說,教育的活動是介於「自由」(freedom)與「紀律」(discipline)、「興趣」(interest)與「努力」(effort)、「需要」(desire)與「節制」(temperance)之間。洛克說得好,教育的奧秘,就是如何在自由與不自由之間處理得恰到好處,該給學生自由的時候給自由,不該給學生自由的時候要予以管束,這種人已深知教育的個中三昧。不過別忘了,自由是教育的最後目的,束縛只不過是手段,千萬不要把手段當作目的。

由於盧梭高舉學生至上的義旗,崇尚孩童第一的運動遂即展開,「進步主義」(Progressivism)的說法甚囂塵上,一羣矯枉過正、不明教育意旨的教育工作者遂大放厥詞,純任學生自由,放縱學生活動,教師幾乎是袖手旁觀,毫無插足餘地。老師到校,並不準備什麼

教材,教學活動完全由學生決定。據說一名美國小學老師上課時問學生:「小朋友啊!我們今天要上什麼活動?」一名小朋友舉手說:「老師,今天我在上學途中看到一種活動非常有趣,我們來模仿學習好嗎?」教師徵求其他小朋友意見,大家都無異議。原來那位小朋友所提議學習的活動,是「出殯」。班上同學決議之後,馬上分組準備。過了一段時間,大家就吹吹打打的搞得熱鬧非凡。學生興趣是引起了,但這種活動,教育價值不高。因為人生碰到該種情況的次數不多。人生有涯而知無涯,所以教材有必要精選,否則太浪費寶貴光陰,學童所知就侷限在狹小的天地裏。(孫邦正,1963)(註4)。

那麼,教師如何善盡責任才能盡量發展學生的潛能呢?底下有數個原則可供參考:

一、以讚美代替斥責

讚美是行為的原動力,好比是機器的引擎,有必要予以加油。獎勵也是心理學上所說的「增強物」(reinforcer)——一種行為受了鼓勵之後會再接再厲,持續不斷,且會增加行為次數並增強行為力道的作用。讚美使得行為有了成就感(sense of achievement),成就感就是另一個學習的「動機」(motivation)。行為沒有動機,一定痛苦

註4: 另一有趣笑話說有一位古板的校長上任後去查堂,他遠遠的就聽到有某一班級吵聲頗大,就很不高興的走去看看,發現教室裏講話聲很高,走動很厲害。他很生氣的就把那個講話講最大聲而個子最高的人抓到校長室罰站。然後又氣沖沖的回到原來教室要訓斥一番。但當他快臨近教室時,發覺情況有變,教室裏鴉雀無聲,且學生一臉驚愕。他乃步上講壇要告誡他們,豈知一名學生站了起來說:「報告校長,剛剛校長把我們的老師抓去,是什麼原因啊?」(美國學生是沒有制服也無髮長規定的)。

不堪,且勁力不足。動機是保證學習成功的主因,也是滿足行為的條件。就如同購買愛國獎券一般,多數人不想繼續購買愛國獎券,乃因沒有成就感——絕少中獎。學生學習活動亦然,如果在學習過程當中,多用讚美之詞,少用斥責的話,相信學生會欣然向學,潛能之激發,價值之提升,正有賴於此。

　　褒獎、鼓勵、讚美,是人人(正常人)樂意聽聞的話。經驗告訴我們,學生生涯中若「巧」遇教師一句有意或無意的讚美,則其樂融融,生活愉快。相反的,斥責、謾罵,則除非是被虐待狂的人,否則沒有人願意領教,因為這會造成「挫折感」(sense of frustration)。挫折感使人氣餒、灰心、失去再行動的毅力與恒心,只好半途而廢,或一試即退縮不前,很少學生會屢敗屢戰的。學習生涯中,如頻頻遭遇斥責,則多半心已冷,意已怯,只好打退堂鼓,且生活頗不愜意,逃課或逃學乃是後果。家庭生活如也是如此,則離家出走乃必然現象。所以家長及教師實在不應吝嗇的給學生或孩童多加獎勵,多予以讚美,少挑剔,少指摘。

　　成人或教師如以成人或教師立場來看學童,以自己標準來衡量學生,則會苛責學生的。這對學生來說,顯然並不公道,也是成人或教師自私的表現,沒有設身處地的為孩童著想。孩童寫字沒有教師工整,作數學沒有教師那麼迅速又正確,作文章沒有教師那麼流暢,因此教師對學童的表現就大為不滿。「愛之深,責之切」,這種責也是「愚責」,非但不能達成效果,反而使學童心生畏懼,學習效果大打折扣。此外,學生正在學習過程中,難免會犯錯;但學生亦有表現優秀的地方,尤其以學童的能力有如此的成就,已大為不易,吾人又怎麼忍心予以斥責呢?

　　先進的國家,各階層領袖發表公開演講時,無不對他們新生的一

代充滿信心，因此多以帶有鼓勵的言詞來讚美年輕的一代充滿朝氣、活力充沛、幹勁十足，所以棒子早就可以傳給他們。美國把選舉年齡從二十歲降低到十八歲，顯示出十八歲的年輕小伙子就堪擔當重任，早就夠資格有獨立判斷能力去選賢與能；西德高中畢業時所給的證書不稱畢業證書，卻稱「成熟證書」(Reifezeugnis)，其意即高中畢業生已經思想成熟，觀念正確，所以重責大任可以付託給他們。相反的，保守及落伍的國家卻充斥著上一代疾言厲色譴責下一代的聲調；「嘴上無毛，做事不牢」，下一代沒有根，失落了，孺子不可教，所以棒子要牢牢的握在老年人的手中，怎可輕易的交給這批不穩重、不懂事、又不知禮貌的「少年郎」呢？如果年輕的一輩不知好歹來搶棒，以他們的赤手空拳來與老年人的有棒在手較量，則勢必造成年輕人的傷痕累累，試問這種搶棒與保棒的爭奪戰，又有什麼好看的呢？

　　一位學生從小就很想畫畫，可是美術成績一直就不好。當他上了師範學校時，美術科目成績也沒有改善，所以上美術課早就興趣缺缺。新學期開始了，他看到課表上排了當地很負盛名的一位美術家來教學。這名學生喜出望外，來了名師，可能會出高徒。第一節上課時，果然這個名師不同凡響，他不像從前的美術老師一般，抱來一尊石膏像叫學生繪畫後人就不知去向了，也許去菜市場買菜或回家抱孩子。但這位新的美術老師與眾不同，他把石膏像往桌子一擺，就熱心的在黑板上教起透視、對比、明暗等技巧，講解了約三十分鐘，乃下令要學生作畫。該名學生非常認真聽講，心得頗多，平生第一次這麼領受美術講學，所以對該美術教師心生敬佩之忱。他也就把剛剛老師所說的原則運用在實際作畫上，老師也開始巡視了。這位學生心裏暗自期許，今天我如此認真聽課，收穫又這麼多，等下老師來看我作畫時，一定會表揚我，甚至拿我的作品到黑板上給全班同學共享我的傑

作。當老師越來越接近該名學生的時候，該名學生的心中期望也越來越高。不消數分鐘，老師真的走過來了，站在座位旁觀看著他作畫。該學生的心幾乎跳了出來，正等待老師讚美時，豈知老師卻說：「我看你的畫，可見我剛才教了三十分鐘，你幾乎聽不到一分鐘。」登時，該名學生如同從九霄雲外跌到平地。好不容易燃起上美術課的興趣火焰，老師卻冷酷的拿起一桶水往上一潑，火焰頓時熄滅，又產生一股令人窒息的黑煙。學生經此一擊，極可能因此倒地不起。如果該學生沒有美術才華，則還情有可原，否則該美術老師埋沒人才，應該罪加一等，「惡」莫大焉！實在有資格入十九層地獄（註5）。難道該名學生那麼用心聽講，所畫的作品「一無是處」嗎？當然，他的畫不及老師，但是老師要指出學生缺點之前，也應先襃獎學生作畫較為滿意之處，並且老師也不應全然的站在自己的標準來決定學生成就的高下啊！可見教師要修教育科目是多麼重要，該美術老師可能是出色的畫家，但卻是最糟糕的美術老師（此段所指的該名學生，就是本書作者）。

有些教師非但捨不得給學生獎勵，還以斥責學生取樂；不只不想給學生成就感，卻一再的讓學生嚐失敗滋味。這種老師的心態不健

註5：地獄只有十八層，那是作惡最烈的人坐牢的地方。據說有一位江洋大盜，殺人越貨，無惡不作，死後閻羅王認為他罪大惡極，乃判他到十八層地獄受苦悔過。這名強盜也認為罪有應得。豈知有一天他聽到似乎底下也有聲音，他心中自忖，十八層地獄已是最深的地獄了，難道還有第十九層嗎？難道還有人比我更是罪無可赦的嗎？經他設法打聽底下是何聲響時，果然底下有人，他大惑不解，乃問底下的人到底在人間幹什麼行業而遭受比江洋大盜更嚴厲的處分。那位在底下的人唉聲嘆氣的說：我在世時為人師表，因為誤人子弟，所以閻羅王要我入十九層地獄。

如果誤人子弟的教師該入十九層地獄，則應該還有二十層地獄存在。關在二十層的人，就是師範院校的老師而誤人子弟者。師範院校的老師是未來老師的老師，所以師範院校的老師不稱職，更應罪加二等，須在二十層地獄坐牢。這個說法得自吾友臺灣嘉義師院教授陳建勳。

全,可能是心理有病的。許多科目的教學,學生再怎麼努力,頂多考個五十多分, 全班不及格者佔了大半, 甚至有全班平均僅二三十分者,如國中高中之數學、理化或英文等。有些考題故意出冷僻或相當艱深題目, 遠超出學生能力範圍之外。出這種題目的老師或以如此來顯示自己解題能力多高, 這是自大狂的表徵。他應該知道, 出題是要考學生的, 不是要考老師的。 老師如果想耀武揚威, 他應該另找場所, 另取對象, 不必在能力比他差的學生面前逞英雄。如果這是他報復以往求學的痛苦經驗, 自己被整因而現在有機會也要整學生, 那就是一報還一報了,「冤冤相報, 永無了期」(註6)。

獎勵可以帶來師生之間的溫馨,斥責卻產生彼此的疏遠。教師為何不捨後者而就前者呢?

獎勵代替斥責, 這只是一種教育原則。這種原則並非表示教師對學生都不可斥責,但是總不可讓學生整天或長時的生活在斥責聲中。斥責之前, 應挑出學生優點或努力之處予以表揚, 斥責之後也應讓學生嚐一嚐成功的滋味, 以撫慰他受斥責而產生的心靈創傷。 有時一句勉勵的話, 學生就終生受用不盡, 他可能以後在學業上表現突飛猛進 (註7),在品德上日益提昇。但一句斥責的話, 也可能讓學生抱恨終生, 從此消沉頹唐, 垂頭喪氣, 自卑感因而形成。這不是產生了極為強烈的性格對比嗎?

註6: 這很有可能是事實。中國過去的媳婦受盡婆婆的虐待, 她也自知不合理, 但一旦媳婦熬成婆, 則仍然虐待她的媳婦, 甚至虐待度有過之而無不及。

註7: 杜威唸中小學時, 成績平平; 大學畢業後, 投稿於當時美國極享盛名的哲學雜誌,非但被錄用, 還受主編哈利斯 (W. Harris, 1835-1909, 時為全美最具影響力的哲學家) 去信鼓勵。杜威遂更堅定哲學研究的信心, 以後成為望重士林的學者。

二、提供參與機會

　　學童最比不上成人的地方，就是他們缺乏經驗。一方面是年歲較輕，閱歷較少，這方面如假以時日，必可彌補；另一方面假如成人或教師不提供參與機會，則試問學生那來豐富的經驗？成人如長期霸佔職位而不交出棒子，則學生的經驗更會貧瘠。學生有什麼舉動就受到教師的呵斥，則學生的經驗範圍就會縮小。

　　首先，成人不應太過保護學生，「讓孩子自己來」。保護太過份，愛之適足以害之。如果處處代勞，則會產生「揠苗助長」的惡果。苗是長高了，但那是表面且短暫的，因拔苗而使苗枯死，這種愛就是溺愛。看到學生寫字不理想，作數學速度太慢，成人乾脆「父代子職」，親自捉刀，當然效果比孩子自己做來得價值高，但這種幫助是有害無益的。一方面學童無法有體驗的機會，一方面學童也產生長期的依賴性，永遠長不大。並且成人這種作風也違反孩童的天性發展。孩童到三、四歲以後，就希望凡事「自己來」，不要成人干預。綁鞋帶、穿衣服、扣鈕扣、洗澡、以及玩各種玩具，都要掙脫成人的約束了。如果成人還全部包辦，一方面是庸人自擾，沒事找事作，自尋麻煩；一方面也扼殺兒童的「個性」，實在是一舉數失。

　　教育的保護政策，就如同經濟的保護政策一般，品質一定低劣。溫室裏的花朵，往往禁不起風吹雨打。成人又無法保護孩童一輩子，長輩總有一天會消失，更何況學童天性上也不要求保護呢！家長如怕孩子走路跌倒會得腦震盪，流血了會得破傷風，因此抱在懷裏最為安全，則孩子就不能學會走路。學習騎腳踏車時，如果後面輔佐的人怕學騎者撞倒在地面因而牢牢抓住死不放手，則學騎者總無法有一天可

以自行騎車。教師或家長實在沒有必要、並且也不可能採取全天候的保護措施。算了，由他去吧！兒孫自有兒孫福（註8）。盧梭說：「讓兒童去玩樂，每天跌倒一百次，越多越好；因爲如此，他就能自己站起來。自由之利可以治療由於多次跌倒而受的瘀傷」（Compayre, 1900: 292）。家長在夜裏必須巡察孩子有無蓋被，甚至在兒子結婚之後也要如此，害得媳婦提出離婚要求，這種「趣事」，直到目前，仍然偶有聽聞。

衛生學告訴我們，一個人過份注重衛生，可能是最不健康的人。吸氣、要吸氧氣，喝水要喝蒸餾水，這不是躺在醫院的病人嗎？鄉下的孩子在路上爬行，什麼都揀起來吃，雖然會拉肚子，但長大後卻胃腸健全呢！並且有時候拉肚子，也具有清腸作用。關心過度的媽媽，一看孩子發燒，就急如星火的抱孩子看醫生打針吃藥，如此的孩子一定多病。小病不藥自癒，且會產生身體的抵抗力量，更會製造免疫性，那是大自然賜給人類的恩物。

其次，「做中學」（learning by doing）是一項基本的教育原則。親自的體驗是金錢買不到也是成人無法傳授給學生的經驗。孩童玩玩具，他有重新改造玩具的好奇，因此難免會使完好的玩具解體，大人

註8：在這方面，鄉下人或原始人就比城市人或文明人照顧孩子的方式較無過份保護作風。臺灣師範大學教育系教授歐陽教對筆者說過一個他親目目睹的事。他以前坐公路野雞車從臺北到臺南縣鄉下，有天他要返臺北時，發現車內有一位二、三歲的小孩在走道上爬來爬去，他就猜想誰家家長怎麼如此放心，經仔細觀看，原來是一個鄉下模樣的爸爸。車子一路開都未發生什麼事故，但一入臺北市後因爲路小車多，司機突然來個緊急煞車，登時那位小孩馬上碰到鐵欄杆，頭都腫了起來，嚎啕大哭了。那位鄉下打扮的爸爸不慌不忙的把他抱起來，吐了一口口水在孩子額頭上揉呀揉的，一副若無其事的姿態。若是城市的父親就不一樣了，他一上車後必定緊緊的把孩子抱住，如此可以少生危險。但這兩種方式教養出來的孩子，那一個較敢冒險，較能適應新環境，不是不言可喻的嗎？

就誤認爲兒童具有破壞性。其實就如幼稚園創辦者福祿培爾所說，兒童把玩具拆開又重新組合的過程裏，可以學得好多知識（林玉體，二，1980；353）。學校的設備、儀器，不要怕學生操作會毀損而把它們深鎖在鐵櫃內或櫥窗裏供人觀賞而已。「試驗化學的人，絕不能因瓶子爆破而不試驗的」（蔣夢麟，1962：77）。教育活動，不能光說不練，我們可以在教室裏學習游泳技巧嗎？杜威說了一個故事：

「某市一所游泳學校教導年輕人游泳，但卻不讓他們入水，卻儘在重覆練習各種游泳所必須有的動作。接受此種訓練的一位年輕小伙子，當詢以他入水後發生什麼事，他簡捷的說，被水淹了。」（Dewey, 1909:204）

限制學生的活動圈或思想圈，更不具教育意義。旅行有可能出車禍，爬山會有山難，游水有滅頂之虞，但如因此禁止學生旅行、爬山、游水，則學生的動態生活等於零。如此因噎廢食，並非教育良方。爲了保護學生「思想」，所以這種書不能看，那種雜誌不能閱讀，禁書一大堆，這不但無效，反而產生反效果。除非採取緊迫盯人，否則防不勝防，且雙方易生摩擦，吃力不討好。何不及早培養學生獨立思考、獨立判斷的能力，自己可以作主，免得成人操心呢？卽令看了一些果眞是「非禮」之電影，或閱讀了思想不純正之書刊，那就好比偶爾吃了一點壞食物一般，對身體健康反而有助。更何況有些禁書卻是思想較正確的書呢！那些書只不過是權威單位「不喜歡」而已。且學生或年輕人基於好奇，越禁就越想看，結果成效適得其反，那又何必呢？果眞年輕一代「誤入歧途」，則讓他自己嚐了吃虧與受害之苦而深自悔悟，這種心甘情願式的浪子回頭，就是最好的道德教育方式。成人不必擔心過度，以爲一失足定必成千古恨，因此隨時都要發出禁令以便讓他懸崖勒馬。其實，學童的活動會造成如此不可收拾的機會

並不多,年輕一代看了一些不良書刊就會到了無可救藥的地步,這種可能性也不大,實在不必焦慮過度。

讓孩童獨自行為,自己承擔行為後果責任,然後記取教訓,修正其後行為,這就是自我教育,也是正確教育的一項準則。孟特梭利說了一段故事:

「一天,孩子聚集一塊,有說有笑的圍在一個圓形水塘邊觀看水塘裏浮游的玩具。一位兩歲半的孩子在圈子外孤單單的,卻有強烈的好奇心。我在不遠處觀察他,他首先靠近童伴想擠進去看熱鬧,但因力量太小,個子太矮,因此看不到玩具。他乃四下尋找,他的表情真是太有趣了。我想當時若有相機把他的表情拍下來,那該多好!突然,他看到一張小椅子,乃決定把椅子搬來放在童伴後面作為墊高之用,然後自己爬上去,此時他的稚臉充滿希望。但是正在他要爬上椅子的當兒,卻被老師看到了。老師用力抓了他手臂,雙手夾住他腋下而舉起讓他夠高的看到水塘中的玩具。說道:『看!小東西,你也可以看到!』……」

但此種舉動,從教育立場而言,教師卻阻礙了學生的自由。孩子發現他受束於成人雙手的夾擊之下,無助的仰賴成人。他本來是個征服者,現在卻被成人征服。孩子臉上本掛著的希望、愉快、及熱盼,頓然消失,而留下來的表情卻是木然……(Montessori, 1912: 91-92)。可見學生經驗不多,老師要負泰半責任。

因此成人可以怪孩童經驗短缺嗎?教師可以責學生經驗不多嗎?不給機會,那來經驗?假定我們說,因為年輕的一輩沒有經驗,所以棒子不能交給他們;好比說年輕人沒有當過縣長經驗,因此不能當縣長。這種說法之荒謬與可笑,就猶如說:凡沒有當老師經驗的人不能當老師,凡沒有結婚經驗的人不許結婚,凡未有生孩子經驗者不准生孩子;這不是滑天下之大稽嗎?甚至可能造成兩代之間的水火不容與

敵對,實在是可悲啊!

參與的孔道甚多,學童不但可以滿足好奇心,獲取實地甘苦經驗,還可表現才華,生活更充滿意義。教室佈置及標語的寫作,可以由學生共同決定,教師只站在輔導的立場,提供意見,但應該尊重學生決定。否則如悉數推翻學生的決定,學生從此失去信心。學生如發現班內的佈告有自己作品、走廊上有自己的繪畫、花園苗圃是自己所栽種,則對學校或教室就有一股親切感與向心力。甚至學校校門口的校名,都可由全校書法比賽冠軍的學生來寫,而不必請某某長代書。其實,某某長真正寫的字,可能是不敢恭維的,學校又何必逢迎諂媚上司呢?當然,某某長更應自我約束,不要獻醜。除了藏拙之外,留給學生有一展長才機會,則功德無量。一方面成人也樂得輕鬆,一方面學生也興趣盎然,忙中有樂。如果成人剝奪了孩童的表現機會,又斥責學生缺乏經驗,這種自打嘴巴的說法,正表示成人的專制與愚昧。固執於「嘴上無毛,作事不牢」,而採取越俎代庖作風,學生只好坐冷板凳,頂多是個觀眾而不是演員,則他的演技那能出神入化、爐火純青呢?可能一上臺,就撞得鼻青眼腫,跌得四腳朝天。

第三節 體 罰

幾乎自有教育以來就有體罰。一直到目前,體罰仍是教育界一項熱門話題,相信在未來,體罰也不會消失。學生之接受體罰,就好比士兵在訓練營接受處分一般,是家常便飯之事。

體罰如何定義,就如同「教育」如何定義一樣,是相當棘手的。大概說來,「出以手腳或使用器具以造成肉體上的痛苦」,都應算體

罰。所以賞以巴掌、動以棍子、挨以戒尺、抽以敎鞭等，都是常見的體罰方式。至於罰站、罰跪、斥罵、罰勞動服務、多做作業等，雖然仍會造成肉體上的痛苦，但因不佐以器具，因此應不屬於體罰之列。

不管古今中外，體罰在敎育上都是一種客觀的存在事實，這一點，第四章曾加以約略的敍述。本節只就體罰「應該不應該」這個層次加以討論。如屬不應該，應採用何種方法袪除。

一、體罰存在的原因

1. 傳統的敎學科目因太枯燥乏味，又少有實用性，引不起學生的注意與興趣；敎學方法又側重背誦與記憶，不求理解，因此學生逃課逃學的甚多，違反規則的更夥。在敎師講課時交頭接耳、心不在焉、或無法按時完成指定作業，考試成績不理想，乃是必然現象。敎師為了維持敎室秩序，強迫學生集中精神，只好訴諸藤條。如果敎學科目是動態的，又能配合學生興趣、需要與能力，則可以少用體罰，甚至使體罰絕跡。旅行本身就是敎育，有那位老師在帶領學生出外旅行時還責打學生啊？同理，上體育課時也不必帶敎鞭上課 (Locke, 1969：79)。胡適在三、四歲那麼幼小的年齡裏，就要唸三字經、千字文、孝經、朱子的小學、論語、孟子、大學與中庸、詩經、書經、易經、及禮記（胡適，1979：20-23）。他回憶著：

> 到了六、七歲以上，女孩子固然不用進學堂去受敎育，男孩子接受的敎育也只是十分野蠻的敎育。女孩在家裏裹小腳，男孩在學校唸死書。怎麼「唸死書」呢？他們的文字都是死人的文字，字字句句都要翻譯才能懂，有時候翻譯出來還不能懂。例如三字經上的「苟不敎」，我們小孩子唸起來只當是「狗不叫」，先生卻說是「倘使不敎訓」。又如千字文上的「天地玄黃，

宇宙洪荒」，我從五歲讀起，現在做了十年大學教授，還不懂得這八個字究竟說的是什麼話！所以叫做「唸死書」。

因為唸的是死書，所以要下死勁去唸。我們做小孩子時候，天剛亮，便進學堂去「上早學」，空著肚子，鼓起喉嚨，唸三、四個鐘頭才回去吃早飯。從天亮直到天黑，才得回家。晚上還要「唸夜書」。這種生活實在太苦了，所以許多小孩子都要逃學。逃學的學生，捉回來之後，要受很嚴厲的責罰；輕的打手心，重的打屁股。(李敖，1979: 69)

體罰盛行，與傳統教育專背死語文有密切關係。

2. 體罰是大欺小，強欺弱的行徑。教師仗著大人的威勢體罰孩童，以力取勝。所以體罰只存在於中小學，我們絕少看到大學老師以棍子來與學生相對，如果大學教師敢體罰大學生，而大學生又敢採取抵抗，則可能會產生極為尷尬的畫面。學童體小力弱，又手無寸鐵；教師身高力強，又手握藤條，因此更有威嚇學童作用 (Castle, 1969: 139-140)。孩童在這種情勢底下，只好就範了 (註9)。為了要使學童在挨打時不左閃右躲，古羅馬教師還命令其他學童把犯過學生肩挑起來，另一位則抱住他的雙腳，然後任憑教師「宰割」，如次頁圖所示。有些教師或者體弱（如女教師），但因藉著教師職位的權威（就是韓非子所言之「勢」），因此她在學生面前，仍是強者。有威勢作後盾，有皮鞭壯膽，又有學生作幫兒，則較可肆無忌憚的體罰學生了。如果師生力道相差無幾，相信體罰問題不會那麼嚴重。在家裏，父母親體罰小孩，等到兒童生長成年輕人時，則體罰次數也隨之遞減。雖然在此種情形之下不動用體罰的因素頗多，但二者體力之消長，也是一個原因吧！

註9：這跟目前的墮胎一樣，墮胎是殘害一個毫無抵抗力的生命。

第六章 學　　生　265

3.體罰在學生管教上最具速效，也是建立教師權威最簡便、最有形的方式。學生不守秩序時，任你喊破了喉嚨，學生仍然我行我素。此時如果教鞭一揮，相信全班馬上鴉雀無聲。皮肉的痛苦，是任何人想避免的；沒有人願意以身試「打」，大家只好乖乖就範。體罰在學生的管敎上，遠比苦口婆心、殷殷叮嚀、反覆勸戒、言語開導等較具速效，所以難怪多數教師會喜愛擰學生的肉，提學生的耳，揍學生的嘴巴，鞭學生的屁股。部份教師更可因此享受擁有權威的滋味，何樂而不爲呢？

過去的中國敎師都有戒尺在手，傳統的西洋教師都有樺木（birch）在握（如上圖），所以出手打學生，易如反掌，非常簡便；長輩卽令沒有這些「設備」，但動之以拳頭，出之以手掌，則仍是舉手之勞而已。如果因此而使得自己手掌發麻，則就地取材，也俯拾卽是，不愁沒有體罰的器具。加上教師、家長、甚至學生求好心切，所以鞭打聲

遂在黌宮裏不絕於耳。家長因為體罰子女慣了,所以要求教師體罰學生;教師如反對體罰學生,還會惹來家長的抗議。體罰是家長或教師獲得權威的表示,因而家長或教師有體罰子女或學生的權利;接受體罰乃是下一代對上一代的服從,所以下一代有接受上一代體罰的義務。古代斯巴達為比賽學童對長輩的服從程度,乃進行體罰比賽,能忍受極大痛苦者得冠軍,被打者不但不能咬牙切齒,一臉怒氣,還得顯示優美的態度。西洋天主教教育團體耶穌社的學生接受老師責打之後還要對行罰者謝恩。現代日本球隊盛行嚴格管訓,隊員一有差錯,教練卽一巴掌揮過去,隊員非但不能反抗,還須鞠躬九十度致敬。美國早期學校的招生廣告,還以該校要體罰學生作為招牌,而體罰學生的學校,反而有許多人入校註册;若不體罰學生,學校是會門可羅雀的。

學校教學大都採用大班教學,班級人數多,守秩序者與搗蛋者難免混雜,循規蹈矩的學生乃懇求教師動用棍子來對付那批騷擾者。加上班級與班級的各項比賽,是以團體記分為標準,部份學生的不守規矩或不合作,實有損於班級榮譽。體罰旣然具有管敎上的速效,所以學生也希望教師不要客氣的使用體罰。就是這些錯綜複雜的因素糾纏在一起,所以臺灣師範大學教育心理系於1980年所作的一次調查報告指出,有91%的教師,85%的家長,及84%的學生都認為體罰是可以容許的(教育資料文摘,四,1980:94)。體罰要根除,談何容易。

4. 體罰具有殺雞儆猴以及防患未然作用。學生的惡劣行為具有感染傳播效果,為避免破壞規則風氣之蔓衍,所以對為首者處以體罰,以告誡心存效法者或蠢蠢欲動者。許多體罰在大庭廣衆之前為之,目的在於詔示所有學生以此為鑑,否則體罰仍會降落在犯法者身上。殺一警百,正是體罰在光天化日之下為之的主為目的。否則犯法

者不得懲，大家就有羣起效尤傾向，好比洪水泛濫成災，終至不可收拾。

此外，體罰如含有教育作用，則應使受體罰者能遷善改過，而不是施罰者對學生的「報復」(retribution)。這與政治上的「約法三章」（殺人者死，傷人及盜抵罪）或漢莫拉比法典 (code of Hammurabi) 所言之「以牙還牙，以眼還眼」(an eye for an eye, a tooth for a tooth) 是不同旨意的。古希臘辯者 (Sophist) 普洛塔格拉斯 (Protagoras, 481-411 B. C.) 說得好：「在懲罰為惡者的措施上（如體罰），沒有人把注意焦點放在該為惡者因為過去為惡而應受罰，或因目前為惡而受罰上，除非施予懲罰者像野獸般的對為惡者盲目的報復。不，對一位講求理性的人而言，他並不持惡者因過去犯惡而應受罰的觀點——因為過去的事，他已無能為力；而卻為了未來，目的在於阻止同一個人或目睹受罰的旁觀者重蹈覆轍。有這種觀念的人，也就是主張德行可教之人。總之，懲罰乃在於制止」(Plato, 1975:321)。體罰是懲罰的一種，體罰一名學生，不是為體罰而體罰，體罰只不過是手段，要他悔過向善才是目的。體罰乃是懲已發生之行為，但卻期望他未來不可再犯同樣行為 (Peters. 1966:173)。

二、體罰不應存在的理由

依據英國哲學學派功利主義 (Utilitarianism) 的說法，善惡的評判標準是以快樂及痛苦為依歸，且讓最大多數的人享受最大的快樂就是幸福。體罰造成肉體上的痛苦，所以體罰是一種「惡」行；如果讓最大多數的人遍嚐體罰之苦，則罪惡更大。不過，如果不處罰搗蛋者，則將影響其他多數人的利益或幸福。由於趨樂避苦是人之常情，

體罰不可能使師生皆感愉快。所以有遠見的教育思想家及教育工作者，大都反對體罰。尤其對孩童施暴，逞不得英雄；加上體罰場面並不好看，非但毫無美感，並且醜態畢現，有時實在不忍卒睹。在過去的教育中，不管中外，都發生過學生因受體罰而遭致死亡的，這那裏算是「教育」啊！

更深一層看，體罰不僅造成學生肉體上的痛苦，且更帶給學童心靈上的創傷。肉體上的痛苦稍縱卽逝，心靈上的創傷則永世不能或忘。稍有人格尊嚴者，莫不以被教師體罰爲奇恥大辱。如果行罰的結果讓學生不以爲丟臉，則是喪廉寡恥的風氣形成之時。如果更要學生於接受體罰之際，匍伏在地，一幅乞憐模樣，罰後還要謝恩，則是要求學生無條件的卑躬屈膝，一輩子作奴隸狀，那裏是過去的「自由民」或現在的「民主國民」所應有的標誌？事實上，受罰者多半懷恨在心，敢怒而不敢發作，在皮鞭的淫威之下，誰願意作不識時務者？可是怨恨累積久了，終有發作的時日。所以一行畢業典禮，學生則以匕首與教師相見，刀光劍影竟然出現在「惜別會」上，這不是太諷刺了嗎？

第二，體罰在學生管教上雖有速效，但卻不一定有實效。常言道，棒下出孝子，不打不成器；但亦有言，嚴官府，出厚（多）賊（臺語）。速效是短暫的，表面的，一時可看出效果，但除非無休止的動用體罰，否則蠢動在所難免。而不幸的是學生一受體罰後，卻會心生麻木。不只「心態」如此，「身態」也如此。因此往後體罰的力道必須比先前增加，才可看出體罰效果。體罰的次數及重度都有加無減，本來作爲教育手段的體罰，卻變成目的了。

體罰不能產生「眞正」的教育效果，眞正的教育效果必須基於學童「心甘情願」的進行活動。體罰過後，學生只好陽奉陰違，在藤條

面前乖乖順從。皮鞭拿掉之後，頓卽原形畢露，所以體罰不可能除惡行之根。中國人性惡及西洋基督敎人性懷有原罪觀念，都支持體罰以根除性惡之說，英哲洛克更說要打得徹底：「如打八下才能屈服兒童，而只打七下，則等於縱容了兒童」(Locke, 1969:74)。但人性本惡或撒旦附身的說法都非正確之論。也許一打，撒旦會暫時離開，但撒旦若把肉體當作棲息所，或把肉體當成是撒旦的化身，則除非讓學童死掉，否則又如何連根拔起呢？這種說法實在是荒謬之至。

教師不應求速效，講近功，卻應從長遠觀點去著眼。不該把學童當牛馬，要抽要打；或把孩子當機器，要修要理。難怪存在主義敎育思想家布巴 (M. Buber, 1878-1965) 請教師要把學童當成與教師同格的「你」(Thou)，而非形同器物的「它」(It) 看待 (Buber, 1970: 11-12)。牛馬受「鞭」策而駕車，學童有時也要「鞭」策才肯向學；但以「鞭」來策動，就好比以力服人一般，終非長治久安之計。那就如同社會充斥著警察，街道佈滿著憲兵一般，是太近視的做法。敎育千萬別淪落到此地步。

第三，學童具有極神聖的人格尊嚴，任何人都無權向他施暴。根據本章第一節的敍述，學童有成人比不上的價值，成人反而應向學童學習或自慚形穢，怎麼可以向學童體罰呢？在封建、專制及霸道的社會裏，體罰甚為猖獗；在民主式的學校措施中，體罰實在應該絕跡。民主社會的信條是人人免於恐懼，體罰令學生恐懼，因此以體罰作為敎育方式，實在不够格稱為是民主式的敎育。體罰是「訴諸武力」(appeal to force)，「訴諸拳頭」(appeal to fist) 的方式，這種方式是民主程序的大敵。培養民主的素養，講究民主的風度，透過體罰來達成，形同痴人說夢，甚且是南轅北轍，二者是不相容的。

學童的模仿力強，小孩如受暴行，他長大成人後也會對他的下代

施暴，如此代代循環。學校既充斥著體罰聲，社會也瀰漫著刀槍響，則去民主之路越遙，達民主之期越艱。由於人的墮性，體罰慣了，就習以為常。在習以為常的行為中，較少動用腦筋，絕少使用理性。兒時接受體罰可能甚覺不合理而謀思改善，但因時日一久，且緘口鑠金，長大後反而將改善的良策置諸腦後，跟着隨波逐流，隨俗浮沉了。所以這一代的成人如果不敢壯士斷腕，毅然決然放下鞭子，高抬兒童的人格價值，行民主式的教養方式，則上樑既不正，怎能怪下樑歪呢？

三、如何處理體罰問題

但是要禁止教師體罰學生，又非易事。在傳統的課程不改，教學方式不會靈活運用，教材皆屬乏味，社會習俗仍迷戀「藤條萬歲」的時刻，教育行政機關下達嚴禁體罰的法令，則可能成為具文；並且單要求教師不得體罰學生，也是強教師之難。由於師資未臻健全，吾人也不可能期望教師個個都是聖人。所以在處理違規學生上，不少教師難免心浮氣躁，耐力不足，或一時情緒激動而體罰了學生。即令在當今最民主的國家裏，體罰仍不能成為教育史上的名詞，卻是教育圈子內外的熱門話題。一些不自量力的政府教育官員三令五申要嚴厲處分體罰學童的教師，則體罰學生而運氣不好的教師變成替罪羔羊，運氣好的教師仍藐視法令之存在而行罰如故，反而造成教師羣中的不平。所以光說禁，並不是辦法。

1. 教師應該隨時檢討自己，「行有不得，反求諸己」。善於教學的教師並非樂意體罰學生的人，如果上起課來，生動活潑，興趣盎然，花樣變化多，絕不會讓學生有煩悶之感，則體罰的必要性就大為

減低，因為學童對功課厭煩乃是違規的主因（Peters, 1966:184）。教師應該注意，體罰的責任大半應該歸罪於教師，學生則屬無辜且有賴同情的。現在的學生又不能挑選老師，老師如勤加進修，又採取民主式的管教方式，則學生有福了（有關教師教學，詳下章）。這是根絕體罰的正軌，捨此別無良方。

2. 有不少教師雖對學生行罰，但動機卻相當崇高——期望學童有較佳表現。雖然不能因為「目的使手段正確」（aims justify means）——即「為求目的，可以不擇手段」，但這些教師是值得諒解的。人非聖賢，孰能無過。因此教育行政機關如引用禁止體罰法令來懲治如此的教師，則容易造成熱心教師的氣餒與憤慨，教師可能因此怠工，對學生管教採取不聞不問態度，避免引火自焚，反正「別人孩子死不完」。結果使得真正的好老師被記過、降薪、去職或坐牢，而幸災樂禍不肯用心糾正學生品行的教師則相安無事，高枕無憂，教育風氣之敗壞，莫此為甚。所以教育行政機關對於體罰問題，最好個案處理。如果教師果真兇惡到打得學生遍體鱗傷，則應嚴厲制止；如果稍動手腳，就小題大做，倒是大可不必。加上嚴禁體罰的措施根本辦不到，為顧及法令威信，辦不到的事最好不說。因為不可能將所有體罰者都繩之以法，如果逍遙法外者及鋌而走險者竟然就是教師，則學校又如何向學生進行「法治」教育呢？所以教育行政機關既不可公然准許教師體罰學生，但在無法完全根絕教師體罰學生之時，如一再聲言要貫徹嚴禁體罰法令，則防不勝防，且徒增困擾，不如個案處理。與其打腫臉充胖子，虛有其表的發出本國嚴禁體罰的口號，不如勇敢的面對體罰現實以謀求改進。就以台灣為例，教育部下達禁止體罰法令不知已多少年，但體罰之風非但未戢止，反而是變本加厲。以為一紙令下去就可解決問題，可見官員見識之幼稚與想法之單純，簡直就是駝鳥

作風。

3. 體罰如果無法禁止（至少到目前），則教師體罰學生時，應注意學生的個別心態。有些學生稍爲口氣重一點說他幾句，已經是羞得無地自容，幾乎受不了了。對此種學生還施以皮肉之痛，則形同在取他的命。相反的，個性倔強者，輕罰未能致效，重罰若偶一行之，或者短時可斂其威。教師尤應遵守一項體罰規則，卽儘量不在大衆面前責打學生，以保留他的臉面。另外還有數項應行注意之事如下：

(1)年齡漸大，勿再以體罰對待之。德國學童過了14歲生日，繳交證明文件，教師即不可再行體罰學生。

(2)不可打頭部、右手（右手寫字者）或左手（左手寫字者）、背部等；體罰手心、屁股（多肉的部份）等較宜。

(3)體罰前一定要告知原因，並好好開導學生受罰不存怨恨，並能改過自新。有些學生接受處分，莫明其理由。平白受罰，當然心有未甘。要他不准再犯，等於問道於盲。

(4)盛怒時不應體罰。盛怒時無法克制，可能出手重，造成不堪收拾的局面，也容易後悔。教師年歲較學生多，不應同學生一般見識，應該寬宏大量，或先冷靜後再予議處。盛怒時都會失去理性，猶如蠻性發作一般，這是相當危險的，教師應謹記在心。

(5)避免情感用事，要一視同仁：「王子犯法，與庶民同罪」。不可因學生家長身份、地位、權勢而對學生有輕罰與重罰之別，大家一律平等。

(6)行罰時，面容要嚴肅，心地要祥和。體罰學生，要在莊重的氣氛下進行，不可面帶笑容或舉止輕浮，更不可加以侮辱性的字眼。教師尤須心地祥和，避免「惡向膽邊生，怒從心中起」。否則除了有害自己身體之外，還留下一幅「窮凶惡極」模樣。

4. 即令准許體罰，但體罰是懲治頑劣學童的「最後一招」(last resort)，最好備而不用。教師之有棍子，猶比警察持有槍械一般，是對付抗命者的王牌，所以最好藏而不用，常用則必失其效果。禁用體罰，學生或敢對敎師用粗，此時敎師如出以自衞或以棍子先發制人，則必會吃官司。敎師打學生會惹麻煩，學生打敎師反而沒事，那有如此荒唐的事！所以嚴禁體罰並非十全十美的辦法，最少應讓學生知道，萬一學生敢對老師用武，老師是有棒子在手的。好比流氓如敢對警察用刀，警察在迫不得已時，是會開槍的。如果警察對付不良份子的這張底牌早露，或讓不良分子知悉警察無論如何不敢用槍（法令禁止），或卽使有槍也無子彈，則一旦雙方格鬥，很可能會發生警察生命的危險。當然，敎師使用體罰，如同警察動用槍械，這種比喻或有不當，因爲敎師敎導學童，如果學童竟然敢對敎師使用武力，那時是整個敎育糟糕透頂之時，非僅靠體罰就可奏效的。

體罰並非善事，但似乎又無法完全根除。負責的敎師，多半有「打在兒心，痛在娘心」的胸懷，出發點是非常神聖的，只是方式不妥。若以禁令嚴懲這批敎師，可能會產生適得其反的效果。治本之道，似乎應從改善師資素質、變靜態學習爲動態、敎學重理解而非背誦、擴充學習範圍、培養敎師容忍的雅量、鼓勵學生自我克制、及增加實用及有趣敎材等方面下手，否則治絲益棼，越理越亂；且因而引出的敎育問題，更是千頭萬緒了。

第四節　學　生　權

傳統的教育觀念，認為學生只有義務，不能享有權利，甚且認為學生如同公務員或軍人，是沒有自由的。其實，權利與義務是對等的，而自由也是比較上的。學生也是人，凡是人，都有人的基本權利與自由。剝奪基本權利與自由，等於不把學生當人看待。學生在接受教育的過程中，要遵守規定，如準時上課、按期考試或接受各種檢查，自由確是比一般人少，但並非因此全「無」自由。然而學校的各種規定，也不可全無道理，強迫學生非接受不可。如果教師對學生的各種限制有其必要性與合理性，學生也會心悅誠服，這時絕無「自由已失」或「權利已無」的感覺。否則，一味的高壓逼使學生逆來順受，則校園絕對不得安寧。

學生對學校的不滿，常發生消極的反抗措施。最常見的消極抵制，就是逃課、逃學、甚至是罷課，或轉學。逃課或逃學，在中西過去及現在的學校教育中，頻頻出現；罷課或轉學，則是歐美早期大學生向學校示威的法寶。十三、四世紀以後所形成的早期大學，因設備簡陋，使用共同語文（拉丁文），如發現學校或當地政府對大學生無理，則採罷課或轉學措施，「此地不留人，自有留人處」。學生自選首長，不只控制學生活動，並且也支配學校行政。西洋此種學潮也為中國大學生所仿效。在1919年五四運動時，大學校長還得親自登門請問學生會會長隔天要不要上課（田培林，1976：52）。學生權力膨脹到如此極點的作風，看在經常處於高壓下的大學生眼裏，相信會瞠目咋舌，也是匪夷所思的。學生權力囂張到如此地步，也非教育常態。

培養獨立思考能力及判斷能力，本來就是學校教育的目的。學生並非缺乏獨立思考能力及判斷能力，只是程度上稍差；大人或老師也並非有完美的思考能力及判斷能力，他們只是在這方面比較優秀而已。沒有人敢保證他的思考能力及判斷力絕對不會出錯。學生或小孩的思考能力及判斷力不是等於零，如果給予權力的運用，則這些能力會漸漸滋長，慢慢茁壯。學生在進行獨立思考與判斷時，難免會疑難叢生，或有錯誤出現；教師應適時的出以援手，「解惑」並指示迷津，改邪歸正。所以學生向教師請教，或要求教師告知其缺失，都是應該爭取的學生權。

一般說來，學生權有如下數種：

一、學生有發問並請求解答或更正權

發問是為學要旨，教師不可禁止學生發問，這在本章第一節已予詳細說明。所以上課過程中或一個段落後，不只教師應留下時間給學生發問，並且學生也可中斷教學馬上提出質疑要求解答。自己的看法與教師或書本不同，亦有權提出爭辯，不必遲疑猶豫，更勿庸膽怯。

學習過程中的學習表現當然有許多未臻佳境，學生有權知悉自己的缺失並請求教師予以指正；不滿意於教師的指正，更可提出自己的看法就教於老師。所以考卷、報告、或作業，非但是學生財產，教師不得扣留、不聞不問、或不批不改的如石沈大海，卻應該還給學生。學生有權要回去，並看出教師的批改處及評語。如果交給教師時與發還回來後都是原封不動的沒什麼兩樣，學生有權抗議教師的失責。評分等第的標準亦應公佈讓學生知曉，學生有權了解自己得分多寡的原

因,及答案錯誤之所在,如此才具有成績考查的教育意義 (註10)。

有許多老師,尤其是大學教授,對學生的作業或報告的批改相當敷衍,只蓋個「閱」章就算了事;有些甚至連過目都無,就與舊報紙一起賣光。考完試後,考卷有去無回,學生也不知自己成績如何取得。膽大的與教授理論,只是自討沒趣,且有可能碰釘子回來,甚至還得了以後修那位教授科目的恐懼後遺症。教師給分無定,高下由他,全無標準,又不准學生有過問權,試問如此的教師還能獲得學生的敬重與欽佩嗎?如果學生沒有發問權,那麼教育眞要無法無天了。

不管學生問的問題多幼稚、多膚淺,或多困難、多艱深,教師都不可以拒絕作答,或以「其笨如牛」或「未走先飛」的諷刺語句回答學生。這是間接禁止學生發問的措施,也剝奪了學生的發問權。

二、學生有自治權

自治也是自律,是自己約束自己。自治的相反就是他治,是由教師或成人管理,也是他律。自治是品德行為的最高目標。自治的人才有自由與尊嚴感,他律的人永遠都只能淪落為奴隸身份。在教育過程中,應及早培養學生自治力。孩童早就有「自己來」的行為傾向,教師應因勢利導,樂觀其成。

歐美有些學校鼓勵學生成立自治會,自訂班級公約,創設學生法庭,學生自己立法與司法。一遇學生訴訟案件,完全由學生扮演的法官審判,正反雙方都出庭辯護,判決後的執行,也完全由學生負責,學校甚至有囚房。幼稚園的始祖福祿培爾因欠交學費(犯規),曾坐

註10:目前學校都規定考卷要送到教務處存藏,此種作法,實在沒有多大教育意義。

過大學監牢。美國麻州理工學院（M. I. T.）的學生註冊、繳費、選課，或其他學校行政事宜，多半由學生負責其事；一遇差錯，卽自行調整，或作爲其後借鑑。校方或教師不採過份保護政策，事無巨細，並非都由上一代決定，倒可以全權交由學生自己處理。尤其在校內的課餘活動及校外的旅行或郊遊上，所有安排，讓孩童開會議決，教師不必操心。學生自治是建造民主法治社會的不二法門，所以學生參加社團、出版刊物、舉辦演講，或進行選舉時，導師尤其是訓導人員都應尊重學生意見，以便使學生有發揮所長的機會，更表現自治能力；也不必爲學生負責，促使學生有敢作敢當的胸襟與抱負，掃除依賴心理，如此的學童可以早日成熟。如果學生辦一種活動，得處處向校方請示，事事要聽候教師裁決，樣樣要觀察訓導人員臉色，那時上一代若還要求孩童要主動自發，那就形同刻舟求劍了。教師對學童採取如此的「雙重標準」，學童不知如何適從。不如放手讓學生自治，有事他們自己負責。

三、學生有參與校政權

學校教育措施，是爲學生接受教育而設；但學校教育的各種安排，是否能爲學生所接受而達到預期的目標，則很有必要聆聽學生的感受與意見。一個好校長與好老師，處心積慮爲學生著想，但學生能否心領神會，實在有必要進行雙向溝通，否則有刺激而無反應，事倍而功不及半。校方如埋怨學生「不識好歹」，學生也會頂以「教導無方」而反唇相譏。卽令是有心把學校辦好的校長或教師都會發生類似現象，更不用說一些心術不正或觀念不當的教育人員了。學生參與校政，只是對校政發表自己的感受與意見，不是「干預」，更不是要對

學校動「干戈」。一些保守的人一聽學生參與校政就緊張萬分，的確是心理不健康。

　　古時候的好皇帝，爲了把國家治好，都要「微服出巡」，以「探查民隱」的。英明皇帝在位，民間都難免有隱情；則荒淫無道的暴君在朝，人民疾苦更多。過去的封建社會，如准許人民參政，如同現代的眞正民主社會一般，則一定不會朝政日非，生民塗炭。一個學校亦然，辦校者如准許學生參與學校措施，相信師生雙方較能和諧，校務也會蒸蒸日上。杜威比喻得好，一個好老師就猶如一位好的皮鞋匠。一位好的皮鞋匠努力替顧客做好一雙穿起來舒服的皮鞋。但這雙皮鞋做好之後，到底穿起來那裏會夾到腳，顧客是最清楚的（Dewey, 1927:207）。如果皮鞋匠不理會顧客的埋怨，卻說他已盡了心意，爲何還要發牢騷；或說他的鞋已最美好，如有不合腳處，應「削足適履」，那就大錯特錯了。而功夫未到家的皮鞋匠所做出來的皮鞋，鞋夾腳的情況定多，結果造成穿鞋者跛腳走路，叫苦連天，皮破血流，一幅畸形模樣。

　　參與並非完全攫奪，學生的意見最少可供參考。成人不要反應過度，以爲學生騎到老師頭上了。甚至有些觀念閉塞的人認爲學校教育措施具有專業化性質，學生是外行人，無權過問。前面早已提過，有些人認爲「聚千聾不能成一聰，集萬瞽不能成一明」。把學生都看成耳聾目瞽（瞎眼），而教師自認耳聰目明，因此禁止學生參與校政。這種說法一方面小看了學生，自抬教師身價，一方面也不合乎民主意旨。事實告訴我們，學生「聰」「明」者比比皆是，而教師「聾」「瞽」者也不在少數。更何況學生卽令是「聾」「瞽」之輩，也不能一輩子都是如此啊！教師有責任開導學生祛聾成聰，化瞽成明的。而要達成學生又聰又明的措施，莫如讓學生充分運用又能聰又能明的官能（心

靈能力)。准許或鼓勵學生參與校政，乃是上策。

所以校務會議，應該有學生代表參加；學生的意見，應作為決定學校行政方針的參考。學校建築、設備的選購、儀器的陳放、甚至評量校長的好壞及考慮教師的任免，學生都應該有發言權。心存顧忌者擔心此舉會有損於傳統的「師道尊嚴」。但如師已不知自愛，又怎能拿這句古語作擋箭牌呢？教師教學效應，學生是第一線的領受者；當教師在臺上大聲疾呼，而學生在座椅上卻沉沉欲睡時，教師應自我檢討了。設若教師仍「死鴨子，嘴皮硬」，不肯**面對現實**，則學生不**客氣**的予以評量，也應該是一針振奮劑吧！果**真**教師所教的，**確實**價值甚高，但學生無法體會教師苦心，則教師仍然應注意教學的「起點行為」啊！否則不是徒費口舌與時間嗎？教學致令學生毫無所得，這還能怪學生嗎？所以學生評量教師，也給教師一種警惕；學生對於校政發表意見，也給校長一種醒覺。辦教育是不能單方面「我行我素」的。如果真是優良教師或校長，又何必擔心學生的評量或學生的參與校政呢？真金不怕火來燒。許多評量問題，諸如教師上課認**真**嗎？遲到早退嗎？准許學生發問嗎？評分公正客**觀**嗎？教學生動有趣嗎？教材有深度嗎？講解清楚嗎？教室管理良好嗎？這些問題看在良師眼裏，是不怕學生作答的。學生心地比起成人純潔，他們一定會作最公正的反應，教師又何必寢食難安？「不作虧心事，那怕半夜鬼敲門」，一聽到學生評量教師，就惶惶不可終日者，極有可能是作賊心虛者，難怪他會膽顫心驚。袪除這些教育上的「害羣之馬」，或有必要借助於學生的力量。

但是學生的意見並非「完全」可以聽取，否則學校上課天天上武俠小說，兒童在家日日吃冰淇淋或糖菓了。不過，即令學生之言不足為訓，教師或成人也應提出「足以服人」的理由來糾正學生錯誤的意

見，這才算是上一代對下一代的「教育」。光說禁止學生參與，是不敢面對挑戰的。處理學生問題，應學大禹，不應仿大禹的父親。疏導才是正途，圍堵是下策，且遺害無窮。一再不准學生參與，則一旦學生畢了業，走出學校大門踏入社會時，要他肩挑重責大任，則沒有不折斷脊樑的。好比長期關在籠中的鳥一般，一朝可以在無邊無涯的天空翱翔，無不斷羽折翼；也猶如接受層層厚衣包裹的嬰孩一樣，稍微遇風寒，就感冒流鼻涕。讓學童參與各種討論，考慮各種決定，可以慢慢磨練學生的辦事能力。經久的考驗準備，日後自能駕輕就熟。經驗的獲得，不能一蹴而就；提供參與機會，正是豐富經驗的最佳途徑，捨此別無他途可資遵循。

學生既有上述權利，則學生權應予以保障，免受侵犯。所以教育行政機關及學校應明定保障學生權的條文，學生權的運用才不會流於空談。

第五節　師生關係

富有強烈教育愛的教師，是只問付出與奉獻，而不計較報酬與代價的，尤其是物質報酬。但是一位高度熱忱的教師，在他付出無比的教育意願之後，是不愁沒有報酬的。這種報酬非他，就是良好師生關係之獲得。宗教改革家馬丁路德說，金錢無法償完我們欠老師的債。而對老師敬愛與關懷，正是學生報答師恩的具體表現。良好師生關係之獲得，金錢是買不到的；這種報酬，其他行業也較不可能產生。李商隱詩有云：

> 春蠶到死絲方盡，蠟炬成灰淚始乾。

一般人都以蠟燭比喻教師，燃燒了自己，照亮了別人（學生）。但李商隱的詩太悲壯了，不如改成為：

> 春蠶吐絲絲成繭，蠟炬成灰照夜明（註11）。

如此較具樂觀性。教師的辛勤，也有收穫的時候，增加了成就感。而薪傳教師之努力的，就是學生。此種師生關係，最具神聖性。

　　古代中國師道之受尊重，有「一日為師，終生為父」的說法，貴為天子者都得對老師畢恭畢敬。翁同龢為清光緒帝的老師，二人在朝，光緒帝必先向翁行弟子禮，然後翁才向皇帝行臣子禮。把教師當成「父」，在目前為人師的機會變化多端的時代裏，已不太適用（註12）。師生關係與親子關係是有所差別的，親子關係基於本能，是一種天性的表現；但師生關係在於教師之提攜學生以及學生之感恩於教師。老師所教的學生，恰好是老師的子女，這種可能性不大，良好的師生關係建立在獎掖後代的氣氛中。亞里士多德的學生，亞力山大大帝說：「生我者父母，教我者吾師」。教師對學生的影響力，大過於父母親對子女的影響力。

　　大致說來，從邏輯觀點來解析師生關係，除了有「質」的關係之外，還有「量」的關係，茲略述如下：

註11：這首改寫的詩句是臺灣師大教育系教授孫亢曾（曾任師大校長）的佳作。
註12：如果「一日為師，終生為父」，則筆者現在在大學任教，偶爾所教的學生，恰好就是過去筆者的業師。那麼，今日我是他的父，可能明日卻變成他是我的父，這不是亂倫了嗎？這個妙喻，來自於臺灣師大教育系教授陳奎熹。

一、質的關係

（一）教師威服學生、學生敬畏教師

　　名副其實的教師擁有知能上的權威，他的知識、技能高學生一等或數等，學生有困惑，求教於教師，教師會予以解答，或理出思緒指點迷津而使學生豁然開竅，學生對教師當然佩服得五體投地，教師在學生心目中的地位當然提高。教師好比知能上的寶庫，求之不竭，取之不盡。教師善盡啓蒙之責，學生自然就心懷謝師之恩。此外，教師還擁有考評及法理上的權威，打學生分數，評學生等第，決學生獎懲，定學生升留級，記過記功的部份權力操在老師手中，所以學生難免對老師懼怕三分。此外，經師人師兼備者，又能發揮崇高的人格感召力量，令頑石點頭，化腐朽爲神奇，此舉又令學生讚嘆有加。所以學生對老師既敬之、愛之、又畏之。傳統對教師的「敬畏」之忱，乃沛然而生。

　　學生對老師尊敬，本屬理所當然；但學生倒不必對老師心生「畏」懼，「敬」師可以，「畏」師則不該。孟子說，「見大人，勿視其巍巍然」。同理，師生相見，教師不必擺出一副威風凜凜模樣，嚴氣四溢，令人有窒息之感；學生也不必畏畏縮縮，裹足不前。如果教師聲色俱厲的命令學生要向他鞠躬致敬，則學生可能也會行禮如儀，卻在背地裏把老師罵得一文不值。良好師生關係，並不是建立在外力的威逼上。如果作父親的天天口口聲聲要作兒子的孝順他，那麼親子關係弄到這個地方，已是不堪設想了。師生關係亦然。

　　傳統的師生關係似乎建立在「嚴」上，這是有必要檢討的。老師

如果在學生面前現出冷冰冰的臉孔，相信學生一定不敢就近請益。事實上，老師的「莊」嚴，很多都是「裝」出來的，不自然的。教師又何苦如此呢？教師應該以眞面目與學生相見。教師一嚴，學生一怕，師生關係就有距離，二者就有鴻溝。在這種情況下，如欲改善師生關係，教師應出予主動，先放棄足以令學生生畏的表情，則教師就形同一塊引力甚大的磁鐵了。

教師本來就應該擁有知識、技能、品格或法理上的權威（歐陽教，1973：97-124）。但要指導學生不要盲目相信權威，並且權威的使用不宜泛濫。第一，教師的各種權威，並非不可抗拒、質疑或挑戰的。修正或推翻既有的信念及傳統的想法，正有待於師生的共同努力，尤有賴於學生之貢獻。因此教師雖是權威的代表，也應該讓學生明白絕不輕易的崇拜權威，或毫無條件的信守權威。其次，教師的權威，也僅能建立在他所專門的那種學科領域上，不要權威跨錯行，使學生誤以爲教師樣樣都精，行行都行；凡爲人師皆應以此爲戒，勿自認聰明，以爲自己是學生心目中的數學權威，因此也要在學生的眼光中建立起物理、國文、或歷史等權威。第三，卽令教師在學業或品德操守上令學生景仰，但也應及早建立學生自我依賴的獨立求學及自我修行的能力及信心，勿處處求助於教師。如果學生對老師產生「神化式」（charisma）的偶像崇拜，教師也不應因此沾沾自喜，卻應該引以爲憂呢！因爲一來教師是人而非神，所以觀念有錯在所難免。如果學生百般依順，則教師受了錯誤觀念所害，也波及學生。二來學生人格若不能獨立發展，教師與學生雙方都要負極大責任。所以這種層次的師生關係——學生不但敬師，且由此產生百分之百的「順」師，並無必要。

(二) 師生同等地位的關係

傳統的教育是師尊生卑，所以教室內有講臺使教師得以高高在上，全班學生共同面向教師而坐，如眾星拱月般。現在有些國家的教育措施，則認為師生二者平等，教室座椅安排採圓桌式，教師只是教室裏的一份子，他沒有享受位高權重的地位。學生眼光也非羣聚教師，而是分散到每個學生身上。如此的安排，讓學生毫無拘束感，教師也擺脫權威外衣，在自由的氣氛中與學生坐以論道。如此大家說話才不會保留三分，卻可儘情的暢所欲言，非常坦誠，毫無狡詐，更無陰險心機，師生有話就說，有問題就問，絕不吞吞吐吐，欲語還休。在這種場合裏，學生不但「敬」師，且也會「敬」他人（即學生），尊敬他人是良好社會的基本準則；同理，教師也會尊敬學生。但學生則不會「畏」師，更不會「畏」他人（即學生），教師更不會「畏」學生。所以這種關係與第一種關係不同。

師生關係變成朋友關係，或兄弟姊妹等同輩關係，這在學生年齡較大的學校裏（如大學），是相當平常之事。師生共為真理的探討，戮力以赴；有所爭辯，也才會傾巢而出，絕不戴假面具虛與委蛇，如此才會真相大白；大家奮力而為的結果，潛能也最能發揮淨盡。師生共同享有發言權與批評權，無分軒輊。如此的討論與學習，必定甚為精采，也甚有生氣。

許多傳統教師所擁有的特權，可以在這種關係中消失得無影無蹤。比如說，教師可以吞雲吐霧，卻禁止學生抽煙，違反者罰以記大過處分，這種處分相信一定不會令學生心服。教師在臺上訓話數十分鐘，如也令學生有此機會向教師說教，是否教師會溜之大吉，則怎能怪學生上課打瞌睡或蹺課呢？以子之矛攻子之盾，正是改善師生關係

的利器。同時，學生也可對學校的各種規定毫無隱瞞的發表意見，如頭髮長短的限定，制服的約束，甚至課程的提供，上課時間的安排，學校人事或經費的處置等，與教師共同爭辯其合理性，相信教育才能步上軌道，如果這些規定奠定在合理的基礎上，則執行這些規定的教師也就比較可以取得學生的合作。如此，師生關係必較強迫接受式來得和諧。

部份學生在教師面前有話不說，有問題不問，但在背地裏才講了一大堆，甚至打老師的小報告。這種學生眞是陰險，學校出了陰險的學生，那能增進師生良好關係？其實此種醜惡現象的始作俑者，大概就是由於師生之間未能平等互待所造成。

就師生的溝通而言，平等式的師生關係，溝通最爲頻繁。學生把教師看成無話不談的知音，教師果眞能指導學生，則登門請益者將絡繹不絕。學生甚至樂意把私底下的秘密向教師剖陳，老師一定會取得學生的信賴與敬重。師道不言尊卻自尊，而教學之情趣，也就樂在其中了。

上述兩種師生關係，是含有教育意義的；底下再說明兩種不良的師生關係。

（三）師生保持距離，絕少接觸

部份教師爲了自擡身價，嚴守師生各自有別的分際，不與學生打成一片，獨來獨往。有課才來，下課卽走，來去匆匆，學生頗難捕捉其影蹤；一遇學生於課餘時請教問題，不是顯示出一股不耐煩的樣子，就是說他下課也要休息。這種教師認爲，如與學生太接近，會降低老師身份，有損教師尊嚴；不如讓學生捉摸不定，對教師產生一層神秘感，則學生就不敢在教師面前撒野，對於管教學生有不少方便。

學生有學生的天地，教師亦有教師的園地，涇渭分明，二者一接觸，難免問題叢生。如發現學生有困惑，或考試成績不良，則大罵學生笨如白癡，並自認自己早已盡責，所以過錯在學生。

這種類型的教師，多半面罩寒霜，望之凜然，令人生畏。沐春風，淋化雨的教育意境，簡直遙在天邊。師生永遠沒有交點，就好比兩條平行線，談不上「關係」。所以學生願意向此種類型的老師討教的，百不及一。二者既絕少有對話機會，更不用說會投機了。雙方現出冷漠及疏離之情，使得二者互不瞭解，隔閡日深，裂罅日大。溝通也者，是難上加難了。其實，這種教師是期望裂溝越來越明顯，他們不擬在溝與溝之間搭起橋樑的。如此才可確保自己的安全與寧靜，學生少找上門來，也樂得老師清閒。

但是這種老師是沒有成就感的，也許他的學行非常超羣，不屑與「不堪造就」的學生討論，學生的發問，影響他的研究。但這種人頂多可做「學問家」，卻不配稱為「教育工作者」。其次，教師如以「嚴」面與學生相見，使雙方謹守自己畛域，不敢跨越，則教師會自食「孤獨」惡果，少有「衆從」。以前宋朝理學家二程兄弟，程明道對學生非常和氣，程伊川則對學生極為嚴厲。有一天二兄弟帶學生去參觀一所廟宇，一入大廳後二兄弟各走左右。不久程伊川返觀，竟然沒有一個學生跟他，大家都尾隨明道去了。教師發揮教育功能的第一步，就是使學生樂意親近。如果教師先不睬學生，則學生也會以不理老師作為報復。教師既起帶頭作用，學生只好「上行下效」了。這種自我中心作法，非但違反教育本意，且會造成人格發展上的孤僻與自私。

就常情而論，師生之保持距離，多半是由於教師採取嚴厲態度而來。中西傳統教育，都有這種特徵。所以過去的師生關係並不良好，師生猶如貓鼠，導致教室氣氛緊張，一個是虎視眈眈，或張牙舞爪；

一個則是瑟縮顫抖，或臉色發青。師生一相聚，則有如坐針氈之苦；師生一相離，則各走各路，老死不相往來。上課時學生頻頻看錶，教師則皺眉蹙額，下課乃有如釋重負之感。如此的學校生活，如此的師生關係，又那堪回首？

（四）放任式的師生關係

有些教師放縱學生，使學生予取予求，無法無天；教師了無約束力，學校已失紀律。教師偶一要求，學生立卽起鬨；卽令學生不敢如此膽大妄為，教師也與學生妥協，講價還價，而每每是學生籌碼較重。這種喧賓奪主，「乞丐趕廟公」的師生關係，已經是師生易位，首從顛倒了。如此的學校生活，當然是輕鬆愉快，但寶貴光陰卻虛耗殆盡，日後追憶，卻已是「白了少年頭，空悲切」！

這樣的師生關係，也非富有教育意義的。學生老早不把教師看在眼裏。教師的教學或規定，學生已置諸腦後，一切我行我素；教師卽使不是局外人，但也無法建立教師應有的權威。教師也許聲嘶力竭，但學生把它當耳邊風；師生活動，形同兒戲。甚且學生盛氣凌人，反要教師就範，生變成師了。

在一些反常的學校裏，如不良學生（太保、太妹）充斥或學生權力無止境的擴張的狀況下，此種變態的師生關係就會存在，這是教育上的異數，不足為訓。但這卻是教育上的警鐘，有必要從全面的社會改造下手。政治、經濟、家庭、及學校各層面都羣策羣力，尤其徹底提高師資水準，改善教材教法，提供活動機會，則相信師生關係會趨於正常。

良好的師生關係，不但教師獲得教學上的滿足，又贏得學生的崇

敬及家長的感謝,這份精神安慰,是萬金無法相抵的。名物理學家愛因斯坦（A. Einstein, 1879-1955）在美國普林斯頓大學當教授,每當他在大學附近餐館用饍而走入大門時,所有餐廳內的顧客都起立相迎,等他入座後大家才就座；當他用餐完畢要離席時,顧客又自動起立相送。壓抑式的教學所產生的師生關係,是不可能有如此格調的。教師入教室,卽令班長喊起立,有些學生仍心不甘情不願的賴在椅子上,至於敬禮,則更是虛有其表了。師生如有了如膠似漆的關係,分別後還會魚雁往還,或就近關照教師健康,或遙爲祝福。試問這份情誼,不是人間最崇高的無價之寶嗎？有時教師的長期教學正感厭倦而思轉業時,如恰好接到以前的受業門徒來張謝師卡,感激以前所蒙師恩,則可能教師會立卽回心轉意,而繼續去作育英才呢！

二、量的關係

（一）師生關係是一對一的關係

在傳統私塾或現在的家庭教師裏,一位老師只教一名學生。因爲相處日久,數量又少,所以彼此相知甚稔。個性、興趣、潛能、需要,及各種生理、心理特徵,都知道得一清二楚。學生如碰到良師,則良好的師生關係最易建立。

一個老師,只教導一名學生,且教導他一輩子；一名學生,只向一位教師學習,且一生只跟一位教師學習；這種情況,在目前的教育環境裏,都是不可能的。如果一位教師只「願」指導一位學生,一名學生也只「願」聽從一位教師指導,這都會發生教育的偏差,都非教育上的正常現象。

（二）師生關係是一對多的關係

老師只有一個，學生卻是數十個、甚至數百個。晚近普及教育的結果，大班教學在所難免，往昔一名教師只教一名學生的場面已不復見。教師既同時要教導衆多學生，則可能會忽略個別差異，而以常態作考慮。此時要所有學生都能滿意於教師之教學，就甚爲不易了，師生良好關係也就難以建立。所以除非降低班級學生數，減少教師授課時數，否則光喊改善師生關係，會流於空談。

一位「資深又優良」的教師，由於服務教育的時間長又長於教學，則可能「桃李滿天下」。願意親臨師門接受教益的學生，爲數一定不少。這種「一對多」的師生關係，也是令教師心慰的。

（三）師生關係是多對一的關係

學科知識越來越精之後，一名教師不可能是「萬事通先生」（Mr. Know All），所以分科教學也是時代潮流。如此，一名學生得同時應付許多老師的教學。老師與學生一樣，個別差異頗大，要求又寬嚴不一，師資水平也良莠不齊，因此一名學生要與多數老師建立相同的師生關係，自屬不易。有時爲了要調整對不同的老師所給予刺激的不同反應，弄得疲於奔命。

古時候有錢人家的子弟也有許多教師予以教學，有的教師教導他詩詞，有的教師訓練他射箭。現在富有的家長也聘請「許多」家庭教師來指導「一個」兒子或女兒。

（四）師生關係是多對多的關係

現代的學校規模都很大，成千上萬的學生入學，教師員額也增加

甚多。眾多的學生與眾多的老師所產生的師生關係，又更形複雜了。教師對待學生，應一視同仁，不可有差別待遇，所以他的教育愛普施於眾人，也理應接受全體學生的敬愛。但有些老師卻在教師羣中突出而特別引學生注目，這或者是他的奉獻精神，教學技巧，指導方法，與性格上的獨有特徵使他較爲有利的建立良好師生關係。

不管如何，教師如果不全然擺出「師」的姿態而使學生畏懼三分，卻以「友」的立場來與學生相處，則學生也不會把教師看成只是「友」而已，卻更兼有「師」的身份。如此的師生關係，應該是師生在教學過程中最值得懷念與嚮往的吧！傳統觀念根深蒂固的教師，如能在威嚴中帶有仁慈，使學生不敢隨便，不敢恣意放肆，而得「恩威並重、寬嚴並濟」的中庸之道，這或許也是教學中最上乘的境界呢！

本 章 摘 要

1. 教育的對象是學生，學生也是教育的起點。學生的重要性，在教育史上後來居上。教育工作者理應認識學生。
2. 學生或孩童的珍貴價值，非成人或教師可以比擬的是：①好奇心特強，②精力旺盛，③純樸可愛。這三點構成爲知育、體育及德育的最佳本錢。
3. 教育應配合學童發展，以動態代替靜態，以鼓勵發問代替禁止懷疑，並以恢復活潑樸實的品格來代替只重表面而心懷奸詐的作風。
4. 處理學生問題，並非一概任其生長，卻應管教。但應：①以獎勵代替斥責，②提供參與機會爲準則。
5. 體罰是一種教育事實，存在於過去，也出現在現在，相信未來也不太可能消失。贊成者與反對者參半，互有一番說詞。但是良好的教育應該袪除體罰，即令非體罰不可，也應愼重其事。
6. 學生擁有發問權並請求解答或更正權、自治權及參與校政權。

7. 良好的師生關係乃是教師教學的最大報酬，也是最佳的心靈安慰。

討 論 問 題

1. 除了本章所述的學童價值高過成人價值之外，還有那些價值成人自嘆不如？
2. 你有那些具體的痛苦經驗，說明「成人中心」之教育觀念所產生的教育現象？
3. 你受過體罰嗎？何種情況下體罰最常見？
4. 在求學過程中，你有那些參與校政的經驗？教室佈置，學生有揷嘴餘地嗎？
5. 你求學的學校，校門口校名係何方人士所寫，你認為美觀嗎？你深信那是眞筆跡嗎？
6. 你動過逃學或蹺課念頭嗎？原因何在？有內疚感否？
7. 你常發問嗎？有無不快感？老師鼓勵抑禁止發問？
8. 以李商隱的詩（本章第五節所引者）來說明師生關係，妥當嗎？你有無更好的想法？
9. 一旦你當了老師，你希望建立怎麼樣的師生關係？
10. 你認為建立良好師生關係的困難原因嗎？爲什麼？

第七章

學校制度與教育行政

在教育未普及和教育的影響力未顯著之前，因為接受教育（指狹義的教育）的人少，政府及社會大衆也較不關心教育，所以教育（尤其是學校教育）不能成為制度。現代的學校教育，規模非常龐大，人人接受教育已是一種義務，年限又甚長。為了提高教育的效果，政府乃規劃出一套教育系統，行之既久，乃形成制度。而早已存在的學校組織，也慢慢定型。所以教育制度是一種有形的教育組織。中國自古即有教育，但正式的教育制度卻從清光緒二十八年（1902）才開始初見其雛型。歐美各國的教育活動也起源甚早，但等到十七、八世紀國家型態出現後，才有各自的學校制度。

由於辦理全國教育需要巨額經費，私人、財團或慈善機構無法獨立支持，所以政府肩挑了大部份的教育責任，教育行政已變成國家行政當中的重要一環。公立教育機構的行政權掌握在政府手中，而不受政府管轄的私立教育機構，教育行政權則操在董事會手裏，本章將要探討學校制度及教育行政兩項單元。

第一節　學校制度

學校制度，簡稱「學制」。學制分成數個等級，從學生就學年齡來劃分，則年齡小者入小學，年齡中者入中學，年齡大者入大學。因為接受學校教育的年齡大抵為兒童期到青年期，所以所謂年齡小者，意指五、六歲到十二、三歲的學童；年齡中者意指十二、三歲到十八、九歲的青少年；年齡大者意指十八、九歲到二十三、四歲的青年。從知識的高低層次來劃分，則學制又可分為初等教育階段、中等教育階段、及高等教育階段。初等教育重在基本知識之獲得，中等教育重在能力之試探與分化，高等教育則側重知識之廣博與專精。其實，學制的這兩種劃分方法，若合符節。小學即是初等教育的場所，中學即是中等教育機構，而大學就是高等教育的園地。由於三者的學生年齡有別，教育功能各異，所以層次分明。但又由於學校教育過程是連續不斷的，所以各級學校功能雖有其特殊性，卻應上下銜接，否則各自為政，教育將造成支離破碎而無法達成和諧發展的全人格之健全個體。

一、初等教育階段的學校

初等教育階段有自五歲開始者（如英國及美國部份的州），但大多數國家都規定六歲入學。學校名稱不一，有稱國民小學者（如中國），有稱小學校者（如日本），有稱初等學校者（elementary school

或 primary school（註1），如英美），亦有稱基礎學校者（Grundschule，如德國）。修業年限不一，已開發國家的初等教育，有的四年（如西德），有的五年（如法國），有的六年（如美、英、日）。開發中國家則進行六年的小學教育。這一階段的教育，由於是免費，所以又稱免費教育；全體國民一律入學，帶有強迫性，違者受罰，所以又稱義務教育、國民教育或全民教育（註2），因此就學率相當高。雖然未達百分之百，但世界各國大力推行國民教育的結果，小學就學率也都超過95%以上。

（一）初等學校的教育功能

初等教育機構所應達成的教育功能，最重要的有如下數種：

1. 掃除文盲（illiteracy）：文盲是文明的大敵，是社會發展及國家進步的阻力。掃除文盲，是現代化政府的當前急務，先進國家無不全力以赴。法國1850年時的文盲率是全人口的40%，1924年的徵兵統計，23萬多名的入伍士兵中不識字者佔6%（將近一萬四千名），1940年時文盲率已減為3%（Meyer, 1950:210；林玉體，二，1980:523）（註3）。他如英、美、德、俄等國亦莫不如是，但是文盲率在這

註1：elementary school 與 primary school 有區別，前者指涉程度上的基本，後者則蘊含時間上的起始。這兩個名詞在傳統社會階級分明的國家（如英國）是相當敏感的。英國自第二次世界大戰後，為了實施眞正的民主教育，消除「雙軌制」，乃一律把 elementary school 改稱為primary school，全體國民皆從幼年就開始接受同一種類型的學校教育（林玉體，二，1980:529）。

註2：以往，「平」民教育就是「貧」民教育。現在不論貧富，一律「在同一屋簷下」(under the same roof) 都受相同教育。

註3：由於傳統教育重男輕女的結果，法國文盲率也男女有顯著差異。法國的文盲率，1790年時，男生53%，女生73%；到了1901年，各自減少到男生4.4%，及女生6.3%的地步 (Cubberley, 1920:602)。

些國家,目前幾乎等於零。閱讀書報,看懂憲法,並以書信往來,已是一般國民的必備能力。缺乏此種能力者,不但無法適應現代生活,造成自己與他人的不便,且對增強國家軍力及經濟力都大有妨礙。普及教育的首要目標,卽針對掃除文盲而來。

有些國家的普及教育,由於起步較晚,逾齡而失學的成年民衆,不識字者仍多,所以初等學校亦設有「失學民衆補習班」以提供成人識字機會(如我國)(註4)。全體國民,無分男女、老幼,大家都能熟悉常用字彙,則自能提高生活品質,並作爲奠定國家建設的基礎。

2. 提供基本知識與技能:適應現代生活,除了要識字之外,還應懂得一些基本知識及技能,而識字乃作爲獲得基本知識及技能之工具。所以初等學校裏應進行下述科目的教學:

(1) 本國語文:以常用字彙所編成的本國語文課本,內容以切合生活需要、具實用性、趣味性、靈活性爲主。除了重視本國語文的書寫、表達(包括口說及作文)之流暢外,另外應著重文學內容之探討,絕不可出現如蘇「彝」士運河的「彝」字,利馬「竇」的「竇」字,或「皇甫」老師、「鱖魚肥」及「靑箬笠」等辭句。因爲這些都非常冷僻,詰屈聱牙,日常生活中絕少使用這些字眼。

(2) 外國語文:現在國際交通頻仍,文化交流迅速,爲知己知彼,最好應該從小敎導孩童學習外國語。年齡越小,學習外語的效果越佳。以目前我國來說,外語應以英語爲優先。如國民不只能閱讀中文書報,也能看懂英文報紙,則更可知天下事。加上人民出國旅遊者越來越多,所以外語的教學,也是基本教育的重要活動。不管中英文的教學,都應特重口說,而非只重紙上的字意正確,音標無誤,卻無

註4:小學亦有失學的成人入學,所以許多「小學生」的年齡大過於大學生。

法開口。或只強調文法規則之背誦,而不能成文。這是本末倒置的做法。

(3) 史地:鄉土方面的歷史及地理應先讓學童知曉,然後擴大到本國史地及外國史地。但教材應以生動有趣為主,切勿充斥著人名、地名、年代或數目字;更不要咬文嚼字的出現諸如「作網罟」、「制耒耜」、「顓頊」、「帝嚳」等,否則真不知是教古文、學考據,還是在教歷史或地理了。

(4) 自然科學的基本常識:現代化的社會也就是科學化的社會,處在現代化的社會中,國民不可缺少一般性的科學知識,以便對各種與生活息息相關的宇宙或人生奧秘,有個大概的正確認識;不仰迷信,不賴神卜。對庭前花草樹木,了解其性質;星球變化,認識其運作。如能以淺近的道理說明:「人為什麼要睡覺」、「人害羞時為什麼會臉紅」、「睡時為何會做夢」、「為什麼淚水是鹹的」、「種過牛痘後,為什麼會很癢」、「為什麼會出現彗星」等等常見而學童渴切求知的內容,相信必能引起學童對這些問題的興趣。他如使用或修理簡單的電器用品,更是現代生活不可或缺的常識與技能。

3. 鍛鍊強健的體魄,並美化人生:學童在初等學校,正值生長加速期,所以動態的教育應取代靜態的教育。體育、遊戲、勞動應該佔大部份時間。即令是上述語文、史地及自然科目之教學,也應該注重動態學習。而身體健康,有賴充足的營養,貧家子弟大多臉色蒼白,所以多數學校都供應營養午餐;有些窮困家庭家居環境不潔,則學校提供清新寧靜的場所;學生一有疾病,立即作健康檢查,尤重事先防範與事後矯治。此外,精神愉快也是健康的基礎,而美化人生更是幸福生活的條件。因此心理衛生活動也應重視,學童情緒發展特予密切注意。音樂、美術等科目尤應加強。

4. **學校是培養公德的所在**：孩童在家，接觸的是自己的親人，所以私德（即所謂傳統的五倫）較佳；學生一入國民學校後，就應重視公德。公德建立在「法」上，而非如私德之講求「情」，所以守法、公正、平等等觀念是公德的項目。這些公德又是民主社會的基本信條，學校如是民主社會的雛型，則學校教育應培養民主式的公民。

基於上述，初等學校的重要科目，是語文、數學、史地、自然科學、體育、音樂、公民與道德。西洋的三R教學（即讀、寫、算）、宗教科目、音樂、體育及幾何、天文等「七藝」，乃構成為傳統教育的重要科目（註5）。中國過去教育也有詩書易禮樂春秋，或禮樂射御書數等科目。

（二）初等學校的學制問題

初等學校的受教人數最多，也很受社會大衆所關注；它所存在的學制問題，重要的有如下數項：

1. **幼稚園或育幼院應否納入正式學制問題**：晚近工商發達，家境也較前富裕，婦女不主內而走出家庭謀求職業者甚衆；加上兒童心理學家一再呼籲「三歲定終生」，認為學童早期不予良好教養，日後再謀補救則困難重重。所以幼稚園及育幼院林立，幼稚園及育幼院也進行教學活動。一般說來，這些活動叫做「學前教育」，意指未正式入學前的活動。

三歲到六歲的兒童入幼稚園或育幼院，因未有強制性，所以仍有不少學童留在家裏（尤其是鄉下）；又由於學校教育一成制度，難免

註5：傳統的三R加上「宗教」（religion），就是4R了。「七藝」中有人文科目及自然科學科目。

會「僵化」（詳後），所以幼稚園或育幼院以不納入學制爲宜。不過，辦理幼稚園或育幼院，就跟辦理小學一般，應注重學童的活動性，千萬別把幼稚園或育幼院弄得死氣沈沈。幼稚園應是學童嬉戲的園地，古代羅馬稱學校（Ludus）是「遊玩」（play）之所。如果幼稚園或育幼院也全天要學童靜靜的坐在椅子上讀書寫字或作算術，又無遊玩空間，「園」地狹小，玩具缺乏，規定又得午睡（註6），那眞是摧殘民族幼苗的暴行。

2. 教育機會平等問題：普及教育就是提供全國人民有相同的敎育機會，限制機會的主要因素是階級不平等及貧富懸殊。義務教育及免費教育的結果，這兩層藩籬早已袪除。事實顯示下層人民及貧窮子弟如給予相同教育機會，則他們的才華及成就不但不下於上層人民及富家子弟，甚且凌駕他們之上。

但教育機會平等並不能因而限制出類拔萃者有鶴立鷄羣的機會，否則即是「假平等」了。個別差異之大甚爲顯著，要英才向中等能力者看齊，甚至予以壓抑，這是「劣幣驅逐良幣」。把全民皆當庸才，那已違反教育本意了。提供相同的機會，如有突出表現者應因勢利導，不可阻遏。所以初等學校提供了所有國民皆應具備的基礎知識及技能，這方面的要求不必太苛，只要 I. Q. 不是太低的學生都能及格畢業（尤其是知育）。至於對基本知識遊刃有餘的學生，應提供其他機會，分班教學，如此才屬公正做法。勿因平等而損害公正，也不要由於齊一而限制了自由。

由於學生未經選擇，來者不拒，所以良莠參差。資賦優異者有

註6：台灣更有駭人聽聞的育幼院醜聞。成人爲了便利管理，在牛奶中滲雜足以令學童昏睡的液體供學童飲食。有些媬姆還以碎布堵住孩童嘴巴，使其「安靜」。這些消息，著實令人髮指。

之，白痴低能者亦有之。如不專設資賦優異班及啓智班，則教學一定困難重重。至於音樂及美術之有特殊天禀者，亦應提供機會，及早發展其才能。傑出的音樂及美術人才，絕少是大器晚成的，卻多半在孩童時期就已「小時了了」了。如不另設音樂或美術學校予以培養，則「大未必佳」，許多教育先進國家早有音樂學校或美術學校供孩童入學受敎。其實，無此潛能的一般學生如想彈琴作畫，也應提供相同機會，在他們也享相同機會但卻無優人一等的表現時，他就會心悅誠服的敬佩別人才華而不會發出不平之鳴，如此才是平等眞諦。他也可尋找自己較有把握的能力予以發展，則各人都適得其所，怨恨與嫉妒自然消失於無形。

所以初等學校雖然是接受基本知識及技能的教育機構，但這句話並不是說國民小學的學生只能停止在基本知識或技能這個程度而已，而是說全民都應抵達基本的層次。至於在基本的層次上稍加分枝發展，不但無可厚非，且是應予鼓勵的。不過，由於基本知識或技能的複雜度也今非昔比，光是日常語文的訓練就要耗費許多年月。加上國民小學應重視體格鍛鍊，品德的培養，及生活教育的充實，所以分枝發展有延後的趨勢。明顯的能力分班教學，或設立不同學校來進行不同能力的教育，多半在中等學校進行。

造成教育機會不平等的主要因素，是學生家長的貧富及學校條件的優劣。富裕人家可以聘請家庭教師予子弟個別教學，提供良好的讀書環境，比如說有書房、有單人用書桌、燈光較佳；貧苦人家子弟則無此享受。此外，鄉下或偏遠地區的學校設備、師資、教學等比不上城市學校，所以也造成兩地學生受教育機會的不平等。這種現象都有必要予以改善。

3. 學制彈性問題： 學校一形成制度之後的最大毛病，就是僵

化、硬化,而缺乏彈性,不能靈活。年限一固定的學校教育措施,學童未足入學年齡,不得入學;學童未足離校年齡,也未能畢業。如此可能造成許多時間、金錢及能力上的損失與浪費。優秀學生會覺得厭煩,下才孩童會恍惑不知。以前胡適小時唸書,同一天中連升四個年級;在美國的台籍子弟羅傑,十二歲卽大學畢業。這種現象,是學制彈性的運用。智力差異在國民小學最爲懸殊,雖然智育並非國民小學的教育核心,但卻也是國民小學教育的重點工作。強迫聰穎過人者非要唸六年小學才准畢業,的確是一件令他苦惱之事。所以學制的彈性化,是建構學制時應行注意要項,這種原則不僅適用在初等教育階段,其他教育階段亦應適當的運用。教育的對象是人,人是千變萬化的。教育也應該是活的,如果制度把它束死了,那已不是人「生」的教育了。

二、中等教育階段的學校

中等教育階段的學校,俗稱中學。一般說來,中學分前後兩段,前段稱爲初級中學(junior high school),後段稱爲高級中學(senior high school),各爲三年;但美國有些州則是前段四年或二年,後段二年或四年。我國目前的前段從以往的初級中學改爲國民中學,後段則不變。國民中學與國民小學一樣,都是國民教育範圍,學生不經入學考試,一律依學區入學。高級中學則經入學考試入學,性質已與國民中學有顯著的差別。而與高級中學並列的中等教育機構,有年限不一的職業學校。

(一) 中學的教育功能

中學一方面延續著初等學校的基本教育，一方面為其後的高等教育預作準備，它有承上啓下的銜接作用。許多國家把中學的前半段劃歸為國民教育階段，後半段加強能力分途發展；財力雄厚的國家如美國，則將所有中學也納入國民教育領域，打破中小學教育界線，而一概稱為「學級學校」(grade school)。如第一學級 (first grade) 即指六歲就學的年級，第十學級 (tenth grade) 即類似我國目前的高一。不管學校制度如何，中學的首要教育目標，在於能力的試探，以作為日後能力分化舖路。由於中學生能力發展未定型，優劣傾向也未顯著，無法於短暫時間斷定其能力發展的方向，所以必須花數年功夫予以偵測。法國在這方面最值得稱道，法國中學的前四年，稱為「觀察期」(cycle d'observation)，由心理學家、測驗學家、及教育學者予以長期觀察與測驗，然後向家長提出建議，共同商討學生繼續深造或就業的決定。

提供多種學科以試探學生潛能，並進行分組教學以檢驗能力分化的效果，乃是中等學校教育的主要職責。世界各教育先進國家在這種要求下，採取兩種不同的學制：

1. 綜合中學 (comprehensive high school)：即所有中學生都在相同學校接受教育，此舉在於標示教育的民主精神，而與傳統階級式教育有別。此種做法也顯示出教育的單軌措施，而非往昔的雙軌途徑。但綜合中學卻也在前段數年進行一般性科目的教學，而後段數年予以分組（或分科）教學。如法國中學前期的四年中，前兩年課程完全相同，後兩年則分為升學組及就業組。綜合中學的發源地美國，普通科目與職業科目紛然雜陳，並且提供數量極多的選修科。綜合中學

因注重教學的實用性及生活性,所以廣受各國所喜愛。由於識者擔心學生在五花八門的科目中無所適從,以及可能挑選一些「鬆軟的」(soft)課程——即容易得分可以輕鬆過關的課程,而避免選習艱深但富有學術意味的科目,所以中學的「輔導」(guidance)益形重要。如何鼓勵學生勿貪逸好玩,卻應激發潛能,殆為中學教育所面臨的最大課題。

2. **分類中學**: 有些國家採取分類中學學制,如英國的「三分制」(tripartite system),即小學生在十一歲時參加甄試(eleven plus examination)後,依能力之分化而進入三種不同性質的學校就讀:①文法學校(grammar school),是領袖或公職人員的培養所,也是進入大學的主要階梯;注重古典語文、現代語文、自然科學等科目。②現代學校(secondary modern school),注重一般陶冶、藝術及科學科目之研究,及適應工商生活知識及技能之學習。③技藝學校(secondary technical school),注重農工商技藝及知能之研究,強調實習。

西德1980年代中學學制則有:①五年制的國民中學(第五學級到第九學級),接受普通課程及職業課程訓練;②六年制的實科中學(第五學級到第十學級),除普通科目外,另有速記、打字、家事、編織等職業課程;③九年制的文理科中學(第五學級到第十三學級),是進入大學的主幹,以學術性科目的預備教育為主(教育資料文摘,1980, 7-8)。

法國中學後期的三年(如同我國的高中)分為①普通及技術高中,以準備升入大學或技術學院為主;②職業高中,以取得職業文憑為主。第一年就已分文、理、工三組,後兩年則分組甚細,如普通及技術高中分為五組,即文史哲學(A組)、經濟社會科學(B組)、科學物理(C組)、數學生物(D組)、數學技術(E組)(林玉體,二,

1980:527)。

為了避免「一分組定終生」，所以學生在各種不同性質的中學教育機構，都有轉學換校機會。行政上可能有混亂現象，卻頗富教育意義。一方面讓學生嘗試各種教育機會，以發掘人才；一方面也安排各種教育場所，讓學生儘可能的試完所有教育的可能性，如此就較能承認自己的能力事實，而毫無怨言。

我國現制是六年期的中學，前三年舉國一致，稱為國民中學，是國民教育範圍。有些國民中學與國民小學同在一所學校，是九年一貫制的國民教育型態；但絕大多數的國中與國小是分校設立的。國中學生接受相同課程，除了三年級有些許選科外，科目大同小異。中學後三年則分設①普通高中，作為升學之預備；及②各類型職業學校，如商業職業學校、工業職業學校、農業職業學校等。此外，③綜合中學亦在我國出現，即同一學校中有普通高中組及職業教育組。中等教育的學制比初等教育的學制複雜得多，是多元的，而非一元的。

（二）中等學校的教育問題

各級學校教育中，中等學校的教育問題最多，也最為棘手。學生未定型，是問題的重要根源。小學教育眾人皆同，高等教育則已分途發展，中等教育夾在其中。如何一方面加深基本教育，一方面又找到正確的方向，實在頗為不易。

1. 中學年限問題：中學既旨在能力的試探及分化，而能力的明顯性及隱沒性差異甚大。有部份學生的特殊能力早就在小學時就很突出，有些學生的才華卻隱而不發。所以要求所有學生都接受國民中學三年及高級中學或職業學校三年的教育，似乎違反能力發展有遲速也有差異的事實。因此學制的彈性問題，仍出現在中學階段。

其次，國民中學既作爲國民基本教育的一環，而基本知識及技能的獲得，是否需要如此漫長的九年（連同小學六年），不無疑問。德國的基礎學校只有四年，英國也只有六年（五歲入學，十一歲考試後分科入學）。目前我國國民中學無分智愚，一律接受相同教材，表面上一律平等，其實是一種「假平等」的教育。

從前有中學四二制或二四制的實驗，現在都已廢除；學制整齊劃一，徒令人有單調之感。而高級中學與職業學校學生又缺少轉校機會，這種學制好比是一具僵屍。

2. 男女分校抑或合校問題：因性別而產生的學制問題，不會出現在小學或大學上，但在中學卻引起論爭。學制之有初等教育、中等教育及高等教育三階段，也部份配合學生生理發展的特徵而來。學生到了中等學校時，性特徵已開始明顯，對異性的注意力顯著增強；以前國小孩童對異性帶有排拒性的，現在卻產生吸引力了；以前對異性不理不睬的，現在側耳聽聞了。因此學校爲了避免學生的困擾與麻煩，乃在中學學制上採取男女分校辦法。即令是男女合校，也採男女分班措施。換句話說，就是極力不讓男女生接觸。

但在國中方面，男女合校又合班卻有如下的益處：

(1) 由於榮譽心的驅使，學生學業成績會有進步，增加教學功效。

(2) 女生之乖巧文靜與男生之好動，可互爲補足，並增添良好的教室及學校氣氛。

(3) 女生長於文史，男生優於數理，二者可相互請益。

(4) 培養相互尊重異性，並減少對異性的不正當心理。

(教育資料文摘，五，1981:110)

至於高中男生亦贊成合班及合校，他們認爲優點如下：

(1) 調合男女同學間的性情，消除對異性的神秘感，有助高中青年時期身心的健全發展。

(2) 提高學習興趣，成績普遍提升。

(3) 謹言慎行，表現良好。

(4) 增進了解、安靜、競爭、融洽、消除隔閡、奮發向上。

(5) 培養社交禮儀，增進和諧氣氛。

(6) 能使內向者變成大方，態度自然。

(7) 增強學生自尊心、榮譽心，提高整潔、秩序及團體活動的表現成績。

高中女生也支持男生看法，她們認為：

(1) 可消除男女同學間的羞怯，互相切磋砥礪，促進學業進步。

(2) 促進男女同學間關係的了解，能使感情自然流露。

(3) 彼此了解，能在正常的心理狀態下學習。

(4) 榮譽心加強，學業競爭，成績進步。

(5) 數理課程可與男生討論，成績顯著進步。

(6) 彼此有個照應，較粗重工作可由男生代勞。（教育資料文摘，一，1980：76-77）

男女生分班或分校辦法，是逃避事實的措施，也是鴕鳥政策。男女本來就應該在一起，這是自然狀態。男女在小學都在一起了，在大學也在一起，為何唯獨在中學就強行予以分開呢？這是對中學生頗為不公平的。如果因男女生在一起而滋生出一些教育問題來，則學校應正面的迎對問題，不應迴避。如果男女合班而產生技能科（如體育）教學的不便，則行政技巧上應予克服；他如男女生情感上的糾紛，則更應好好予以疏導，這也是良好的「性教育」機會啊！（詳下章）心理學家的研究報告也指出，學生違規犯過行為中，男女分校學生的平

均數大於男女合校的平均數。男女分校的學生較合校的學生易於逃學,並且分校所產生的問題行為或對異性的不當觀念,多於合校(楊國樞,1978:45)。中學也應讓男女生有同桌共學的經驗,並且在校園裏出現女生,不正是更富詩情畫意嗎?許多性變態的成年男女,乃是由於就學經驗中缺少正常的異性交往所造成(Morrison & Mclntyre, 1971:121-122)。

3. **中學生的管教問題**:中學生介於小學生與大學生之間,不像小學生那麼聽話,卻也不如大學生那般的可以獨立自主。他希望教師少管他,但卻又沒有自己管理自己的能力;他不想依賴成人,可是自己又無法自立更生,所以內心相當徬徨與困惑。這是人格變化的轉型期,而心理健康的關鍵,似乎也決定於此。中學時期的確是人生的「緊要年齡」(critical age)。中學問題之層出不窮,是事出有因的。一些小學及大學不作規定的,都在中學紛紛出籠,如學校制服的穿著、髮長及髮型的限制、跳舞的約束、抽煙的禁止及異性交往的反對等,不一而足。小學與大學男女的頭髮,順其自然,不作硬性規定,有披肩的、有綁馬尾巴的、有燙髮的。小學生不會抽煙,大學生則已不禁止抽煙;而大學小學出現花花綠綠的衣著,更是中學所獨缺。多采多姿的校園畫面,只由大學及小學所獨享。

許多中學所特有的規定,的確是多此一舉。「天下本無事,庸人自擾之」。教育先進國家,早就無中學生髮長及髮型的限制,甚至連制服也無統一樣式或顏色。只有在專制及軍國民式的教育環境裏,才有類似「馬桶蓋」、「西瓜皮」等女生頭,或剃光頭、理五分等男生頭,更無形同犯人所穿囚衣的校服。中學有此規定,實在落伍,不但增加教師工作量,且也引來師生之間無窮的糾紛。教育人員不必擔心如果無此規定,學生就會穿奇裝異服,髮長及地,或燙個米粉頭。試

問小學生及大學生享有自由選擇權而無此現象,為何特別對中學生憂心忡忡呢?並且愛美是天性,學生也不可能整天都在唸書,或全心都注意課本;騰出一點時間去考慮自己的服飾及頭髮,不也是一種「儀容」教育嗎?許多中學之出現不良少年,大多數的成因,乃是他們對校方的規定作出不滿的抗議而被「逼上梁山」所造成。中學非但不能造就健全學生,反而是培養打羣架,動扁鑽,甚至玩弄槍械或土製炸彈的能手。學校不就成為亂源了嗎?

4. 文化陶冶及職業科目的教育問題:小學畢業生都直升國中,所以小學畢業生並無升學或就業問題;但部份國中畢業生把國中教育當成是終點式的教育,不再升學,而投入社會謀求職業以利生存。所以國中課程,理應兼顧一般文化陶冶及職業科目的訓練,提供擬就業者有一技之長;至於高中畢業生未升入大學者,情形亦復如是。而職業學校雖以職業知能及職業道德為設校要旨,但也不應忽略一般文化陶冶。這種中學教育性質,也憑添了中學教育的困擾問題。

人人都得謀生,絕不可做寄生蟲。所以職業教育為中學以上的教育機構所不可忽視。但職業教育絕不可流為純技術的提供,而無知識深度,否則學生只知其然,而不知其所以然;技巧雖精,但不知變通,技巧領域就狹窄了。加上現代的職業技巧日新月異,且千變萬化;不知原則而僅得皮毛的學生,只能單靠他所專的那行維生,萬一需要改行或轉業,就困難重重;尤其是學校所教的那套可能在畢業時即已落伍,為時代所淘汰。則如此的職業教育,又如何能預備學生就業呢?同理,職業課程也不可紙上談兵,只及空洞理論而不涉實際應用;雖有儀器,但只供觀賞,近在眼前,卻遠不可及。換句話說,「知行合一」乃是職業教育的首要原則。

職業道德,就是文化陶冶與技術訓練中的最好橋樑。在謀生技術

的教育過程中，培養責任感、誠信不欺、與人合作、提高職業品質、注重研究發展以突破職業技術的瓶頸，都是職業道德的重要項目。他如提供職業活動的美化、享受職業休閒時間、強化敬業及樂業情懷，以減少職業生活的沉悶煩燥或單調性，正是職業教育所應注意的焦點。

三、高等教育階段的學校

高等教育階段的學校，有專科學校、學院、及大學，是能力分枝發展的所在，更是「英才」（elite）的培養所。我國目前專科學校有招收國中畢業生而施以五年教育的所謂「五專」、或招收高中畢業生而施三年教育的所謂「三專」，也有招收高職畢業生而實施二年教育的所謂「二專」，後者大概仿自美國的「社區學院」（community college）或「初級學院」（junior college）而來。學院（college）或大學（university）係招收高中或高職畢業生，修業四到七年；而為了知識的專精研究，學院或大學得設研究所（graduate school），年限不一。一般說來，專科學校是職業教育性質的學府，而學院或大學則是普通教育文化陶冶的延伸，但最後目的，仍在於提供學生就業的知能。

（一）高等教育學府的教育功能

1. 學院或大學：學院或大學旨在「研究高深學術，培養專門人才」。知識無涯，學問無際，但夠資格作高深學術或專業知能探討的人不多。所以學院或大學並非人人可入，「全民教育」（education for all）只及於中學階段，而不必在學院或大學實施。不過，由於知識

的層面越來越廣,學生的興趣越來越雜,因此學院或大學的課程種類乃大為增加,接受學院或大學教育的學生數也今非昔比。以往專為少數人而設的象牙塔,現在變成庇蔭多士的廣厦。

學院規模較小,三個學院可以組成為一所大學。學院或大學又分為傳統的文理科大學或學院,與專業性的學院或大學。前者如臺灣大學或靜宜女子文理學院,後者如臺灣師範大學或陽明醫學院。其實,文理科大學裏的學院,亦有專業性質,如臺灣大學醫學院、法學院及商學院。專業性的大學或學院除了注重學科知識的專精外,也加強實習,所以年限均較文理科大學或文理學院為長。如醫學院修業年限有長達七年者(醫科),法、商、師範學院則為五年。這種性質的學府要求理論與實際合一,所以都附設有實習場所,如醫學院附設醫院,法學院附設法庭,商學院附設商場,師範學院或師範大學則設有附屬中學或小學。

2. 專科學校:專科學校旨在培養職業技術人才,目的在收容高中畢業生不擬升入大學或學院接受長達四年的文理科教育者,或國中畢業生擬接受較長期(五年)的技術教育者。依美國社區學院設置的本意,在於便利本社區學生就近就讀,而不必背井離鄉遠赴他地求學。由於美國幅員頗廣,一州可能只有一兩所大學,異鄉子弟負笈求學頗有不便;且四年的大學教育也所費不貲,因此社區學院遂應運而生。此外,此種學院也提供二年期的文理科教育及職業訓練,在文化陶冶方面,類似大學前二年的功能,所以又叫做「初級學院」。這種性質的學府所注重的技術訓練,多半因地制宜,就地取材,以刺激本社區資源之開發,充分表現本社區職業型態之特色。

我國的專科學校中,1987年以前亦有師範專科學校,旨在培養小學及幼稚園師資。由於師範專科學校是專業性質的學校,所以也附設

有小學或幼稚園,以供學生實習。目前的師專都是五年制,招收國中畢業生就學。自 1987 年後,師專改制為師院是培養國民小學及學前教育機構教師的場所。

(二) 高等教育問題

1. 學術自由問題: 高等教育既重在研究高深知識,所以特別強調言人之所未言,「原創性」(originality) 乃是「研究」一詞的精神所在。原創性的研究者擁有最濃厚的批判精神及懷疑態度,他可能會非難傳統、攻擊教條、打破偶像、甚至與權威作對,所以最容易惹禍,也最常出現學術研究自由的問題。這種問題較少存在於中小學。但只要是名副其實的高等教育學府,又寄居在封閉禁忌或專制的國度裏,則政治上、經濟上、宗教上及輿論上的干擾與壓抑必紛至沓來,目不暇接(林玉體,一,1980:88-92)。

除非知識研究不求進步,只擬故步自封,不敢創新,安於既有成就;甚至要求大學師生乖乖聽命於政權之指揮,服從上司之指示;或把教育當作灌輸政治信條的工具,頤指氣使,政治玩弄教育於股肱之間,大學失去了獨立自主權;否則大學要能真正達成高等教育功能,蓬勃發展,開拓學術研究領域,解決古今知識疑難問題,則學術研究非在一個自由的園地裏進行不可。束縛重重的教育,或政治掛帥的研究,則結論早為人所洞悉,不是一堆陳腔爛調,必是口號八股。就好比早知輸贏的比賽,或結局已固定的競爭,毫無精采可言。大學教育如不得自由,則陷入暮氣沉沉的境界,槁木死灰,了無生機了。

2. 大學教育的功能問題: 大學若志在研究高深知識,而高深知識的研究又曠日持久,卻不能長期仰賴他人。所以非得有堅忍的毅力及獨立思考能力的條件不可,培養為學問而學問的熱忱,也就是為知識而知識的熱度,再加上自我研究 (independent study) 的衝勁,始

克有成。因此，大學上課時間不應太多，一天上課六、七堂，則形同小學；大學應空下不少時間供學生沉思與自我研究之用。懷德海說:「中小學生是伏案於桌前，大學生則應站起來眼望四方。」(Whitehead, 1929:25-26) 此外，大學必須校園遼濶，建築宏偉，具有引發想像力的作用。「以想像力的方式來獲取知識」(the imaginative acquisition of knowledge) 是讓思想自由奔馳的最好保證 (Whitehead, 1929:96)。並且使細節而瑣碎的資料，有統合與歸納的機會。大學的各種活動，皆帶「啓思性」，則一流人才自然就源源不絕的從大學中汩汩而出，不虞匱乏。

世界上傑出的大學，都是環境優美、靜謐、校舍雄偉的；而上課時間不多，必修科目甚少，選修科目增加，且無所謂「必選」科目 (註7)。學生有充裕的時間，利用校園的設備，作想像式的沉思。大學教育的功能，也就發揮得淋漓盡致。

3. 師範院校的設置問題: 歐美早期的大學，畢業生授予 bachelor (以後稱爲學士)、master (以後稱爲碩士) 或 doctor (以後稱爲博士)；其實，bachelor 是繼續攻讀學位的進階，不當學歷看；而 doctor 的拉丁文，係從動詞 docere 演變而來，該拉丁動詞是 teach (敎) 的意思，所以 master 及 doctor 同義，都叫「師傅」(林玉體，二，1980:139-140)，學校老師卽稱爲 schoolmaster。可見大學卽是中小學師資的培養場所。

但敎育越形重要，以及敎育研究風氣越濃之後，培養中小學師資的機構就有專門設立的必要。有些國家專設師範院校 (如法國)，有

註7: 從語意解析來看，「必選」兩字是「矛盾」的；「必」就不是「選」，「選」就不是「必」。不幸，當前我國大學敎育當中竟然有「必選」科目字眼，實在是一種諷刺。

些國家則在一般大學內設立教育學院（school of education, college of education），或師範學院（teachers college）（如美、英），有些國家則兼採二者（如西德）。美國更在本世紀三十年代暴發了學術界注目的教育學科大論戰。批評者指摘教育學科缺乏學術深度，教育研究人員心胸狹窄，觀念閉塞，教育研究論文水準太差。而其癥結所在，乃是師資培養機構不能接受一般性大學的督促與提携，卻閉門造車，形成孤島。因此提高師資水準，則有必要把師範院校併入已享盛名的大學之內，而不應單獨設立。中小學教師如無大學文理科基礎，而光唸幾門教育科目，是有礙於師資素質的提高的。此外，師資培養機構的師資，更乏善可陳，卻透過教育行政機關的影響力，把教育研究視爲他們獨享專利的禁臠，不許他人問津。而教育問題的研究，因關係全民福祉，且是社會科學的領域，所以社會科學家也常爲文發表教育見解，卻大受師範院校的人所排拒。而最令社會科學家不服的是師範院校的教育研究者所提的教育見解，竟是格調太低，且多屬枝節細末，目光如豆，眼界太淺。尤其可笑的是，敎學教育科目的教師，無論在敎學方法或敎學心理上，卻大反教育本意。有些敎學教育心理學的教師，一再要求未來的教師應配合學生心理，但他反而絲毫不懂學生心理；敎敎學法的教師也口口聲聲的說，教學要生動有變化，但他本人教起書來卻是最好的催眠曲，音調毫無抑揚頓挫。教育圈內的人受學術界冷落，咎由自取。西諺有云（英戲劇家蕭伯納，Bernard Show, 所說）：

  He who can, does;

  He who can not, teaches;

  He who can not teach, teaches others how to teach. (Brubacher, 1966: 467)

這句話可譯為:「能者幹，不能者教，不能教者教別人如何教」（林玉體譯，1978:637)。「教別人如何教」，就是教教學法者。教教學法者本身教學法都一無是處，怎能要求他人改善教學法呢？

美國教育界與學術界經過此次大論戰後，師範院校已不再單獨設立，而紛紛併入大學內；一方面教育界也內省反思，提高學術研究水準，擴大視野，展開眼界，吸取文理科研究成果，所以教育研究日受學界重視。而單獨設立師範院校的國家，在師範院校的課程上都與文理科大學有密切配合，所以師資水準提高了不少。這種經驗，正可供我國師範教育學制改革的借鑑。

其次，小學師資的培養機構，不能停留在專科學校的層次上。一來，為人師者不能太年輕，否則人生閱歷太淺，也較易心浮氣躁，耐性不足；二來知識越廣博，教起書來越能得心應手。所以小學教師也應在大學裏培育。我國為順應此潮流，也自1987年將師專改制為師院。

不管大學附設師資培養所，或師範院校單獨設立，它都要完成双重任務：研究高深學術，培養健全師資。如此難免無法與一般大學生「等質齊觀」，因為一般大學生可專心一意的「研究高深學術」。為了彌補此缺憾，所以師範生年限較長，以作為實習試教之用，以便把教育理論或所學專業知識加以實際應用，從中檢討教學法的得失(Dewey, 1900: 160; Russell, 1932: 99)。並重視口才、板書等訓練，所以對師範生的要求比一般大學生多，如此才能建立師範教育的威望。

以往我國小學師資由五年制師範專科學校培養，此種措施，早已落伍，自1987年開始，已提高到大學層次；而師範院校之單獨設立所產生的一些弊病，正是美國三十年代教育現象的翻版。教育科目之為人所詬病，已到了非大力整頓不可的地步；實習試教已名不副實、虛有其表。

師範院校的學制應該徹底檢討或改弦更張，實在已是刻不容緩。

4. 五專存廢問題：五年制專科學校招收國中畢業生，施以職業教育，以培養技術職業人才為要旨。它所產生的主要問題有二：

(1) 太早分化，並非得宜：國中畢業生年方十五歲，他的興趣、能力、傾向可能還未定型，如立即施予某種專業技術訓練，則冒險性太大。並且五年專科教育中的前三年，與一般高中或高職無大差別，但卻缺乏轉科或轉校機會，因此如發現志趣不合，或能力不適，則學習意願不高，學習成就也降低。

(2) 五年時限太長：某種專業技能之訓練，竟需費時五年，**實屬**浪費。專科學校不如改為二年制，而招收高中或高職畢業生。

專科學校應具地方資源特色，如在盛產竹子的社區培養製作竹器的技術人才，在陶土豐盛地區設立陶器業專科學校，則各地的專科學校必能廣受社區子弟所喜愛。且對於繁榮社區，增進社區人民福利，提高就業機會，自大有幫助。

學制猶比一列長距離的慢速火車，並非從起點上車以後，非到終點站不能下車。而是可以每站必停，每站有人進，有人出，視各人需要而定。有人可以一票坐到底，有人卻只能坐一站而已。並且全車程並非只有一種列車行駛，乘客如果不滿意他所乘的火車，他可以選擇一站下車，然後在下車地點等候或隨時可搭上別型車種的車（如有些乘客改搭復興號、莒光號），他不必回頭來從第一站重新買票上車。我國目前學制，一來缺乏「捷運系統」，不能使能力優秀者及早畢業；二來如就讀學校不合己願，就須重考，不管他已經唸了二年或三年，重考後還得從第一年唸起。並且如果中途輟學，就不承認該級學歷。這都是學制缺乏彈性的顯示。不如把學制機動化，勿因行政上的麻煩而窒息了學制的活力。學生如中途離校，就以離校學級作為他的學

歷,如以「高中二年級」表示他的就學年限,並註明於身份證上。這種辦法,也較能說明學制的變通吧!

基於上述,可知學校制度之建構,必須符合下列幾項原則:
1. 學制應能達成教育功能,並注重機會平等。
2. 學制應配合地方需要。
3. 學制應符應學生能力的發展。
4. 學制應考慮國家的經濟能力。
5. 學制應有彈性,上下銜接,左右連貫。學制是個有機體,勿求整齊劃一(uniformity)而犧牲其變通的活力(organic relation)(Maclure, 1973:147)。

第二節 教育行政

現代大規模的教育活動,個人絕對無法獨力撐大廈,必賴集體的努力,始克有成。教育行政乃是統籌並推動全面教育事業的有形勢力,藉巨額的教育經費及透過有效的教育法令之頒佈,加上教育行政人員的領導,教育活動得以順利展開。

一、教育行政理論

以往的教育行政理論,有兩種極端。其一是偏重在制度本身,認為教育法令代表一切,教育行政機構變成「科層體系」(bureaucracy)的衙門,分層負責,不得躐等,亦不能越權。一切依法行事,毫無變通餘地,「公事公辦」就是其特色。教育行政手續,變成公式化,有

固定程序可資遵循，絕不循情濟私，一切依規辦理。教育行政人員有明確任期，期滿必換，且任期有所保障。行政階層高者有法定職權「命令」下屬，行政階層低者要無條件服從，違者立遭行政處分，鐵面無私。並且一切教育措施，特重全體一致性，不容許有個別特殊性存在。這種觀念，實現了教育行政的「法治」精神。

「法治」式的教育行政理論有其優點。因注重分層負責，所以功能細化，專業分工；各層權責分明，獎懲有則，不會產生你推我託之情事。並且上令下行的行政管道也可以徹底的執行層峯使命，效率提高。加上舉國一致共同執行相同的教育政策，有齊一各地教育水平之功。教育人員受法令保障，也較能安心任事，不會存有五日京兆之心，教育措施就會在平穩中進行。

但「法」或「制度」是死的，教育卻是活的。教育行政的「法制化」，難免弊端叢生。教育行政人員只有聽令而行，極可能產生被動心態，卻無積極作為；依獎懲行事，格調也太低。即使上令是完美無缺，但下行結果總會失其本意，大打折扣；而毫無瑕疵的教育法令，又是人間無處可尋。所以舉國一致的教育政策若有錯誤，則全民受害。教育因有因地制宜特色，所以能令萬人皆蒙受其益的相同教育措施，卻是絕無僅有。教育行政人員雖有職務上的法令任期保障，卻造成新陳代謝的延緩及機變權宜措施運作上的失靈，加上純粹依法論事，大失教育「人味兒」氣氛。且只重法制的健全而忽略人員素質的提高，則徒法不能以自行；庸劣的教育行政人員會毀損良法美意。此外，教育行政權力之集中於上層，會造成頭重脚輕傾向。法在令行，法不在或法有漏洞缺失，則道高一尺，魔高一丈的惡果從此而生。而「法令多如牛毛」以杜絕不依「法」行事之門路，乃是極端崇尚法治的教育行政現象。

第二種傳統的極端教育行政理論，就是「人治」觀念。「法治」教育行政觀念，來自於社會學中所盛行的科學管理、行政管理或科層體制管理觀念，視教育行政如同企業經營。而「人治」教育行政理論，則取自於本世紀三十年代左右的美國「霍桑效應」(Hawthorne effect) 之實驗（註8）。這一實驗說明了在公司裏的員工工作效率，卽令是物質環境、客觀條件、或法令規定甚爲不利的情況下，只要員工情緒高昂，意願強烈，則效率仍是節節上升，有增無減。「人」的因素主宰一切，所以行政者如能掌握人「心」，尤勝於制定苛「法」。聽令而行或依法行事，多屬心有所不甘或情有所不願；「人」治觀念則強調教育行政工作之自動自發。「法治」是他律，「人治」是自律，非但有人格尊嚴，且格調也高。「法治」視人性本惡，「人治」視人性本善；前者悲觀，後者樂觀，對教育充滿希望與信心，教育行政人員理應抱持此種態度才對。

純粹注重教育的奉獻精神，是「人治」教育行政理論的具體表現，它的動機就是純然潔白的「良心」。一有法令指使，頓使教育熱忱變質。教育行政應該「無爲而治」，法令多如牛毛，動輒得咎，且「盜賊多有」，教育風氣沈淪。「人治」的教育行政觀念，注重以德服人；教育行政上的領袖都是衆望所歸、術德兼修，且學問淵博的俊彥，對於教育人員，採取尊重與信賴的態度，不會自視爲長官，目他人爲部屬。公文來往，也不會喜愛上對下的作風，而以民主式的型態來作爲處理各種問題的準則。一遇紛爭或異議，則以溝通或疏導予以解決，而人格感召乃是化除各種戾氣爲祥和的最佳潤滑劑。

「人治」的教育行政觀念，由於注重個人，所以教育行政措施，

註8：有關此實驗在教育研究上的應用，詳見第十章。

絕對不會舉國一致，卻極富地方色彩；且變化甚多，所以極有「動態」(dynamic)感。行政權力又不聚集上層，卻落實於下層。而下層的教育人員最多，因此引起最大多數人的最大教育樂趣，人人既可對教育關心，人人又可對教育陳述見解（謝文全，1978:34-176）。

上述是兩種教育行政理論，一重法治，一重人治。前者屬中央集權制型態，後者則走地方分權路線。因二者各走極端，爲了調和，乃有第三種理論出現。光靠法治而無人治，則屬「行屍走肉」；但只賴人治而缺乏法治，則類似「無舍遊魂」（謝文全，1978:231）。權傾中央，頭重腳輕；權集地方，頭輕腳重；二者都非完美。如能兼有二者之利而無二者之弊，則是上上之策，這就是中央與地方的「均權制」──全國性的教育事業由中央辦理，地方性的教育事業由地方辦理。前者要求舉國一致，所以有必要賴法令去貫徹；後者因地制宜，因人而異，所以「人」的成分多。

如把教育行政看做一個「系統」(system)，以明文規定的「法」作其骨幹，但若無「人」充其血肉，則無異是殭屍，「法」這個軀殼了無生氣，冷酷無情，且有解組或毀壞的時日。有了健全的「人」填補其間，就會生生不息。而人是變動不居的，有時甚至捉摸不定。同理，中央集權式的教育行政，如無顧及地方需要，則法令一定窒礙難行。反過來說，放任地方權限無窮擴張，則全國教育將出現不均衡局面。就好比血肉之生長而無軀殼爲其架構，則贅肉溢血必多，也非健康現象。「法」重限制，「人」重自由；教育行政上的均權制，就如同教育活動過程中的奧妙一般，如何在「限制」與「自由」中取得協調，二者運用得恰到好處，天衣無縫，英哲洛克所要求的這種教育境界，的確令教育學者或思想家殫精竭慮。純粹從教育的最後目的而言，「人治」應是最崇高的宗旨。但這種理想可能是烏托邦，加上人

治極可能變成「人存政舉、人亡政息」；「法治」則不會因人而異。其實，二者可作為過程中的消長，開始時傾向法治，結束時偏重人治。辦理教育事業之初，由中央統籌規劃；但一段時日之後，移歸地方負責，這或許是「均權制」的另一意義吧！

二、教育行政組織

教育行政組織是政治組織的一種，雖然有些國家（如法國）採用教育行政組織的「政教分離」措施，將全國劃分為數個學區，學區區域與政治行政區不同，人員、經費也與政治行政區有別，以標明教育與政治各自獨立不相侵犯，中國在本世紀初期也模仿此種行政組織（註9）。但許多國家卻行「政教合一」政策。此外，教育先進國家都在中央及地方設有教育行政機構，以推動全國各地的教育活動。一般說來，專制集權的國家採中央集權式的教育行政，權力集中在中央的「教育部」；民主開放國家採地方分權式的教育行政，如英國的地方教育董事會或美國的州教育董事會掌管教育大權。在這方面，美國教育行政組織較具典型。美國聯邦（中央）政府雖設教育行政機關，但旋設旋廢，目前雖有「教育部」(Department of Education) (註10)，卻沒有指揮全美教育的實際法令效力，而只有向各州或各地方的教育建議權，或統計全美或世界各國的教育資料，向各地或各州提供教育

註9：中國實施失敗，但法國至今仍實施此制。法國是歐洲民主革命的發源地，教育脫離政治的干涉較易；中國本就有「政教合一」的傳統，「以吏為師」是常事。因此政治權力不放手教育的獨立自主，乃造成中國實施此制遭致失敗的主因。

註10：1980年美國總統雷根就任，還一再揚言要取消教育部，但在第一任任期屆滿之前(1984)，此種揚言並未兌現。

服務，以及進行與世界各國的文化教育之交流事宜而已。美國自立國以來，從無「國立大學」之設，其他中小學教育更非中央權限範圍。因為美國憲法早就明文規定，「教育」非中央政府的責任，教育權交由各州或地方掌管。所以聯邦政府沒有必要設立教育行政機構，如經設立，也無權干預各州或各地方的教育業務。

我國目前的教育行政組織，分中央、省（院轄市）及縣（省轄市）三種。中央政府設有「教育部」，是全國最高行政機關——行政院的一個部門，所以「教育部」也是全國最高的教育行政中心。臺灣省及臺北高雄兩院轄市也各設教育行政機關，但名稱不一。在臺灣省者稱為「教育廳」，是省政府的一級單位；在臺北市及高雄市（院轄市）者稱為「教育局」，亦是市政府的一級機構。臺灣各地區的行政基本單位（縣及省轄市）各設「教育局」，亦是縣（市）政府的一級單位。憲法雖標榜均權制的教育行政型態，但我國目前的教育行政權，集中在中央的教育部；至於省（市）及縣（市）的教育廳或教育局則大權旁落，變成公文轉承站，大小事情，都得向教育部請示，而教育部也樂得大權在握，連中學生的髮長及髮式，各縣市教育局都無自主權，還得由教育部統一規定。

下面略述我國三級教育行政機構的職權，並加評論：

（一）教育部之職權

依民國62年（1973年）修正公佈之教育部組織法規定，教育部之職權有三：

1. 主管全國學術、文化及教育行政事務。（第一條）
2. 對於各地方最高級行政長官執行本部主管事務，有指示、監督之責。（第二條）

3. 就主管事務，對於各地方最高行政長官之命令或處分，認為有違背法令或逾越權限者，得提經行政院會議議決後，停止或撤消之。（第三條）

由此可知教育部在積極方面，有「指示」及「監督」全國「學術、文化及教育行政事務之責」；在消極方面，有權對違背教育部「主管事務」之命令或處分，予以「停止或撤消」。教育部純依法行事，並且法定權如此龐大，幾乎是全世界少有的現象。但是這種明確賦予中央級教育行政機構的權力條文，卻不見於臺灣省教育廳或臺北市教育局。

（二）臺灣省教育廳之職權

依民國62年（1973年）修正公佈之「臺灣省政府合署辦公細則」之規定，教育廳的職掌如下：

1. 關於高等教育及師範教育事項。
2. 關於高級中學及專科與職業教育事項。
3. 關於國民中小學教育及學校衛生教育事項。
4. 關於特殊教育及家庭教育事項。
5. 關於縣市教育行政之監督與輔導事項。
6. 關於社會教育及國語推行事項。
7. 關於私立中小學、職業學校及補習學校之監督及輔導事項。
8. 關於中小學教師資格檢定及師資訓練事項。
9. 關於學校軍訓教育事項。
10. 關於建教合作事項。

上項規定中，只7提到「監督及輔導」等行政字眼，其他都是列舉所有「教育」活動的範圍（如高等教育、師範、高中、職業教育、

專科教育等)。至於省教育廳辦理這些教育活動時,職權如何與教育部劃分,則從「法」的規定上,實在看不出線索。而民國63年(1974年)修正公佈之「臺北市政府教育局組織規程」中,竟無提到教育局的一般職權,只對教育局長之任務規定為:承市長之令,綜理局務,並指揮監督所屬機關及職員。而條列其權限,竟然有「機關與重要公文之批閱核判」,及「重要會議之主持與參加」等。職權縮小如此嚴重,若與美國的州(相當於我國的省)教育行政機構之有權統籌全州教育大計相比,簡直有霄壤之別。

(三) 縣(市)教育局之職權

依民國62年(1973年)修正公佈之「臺灣省各縣(市)政府組織規程準則」之規定,縣(市)教育局掌理國民教育,社會教育,及文化康樂等事項。這種規定,實在相當籠統。因為規定相當籠統,所以給中央教育部以獨攬大權的可乘之機,中央集權制於焉形成。

中央集權化的教育行政措施,還可以由下述兩例看出端倪:①國小校長及國中校長的任免或升遷權,操在省(市)教育廳(局),而非在縣市教育局長手中;縣(市)教育局長人選,縣(市)長無權決定,而由省教育廳負責。即使國民中學校長也無權任免國民中學教師;國民小學的主任及國民中小學的職員,任免權都有往上提升的趨勢。基層行政單位主管的權限形同架空,有名位但無實權。②各級學校紛紛改制為「國立」,即由中央教育部主辦。現在全臺灣的大學及學院,除了私立之外,全屬「國立」,而公立專科學校也有改制為國立的呼聲,且已大部份成為事實(如國立雲林工專)。

三、我國教育行政組織之檢討

我國現行教育行政組織及權力的運用,該檢討的地方很多。茲舉數個要點分述如下:

(一) 教育部權限的過份膨脹

教育部權限的過份膨脹,的確非教育行政上的正常現象。目前臺灣的教育活動,大小事情都得經教育部核可;教育部每事都要過問,甚至連大學的行事曆、大學開設必修或選修,以及中小學國文科教師一學期作文應作幾篇等瑣碎雜事,教育部都有興趣作決定。這種辦法,使得教育部公文堆積如山,無法應付,並且教育部也「無能」應付,否則就有「削足適履」的惡果。加上此舉形同不信任基層教育行政機構的能力,養成強烈的依賴心理,連颱風期間應不應停課等芝麻小事,各校校長或各縣市教育局長都無權決定,或不敢決定,還得勞動教育部長下達命令,這不是不勝其煩的累人工作嗎?(Reeder, 1950:79)。

一個上軌道的國家,教育部雖不必「垂拱」而治,但卻可減少許多工作。先進國家的教育部從不干預大學行政。英美兩國無國立大學,大學自不受中央政府的教育行政機構所指揮,即令德國的大學皆屬國立,但西德聯邦政府的教育部從未插手「管」大學,西德大學校長非官派,卻由大學教授互選產生。大學所有行政,由「教授治校」。所以各大學各具特色,所開課程內容,所提供學習活動,各大學絕不雷同。反觀我國,各級學校教育有越來越整齊劃一趨勢,的確是逆教育方向而行。因地制宜、因才施教、個別差異等原則,已很少見諸於

教育行政組織中。所以我國當前教育行政中有一種奇特的現象,就是法令層出不窮,各種規定,巨細靡遺。一方面令當事人眼花撩亂,一方面也不知如何適從。無關緊要者有之,窒礙難行者有之。爲了舉國一致的教育措施,爲了法令之周全,因之規定既苛又細,以防範教育「盜賊」鑽法令漏洞。所以法令越來越嚴,越來越緊。下層教育行政人員及從事教育工作的第一線教師,簡直動彈不得,稍微自求表現,即觸犯法令規章,要接受法令制裁。所以因循苟且,得過且過,等待指示,效力乃大減。並且法令紛繁,又得上令下行,所以教育部下達三分規定,教育廳局也許就會執行五分(如中學生頭髮長度規定),因之規定越來越緊。就好比拴過度的水龍頭一樣,在正常的鬆緊狀況下,仍會滴水,不得不越拴越緊,基層教師或教育人員那敢自作主張?教育活動的死化,應由中央集權化負重大責任(Reeder, 1950:79)。

教育部如果訂出一般性的教育準則,留有極大的伸縮餘地供地方視其需要而自己釐訂個別的教育措施,如此才能使教育富有機動性,也自能提高各地人民的教育興趣,讓省(市)或縣(市)有參與決策機會,這是教育行政民主化的必要措施。教育部的官員應把眼光放遠,識見放濶,不必斤斤計較於一些教育小事,否則地方教育行政機構可以撤消,教育事業悉數由中央包辦。

(二)各級教育行政單位應設立諮詢機構

教育諮詢機構在於制定教育政策,由學者專家組成;政策制定後,交由教育部長、教育廳長、局長去執行。由於教育部部長或廳局長是行政首長的幕僚,隨行政首長之進退爲進退。爲了避免政海浮沉,人事有所更迭而政策變換不定起見,教育諮詢機構之設立,實有必要。因爲一方面諮詢成員人數較多,且學有專長,集思廣益的結果

自比單由教育行政首長的構想來得高明；另方面諮詢成員較不受政黨所影響，由他們所制定的教育政策較具長遠性，且也比較不會把教育視為遂行政黨政治利益的工具。如此則不管教育行政首長屬於何種政黨派別，教育政策也不會有多大變動。否則「人存政舉，人亡政息」。教育法規朝令夕改，因人而異，實非教育之福。

設立教育諮詢機構的關鍵，在於教育行政首長肯不肯放下大權而尊重諮詢機構的決議。在權力慾薰心的傳統下，這個要求殆難辦到。西方政治學者有言：

Power tends to corrupt. (權力使人腐化)

Absolute power corrupts absolutely. (絕對的權力使人絕對的腐化)

中國數十年來的教育行政單位未能設立諮詢機構，可能就是由於教育行政首長緊抓教育大權所致，所以教育風氣沒能改善，反而日見敗壞。其實這也是整個政治權力運作的通有現象，掌權人死抓權不放，政治一定腐敗不堪。

（三）教師任期的法令保障

我國目前教師在法令上並無取得安全上的保障，小學是派任制，似乎地位較穩；高中以上是聘任制，任免與否，有時單憑校長之愛惡，且一旦被解聘，又投訴無門。這種教育行政措施，的確非善待教師之道。行聘任制者，中小學教師都是一年一聘，大學是頭數年一年一聘，以後是兩年一聘，這種辦法也是令教師不安於位且不敢放膽去做的主因。我國教育之呈現保守狀態而缺乏創新氣息，多多少少與此種行政手段有密不可分的關係。

吾人應建立的一個觀念，就是教師並不等於公務員 (Maclure,

1973:145)。如果教師是公務員,則為何又有「軍公教」之稱 (註11)？
教師是「聘」來的,公務員非依「聘」而來；教師的工作時間有時是
全天候的,不像公務員有上班的明確時間 (註12)。其實教師是自由業,
禮遇教師都已來不及,怎可無端解聘教師呢？所以在法令上應該保障
教師任期,以彌補他們在物質待遇上無法與其他行業相比的缺憾。教
育先進國家在教師任用的初期非常慎重,不適當者立即解聘,毫不寬
待；但稱職而優秀者每給予長期(終身)保障(tenure),使其安心
從事教育工作,他也比較敢施展自己教育抱負而較少顧忌。有長期任
期制者,除非犯了重大過錯,否則校方不得任意解聘。

相反的,如果教育行政機關對教師的去留玩弄於手掌之上,把解
聘視為私人契約關係的中斷,不必解釋理由,更不必說明原因；甚至
要文字遊戲,把「解聘」改為「不予續聘」。教師一方面已無法令保
障,一方面又無申辯餘地,只好忍氣吞聲,或隨時走路,或乖乖就
範。教育行政機關此種刁蠻作為,還談什麼尊師重道、良師興國呢？
此時奢望教師會發揮熱忱,無異是癡人說夢。

(四)教育行政民主化的問題

教育行政人員唯唯謹謹,以部長、廳長或局長之馬首是瞻。開會
不敢陳述己見,卻要觀察首長臉色。或每遇開會,不是討論空洞式的
教育口號,就是一大堆的冗長訓話與報告,根本不能有發言餘地；或
者把建議案束之高閣,以「研究辦理」作為擋箭牌,使基層人員有

註11: 有人戲言,由「軍公教」三者之順序亦可看出我國政府或社會一般觀念之忽視「教」
的重要性,為何不把「軍公教」說成「教公軍」呢？
註12: 如有學生於夜深人靜時來電,言她對人生已感悲觀,真想立卽了卻一生,現在正手
握安眠藥擬自盡,教師接了這一通電話,可以對她說:「現在已下班了,妳明天再
來找我」嗎？

「狗吠火車」式的無力感。這是教育行政民主化掛羊頭賣狗肉的勾當，假民主之名而行專制之實。教育行政首長的態度可以在教育界起帶頭作用，若一切唯我獨尊，不理會或不屑於聽取部屬意見，或壓抑怪罪他們的想法；認爲己見都是完美無缺，不准他人持有異議，則封建時代的衙門作風乃生。社會希望民主，將是荊棘滿地。

民主國家的敎育行政人員，多數是由民選當中產生，要受民意制衡；且有固定任期制。雖然有些國家也採取「專家領導」式的人員任命，但被任命的敎育行政人員都有民主素養，敎育行政機構自不易變成官僚橫行的所在。我國敎育行政的脚步要邁向民主化，路途多艱；官官相護，基層聲音不能被聽聞；又加上中央集權化的措施，各級敎育行政人員唯上級是賴，對下層之請求，當然就裝聾作啞，因而瞞上欺下的技倆乃隨時可見。非但真相實意無由顯現，更且阿諛諂媚、歌功頌德以歪曲事實者，反而步步高升，平步青雲，扶搖直上。敎育行政風氣之墮落，實由於敎育行政缺少民主化所種其因。

民主的一項要素就是公開。敎育行政的民主化就是要公開，尤其是敎育行政人員之任免公開，舉辦各種敎育活動或敎育計畫也都公開，而非秘而不宣，或暗地裏作業，或突然宣佈，令人措手不及或錯愕不置。如此的敎育法令要叫人心服口服，則難如登天。

總之，敎育行政首長位居要津，職高權大；又有法令爲其撐腰。如缺乏民主作爲，則「道之以政，齊之以刑，民免而無恥」。因此而引發出來的學校敎育風氣，梁啓超在其所著「先秦政治思想史」中有透澈的引伸。他說：

「試以學校論，道之以政，齊之以刑，則如立無數規條罰則，如何如何警學生之頑，如何如何防學生之惰；爲師長者則自居警察，以監視之勤、干涉之周、爲盡職，其最良之結果，不過令學生兢兢焉期免於受罰。然以期免受罰

之故，必至用種種方法以逃監察之耳目，或於條文拘束所不及之範圍內故意怠忽，皆所難免。養成此種卑劣心理，人格便日漸墮落而不自覺，故曰免而無恥。」

糾正此種惡習的治本之道，就是孔子所說的「道之以德，齊之以禮，有恥且格」。梁氏接著發揮此種見解於教育行政作風中，他說：

「道之以德，齊之以禮者，則專務以身作則，為人格的感化；專務提醒學生之自覺，養成良好之校風。校風成後，有干犯破壞者，不期而為同輩所指目，其人即亦羞愧無以自容。不待強迫，自能洗其心革其面，故曰有恥且格。此二術者，利害比較，昭然若明」（梁啟超，1980：94）。

（五）教育行政為主，教學為僕的問題

我國教育行政措施，每每以行政工作的方便而改變正常的教學運作。本來教育行政是要服務教學工作的，現在卻因教育行政有權，結果主客易位，變成教育行政領導教學，教學配合（或聽命）教育行政的荒謬現象。如學校行事曆（屬行政範圍）之規定於星期五開始上課，卻以星期二作為學期結束日子；上完體育課後，竟然以數學課或英文課繼之；大學教師升等，非得等到一段時間不可；學生只有一科不及格，就規定要多讀一年；全國中小學都有統一教科書、統一教材及統一進度；及各縣市教育局編製員額一概同等。這些例子，普遍存在於當前教育界中，實在是教育行政為人所指摘之處。而其癥結所在，就是教育行政人員的不當觀念作祟使然。為了行政方便而妨礙教學，這是行政人員懶惰、技巧拙劣的證明。

教育行政應支援教學工作，非但不可束縛教學工作之進行，而且要處處給予方便，助其克服困難。教學是主，行政是輔。這種精神，

「形式」上表現在大中小學的學校行政人員的身份上。大學設有系主任或教務長,中小學設有訓育組長或教務主任等,他們是學校行政人員,但他們卻是「教師」兼的,如「教授兼系主任」,或「教師兼教學組長」,而非「教務長兼教授」或「設備組長兼教師」。這種名稱上的用意頗佳,只是真正的情況卻不是一回事,反而是本末倒置,以行政為本業,教學為副業。所以為了行政權宜措施而犧牲教學,這是教育行政界的沈疴,實應及早診治開刀不可。

此種教育行政的毒瘤不除,還會衍生一種反常現象。一般人會以為行政人員高居於教師之上,教師屈服於其下。比如說,教務主任常說,本處「下面」有多少專任教師,多少兼任教師。其實,把行政人員看作優於教學人員,本屬錯誤;二者應屬平行地位。學校處室主任或組長是校長的幕僚,但教師卻是校長的「客卿」(註13),二者是不可相提並論的,而二者也沒有隸屬關係。但是從「教育」立場而言,教學是主要任務,行政乃因教學而生,而非教學乃由行政而起。所以教師如果兼理行政業務,他應該時時以教學為念,教學與行政二者不生糾葛是最好現象,如二者有所紛爭,應以教學為主,以教學為優先考慮。至於如此而引發的行政問題,應由行政長才去設法克服。如此教育才能上軌道,也才能真正的發揮教育行政的應有任務。

四、教育視導

教育視導 (educational supervision) 是溝通教育行政機關與學校教育的管道,教育視導人員 (educational supervisors) 則是疏解

註13:就是這種關係,所以校長對教師應「禮聘」,這才是待「客」的正常之道。

二者摩擦的媒介。他所肩負的任務,一方面在視察教育法令在學校實際運作的結果,一方面在了解學校教育的困難並幫助學校解決問題。所以視導人員(卽通稱的督學)在消極方面要考核學校的優劣,在積極方面則要扶持學校的發展,而前者只是達到後者目的的手段。

由於督學的任務相當重要,所以教育先進國家對督學的工作寄望甚殷。英國的督學由皇室任命,以尊重其地位。其他國家則特別重視督學的資格及其法定權限之提高。我國教育行政機關雖有「督學室」之名,也設有督學若干名,但衡諸實際,問題叢生。茲舉其犖犖大者,略述如下:

(一) 督學的資格有待提高

目前我國中小學的督學資格,除了多一項具備有公務人員任用資格之規定外,與中小學教師資格同。而大專院校的督學資格或學術威望,更無法與大專院校教師並駕齊驅。其實如果發揮「教授治校」精神,則大專院校根本不需督學,中央教育行政機關也「無能」督導大學。至於中小學督學之人選,除了提高其學經歷外,尤應重視他的實際教學技巧。督學必須嫺熟教育法令,精研教育學理,富有行政才華,且具豐富又優秀的教學經驗。一遇學校發生難題,他可以迎刃而解,他應該是學校教師的「導師」。如果一問三不知,觀念又閉塞保守,請他示範教學又技術拙劣,試問他憑什麼資格來「督學」呢?

我國的督學,師生諷之為「毒蛇」;敬而遠之,避之唯恐不及。一蒞校則挾「法令」以訓師生,一副威風凜凜不可一世姿態,令人望而生厭。有些督學,人品甚差,吃喝玩樂,一概由校方供應;專挑學校毛病,專找老師麻煩,置師道尊嚴於不顧;如遇校方請求解決疑難,則官腔十足,袒護上級而怪罪校方無理取鬧,實在是教育的敗

類。督學非但無法監督學校產生清新教育風氣的作用，反而領頭帶來污染效果。幸而目前督學抵校次數不多，時間不長，所以為毒還不十分嚴重。今後唯有提高督學品質，改善督學方法，加強教育行政機關與學校之間的聯繫與合作，教育政策之推展才能順利進行。

（二）分類督學之設置

現代的教育，無論是學校行政或教學工作，都日益複雜。督學員額也應視時代的要求而有所增加，最少應分行政類及教學類兩種。督學與教師相同，並非萬能通；有些督學長於行政但卻拙於教學，反之亦然。並且在教學督學上亦應分科，如此才能專精。督學應督促教師進修，所以自己應先以身作則，提供最新教育知識或技術以供教師參考。如果要求督學精於全部學科，這是強人之所難，且令督學如此疲於奔命，也非提高督學品質之道。若督學學識落在教師之下，則早已失去督學資格，而變成為教師所看輕的角色了。

分類督學在視察行政或教學時，也較能仔細與徹底，不會走馬看花，潦潦草草。並能針對困難或問題之所在，提供行政上的支援。如此，學校師生當然不會在心理上拒督學於千里之外，反而相當樂意並歡迎督學之來訪。督學與校方打成一片，一片和樂的氣息因此而生，則校方可以知無不言，言無不盡；督學也可完全洞悉「校」隱，這是民主式教育行政的真意所在。校方視督學是助力而非阻力，督學視校方是同志而非敵人，二者共為教育目的之實現而同心協力。

五、教育經費

教育非錢莫辦，雖然蘇格拉底曾貶斥那些將知識當作商品販賣的

希臘辯者（sophists），認爲此舉會破壞神聖的教育意義；但就如最傑出的「辯者」普洛塔格拉斯（Protagoras）所言，收費教學的效果大於免費教學。普氏此言也非虛，一般人的心理都將「免費物」棄之如敝屣，但對昂貴的購物相當珍惜。孔子教書，尚收「束脩」。可見教育活動與金錢脫離不了關係（註14）。教師雖應清高，但政府也不應讓教師餓肚子。且目前教育事業是國家大企業，政府也不可能要求所有教師都是聖人，要他們「安貧樂道」。所以政府的總預算中無不支出巨額款項來辦理教育。普及教育後，教育經費變成政府財政中的沈重負擔。

由於教育的效果相當緩慢，無法立竿見影；「十年樹木，百年樹人」。所以有部份短視的政客寧可花大筆經費於修築橋樑、營建道路、興蓋大廈、美化市容，甚至購買武器、建築碉堡上，卻不願意花分文去設立學校。所以校舍陳舊、設備簡陋、課桌椅破爛、教師薪水微薄、學生臉有菜色。如此那能提高教育品質？但是另有高瞻遠矚的政治家兼教育家，則把教育當作一種人力投資，且是最能獲取長遠利潤的投資。因爲教育爲國防、經濟、社會及文化奠基，所以在教育經費上從不吝嗇，卻慷慨大方。專制的帝王建設金字塔或萬里長城，開明的君主設立大學或圖書館；一重私利或鞏固自己政權，一重文化事業；近視與遠見，由此可見一斑。

制定中華民國憲法（國家根本大法）的先賢們也頗有膽識與遠見。他們擔心教育若被忽視則足以動搖國本，所以在修改條文相當不容易的憲法裏，硬性規定各級政府的教育經費保障。憲法第164條規定，中央政府的總預算中，教育文化經費不得少於15％，省（市）政

註14：「束脩」雖非金錢，但有時卻要靠金錢買來。

府的總預算中，教育文化經費不得少於25%，縣（市）政府的總預算中，教育文化經費不得少於35%。制憲諸賢之注重教育事業，其用意已昭然若揭。分析該條文，有如下觀念：

（一）教育事業之特受重視

政府應行興辦事業衆多，舉凡國防、經濟、交通等，無不是國家建設的要務。但這些重大事業的經費，都沒有明文規定於憲法條文裏。唯獨教育經費特別標明，顯示出教育的重要性，非但不居於國防等之下，反而居其上。

（二）教育經費比例只有「不得低於」的標示

此意即表示該百分比是最低限度，不可比該百分比還低。至於比該百分比還高者，則多多益善。比如說，中央政府的全國總預算中，教育文化經費「不得低於」15%，因此如行政院只在全國總預算中編列10%作為全國教育經費，則是「違憲」。「違憲」的行政院院長應去職，政府重行改組。至於編列了25%的教育經費，雖超過憲法規定，卻屬「合法」。

（三）教育經費不得挪用

教育是一股無形的心理建設，效果常是隱而不見的，它不如開馬路建樓房等馬上可看出「政績」。且教育活動常在穩定下進行，不若颱風帶來災情之有緊急狀況。政府每為了應付後者而挪用前者經費，致使教育費用短缺，撥了興建學校厠所的金錢去救濟災民，或減少教師薪水而去買軍火。教育經費之被挪用，是各國政府經常發生的事。美國一位政治家兼教育家說：

「無論多緊急,無論減少費用的理由多充分,一件事總不應讓它發生,卽千萬別削減教育設備。各州的教育制度應維持百分之百的效率。一個州可以忍受道路、橋樑、建築物的延緩興建,或在以後興建,也可趕得及;但教育卻應持續不斷」(Reeder, 1950: 31)(註15)。

我國憲法雖有保障教育經費比例的條文,無奈限於時局,並在國防預算極端龐大的情況下,教育經費比例數十年皆未達憲法所規定的「最低」標準,憲法徒成具文。其次,在有限的教育經費內,似乎經費使用也有倚輕倚重的偏態現象。近年來爲了提倡教育上的人道主義、或由於主事者或在位者之特殊興趣,特殊教育之發展如同一日千里,尤其在殘障、智能不足兒童之敎學上,特別撥付巨額經費辦理,使得少數特殊學童享有特殊比例的特殊教育經費,絕大多數正常學童教育的經費,無法與其比擬。當國家財源極爲充裕時,發展特殊教育本無可厚非;但目前我國教育經費遠落先進國家之後,卻在特殊教育經費上想與先進國家看齊,這會造成正常學童教育的偏枯。教育方向之著重於此,顯然是走入歧途了。

其次,教育經費之由中央統籌運用,也顯示出教育行政中央集權化的色彩。此舉有助於各地方教育機會平等的作用,因各地貧富不一,如中央不加以調節,則各地學童所受教育就會不齊。比如說,美國在1940年代,北方較南方富庶,所以南方黑人所花的教育經費只有北方白人的$\frac{1}{4}$到$\frac{1}{2}$。當時每一學童平均一學年花費約爲80美元,但南方有九個州的學童花費卻少於50美元。像密西西比州 (Mississippi),平均每一學童每一學年只花25美元,爲紐約州的$\frac{1}{5}$(Butts, 1955:526)。

註15:這位先生是當過紐約州州長的Alfred E. Smith, 1928 年當選爲美國民主黨總統候選人,但競選總統失利。

但各地教育經費如悉數交由中央，然後中央再平均分配給地方，卻又難平地方之怨氣，且有「抑長」以「濟短」的惡果；這是「假平等」的教育行政措施，不合教育本意。此外，中央全權掌握經費權，財政控制權遂完全在地方上失落。雖然如此中央易於指令地方，但也造成全國性教育的單調現象。教育活力頓無，地方特性也缺，這種教育畫面，也不值得觀看。

六、私立學校董事會

政府未大規模辦理教育事業以前，私人或企業機構辦理學校之風氣甚盛；等到學校為公立之後，私立學校也能與公立學校相提并論。私立學校對教育之貢獻，功不可沒。世界上有許多名學府都是私立的，如美國的哈佛、耶魯、哥倫比亞、史坦福、普林斯頓、芝加哥，英國的牛津、劍橋及九大「公學」(public schools)（註16），中國的南開、燕京、復旦等大學，也是名聞遐邇。

私人興學應受政府獎勵。私人興學之旨趣在於實現私人教育理想，或捐資從事文化事業以造福人羣。所以私立學校本應有刺激公立學校之作用，私立學校辦理教育的結果，作為衡量公家辦學優劣的效標，因此私立學校的教育措施也不應完全與公立學校雷同。甚至可以

註16：「公學」的性質類似「文法學校」，係專為升入大學而設，學生多屬貴族子弟。因教育乃在學校這種公共場所「公」開進行，與貴族家庭請家教到家指導子女有別，所以稱為「公」學。但「公學」卻是「私立」的。九大公學依創校時間的先後為：溫策斯特 (Winchester, 1387)、伊頓 (Eton; 1440)、聖保羅 (St. Paul's, 1510)、舒茲伯利 (Shrewsbury, 1552)、西敏寺 (Westminster, 1560)、泰勒 (Merchant Taylors, 1561)、盧比 (Rugby, 1567)、哈露 (Harrow, 1571)、及迦特豪斯 (Charterhouse, 1611)。

有恰好相反的措施,以便作爲「教育實驗」之用。所以在教育行政上,政府不應全權控制私立學校,而私立學校的教育經費也能獨立自主,不受政府支配。

(一) 私立學校董事會應享有學校全部行政權

私立學校的行政權,操在董事會手中。董事會由董事組成,由捐資興學者、學者專家或民意代表充當董事。董事會決定辦校方針,釐訂教育政策,聘請校長,提供經費,視導學校。校長則有任免教職員,決定教學各種措施,或學校內部行政事宜。但一般私立學校卻發生下述兩項問題:

1. 校長與董事會之間的行政糾紛:董事會經常侵佔校長權力,校長完全聽命於董事會之指揮,這種越權行爲導致私立學校不能健全發展。私立學校如擬實現私人興學的宏願,應只制定方針即可,然後全權交由校長執行。董事會是權者,校長是能者。權能區分,私立學校才能上軌道。董事會是外行者,校長是內行者,以外行來干預內行,私立學校怎能正常呢?

2. 私立學校之行政及教學應不受政府控制:私立學校既旨在實驗私人教育理想,它的性質與實驗學校同,可以進行各種教育觀念的實驗,不受政府約束。公立學校如能接受私立學校此種挑戰,相信整個國家的教育活動,會更顯生機。私立學校如完全受政府監督,它的教學、課程、教材,完全與公立學校相同,則二者無甚差別。此種私立學校,只是幫助政府提供人民增加接受教育的機會而已,無甚價值。在教育經費充足的國家,此種私立學校只具點綴作用,不設也罷 (Reeder, 1950:8)。

(二) 私立學校應有雄厚的設校基金

私立學校不可變成學店，以設學為名，營利為實。私人或企業機構必須廣籌教育經費，提供幽靜的教學場所，聘請優秀的師資，具有完善的設備，如此才能實現自己的教育理想。如果學校開銷要完全仰賴學費收入，則學生素質自會降低；如刻薄教師待遇，則良師會紛紛求去；如要倚靠府政補助，則易受政府控制，這都有違辦理私校意旨。私立學校可以徵收學費，但學費或只是象徵性質，或只是全校收入的一部份來源而已。若私立學校的經費在立校初期就短缺，則易使人懷疑其辦學企圖；若辦理不善以致成效無法卓著，而要求師生「樂」捐以勉強支撐，或向政府乞求協助，這種私立學校最好關門，否則只能招收入公立學校無門的三流學生，學校也就變成三流學府，是劣質師生的收容所，非但不是一處教育機構，反而可能是培育不良青少年的溫床。

(三) 私立學校並非家族企業

許多企業大亨斥資興學，由於無法信賴他人，且希望將自己辦校意旨立於遺囑上，作為其後辦校者永遠遵守的辦校準則。因此最保險的辦法，就是董事長及校長不是自己的子孫就是自己的親戚。辦校形同辦理私人企業，代代相傳，永無變更。此種作法，易使學校更趨保守，因為辦校者的初衷容或觀念頗為正確，但可能只適宜於當時，卻未必能適用於現在或未來。如果一概不變的繼承既往，則私立學校將變成時代的落伍者，是會被社會所遺棄的 (Russell, 1932:125-126)。此外，家族親人辦校，圈子太小，不易找到優異人才主持校政。那就形同過去世襲制度的皇朝一般，難免有沒落的一日。且有時骨肉相

殘，親人各佔地盤，互不相讓，結果推展校務大爲不易。私立學校如擬鴻圖大展，宏願大顯，則應聘請學有專長且對教育甚爲熱心的「外」人來負責校務，董事會全力扶持校長的校內措施，不應過問校「內」行政。

　　總之，私立學校的董事會應該在財務上健全，在觀念上正確。私人興學，在於提供更多教育機會，而私人興學所提供的教育機會，應有異於公立學校。舉凡學校制度、課程、教材、教學、行政等都可與公立學校互別苗頭，從而比較二者短長。所以政府對私立學校的行政權不宜過份干預，應網開一面，使它自成一格。如此全國性的教育事業才不會出現單一的學校活動，私立學校也才能大張旗鼓，讓人民有挑選入私立學校或公立學校就讀的平等機會。這才是發展全國教育事業應行採取之正途。

本　章　摘　要

1. 學校制度依學生年齡而分爲小學、中學及大學；依知識等級則分初等教育、中等教育及高等教育三級。
2. 小學教育場所稱國民小學或初等學校，是義務教育、免費教育及強迫教育的所在。以基本知識能力的教學爲主，以消除文盲爲主要功能。
3. 中等教育的問題最多，性質也最複雜。它以能力的試探及能力的分化爲職責，所以在學制上屬於「轉型」期 (transmission)。
4. 高等教育重在人才的培育及知識的博大與精深。所以涉及學術自由的問題較中小學嚴重。
5. 師範院校的學制是學術界熱門話題。目前的趨勢是中小學教師都有必要在大學裏培養，至於師範院校之併入大學內而不單獨設校，也是時代潮流。
6. 教育行政理論有三種，一重人治，一重法治，一則調和人治兼法治。所以

產生中央集權制、地方分權制及均權制三種型態。
7. 教育行政機構在中央者有教育部,在省者有教育廳,在市者有教育局。我國目前教育部掌有重權,省市教育廳局則較無實權。
8. 督學是教育行政機關與學校之間的連繫者,地位非常重要,所以素質及權力應該很高。
9. 教育經費應大幅度增加,不得挪用,尤不得濫用。
10. 私立學校應與公立學校不同,以實現私人教育理想。董事會應設有健全的辦校基金,校長應有全權以處理校務。

討 論 問 題

1. 是否有必要硬性規定小學生要六歲才准入學?
2. 學前教育有必要納入正規學制嗎?
3. 小學有必要學外國語嗎?
4. 基本知識的學習,年限該有多長?何種科學研究,支持你的看法。
5. 試提出男女分校或合校(包括合班)的具體利弊得失。
6. 中學生髮長及髮型的規定,你的看法如何?為什麼?
7. 學生有必要穿制服嗎?理由何在?
8. 有無大學師生的教學自由受到干擾問題,請具體說明。
9. 師範生享受公費,理由何在?師範生的服務義務有必要嗎?
10. 師專改成大學,或師院併入大學,你的主張如何?為什麼?
11. 人治抑或法治在「教育」這個領域中應以何為優先?理由何在?
12. 教育部掌握全權,有何具體證據?有反例嗎?
13. 督學給你的印象如何?
14. 我國歷年教育經費在各級政府預算中佔什麼比例,試搜集此種資料。
15. 就你所知的私立學校,有那些地方在行政上、教學上與公立學校不同?
16. 私立學校是否是私人企業或家族企業?

第 八 章
課程、教材、教法

　　教育有了正確的目標，優秀的師資，及良好的學制後，就應提供充實的學習內容讓師生進行教育活動。教育的**實質**活動就是課程（curriculum），師生教及學的材料就是教材（subject matter）。課程與教材乃是**實現**教育目標的手段，教育目標則是指導課程與教學的南針。而如何把課程與教材予以活化而達成百分之百的教育效果，師生二者成功之教學活動（teaching），乃是主要關鍵。

　　傳統的教育以成人為本位，因此課程的**編製**及教材的選擇皆以教師為核心，不考慮學童的**興趣**、**需要**、與**能力**。教學內容偏重抽象觀念的吸收或記憶，所以「背誦」是重要方法。進步式的教育以兒童為教育起點，課程及教材應配合學生，但卻是引領孩童步向教育目標的途徑。所以課程組織及教材內容都不能忽略「成人與兒童」、「教師與學生」、「社會與個人」、「羣性與個性」等因素，教學方法遂千變萬化，教學技巧乃是教師進行教學時衡量師資優劣的一大考驗。教學是否成功，在新式的教育觀念下，已構成教師任務的一大挑戰。本章將分述課程、教材、及教法三個單元。

第一節 課　　程

　　「課程」二字要予以定義，並非易事。有些學者視課程等於上課的科目，因此課程就是國文、英文、數學、物理、化學等科目的總和，這是傳統教育觀念的產物。有些人主張課程就是全部的教育活動，不只是學科科目是課程，連帶如週會、課外活動、午間休息活動也是課程。這兩種看法各趨極端，前者範圍太窄，後者把課程與教育等同。不過，目前的趨勢則是偏向後者，如學校課程表內，不只臚列有各學科的上課時間，也考慮在休息時間內應提供何種「節目」，以「利」學生獲取教育效果；「利」於學習的「節目」，就是課程。他如將課外活動、班會、升降旗等活動也註明於課程表內，而旅行、參觀、郊遊、或校外教學等，更是學校計劃該學期學習活動中不可忽視的要點。由此可知，現代的課程觀念，層面較廣也較為複雜。如果課程乃依教育目的而編製，則達成教育目的的方式甚多，有「正式的」(formal) 學習活動，如在教室裏上課；也有「非正式的」(informal) 學習活動，如聽演講、辦同樂會等。前者屬於「顯明的」(explicit)，後者是「潛在的」(implicit) （歐用生，1983:7-8）。前者是有意的教學，後者則是無意的啟導。經驗告訴我們，有意的教學活動有時比不上無意的學習經驗。俗語說：有心栽花花不開，無心插柳柳成蔭；正是課程編製者或教育工作者應記取的教訓。但是如何將教育目標具體化於課程編製內，卻是課程編製者的重責大任。

一、課程編製應將教育目標具體化

教育宗旨陳義很高,理想頗遠,所以它具有一般性、普遍性、及抽象性的特色,且不受時空限制。如我國教育宗旨在於「促進世界大同」,這項目的不知何時何地才能實現,但它卻是世界各國人民的普遍要求。為了使教育宗旨落實在具體的教學活動中,以便使教學朝向教育宗旨邁進,所以課程本身是一種「過程」(process),它要接受教育宗旨的引導。教育宗旨細分為各級學校教育目標,而各級學校教育目標都應達成「認知」(cognitive)、「情意」(affective)、及「技能」(psychomotor) 三種,如此才不會非常籠統與模稜兩可。教育研究者在這方面的研究,幾乎大同小異,咸認不管教育是有形的或無形的,顯性的或隱藏的,都應在「技能」上有所表現,在「情意」上產生變化氣質的效果,在心靈的「認知」上層次大為提高。如同克伯屈所言之「主學習」、「副學習」、及「輔學習」一般(見本書第二章)。課程編製應達成此功能。茲將學者分析「認知」、「情意」及「技能」三個「領域」敍述說明如下:

(一) 認知領域的教學目標

1.00 知識(knowledge): 認知個別與原則,方法與過程,及知識結構。

1.10 個別知識:編製特殊或孤立的知識,尤其與符號或具體經驗有關者,以作為爾後複雜與抽象知識的基礎。如數學的四則運算(符號)、歷史「事件」的認識(具體史實)、或簡易實驗而形成的法則(符號與經驗合併)等。

1.11 專有名詞的知識:如「八國聯軍」、「海洋性氣候」、「整數」或「脊椎動物」等名詞的了解。

1.12 個別事實的知識：如年代、人物、地點、事件等資料的清晰認識。

1.20 個別知識的認知方法：將上述的知識予以組織、學習、判斷並批判。這方面包括的課程編製範圍，計有探討知識的方式，及組織知識的類型標準等，以便使個別知識（自己的）與一般知識（他人的）取得連繫。

1.21 既有知識型態的領會：熟悉傳統所留下來而當今仍然使用的表達知識之方法，如作詩的韻律、演戲劇的規定、提出報告應行注意的格式等，不可自我主張，卻應納入既有的知識系統。

1.22 有關時間方面的知識所產生的各種變化過程、發展方向、及現象的活動狀態之認識：如認識中國文化的演進，從中把握住文化流動的主幹（註1）。

1.23 知識或範疇的分類：如文學分詩、詞、散文、小說等。歷史分上古史、中古史、近代史、現代史等。

1.24 認識檢驗知識的效標：如何判斷事實之真假、原則、看法或行動之正確性，卽「真理的標準」問題之探討。如史料真偽之斷定或判斷韓愈有無得花柳病等。

1.25 有關方法學（methodology）的知識：提供研究知識的技巧、程序。此處著重點放在學生對此方向的認知，而非其應用（是知的層次而非行的層次）。

1.30 對某一學科能夠獲取概括性及抽象性的知識，將孤立的事實予以聯繫並建立一個普遍性的知識。

1.31 原則及類化性的知識：將所觀察的現象予以概括或

註1：此項目屬於歷史知識，歷史知識因時間而產生。這裏應加上一條「因空間而產生的各種現象之知識」，即認識鄉土地理、本國及外國地理。

總結，並將具體的個別資料予以抽象化而成為原則，以便觸類旁通。

　　1.32 理論與構造的知識：把一羣原則及概括性的知識統合起來，使彼此之間有緊密的關聯並從而得出一套清晰、周全且系統的知識。如獲得較為完整的演化論知識，或塑造中國文化的主要理論等。

　　由上述可知，認知過程，是由細節到全面，由具體到抽象，由現象到原則。課程如擬達成教育上的認知目的，就應該參考上述步驟。但認知學習活動並不只停止在上述的「靜態」或「內在」活動中，它還有下述數要項：

　　2.00 理解 (comprehension)：理解即是初步的了解，即對資料直接予以認識，不必假手間接資料或方法。

　　2.10 可以用自己的話正確地表達所獲悉的知識，眞意並無變化，雖然陳述方式有別 (translation)。如「自行束脩以上，未嘗不誨焉」，可以清楚而忠實的譯爲白話。他如語言文字上的隱喻、誇張、諷刺等，能一眼即瞧出底細；舉一隅可以三隅反，個中精妙，也能了然於懷。

　　2.20 闡釋 (interpretation)：不只客觀的表達所獲悉的知識，且能主觀的加以引伸發揮，推演到相關領域，或由此提出新的看法或主張。

　　2.30 擴展 (extrapolation)：此一知識領域跨過別種知識領域，變成「科際整合」(interdisciplinary approach)。

　　3.00 應用 (application)：將抽象的原理原則應用在具體而特殊的情況，如數學的四則運算應用於實際購物中，或以自然科學的原則來解釋日常生活中所面臨的天象變化。

　　4.00 分析 (analysis)：對某一觀念予以解剖，分析其組成要素，

了解組成要素之間的上下左右關係，如此就能更清晰的認識該觀念。

4.10 要素分析(analysis of elements)：除了將一個觀念已經表達的因素陳述清楚外，還能舉出隱含因素，並且分辨「事實」(facts)與「假設」(hypotheses)之間的差別。比如說，「師範生的教學意願」此一觀念，不但把「師範生」及「教學意願」兩個已經表達的因素予以清楚的說明外，還分析師範生及教學意願的構成條件，並能分別「假如提高待遇」與「現行待遇」二者對改善「教學意願」之間的不同。

4.20 關係分析 (analysis of relationships)：分析因素與因素之間、或部份與部份之間的關係。如尊稱孔子為「至聖先師」，而孔子說過「自行束脩以上，未嘗不誨焉」；也說過「有教無類」。這兩項因素是組成「至聖先師」觀念的部份因素，而這兩因素之間是否彼此不一致或相互矛盾(註2)？

4.30 建構化的原則之分析 (analysis of organizational principles)：如數學上的畢氏定理或物理上的牛頓定律等，都是已建構化的原理原則，將該原理原則的因素剖析詳盡，就能更清楚認知該原理原則。將一幅已完成的畫，一首已寫就的交響曲，或一篇宣傳廣告稿予以解體，就可看出其完美度或缺陷所在，以謀補救。

5.00 綜合 (synthesis)；將各因素聚合成一整體，以免支離破碎，並從中顯出各單獨因素所缺乏的新意。

5.10 以整體或全面的角度將自己的觀念、感覺、或經驗傳達給他人。

5.20 提出綜合性的計劃、組合或籌備一種教學單元，可以適

註2：這就有必要學點邏輯。從邏輯推論來看，「自行束脩以上，未嘗不誨焉」，與「有教無類」並不衝突(林玉體，1982:95)。

用於各種特殊教學情境。

5.30 鑄造一套抽象體系彼此之間的關係，可以用符號系統予以表示，將具體予以抽繹而形成科學上的根本假設，以利數學上的發現及概念化。

6.00 評價（evaluation）：利用自擬或他人提供的評價系統，進行知識材料的量評價與質評價。

6.10 以內在的一致性作評價: 知悉符合邏輯上的精確性或一致性，並指出論證所犯的錯誤。如「父在母先亡」此句即精確度不足，「與妻子共有財產」則犯有「歧義」，以為「不是排拒」即等於「接受」就犯了「二分法的謬誤」（fallacy of dichotomy）(註3)。

6.20 以外在的效標作評價: 拿已建立的效標來評量待成立的原則之有效性，或以大原則來評量小原則，或以經驗事實來判斷原則原理之可靠性。如取已被學界公認的能力測驗量表來評量自己所作量表的「效度」及「信度」(註4)；或民法（子法）是否抵觸憲法（母法）或性善論能否與客觀事實相吻合（Krathwohl, Bloom and Masia, 1973: 186-193）。

（二）情意領域的教學目標

1.0 接受或注意（receiving, attending）： 對某些存在物、現象

註3： 「二分法的謬誤」是邏輯上的名詞，其意即指把問題單純化到只有「彼」、「此」二種而已，而造成「非此即彼，非彼即此」的說法。事實上，「不排拒」的人並不一定是「接受」者，可能他既不排拒也不接受。就如「愛」「恨」一般，別以為「不恨我的人」一定是「愛我的人」，否則一定會鬧笑話的。

註4： 「效度」（validity）及「信度」（reliability）是測驗上的名詞。「效度」即一種測驗是否能有效的測出該測驗所擬測出的東西，「信度」即該測驗如重複使用，則其可靠度多高。

或刺激開始敏感，引起注意。此種過程有三，從消極被動到積極主動，即：

　　1.1 發覺（awareness）：如對衣著、傢俱、建築、城市設計、工藝品等等美的因素之感受，校內校外五顏六色、音量音質之體驗，身心發展不調和之發現，不同意見之存在，國與國之間的相互依存關係之警覺等。

　　1.2 情願接受（willingness to receive）：接受五花八門的音樂種類，膚色不同的種族及型態有別的文化體系；情願彼此互為協助，以尊重之情聆聽別人說話，欣賞世界各地不同宗教、社會、政治、經濟、或國家的各種展覽及表演。

　　1.3 注意的選擇或控制（controlled or selected attention）：如聆聽音樂時分辨不同樂器的功能、曲調的變換或型態（如奏鳴曲或交響樂）、朗誦詩歌的節奏、關懷當前社會及政治動態、注意交談的朋友或新人之姓名、欣賞美藝作品對增進快樂生活的貢獻、尊重人性尊嚴及其價值等。

　　2.0 反應（responding）：有刺激就有所反應，反應層次亦有強弱或明顯潛藏之分，其過程如下：

　　2.1 默從反應（acquiescence in responding）：情願勉強自己參與他人活動，遵守健康規則，完成家庭作業，無論步行、騎車或駕駛任何交通工具都依號誌行動，參觀博物館、音樂院、美術館，閱讀指定書籍或文學作品。

　　2.2 情願反應：自動翻查有關嗜好或引起興趣活動之資料，閱讀書報雜誌，注意各種有關活動的交通工具，活動地點之環境衞生、天候及人事等。參與休閒娛樂活動、研究計劃、與安全考慮、執行簡單的科學實驗以滿足好奇心、承擔家庭成員的責任感、與他人合作、

不逃避集體討論或座談等。

　　2.3 樂意反應 (satisfaction in response)：在反應中獲取快樂與滿足，享受閱讀及活動的樂趣。

　3.0 評鑒 (valuing)：評鑒價值之有無及價值之高下的能力。這方面也分三種級次，最底層是信念的建立，即價值的接受；其次是某種價值的偏愛；最高層是對價值的奉獻。第一層是只承認其重要性，第二層是喜愛其價值，第三層則是著迷到樂以忘憂的地步。

　　3.1 價值的接受 (acceptance of a value)：接受文學之美的價值，承認友愛是婚姻成功之要件，領略參與公共討論的重要性等。

　　3.2 價值的偏愛 (preference for a value)：價值的辨別與選擇。利用各種方式表達自己的偏愛，積極參與美藝的努力，認真檢驗各種爭論論點等。

　　3.3 奉獻 (commitment)：忠誠於會員的職責，建立一種宗教信仰，為社羣目的付出心力，對理性力量及實驗方法或討論寄予厚望，對民主觀念及理想生出無比信心。

　4.0 組織 (organization)：一個價值系統建立之後，它與其他價值系統之間如何組織成相互連繫的關係，如何選擇一組價值系統作為優勢的價值系統，並如何因應時空的變化或新價值系統的出現而有所調整，其過程有二：

　　4.1 價值的概念化 (conceptualization of a value)：如指明某一幅自己所欣賞的美藝作品的特色，發現自己信守不渝的主義或信仰所根據的法則，明智的抉擇社會在保存人力資源及物質資源上所擔當的責任，並透過傳記的閱讀等方式來評量自己與他人的倫理準則等。

　　4.2 價值系統的組織 (organization of a value system)：以公眾的利益作出發點，而非以私利來選擇社會政策及實際活動；促使民

主社會的觀念與保存人力物力資源有密切關係；以建立人格尊嚴來引導未來我國社會應走的途徑；視個人稟賦的不同，量力而為，不妄自尊大，勿使自己的抱負水準遠超出自己的能力之上，以個人的行為作標準來衡量不同種類、膚色、國籍、職業、文化類型的人之價值觀。

5.0 品格的形成（characterization）：獨特個性的塑造，及人生觀或世界觀的培養與完成，待人處世的觀念及原則都有一致性及持續性。其過程有二：

5.1 價值觀念的奠立 (generalized set)：富有彈性的價值接受系統之建立，如隨時改變既有行為或重新估定判斷以提升人格的品質、情願面對事實與正確的推論結果，以客觀、容忍及實在的觀點來面對問題；對科學方法的處理困難，寄以信心，不盲目崇拜教條或禁不起考驗的主義。

5.2 人生觀之建立 (characterization)：發展一套健全的人生哲學、建立在良心之上的世界觀、清楚的領會「人生意義」問題及「人生存在」之價值 (Krathwohl, Bloom, and Masia, 1973: 98-171)。

（三）技能領域的教學目標

技能表現分為內在的及外在的兩種，內在的是「心理」的，外在的則是「機體」的。二者都有外顯行為表現，是具體可以「量」來衡量的。其簡易與複雜，依序如下：

1.0 反射動作 (reflex movements)，亦是本能動作。

1.1 分節反射 (segmental movements)

1.2 交互分節反射 (intersegmental reflexes)

1.3 綜合反射 (suprasegmental reflexes)

2.0 基本動作（basic-fundamental movements）
   2.1 移動動作（locomotor movements）
   2.2 非移動動作（non-locomotor movements）
   2.3 操作動作（manipulative movements）
3.0 知覺能力（perceptual abilities）
   3.1 肌肉性的辨別（kinesthetic discrimination）
   3.2 視覺辨別（visual discrimination）
   3.3 聽覺辨別（auditory discrimination）
   3.4 觸覺辨別（tactile discrimination）
   3.5 協調能力（coordinated abilities）
4.0 體能（physical abilities）
   4.1 耐力（endurance）
   4.2 氣力（strength）
   4.3 韌力（flexibility）
   4.4 靈敏力（agility）
5.0 技巧動作（skilled movements）
   5.1 簡單適應技巧（simple adaptive skill）
   5.2 複合適應技巧（compound adaptive skill）
   5.3 繁雜適應技巧（complex adaptive skill）
6.0 非口舌辯爭的動作（non-discursive movements）
   6.1 表現式的動作（expressive movement）
   6.2 闡釋式的動作（interpretive movement）(Harrow, 1972)

上面所臚列的條目，是將認知、情意、及技能三種教學目的予以細分，雖然不一定全部毫無遺漏的將每種因素都包括窮盡，但至少可以提供給課程編製者彌足珍貴的參考。課程如擬走科學的途徑，「分

析」乃是良法之一（黃政傑，1982:29-72）。

有些人反對此種分析觀，一來認爲分析的結果會支離破碎，失去原來的整體感；二來認爲課程領域中的某些成份，如美、善等，是不可能予以分析的，勉強予以分析，會缺乏美感；且認爲教育非純屬科學；它還屬於藝術，是科學所不能侵犯的。如能保存一份「隱晦之美」，也別有一番情調。其實，分析的結果，更能使教育目的與課程編製結合在一起，否則籠統的教育目標，將使課程編製者有何去何從的迷惑感；且部份越清晰，整體會更明朗；分析越紮實，綜合會更穩固。教育目的誠然含有美及善的成分，但眞正的美及善，是禁得起解析的。就好比一首貝多芬的第六交響曲，如只准全曲的聆聽，不准闡釋與解說，就只能粗略的領會該曲的一般性優點而已，無法深入。如能細說部份而清楚的了解田原景色、小橋流水、杜鵑道旁、閃電雷雨等，則更能欣賞作曲者的用意。如同一個美人一般，眞正的美人是不怕別人細看（近看）或粗看（遠看）的，也不怕別人掀開她的面紗。她蒙著面紗時有朦朧之美，拿掉面紗之後，更會姿色煥發。課程既在達成教育目的，因此有必要將教育目的細分，這是教育目的具體化於課程中的表示。近年來教育上強調「行爲目標」及「以能力爲本位」的課程編製，也是基於上述說法而形成的教育運動。

二、課程編製應根據心理發展歷程

心理學家研究心理發展歷程，提供給課程編製極大的幫助；雖然他不是政策決定者，但在學童如何進行學習、注意什麼對象，以及心理需要等方面，課程編製者卻應就敎於心理學家。好比優秀的將軍雖然不是決定國家應否介入戰爭的決策者，但卻提供參與戰爭或不參與

戰爭的可能方式及戰爭勝算的機率（Bruner, 1966:23-24）。

課程編製應配合心理發展的歷程。心理發展帶有持續性，不可間斷，但在發展的過程（process）中，卻會產生比較明顯或突出的階段性。換句話說，它不像平坦的滑板，而像梯板突出的樓梯，猶如下圖所顯示：

教育心理學家研究的結果，發現心理發展過程中，比較顯著的共同現象是由具體到抽象，由身體動作到符號思考，由感官知覺到腦部運思。瑞士心理學家皮亞傑（Jean Piaget）的實驗，發現一個有趣的事實。一歲的嬰孩如手已握住一個他所喜愛的玩具而別人予以取走時，他才哭出來；稍長，他的手伸出要取該玩具前如有人在他眼睜睜的情況下取走，他就哭；其後，在視覺範圍內如發現有人取走玩具，他馬上哭出來；最後，他哭的時候是記住該玩具放在一個箱子裏，但開箱一看竟然玩具已不翼而飛（Bruner;1966:12）。

茲將上述實驗，略作引伸，以供課程編製的參考：

第一階段是動作操作時期（manipulation and action, 或 enactive）：此期大概在學前時期，主要是靠實際行動。口說或圖示皆無多大用處。如寫字姿勢、握筆、取筷、摺衣服、繫鞋帶等各種技能之學習，必須依賴反覆的操作，讓學童親自練習，以便養成習慣。這時期

猶如理性睡覺期，與兒童說理，形同對牛彈琴。課程編製應減少文字的敍述及理由的說明，卻應加強動作的示範，以供學童模仿。此時期的學童只知其然，但不知其所以然。

第二階段是圖像時期（iconic stage）：入國民小學後，學童的心理發展已可藉圖片、線條等來代表具體的實物或動作，他已漸漸的遠離經驗世界而作簡單的抽象或想像。所以國小課程編製，應著重在能以圖畫表示的學習活動，而不能以圖形表示的課程應予割愛。

從具體實物到圖形的過程，舉例如下：

🐟　🐟　和　🐟　（具體的魚）

🐟　🐟　＋　🐟　（魚的圖形）

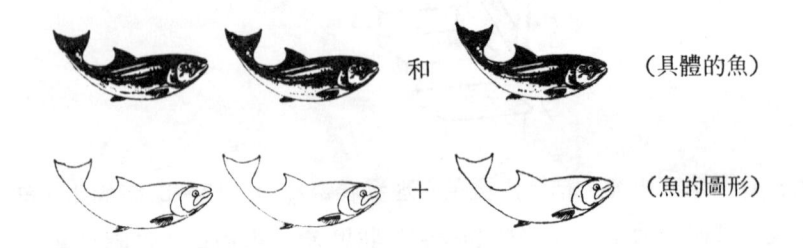

或如：臺中到高雄是 160 公里，臺南到高雄是 50 公里。如將得知臺中到臺南的距離之過程予以圖形化，則為

```
台中|————— ? —————|台南|— 50公里 —|高雄
    |————————— 160公里 —————————|
```

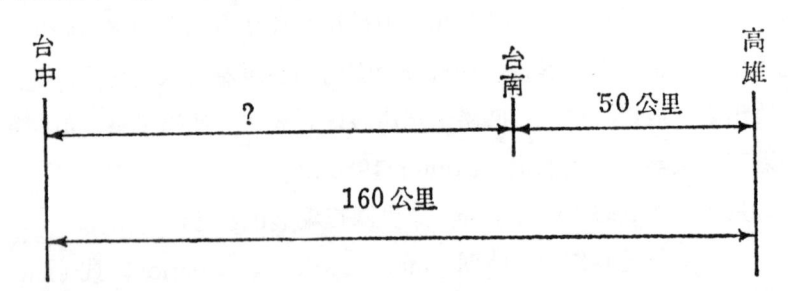

第三階段是符號運作時期（symbolic stage）：語言、文字、符號開始發揮其功能，不依傍動作或具體實物，也不根據圖形，純粹是抽象思考活動。國小高年級開始就已萌出符號運作能力，課程編製應因

勢利導。文字語言的純熟運用，是精確思考的必經過程。如上圖所提出的問題，可以符號化為：

2條魚＋1條魚＝3條魚　　或

2＋1＝3

□公里＋50公里＝160公里　或

□＋50＝160

則問題就立獲解決。而學生在解答疑難問題的過程中，如未知數置於前頭，則學習較為困難，因為至少在「心理」上有一開始就遭遇問題的感受，不如將未知數放在中間或後面。如 $3＋x＝8$ 比 $x＋3＝8$ 較容易解答 x 是多少。填空一個英文完整語句亦然，填空部份在後或在中間比在前面較為容易(Bruner, 1966:55)。而純粹語言文字的研究，也是一門頗有趣味的語意學 (semantics)。就語言層次而言，英文字母多的字所描述的對象不見得就大，字母少的字也不見得該字所描述的對象就小；如 whale（鯨魚）是大生物，但該字只五個字母，而 microorganism（微生物）卻是小生物，但該字字母頗多 (Bruner, 1966:10-12)。他如 long 比 short 短，short 比 long 長，monosyllabic（單音節）卻是多音節字等，皆是語言學研究的一種領域。

　　第四階段是規則運作時期 (rule operation stage)：規則運作能力是為學求知的最重要基礎。語言文字的精熟、符號的充分運用，都是編製課程所應注意的。一般而言，國民小學及國民小學以前的教育，課程應儘量提供感官知覺方面的知識或材料，好讓學童可以發現、探討、提問題、求答案、設計新情境、觀察新經驗，以滿足好奇心。中學階段特重知識之分析、語言文字、及符號的運作；高等教育階段則注重知識的類化及想像力之發揮 (Whitehead, 1929:15-23)。如果

課程編製能够促使學生符號類化成規則，執簡馭繁，那將最能達成教育目的。玆舉當代課程權威，哈佛大學教授布魯納（J. S. Bruner）自己所理出的規則以解釋人類歷史上的重大事件如下(Bruner, 1966: 33)： （註5）

$5\times 10^9=$	5,000,000,000	地球開始形成（距今）
$5\times 10^8=$	500,000,000	脊椎動物出現
$5\times 10^7=$	50,000,000	哺乳動物出現
$5\times 10^6=$	5,000,000	靈長類動物出現
$5\times 10^5=$	500,000	今人祖先出現
$5\times 10^4=$	50,000	大冰河移民時代
$5\times 10^3=$	5,000	文字記載的歷史出現
$5\times 10^2=$	500	印刷術出現
$5\times 10^1=$	50	收音機、大衆教育開始
$5\times 10^0=$	5	人工腦（電腦）出現

世界上許多傑出學者研究出簡明的符號公式以解決知識上的難題，就是由知識類化成規則而生。依心理發展歷程而言，大學階段卽是知識類化成規則階段，英儒懷德海仿德國哲學家黑格爾的正（thesis）、反（antithesis）、合（synthesis），三階段而提出國小是浪漫情調（romance）階段，中學是精確階段（precision）、大學是類化階段（generalization），就是這個道理。

三、課程編製應發揮理性的運作

推理能力的培養是教育的重要目標，課程編製應引導學童運用理性及注重說理的習慣。不管認知、情意或技能的教育領域，都應強調

註5：形成於1964年，自稱爲 Bruner's Rule.

理則，崇尚思考。如此的知識最能保存長久（認知），如此的價值判斷最能保證正確（情意），如此的動作最能有益於身心（技能）。加上學童入校後，理性能力即開始活躍，教育如在於激發潛能，課程如是教育活動的總稱，則學生接受教育之後，如能充分提供理性的課程，則學生會越來越聰明；反之，學生會越來越愚蠢。

理性運作的重要層面，就是認識因果關係。依邏輯解析，因果關係含有三種：

（一）充足條件（sufficient condition）關係

墨經解釋「充足條件」為「有之必然，無之不必然」。換句話說，甲如與乙發生充足條件的因果關係，則「有甲一定有乙，但無甲卻不一定無乙」。如 5＋7 是構成為12的「充足條件」。因為 5＋7 必然是12，但不是 5＋7 也不一定就非12（4＋8 也可以是12，5＋8 就不是12）；人口眾多是構成為大都市的「充足條件」，所以人口眾多與大都市之間有因果關係（唯人口不眾多，有時也可成為大都市，比如說政治中心等）。

自然學科課程的此類材料甚多，因果關係較單純；人文社會學科課程在因果關係上就複雜得多，因此在課程編製上就應特別小心，勿誤導學生建立不能成為具有充足條件關係的觀念。如中文使用「必」的語句：

　　有其父必有其子；
　　天下大勢，分久必合，合久必分；
　　物極必反。

上述例子之謬誤，在於錯把「可能性」當作「必然性」。使用「必」

語句之「主詞」(如「有其父」)與「述詞」(如「有其子」)之間應該形成「充足條件」關係；但證之事實，卻不盡然。所以教育如提供此種學習材料，易因果不明，且混淆客觀事實與主觀期望(註6)，對眞相之領會不但無助，反而有曲解的弊病。

(二) 必要條件 (necessary condition) 關係

墨經解釋「必要條件」爲「有之不必然，無之必不然」。換句話說，卽「有甲不一定有乙，但無甲一定無乙」，則甲乃是乙的「必要條件」，甲也就是乙的必要因果關係。如努力與成功、教育愛與良師、聖君賢相與國泰民安、氣候因素與文化成就等。因爲努力不一定會成功，但不努力一定不會成功；沒有教育愛的教師一定不是良師，而光有教育愛卻不足爲良師；國泰民安的條件很多，聖君賢相只是其中之一而已；不過，若無聖君賢相，則一定不會國泰民安；而極帶地區不可能產生高度文化，這已是歷史事實，鐵證如山。此外，學了數學上的十－然後學×÷，也構成爲必要條件關係。

(三) 充要條件 (sufficient and necessary condition) 關係

墨經釋解充要條件爲:「有之必然，無之必不然」。換句話說,「有

註6:「天下大勢，分久必合」，這種觀念是史家 (羅貫中) 的一種內心期望，但卻不一定是歷史事實。中國歷史上分分合合，因而有「分久必合，合久必分」的史觀；但美國自立國以來，雖有南北內戰時期的「分裂」，卻迄今未見其「分」。如以爲美國之「分」乃「時間未到」，則這種說法並不合乎科學。科學一定要在「不久」的未來作正確的預測，而不可把預測期放在遙不可知的日子裏，猶如「善有善報，惡有惡報，不是不報，只是時間未到」一般。

甲一定有乙，無甲一定無乙」；這是上述兩種條件的合一，甲與乙形成互為因果關係。定義上的用語，應該滿足此種要求，如「人是理性動物」，則「人」與「理性動物」形成充要條件；因為「人」必是「理性動物」，而「理性動物」也必是「人」。

　　有些因果關係是具有時間先後的，但不宜先後倒置，如「物腐而後蟲生」，「溫度計決定溫度」，或「渠成水到」等，這是不合乎科學原則與事實根據的；有些本無因果關係卻硬說成因果關係，則變成錯誤的知識。如日蝕時打鑼敲鼓後，太陽就重現光明；這是迷信，不是正確知識。課程編製應該接受正確的因果觀念來引導，不可充斥著上述學習活動。真理的追求有兩大效標（criteria），一是要合乎「事實」（facts），亦即提出證據；二是要合乎「邏輯」（logic），不違反推論法則；這是理性運作的結果。前者是血肉，後者是架構；架構必須堅實有力，血肉則須豐腴。

第二節　教　　材

　　教材是教學活動的資料，也是實質的教學內容，所以是課程編製的具體化。根據第一節所述，課程編製既必須包括教育上的認知、情意、及技能目標，教材則要將認知，情意，及技能納入；課程編製應配合學童心理發展，則教材須由趣味化、生活化、實用化過度到抽象化、概念化、及符號化；課程編製要遵循推理原則，則教材須禁得起事實與邏輯推理的考驗。所以課程與教材二者，如影之隨形，亦步亦趨，不可須臾或離。

一、教材之重要性

(一) 教材是最有形的學習材料

談教育而無教材,則空洞無一物。傳統上有人把教材視爲教科書(textbooks),事實上根據進步式的教育觀念,教科書只不過是教材當中的一部份(雖然是有形教育當中的重要部份)。由於過去的教科書並不符合第一節所言之法則,所以導致於有些學者提出一種口號,叫做「我們是在教學童,不在教教科書」(Teach children rather than subject-matter)(Reeder, 1950:260)。其實,教材(或教科書)本身是無辜的。我們是在教學童,這句話本無錯誤,但應以什麼資料提供給學童呢?良好的教材正是教導學童的滋養物。捨棄教材,教育變成眞空。試問我們若不以教材來教學童,則我們要教他什麼?難道光說「教」,就能教出什麼嗎?那就好比吃空氣一般,吃空氣會飽嗎?填補學童求知欲(認知),形成價值判斷(情意),增進身心體能(技能),正是教材的範圍。教育如要塑造一個全人格的學生,就應提供全人格的教材。

(二) 提供良好的教材,教育就成功了一大半

教育之活動,除了受教於他人,就是「自我教育」(self-education)——無師可以自通。有了良好的教材,一方面教育活動面全部顧到,又能提供啓思性的認知,培養正確的人生觀,且極富動態,則學習者自能受益無窮。一方面教材又能循理之序而進,適合個別差異,內容旣難易適中,簡繁有度,又能引人入勝,令學習者喜愛。則可以

不必太仰賴教師之教學,學生早就對教材發生好感,樂意與其親近,日日與其為伍,而毫無厭倦之意。它不但能給學生對理出思緒有所幫助,且以充足的事實及合理的推論來修正或推翻學生的錯誤或不當觀念。所以如果有了一本良好的教科書,即使碰到一個不擅長於教學的教師,學生仍會浸淫於該教科書的研讀中。良好的教科書本身就是良好的老師,它可以取代教師的角色。並且教師教書時間有限,空間也狹窄,不若教科書可以無遠弗屆,隨時陪伴學生身邊,還擴及到各個地域。十七世紀捷克大教育家康米紐斯(註7)編出史上第一本有圖畫的教科書,世界各國競相採用,學生與教師或許不知康氏本人之教育意旨,但都以該書作為讀本。美國人韋伯斯特(Noah Webster, 1758-1843)所編的「新英格蘭初階」(*The New England Primer*)被使用二、三十年,銷售量達三百萬冊。可見好的教材影響力之大及影響力之深。

當然,好教材再配合好老師,則教育效果有如虎之添翼,如火之加油。但如有好教材,雖然教師差一點,也為害不大;有了好教材,就有了好的教育開始。如果教材不當,使「讀物」果真變成了「毒物」,則上述教育口號「教學童而非教教材」對傳統教育的攻擊,是可同情的。因為教材內容晦澀,文字艱深,索然無味,強調不合情理的價值判斷,盲目相信教條,又以靜態活動為主,缺乏旅行參觀等教材活動,難怪引起學生對教材的排拒與仇恨態度。雖然壞的教材在碰到好老師時,仍然可以把死教材活化,但這是可遇而不可求的;並且一再的仰賴教師,也非教育的終極目標(教育的終極目標之一,就是自學能力的培養)。萬一教師不良,則惡上加惡,教材與教師二者狼狽

註7:參看本書第四章第二節。

為奸,沆瀣一氣,共同「毀」人不倦,教育災害乃從此而生。

二、教材選擇的原則

有意學習的時間有限,而學習的領域卻廣,其中值得學習的活動也多,因此如何選擇教材,乃在教育史上引起許多爭論。引起爭論的癥結所在,並非在於「該不該」選擇教材,而在於選擇教材的「標準」。這就與教育目的的不同主張有密切關係了,保守式的教育目的要求選擇祖先遺留下來的文化精華;進步式的教育目的則偏重創新。其實二者並無衝突處,因為創新有賴守成,而守成卻可作為創新的基礎。不過,從動態的教育觀點而言,創新應居有優先權 (priority)。並且傳統文化精華雖是先人才華的貢獻,彌足珍貴,但該種「文化財」卻不必然是「教育財」。換句話說,文化財只是教育財的必要條件而已——文化財不一定是教育財,但無文化財則必然無教育財(教材)。因為有些文化財產不適合於作教材,否則非但不能達到文化財產的保存或傳遞作用,反而引起學生對文化財產的敵視 (註8)。

教材選擇應有原則,原則如下:

(一) 教材應達成教育目標

教材既是課程編製的具體化,而課程編製乃根源於教育目標,所以教育目標的分析解剖,乃是教材選擇的指針。教育目標是全面的,教材就不可有所偏。不過,教育目標也有重要性的層次高低,有核心的,有邊陲的;有根幹的,有枝葉的;教材選擇應重前者而輕後者,

---

註8:如文言文是中國的一種文化財產,但精通於文言文的學者如錢玄同,卻痛恨文言文到極點。

而非「一律平等」或「相互看齊」。與其淺嚐樣樣齊全的小菜,不如吃大餐(傅斯年,1980:67)。教學科目不必太多,但必須要能觸類旁通(Whitehead, 1929:2),以免走馬看花,所知膚淺。教育目標就是教育應行追求的價值,根據教育目標而選擇的教材,必能將珍貴的教學活動作爲師生教學的對象。而教育目標的剖析,更能使教育價值的高下一覽無遺,對選擇教材最具指導作用。否則不但虛擲教育時辰,且給學生一種混亂而不知方向之弊。

基本知識乃是作爲現代國民的必要條件,也是爲學求知的重要工具,所以「三R」(讀、寫、算)必須列爲教材。認識歷史與地理,可以擴展吾人視野,並可記取過去教訓,所以這種「人文學科」也是不可或缺的教學材料;而自然科學的了解,更不可等閒視之。他如休閒活動中的音樂、體育、美術等,更是充實生活的要件。教材中缺少這些,都是偏頗不全的。而提供此類教材之後,也應選擇最具意義者,所以文學教材中不應出現有武俠小說,科學教材中不應出現有占星術或煉丹術;歷史中與其介紹某位皇后喜歡穿什麼樣的服飾,不如研究那個朝代的百姓生活狀況;或是重大歷史事件的前因與後果。他如大眾化的體育運動項目(如乒乓球,而非高爾夫球或雪橇),大音樂家作品之欣賞與演唱(如貝多芬交響曲而非流行歌曲),多數人簡易參與的美術活動(如鉛筆素描而非版畫)等,都是具有高度教育價值的教材選擇。

(二)教材選擇應適合學生心理

有些材料的確是一流的文化財,但卻因不能建基於學生的既有經驗,因此如選之作爲教材,則是很糟糕的教材。如林覺民的「與妻訣別書」或白居易的「長恨歌」,這些都不適合作爲中學教材。勉強

作為教材,則無法達到教育的目標,且隔靴搔癢,無法打動心坎。這不但使學生失去學習教材的興趣,且也漠視學生尊嚴,是一種教育上的罪惡(Peters, 1966:10-13)。學生心理上的「準備」(readiness)是無法予以助長或提前的,在未就緒之前就提供超前的教材,那就好比未學走路就想會飛,沒有不跌撞的。對一個未有結婚經驗且性需要未明顯的青年學生大談夫妻訣別之情,簡直是膠柱鼓瑟,對牛彈琴。那種文章給成年人作為課外讀物,當作「非正式」教材,或可發生教育效果。因為那時的讀者心理,正可與文章內容產生共鳴,「予心有戚戚焉」!但何必提早非作為國中的國文教材不可呢?選擇教材者千萬別以為成人心理同於學生心理,那是太自私的表現。

同理,對具體動作時期(幼年期)的學童教導抽象符號的教材,則格格不入;我們怎能教小學生微積分或高等代數呢?又如何要求小學生寫議論性的文章呢?這是由於國小學生的心理發展,還未能適合於思考性的教材。學生學習此等教材,則「勤苦而難成」;相反的,過了該階段心理發展之後才提供適合於該階段的教材,則「壞亂而不修」(註9)。學生定有明日黃花之感,且因教材太易,缺乏心智活動的挑戰性,也失去教育意義。

除了顧及學生心理發展的「預備」性外,更應考慮到個別差異的心理事實。所以教材不可千篇一律,或全部學生使用雷同的教材,而應因地而異,因校而異,甚至因人而異。同樣一科國文,城市學生與鄉下學生、海邊學生與山地學生、北部學生與南部學生所使用的教材就應有所不同 (Whitehead, 1929:14)。讓山地學生唸有關描述臺北動物園或故宮博物院的文章,就如同讓城市學生讀阿美族的豐年祭文

註9:本段的兩句引語,都出自「學記」。

章一般,「遠在天邊」。鄉土教材是最佳教材之一,不必捨近求遠。就像古希臘哲學家泰列士(Thales)一般,常常仰觀天象,是會掉進旁邊水溝的。而個別心理上的差異有時非常顯著,非但教材不能自己與別人同,且進度也不應彼此同遲速。要求所有教材質量相同,進度也劃一,這是愛好整齊的平等假象,卻違反了教育的本意。

(三) 教材應生動有趣且富有條理性

教材內容如擬生動有趣,則必須選用引起學生注意的教材。實用性、迫切性、與趣味性,乃是教材選擇的標準;切勿拉雜瑣碎,言不及義,枯燥乏味。如能比照武俠小說的精采,「欲知後事如何,請看下回分解」,則定會使讀者不忍釋手。如果教材中穿插有相片、圖表,則會有調劑單調文字或符號之作用。而文字之雋永、表達之流暢,更能吸引讀者。現在的國小教科書因比較符合此種原則,所以小學生每當發教科書時,興高采烈、手舞足蹈;一本在手,從頭翻到尾,又從尾翻到頭。因為裏面琳琅滿目、美不勝收;不只文字淺白易讀,內容富故事性,且有彩色的插圖。有些學童視教科書為寵物。相反的,現在的中學有些教科書,裏面全是密密麻麻的文字,字體又小,缺乏生氣;中學生領教科書時就愁眉苦臉,視之為「毒」物。這是中學教科書應向小學教科書學習的地方。一本教科書如令人生畏,久讀之也生不出興趣來,這早已自絕於讀者,那能發生教育作用呢?又那能算是良好的教材呢?

教材內容應具備井然有序的條理性,使學生脈絡分明的理出學習的材料,這對於增進分析能力、推理能力、及思考能力有很大的幫助。所以不要平舖直敘,卻應分條敘述,且標出重點以利記憶與理解。

總之,教材提供教育的重要資料,這是教材選擇的最終目標;但

教材之引起學生興趣,卻是教材選擇的起點。如果教材越與學習者無關或不相連繫,則學習者對它會越不關心,也越對它不喜愛,則教師就必須花更大的精力去促使學生對教材注意,如此產生更多的約束,將帶給教育上更麻煩的問題 (Dewey, 1966:133)。傳統教育以成人為中心,編製出來的教材頗不合學童口味,卻認為如此的教材最具教育價值,因它可以培養學生的「忍耐」操守,忍耐是美德。這種謬論,已為新式教育觀念所取代。將教育活動看成是一件歡樂無比的事,是事在人為的,是有可能的。而把教材趣味化,正是提升教育品質、改善教育風氣的最佳方法。

三、教材分類——科目

教育本來是全面的,教材也應該是整體的;但為了方便,乃有各類教育及各種科目以作為教學之用。

(一) 認知教材是所有教材的核心

認知教材旨在將既有資料作「反省思考」(reflective thinking),而非僅是過去經驗的堆積而已。所以教材內容充滿啟思性、批判性、與推理性。它依學習者心理發展需要而儘可能的提出所有有關問題,並予以滿意的解答。否則,在其他教學項目中就失去主宰。比如說,美的鑑賞活動如無認知成分,則純是一種激情 (sentimental gush);在品格培養上如無理性作依歸,則易造成盲目或任性 (blind and arbitrary);在實際行為中若不含批判性,則動作變為持久不變的成規或機械式的反射習慣(mechanical and routine) (Dewey, 1933:248)。

因此,認知教材的編寫,應該注意認知過程的獲得,而非強調認知

結果的價值。「如何認知?」(How do you know?)這種「知道如何處理問題的程序」(Knowing how)總比「知道答案」(Knowing that, where, when, whom,)來得重要。所以教材中不宜馬上給讀者答案,卻應提供思考的線索,以使學生了然於「知其所以然」的途徑。一個學生知道正確的答案固然重要,但他知道獲得答案的來由更具珍貴價值。且知道獲得答案的來由正是獲得正確答案的方法,否則只知答案而不知答案從何而來,則該種答案如屬正確,也是湊巧或偶然的,並且可遇而不可求。學生熟背公式,但不知公式意義及來由,則該公式的意義不大,存在腦子裏的時間也不久。所以,原因的說明,推理的途徑,思考的程序,都是認知教材所應提供的。如僅提供一大堆不能理解的教材,則學生「記」得多,但「知」得少,最後仍然空空如也。因為沒有多久,就會把它忘得一乾二淨。

建立在認知意義上的教材,學生可以信守不渝。品德方面的教材如也能建立在此基礎上,則道德上的知一定相當穩固。知指揮行,就是最完美的道德。「公民與道德」教材不應提供教條式的德目,卻應說明何以該德目必須建立的理由,並且准學生與教師互相質問該理由,則德目也有合理性及普遍性,大家遵守該德目,變成心甘情願而毫無被逼的感覺。並也以此來打動人「心」,使品德不佳者回心轉意,所以「理」是說服別人的最佳利器。體育技巧活動的教材亦然,教練應提出何以賽跑時要如何調節呼吸、手臂擺動要如何、步伐應如何的正當理由,則不但可以增加體育教學效果,更能提高體育教材的威望。藝術教材也應提供學生有關明暗、對比、及線條等作畫的合理說明,更應刺激或鼓勵作畫者自由自在的充分運用思考而不受習俗所囿(Russell, 1923:103)。宗教教材如無認知成份,形同迷信(Russell, 1923:73)。而職業教育之文雅化,更有待職業教材中充滿思考性的色

彩，在職業技巧的傳授上不應武斷，卻應以批判性的眼光予以研究，職業技巧就能推陳出新，而非老守窠臼，並能解除職業活動的單調化（Peters, 1966:20）。

(二) 情意方面的教材

認知教材是理性的，情意教材則是情感的。認知教材以是非真假為旨，情意教材則在辨明善惡美醜的價值判斷。這方面的教材有直接的，更有間接的，目的在於潛移默化。所以除了公民道德、美術工藝、音樂勞作等有形教學科目之外，學校環境、教室佈置、及校舍建築之能夠令人賞心悅目，都是情意方面環繞在學生周圍的教材。而體育競技之強調運動家風度及姿態之優美、職業教材中之注入詩詞（Whitehead, 1929:45），也是情意教材可以貫穿於各科目的證明。但是情意教材最忌光說不練，所以模範的建立或榜樣的塑造，最屬具體教材。教師準時上下學、批改作業認真、教學勤勉、對學生鼓舞有加、與同事合作敦睦、隨時保持和藹可親態度、樂觀進取、服飾儀容清爽整潔，如此的「身教」，乃是最能產生上行下效的情意教學效果；如能見義勇為、寬以待人、嚴以律己、容忍異見、培養多方面興趣，則不必訴諸「言教」，學生天天看在眼裏，自然就耳濡目染，不讓老師專美於前。此種無形的情意教材，最具情意教學效果。有形的言教教材配合無形的身教教材，雙管齊下，共同指向開放的心胸、誠信無欺、自信自賴、承擔責任感等目標邁進，就不愁情意教學目標無法達成（Dewey, 1966:356-357）。如能再補以校外各種情意教學資源，如參觀古蹟、訪問當地名人、遊覽勝景、欣賞自然環境之美，不但可產生對鄉土之情愛，且更能滋發坦蕩的人生理念，則對於健全人格之奠立，更是功效顯著。

（三）技能方面的教材

技能方面的教材重外顯行為的示範，如實驗、觀察、解剖、資料處理、文章寫作、言語表達等的過程，或肢體運動的步驟等。這方面的教材，應以圖片、程式、或實際操作來補文字敍述之不足。這種教材也散佈在各學科中，如地理之圖形繪作、國文作文及演說之表達、改編的戲劇公演、物理化學之實驗、歷史古跡之考證與挖掘、職業儀器之操作等皆屬之；他如強調身體動作之體育，樂器彈奏，或生產勞動，更屬此類教材的重要部份。此類教材既重在示範，所以務必清楚且正確；絕不可以模糊不清、線條不明，致失去引導作用。

四、當前教材科目之檢討

（一）教材內容乏推理，文字敍述欠活潑

教材內容之推理性及文字敍述之活潑性都有待加強。本書一再強調，「理解」性的教材優於「記憶」性的資料，而內容充實的理解性教材正是提升思考能力、激發潛在能力的最佳營養品，尤其是國中以上的教材為然。不幸，數十年來的國中以上教材，在這方面都乏善可陳，雖有改善，但也績效不彰，欲振乏力。這是源之於傳統觀念之重情輕理、顧及面子而不承認事實真相、好誇大而不知自斂，以及編寫教材者文字精鍊不夠活潑化所致。

1. 根據事實編寫教材，最具說理性：與其說中國人是世界上最優秀的民族，不如說中國人是世界上最優秀的民族之一；與其說中國

是世界上歷史最悠久的國家，不如說中國是世界一大古國。否則難免犯了種族自大狂。如果教材中出現有「中國人口，世界第一」的文字，這是可以存在的，因為這是不可爭議的事實。但是以為綁小腳只是中國文化中「微不足道的現象」，這顯然是中國史的盲者。八百多年的摧殘小腳怎能與西洋婦女的束腰相比呢（取自高中國文第四册第一課，1982年版）？

2. 說明理由必須充分：事實之提供是陪襯，重點應放在理由之說明上；且提供客觀事實也應作為支持說明理由之用，否則變成拉雜，了無教育意義。試看下述教材：

「出生率最高的國家，往往是最貧窮、國民生活水準最低的國家。這種國家的每一女人，如果沒有受到特別阻礙的話，其所生孩子之數，應是天賦之數，即五至七個。

在巴基斯坦，出生率是千分之五十，印度為千分之四十三。熱帶非洲和熱帶美洲也很高，如喀麥隆是千分之四十三，厄瓜多是千分之四十五，尼加拉瓜是千分之四十六。

在文明進步、一般國民生活水準甚高的國家，出生率往往很低，主因是男女兩方均節制生育，不願多生孩子，以增加負擔。像這種國家，出生率最低的是西北歐各國：芬蘭與瑞典同是千分之十四，比利時為千分之十三」。
（錄自高中人文地理上册，1982年版，頁13）

上段摘文，提供如此多的資料，竟然在說明理由時只短短三句。不知編選教材者，要學生記憶上述資料呢？還是領會上述資料所支持的理由？

再引一段高中歷史教材（第二册，1982年版，頁119-120）：

「一為火器之學……湯若望撰有火攻挈要，南懷仁撰有神武圖說。二為天

文曆法之學。利瑪竇曾編著專書，製造天文儀器。湯若望曾修正曆法。清初且以西洋教士掌欽天監。三爲算學。利瑪竇曾與徐光啓譯幾何原本，又與李之藻譯同文算指。艾儒略有幾何法要及三角測量之書。清聖祖尤愛西算，曾據西士所編之講義成數理精蘊一書。四爲物理學。有湯若望的遠鏡說，王徵、鄧玉凾（Jean Terenz）的遠西奇器圖說。五爲輿地之學。利瑪竇有萬國輿圖，艾儒略有職方外記，南懷仁有坤輿全圖。……」

看罷上述歷史史料，的確會使學生有接觸「死料」之感，全爲人名、書名所佔，不知編選此種教材者在達成何種教育目標？那能怪學生痛恨歷史。不如說明接受西學的理由及後來排斥西學的原因。編寫教材者不此之圖，竟然只在瑣碎且學生（甚至編者）幾乎不可能接觸所列書名的情況中列舉那些資料，佔了不少教科書篇幅，教科書實在應行革新啊！

3. 文筆晦澀，必須徹底檢討：編寫教材，應具教育作用，不是作者展示其認識稀有文字或詞彙之所在，也非他表現特殊文筆的場所。教科書是供大衆學生閱讀的，因此應以常用簡易字來流暢的表達意思，不可用冷僻聱牙之文句以賣弄辭藻。如「腠削聚斂」（高中歷史第二冊，頁42）、「貪殘侵漁」、「惡聞盜賊」（同冊頁3）（此兩句根本不通）。這只不過是信筆拈來的一兩個例子而已。其實，國中以上教材之文筆僵化，幾乎俯拾卽是，又怎能培養活活潑潑的學生呢？

（二）邏輯及憲法應作爲高中以上的教材

1. 邏輯：邏輯旨在培養說理習慣，也是爲學的工具；高中以上學生的理性運用皆已甚爲發達，且他們也要爲知識的研究奠下基礎，因此邏輯科目應列爲他們的學習科目。加上高中以上學生正值情感旺盛之秋，如配合冷靜的理性思考，則對於爲人處世較能獲得公正合理的原則。此外，中國學者爲學欠缺方法，西方學者爲學方法較精，

因此如給予學生以邏輯訓練，正可補中國傳統學術之不足。高中學習科目自1984年起已有選修邏輯科目之舉，此爲進步措施；而大學科目中更應該有邏輯，否則是開時代倒車的做法。

2. 憲法：憲法是國家基本大法，作爲一國國民而不知憲法，又怎能運用憲法所賦予的權利及所規定的義務呢？尤其高中學生已臨界公民年齡，他們要履行公民責任，就必先了解憲法。所以憲法之作爲高中以上的科目，其必要性不言可喩，勿庸贅言。

（三）性教育應列入各級學校教科書內

前述兩種科目之列入教材，阻力不會很大；但性方面的知識要選入教科書，可能不會那麼簡單。由於傳統對性列爲禁忌，一般人也羞談性，加上如果性予以開放則不知如何進行性教材的選擇等棘手問題，致使性教育拖延數千年時間而未能實施，實在頗爲不智。也使青年男女生活於性憂慮、性困惱、與性愚蠢之中。這種教育上的缺陷，應及早補救。

1. 性教育的重要性：告子曾說，食色性也；性是人生重要的一面。性生活是人類最健康也是最重要的生活（Baskin and Powers, 1969:5）。它同原子能一般，目前在開放的社會裏，已進行性革命，若不好好駕馭之，二者都有可能毀滅人類（Calderone, 1969: 105）。性教育正是疏導性緊張與性衝動的一種方式。但不幸，學者早在1677年發現有關性的種種知識（如精液），也在1787年爲文論述生物之交配及生長過程，但卻被時人斥之爲邪說，不僅該文被禁，作者（教師）也被學校解聘（Calderone, 1969: 90-91）。値二十世紀的今日，當然不會重蹈此覆轍，開明人士已視性教育爲人格教育不可或缺的部份

(Calderone, 1969: 85)。北歐性革命的先鋒國家如瑞典、挪威等早就在教材中提到避孕、流產、陽萎、及不孕等知識,還於1964年開始進行電視的性教學(Powers and Baskin, 1969: 10-11)。美國哥倫比亞大學的師範學院(Teachers College, Columbia University)也在1967年開設性科目,有生產系統、避孕、懷孕、墮胎、流產、分娩、性特徵、手淫、性夢及性幻覺、愛撫、性媾、性病、妓女、同性戀、婚姻準備、及性行爲標準等(Powers and Baskin, 1969:16-17)。性教育的重要性,已大爲提高。

性教育可以使學生了解性的奧秘,解除性的神秘感,滿足學生對性的好奇心。傳統的教育不但對性忽略,且有意排斥(Kronbausen and Kronbausen, 1969: 48)。每一涉及性,不是盡量廻避,就是強力壓抑或予以譴責,認爲那是一種病,是罪惡,且是污穢不堪的。但性衝動及性需要卻是一種本能,且力道雄渾。廻避不能解決問題,壓抑或譴責更屬下策。積極的教育應當迎著問題接受挑戰。脫去性的神秘外衣,提供給學童正確的性知識,不但對性的好奇可以紓解,不會阻礙智力的正常發展,且心理也較安寧,情緒也較平靜,對於其後婚姻及愛情生活也會產生有利的影響。所以性教育正是心理衛生及培養家庭責任感的重要方式(Kronhausen and Kronhausen, 1969: 48-63)。

學校再不提供性知識,則學童就會企圖或無意的獲得許多歪曲不當的性知識,有害身心發展。一般學生既不敢向師長請教性知識,他們在這方面的了解,多半從同伴當中得來,彼此進行性教育。男生比女生更公開的討論性問題,男生從家庭中獲得的性知識比女生少,而女生所獲得的性知識,從母親處得到的又遠比從父親處得到的爲多(Kirkendall and Calderwood, 1969: 33-36)。但是卽令學童敢向師

長請教性問題而師長樂意解答的話，情況也不可樂觀；因為成人雖有性經驗，但性知識也貧乏得可憐。性冷感、早洩、陽萎等問題，是成人向報社、雜誌、或醫生求助的難題。因此教師如擬提供給學童正確的性知識，則必須在為人師之前，先接受性教育（Kirkendall and Calderwood, 1969: 40-43）。

此外，性教育可以為性作純客觀及科學的研究，以了解真象。人們囿於無知，誤以為手淫或同性戀是有害的，學生只好偷偷摸摸的進行；又錯以肉慾的發洩都是猥褻的，一方面要克制但一方面又克制不了，所以產生兩種心態，一是視性為低級，一是視性為聖潔。抱前者態度者以鄙下的作為予以侮辱異性；持後者看法者，則不敢動配偶以毫毛，甚至也不敢有肌膚之親。這兩種現象，就如同羅素所說，都妨害幸福的婚姻生活。許多家庭生活的悲劇，乃由於對性知識的匱乏所造成。當師長以不當或不正確的性知識告訴學童，或支吾其詞、或有意無意欺騙學童時，將給予學童不真誠的惡劣印象。良好的性教育可以糾正此種不良後果（Russell, 1932: 77-79）。

2. 性教育的教材選擇:

(1) 身體各部位各器官的正確名稱（包括性器官）及其功能、組織、及生長過程之變化。

(2) 遺傳對於生理發展之影響，尤其是性別、性器官、及男女兩性在身高、體重、及聲音等各方面的影響。

(3) 提供男女正常及正當的約會、交誼活動。

(4) 有關生產（如受精、懷孕、妊娠）的各種生理學、心理學、醫學知識。

(5) 青春發動期之前或之時，提供月經、夢遺、手淫、性病、性衛生及保健、及身心變化等知識。

(6) 提供人口爆增、節育、墮胎等觀念。

(7) 進行與異性交往、選擇伴侶、認識情人、及為婚姻作準備。

(8) 提供與異性交往應有之風度、儀態、談吐,及責任感。並從而塑造人生理想目標(Manley, 1969: 70-76)。

總之,「正面的」提供性教材,不必有所顧忌,更不必忸怩作態,或呈現尷尬場面、或言不及義、或顧左右而言他、或有意繞道而行,更不應禁止性教材之出現於教科書內。介紹性器官就如同介紹數學或歷史一般,也不必用代名詞(睪丸就說睪丸,不必說「那個袋子」);當然,所謂正確的性知識,是有科學根據的,如手淫無害身體、夢遺乃正常且健康現象等。此種教材的提供,可以免除學生之緊張與惶惑。並且性教材應作為所有學生之教材,甚至幼稚園的小朋友就可以認識寵物有雌雄之別,更不用說國中以上的所有學生了。這種教材予以忽略、予以排斥,的確是教材選擇當中的最大敗筆,亟應速謀補救。

第三節 教　　法

萬事皆備,如欠東風,雖未必功敗垂成,但也大打折扣。有了謹嚴的課程編製,有了優良的教材,但若缺乏有效的教法,則學生上課興趣缺缺,不如蹺課或到圖書館自我學習,反而較有收穫。如此,學校設立的意旨已失,教師之聘請也無必要,教室更不必存在。所以教法之良窳,也關係著教育的興衰。並且有了高水準的教法,雖然教材差一點,教師卻能予以活潑化。教法的好壞,完全控制在教師一人手中。如何改善教學法,始為教師應經常反躬自省的一項重責大任,絕

對忽略不得。

傳統的錯誤教育觀念，一味逼迫學生背誦，不聽從指揮者就以體罰待之，所以教師不必講究教學法。進步式的教育主張要求學生理解，卽使下令學生記憶，也提供如何記憶較為牢靠的方法，所以教法之研究乃紛紛出籠。其實，在中外過去的教育活動中，名師也提出且進行非常「進步」的教法，因之教學效果異常顯著。在「進步」的教法底下，師生二者活動形同享受；但如施以惡劣的教法，則教者味同嚼蠟，學習者也如坐針氈，何苦來哉！

一、教學法原理

教學法主要有二，一是啓發，一是注入，二者缺一不可。啓發教學法與注入教學法各是兩種教育學說的應用。茲分述如下：

（一）啓發式教學法的理論依據

西文「教育」（如英文的「教育」一詞是 education）的第一個字母是「E」，有「引出」elicit）之意。教學法就是如何把學童的潛在能力由內往外「引出」。這種說法，植基於哲學上的「先天觀念」說，在教育上乃出現了蘇格拉底的「產婆法」（maieutics）。學生本已具有思考能力及推理能力，因未充分利用，所以能力未顯也未精，教學時應刺激學生思考與推理。所以有「問題教學法」提供許多待解問題讓學生思考，教師或教材不立即給以答案，教師得設計學生感覺有趣或重要的問題，或引導他發現本不覺得有問題的問題，然後引導思路（此時應注重個別差異），或自行修改或糾正不當的途徑（當違反事實及與推理法則作對時），然後才得到所要獲致的結果。其實，結果

早已存在學生的能力中,只是未予「啓發」而已。好比瓶子裏早有東西,但蓋子不打開,裏面的東西就不能出來。所以持這種論調的人,認爲教學過程好比是「發現」(discovery)過程,而非「發明」(invention)過程。前者是「發現」早已存在的東西,後者卻要無中生有。一個人的成就往往受他的遺傳所束,I. Q.只有「多寡」問題,並無「有無問題」。再低的 I. Q. 仍然是有一些潛在能力。啓發教學法的應用就是如何把已經存在的潛在能力激發出來,如此而已。

「開展」(unfolding)方法,亦屬於啓發教學法當中的一種。大教育家裴斯塔洛齊及福祿培爾經常樂以種子萌芽的能力開展來比喩敎育過程。各種子有各種子的潛在且固有的能力,讓這些能力無拘無束的盡力表現,就是最完美的教育目標。因此開展觀念,就是把摺起來、秘而不見、或受壓的種種予以展開,就如同展開一張捲起來的紙一般,讓眞相大白。

這種方法,就是孔子所言之「思」,「大學」所言之「審問、愼思、明辨」,也是培根所說的「蜘蛛結網工夫」。過程相當緩慢,費時較多;但因所得結果有自己努力才有此收穫的感覺,所以成就感較大;且又獲知該種成就是早已存在於自己,只是未發覺而已,所以倍覺信心十足,勇往直前的學習習慣較易形成。

採用此種教學方法的教師不只是一名學問研究者(即學者)而已,還是一名「教學者」。學問研究者只重研究成果,教學者除此之外,還要求如何把研究成果的過程步步爲營的啓發給學生。所以,「教」一定得考慮到「學」,「學」則不必一定顧及到「教」(Peters, 1966: 13)。換句話說,教學者不但自己得知「我自己如何領會」,還得延續到如何使「他人也能領會」(Bruner, 1966:38)。因此對於自己思考的過程及學生思考的過程都要了然於懷。他深知何種情況之下學生的

思路已就緒,已上道,如無意外,則可以安全順利的達到目的地;何種情況下學生的思路步入歧途,陷入泥淖,誤入陷阱,因此如何指示迷津,或設置情境使其及早發現以免差之毫釐謬以千里;何種條件下,學生的思路已到此止步,前進已不可能。教師更應警覺學生的思路也許是另闢蹊徑,不同於己,此時尤應存著寬宏並鼓舞的心態幫助學生是否可開拓一條康莊大道的思路。所以具有創新性、前進性、開明性、及民主性的教育觀念者,喜愛此種教學法。各人思考途程不一,因此所獲答案有可能相同——天下殊途而同歸,一致而百慮;但也有可能不同——道並行而不相悖,萬物並育而不相害。所以此種教學方法最具挑戰性、多元性、與紛歧性,也最能彰顯教育的彈性與活性特色。

(二) 注入式教學法的學理基礎

英文有關教育的字,除了 education 之外,就是 instruction;instruction 的字頭 in,帶有「注入」(instill) 之意。這種觀念,來之於英哲洛克所說「人性如白紙,如蠟板」的知識論主張,恰與「先天觀念」說南轅北轍,水火不容。洛克的學說認為人生下來空無一物,人性無色;所有觀念、思想、情操、技能等都是後天學習的產物。所以教學法就是將內容豐富的材料注入學童心靈,好比準備五顏六色在白紙上染色一般。

許多知識、技能、習慣,本來就不內存於學生心靈中,因此再怎麼引導、開展、或發現、也無濟於事。如外來語文,本地語文,中外史地,儀器之操作,握筆習慣的養成等,皆屬此類。此時用「啟發」就百思不得其解,倒要靠「學」。如孔子是那裏人,生於什麼時代,他有什麼學說,紐約在何處;「考試」的英文如何寫法,如何拼音等

等,如不仰賴他人(師長)之教學,「自學」一定毫無所獲。因此教學時就直截了當的立即給以答案,不費思索。學生學得這些資料,累積多了以後,知識就自然的增加;技能練習長久,就會純熟;習慣也因此奠定。由外往內的注入,是教學過程中使用最多的方法,這種方法,類似培根所比喻的螞蟻堆積法,也形同「大學」一書所言之「博學」要求。「思」重正確引導,「學」更重無誤的注入;前者較偏向學生之主動,後者則較具被動色彩。但思費時較久,學則較有速效。孔子也說:「以思無益,不如學也」。因為「吾嘗幽處而深思,不若學之速」。

孔子早就告誡過:學而不思則罔,思而不學則殆。教學只重啓發(思),而忽略了外在資料的吸入,則空空如也。憑空思考就好比人往雲堆中跳一般,是相當危險的(殆)。同理,光學而不思,則雜亂無章,五光十色,頭暈目眩,毫無體系,陷入迷惘(罔)。培根也說,蜘蛛型及螞蟻型的教學法都非良法,蜜蜂型的教學法才屬上乘。蜜蜂一方面採集花粉(學),但也不是毫無選擇的採集;採集花粉之後,還會在內部予以釀造(思)然後才產生蜂蜜(教學結果)。蜜蜂不採集花粉,則本身一無釀蜜的資本;但只是花粉的堆積,也不會變成蜂蜜。因此由外往內的注入,與由內往外的引出,都是教學所缺一不可的。

二、教學法的基本原則

(一) 教學是科學,也是藝術

一般人都說,教學是一種科學(science),更是一種藝術(art)。前者有原則可資遵循,後者則運用之妙,存乎一心。教學的最重要原

則,就是要活潑化,因此如果死守原則而不知變通,則教學情境必然相當僵化,死氣沉沉,令人窒息。所以如果教學程序一成不變,固守成規,總是「引起動機,決定目的,提示教材……」,則容易陷入麻木癱瘓狀態,缺乏新鮮感。教學所用語言如無抑揚頓挫,都是同聲調的,則是最佳催眠曲;教室出現宰予(晝寢),將比比皆是。相反的,如果有時發問(思),有時注入(學),二者交替互用;有時聲音低沉,有時高揚,有時疾言厲色,有時溫言順語,甚至有時停下數秒鐘,都能使全班鴉雀無聲,凝神靜聽,教學效果比大聲疾呼,說話速度如機關槍來得大。時而像蘇格拉底的層層反剝,如亞培拉(Peter Abelard,中世紀巴黎大學名教授)的凌厲批評,或如亞里士多德在走廊上、校園廣場或花園小徑上與學生逍遙自在,無拘無束的談笑風生,或坐以論道,不一定將教學場所拘限在教室內。改變教學環境,亦是活化教學的一種方法。有時師生易位,不必完全是教師在上,學生在下;而可以讓學生主講,或以自己的語言表達他所學習的,如此的學習保存率最高。據學者研究,聽到的訊息保存率約為20%,聽到且看到的保存率約為50%,但自己親口予以傳述的,則可保存70%(Stricker, 1969: 475)。他如教室課桌椅排列不必定型也不必定位,而應視教學需要來安排,這也是機動化教學的一項技巧。教師如稍微動一下腦筋,教育行政當局如不那麼死死的管束教學活動,相信教學會較有生機,較有活力。

(二) 教學時應善用比喻

善用比喻,是活化死教材的不二法門。有些教材異常抽象難解,如果光憑記憶,那是不妥的;若能引用淺近而具體的實例加以說明,學習者一定能夠立卽領會。墨經「小取篇」言:「辟也者,擧也(他)

物而明之也」。其意即言舉出學生早已熟悉者以明白他不熟悉者。魏朝劉劭的「材理第四」一書中也說：「善喻者，以一言明數事；不善喻者，百言不明其意」。所以古人說：能博喻然後能為師，就是這個道理。耶穌教學傳教之所以吸引無數門徒，就在於他能以日常生活當中實際發生的事作例子而引發出聖經的大道理。如果終日之乎者也，專說些學生不懂的話，一遇學生發問，卽重述該句學生聽不懂的話來作答，則學生也無法因多聽一次聽不懂的話而把該話聽懂。此時應該以比喻來打開僵局。如果甲比喻使學生仍然不能領會，則應該設想再提出乙比喻。所以教學時，教師思想必須靈活，反應敏捷，思路通暢。並且要「博學」才能「博」喻，生活圈子擴大，不應束於一隅。善於運用懷德海所言之「想像力」(imagination)，則例子會滾滾而來。如能以紅樓夢的情節來解釋電機學原理，學生必會側耳傾聽，並且餘韻無窮。哈佛大學心理學教授布魯納大膽揚言說：「任何學科都可讓任何學童獲得某些智識上的真實形式」(Bruner, 1966: 16)。這種近乎教學夢想的境界，唯有靠教師善用比喻來達成。所以耶穌也可對稚齡幼童談宗教奧義而不覺困難。如果人生閱歷不多（教師不應太年輕），所知範圍不廣，想像力又有限，反應又遲鈍，則那能攫住稍縱卽逝的好例子給予學生作講解教材之用呢？

（三）教學不可一味的灌輸(indoctrination)

注入式教學法的極端，就是無視於學生的個別差異，忽略學生的接受能力，把學生當成容器，拚命往裏面灌。這就猶如向卽將賣出的豬灌水，或給待售的鴨塡米，時下稱爲「塡鴨式」教學法，這是非常違反教學原則的。教育非訓練（黃炳煌，1978），教學非塡鴨。命令學生照單全收，不得有異議；如遇拒絕，就予以強灌，這就把學童看做

比動物不如的東西了。連蜜蜂吸花粉時都非盡吸,也非被逼而吸,而是有選擇的;難道學童不如蜜蜂嗎?並且灌輸或填鴨教學法是希冀學童所吸入的與所吐出的完全相同,原封不動。試問這是什麼方式的教學啊?蜜蜂吸入的花粉與釀出來的蜜都有所不同了,且釀出的蜜,價值高於花粉;難道學童就不能創出比教材更具價值的認知、情意或技能嗎?一個人如果吃下去的與放出來的都相同的話,他一定有病,得趕快去看醫生了。我們的教育希望如此嗎?

灌輸式或填鴨式教學,使學生完全失去思考,單憑記憶。如此,主見、批判、懷疑心態盡失,這是教育的大患。自有嘴巴,只能說別人的話;自有耳朵,只能聽別人聲音;自有腦袋,只能思考別人逼來的思考。這不是像鸚鵡嗎?法國十七世紀教育家孟登就如此尖銳的指斥當時的教師是大鸚鵡,學生是小鸚鵡。其實,我們也可以以青蛙之蛙叫來比喻填鴨教學。春天雷雨過後,田裏大青蛙就帶領小青蛙出洞,一字排開,大青蛙在前,小青蛙在後;大青蛙呱一聲,小青蛙就呱一聲;大青蛙呱呱兩聲,小青蛙也緊跟著呱呱兩聲,絕不敢呱第三聲(註10)。所以灌輸式教學,形同對付鴨、豬;也因此法特重模仿,所以學童也類似青蛙與猴子了,這不是既滑稽又可悲嗎?甚至有不堪入目的慘酷狀況出現,即是「洗腦」(brainwashing),即呆板機械的重述教條,絕不可一絲一毫的對它起疑。這就人格盡失,尊嚴盡無了(Peters, 1966: 16-17)。

教的材料要能打進學生心坎,變成學生所有,就有必要經過學生的理性批判能力予以處理。「標準的教,至少要以學生的了解及獨立判斷為主,適合學生的理性認知。……教某人如此如此,不是只教他

註10:「蛙教書」比喻,得自台灣師大教育系教授歐陽教。

相信如此如此;所以,欺詐並不是一種教法,也非一種教的方式。教學與此大異其趣,假如吾人要學生相信如此如此,我們就得讓學生運用他們的理性,在他們的能力範圍之內來認知……」(Scheffler,1976: 57-58)。只准學生學,不准學生問;只准學生學單面事實而不准學生學多面真相,就是對學生欺騙;學生被蒙在鼓裏,這不是洗腦又是什麼呢?只准聽一種意見,對於異見就全面封殺,言論一面倒,這也是教育灌輸的常有現象。

總結灌輸之所以不該,理由有四:

1. 對學童而言,灌輸是不公道的。孩童有權知道各種不同的說法,如果禁止學生了解其他主張,就不容易使學生信賴教師的**客觀性**及**誠實性**。

2. 灌輸與教育作對,教育應能導致生長,灌輸卻在壓抑生長。

3. 如果有人自認擁有一種唯一的答案以解決任何問題,那麼這個人是個死硬的固執者,這種人不適合於教學。社會的發展必須依賴人人可以自由的探究解決問題的所有可能出口,追求達到最終理想的可能通路。但灌輸教學卻關閉所有其他出口,而只開放其中一個。

4. 假如一個團體可以利用學校來灌輸學童以達成某個爭論問題的特殊答案,則其他團體也會進行同樣的行徑 (Washburne, 1936: 213)。

(四)教學應特重學生的興趣

學生若本無志於學,教師應引導他對學習活動發生興趣;學生若本有志於學,則教學最少要維持學生的為學興趣,最好能增加學生的

學習興趣。一有興趣,就會繼續學習,自動接受教學或自學。所以興趣之有無,幾乎可以決定教育的成敗。引起學習興趣的方法,有下列幾種:

1. 使學生感到學習有意義:學生一覺得學習具有意義,他就一心向學,所以教學目的不可好高騖遠,遙不可期,應該讓學童有成就感,學習結果馬上能付諸實用,解決困難。久而久之,他就沈浸在學習活動中深有所獲,且牢不可拔。不只敬業,而且還樂業。「一位醫生繼續在疫區服侍病人,卽使這種活動會危害他的生命,他也樂此不疲。因為他對自己醫術的精明有效所發生的興趣,大過於他對於保全自己生命的興趣」(Dewey, 1966:351)。如果認為這種樂趣只是作為醫生追名逐利的假面具,這已歪曲了事實。相同的,教學若能使學生覺得能「學以致用」,相信樂趣會油然而生,因為他已深悉所從事的活動之意義。

所以如果有人耽於淫欲,沈於權勢名利,而無法轉移目標於學習科學、文學、哲學、或藝術的話,那是由於他們不知學習後者有「意義」可言。假使學童學習了國語、算術、或其他學科之後,仍然較喜愛玩賓果、打彈珠、賽橡皮筋,而認為這些活動比學國語等科目的價值為高,這種原因要歸罪於教師的教法不良所致(Peters, 1966:73)。

2. 講解清楚,教學氣氛幽默、逸趣橫生:教師的口才是吸引學生向學的主要焦點。有些教師教學時,口齒清晰,不疾不徐;又能善予舉例,使教室內充滿歡樂與笑聲。中世紀巴黎大學名師亞培拉最擅長此道,他上起課來,出神入化的講解與辯說,使聽者動容、令學生趣之若鶩,尾隨左右有如眾星拱月一般。他犀利的批評力,又加上妙語如珠,學生聽來就如醉如痴,其感受就不只是春風化雨而已。所以教師教學時,如能點綴幾個與教學有關又能發人深省的笑話,一定可

以提高學生學習興趣，繼而增加教學效果。教學有如此回饋，相信也是教學的最大樂趣。

（五）勿過度教學

過度教學，易造成疲勞，對教學相當有害。練習三次卽已足夠的教學，如強迫練習十次，不僅浪費無謂時間，造成疲勞，且易引起心理上的反感。小學生一個生字寫一行甚至寫一整頁，英文單字重複唸了（或寫了）好幾十次，未必就有功效。為了預防萬一，追求「零故障」，「惡性補習」於焉形成。有作不完的業，考不完的試，師生都疲於奔命，造成教學上的極度緊張。由於升學競爭的尖銳化，加上期望獲獎賞之心甚殷，過度教學之嚴重度乃有增無減。師生都在鑽教材中的牛角尖，巨細靡遺。班級與班級之間，教師與教師之間，學生與學生之間，都在答案上盡量挑對方毛病，吹毛求疵，精確度越求越高，高到令人無法忍受的地步。比如說，名詞解釋一定要一字不差的與「標準答案」相同；填充要百分之百的與「標準教科書」相合。出題考試絕不可超出規定的教科書範圍之外。在這種情況下，學生準備教材，得把教科書背得滾瓜爛熟；如果作答時其中出一點點小差錯，教師就設想周到的額外增加一大堆類似考題。教學目的就在於應付考試，而每次考試，由於競爭激烈，所以師生如臨大敵，**鬆懈不得**。為了增加成績一兩分，竟然花費無數心血去謀補救；為了防止小疏忽或爭取考試時間的充分應用，教學乃盡量訓練學生成純機械式的**反應**，不加思索，一遇考題卽能立卽予以正確反應。導致於「最優秀最聰明者變成競爭壇上的祭物——犧牲品」（Russell, 1932:102）。因為一來師生疲憊不堪而不支倒地自不必說，二來也使雙方降低了對知識追求的熱愛程度，並且想像力的火焰因而熄滅，創造力也因此枯竭。過度

教學形同拴過緊的水龍頭，為了防止涓涓滴水或本來就不會滴水的水龍頭，因而就把它過份拴緊，其後只好越拴越緊。使得本來拴三分就已安全的水龍頭，現在卻要拴十分甚至還不太保險呢！教學落到如此地步，是會把學生拴死的，就如同拴水龍頭一般，總有一天會把水龍頭拴斷。

三、教學技巧的改善

負責的教師進行教學時，應時時反躬自省，檢討教學優劣得失。一般說來，改善教學技巧，方式有許多種：

(一) 多進行觀摩教學

以第三者立場觀看有經驗教師的教學技巧，向他請教；如發現別人教學法不良，也可作為自己的警惕。他山之石可以攻錯，自己的錯處自己看不出來。別人教學正是作為自己的一面鏡子。同理，自己開教學觀摩，使別人來發現自己教學之弱點，以謀改善。

(二) 讓學生作教學反應

教學的好壞，學生感受最深，教師千萬勿以為本身認真就代表教學的成功。最好在教學一段時間過後，客觀或毫無拘束的徵求學生意見，或於教學過程中時時徵詢學生是否聽懂，有無不了解處，是否講話太快，音量太低，教材難度是否適中等。每次考試後的成績，亦可看出教學是否達到應有的目標。

(三) 多利用教具或視聽器材

不必教師一個人演獨角戲，教具或視聽器材的充分利用，較具新

鮮感,也較不乏味。如影片的觀賞總比「講授法」來得有趣;帶教具入教室總比手持教科書上講臺較具吸引力;掛圖的教學比文字敍述較具體;圖像的張掛較易造成有利教學的氣氛。

不過,一個教師的教學法,與他的才華有密切關係;名師可遇不可求。但作為一名教師,教學是他的本份工作,造福學生或危害學生,也以教學最為直接。所以教師應該時時刻刻檢討教學法,教出五分,學生也能學五分,這才是不打折扣,貨眞價實的教學 (Scheffler, 1976:42-43; Soltis, 1966:42-43)。否則,就如同羅素所說:「以一個普通班100名學童而言,我猜其中90名乃因怕受罰而學習,9名爲了競爭而讀書,1名是眞正熱愛知識的,這種可悲的情況是避免不了的。利用短時的教學,引發自動學習的功課,及良好的指導,則可能使70％的學生熱愛知識。當此種動機一引起之後,注意力之集中會自動產生,且不必逼迫。如此,疲乏會減少,而記憶力會增強。並且,知識之獲得變成樂事。所以在接受一段正式教育時間之後,學生會繼續去研究,短時的自動學習比長期被逼而又煩人的學習,效果大得多」(Russell, 1932:102-103)。可見引發學習興趣進而產生自動學習,乃是教學成功的象徵。在人的一生中,離開學校之後還繼續學習,種因於此 (註11)。教學情境中影響教學成敗的因素相當複雜,幾乎找不出一條可以放諸四海而皆準的原則;在甲班運用時得心應手的技巧,

---

註11: 據心理學家桑戴克之研究,有如下結論:
1. 從兒童期到25歲,學習能力漸增;25歲以後漸減,每年減1％。
2. 兒童期並非是學習最佳期。
3. 20—30歲時的學習效果最佳,但45歲時的學習較10—14歲期的學習為佳。
4. 45—70歲時的學習能力遞減,但並非如一般人所想那麼快。65歲的人之學習能力,大概頂多是25歲者的一半,但比8—10歲者的學習能力為優 (Thorndike, 1935:1-2)。

悉數搬來乙班運用，可能學生反應木然。此因對象不同，且影響教學氣氛之冷熱，變數太多。吾人既要求學生要活用知識，則教師得先活用教學法。這就須要動用腦筋，隨時把握教學情境，見機而行，善體學生心意，反省自己教學效果，並經常進修，揣摩他人良法。相信教學方法可以運用得相當巧妙，而臻於隨心所欲的上乘藝術境界。

本章摘要

1. 課程是教學活動的總稱，因而無課內課外，或校內校外之分。
2. 課程編製應符合教育目標，因此教育目標的分析，乃是課程編製的一項重要工作。教育目標包括認知、情意、及技能三類。認知屬知育，情意屬德育及美育，技能屬體育；其**實**三者界限並不十分明顯。
3. 課程編製應符合心理發展歷程——動作操作期、圖像期、文字符號運作期及理性運作期。
4. 課程編製應發揮理性的運作，注重因果關係，培養說理習慣。
5. 良好的教材，重要性不亞於良好的教師。
6. 教材選擇，應該根據教育目標，適合學生心理，內容生動有趣且富條理性。
7. 教科書應能引發學生學習興趣，不應成為「毒」物。
8. 性教育是當前教材中很重要但卻最受忽略的一種。
9. 啓發教學法源之於「先天觀念說」，注入式教學法建立在「人性如白紙」之主張，二者各有利弊。
10. 教學是科學，亦是藝術。要勤加演練與學習，才能漸入佳境，得心應手。

討 論 問 題

1. 本章所列的認知教學目標有那些遺漏，有那些不必要。
2. 本章所列的情意教學目標有那些遺漏，有那些不必要。
3. 本章所列的技能教學目標有那些遺漏，有那些不必要。
4. 隨意任選當前中小學科目，或課程編製，分析其認知、情意、及技能部份，並批評其得失。
5. 現行教科書有那些缺失？如何補救？
6. 性教育應如何實施？如何選材？如何制定其目標？如何教學？
7. 憲法與邏輯應列為重要教材嗎？
8. 你接受過的教學，大多數採用何種教學法？你的觀感如何？
9. 教者必定是個學者，但學者不必一定是教者，這句話你同意嗎？
10. 教學是門藝術，你如打算教學，有何準備？

第九章
民主、自由、與教育

　　教育是一種價值追求的活動，價值追求的數量很多，品質也有高下。如以作為人的意義而言，最具人格尊嚴的活動，價值最高；並且一有人格尊嚴，則其他價值也就尾隨而至。人格尊嚴，就是「自由感」。自由在所有價值層次上，位居首位，排名第一。教育若能培養學生自由能力，則教育目的已達；否則，則人淪為動物，那能有資格作為萬物之靈呢？

　　放眼世界，探查歷史，最能保障自由的社會，就是民主社會；最能使自由不受侵犯的制度，就是民主制度。因此，教育的過程，應該刻不容緩的教導學童認識民主的真諦，實行民主的運作，體會民主的重要性；並且師生共具民主素養與風度，共為民主而奮鬥，齊來打擊民主的敵人。如擬在教育目的中鑄造一個民主社會，則在教育活動裏就應貫穿民主於其間。民主與自由是一體之兩面，有其一必有其二，是「充足兼必要條件關係」——「有民主必有自由，無民主必無自由」。但二者卻要靠教育來完成。本章分兩節敘述，一節討論民主與教育之關係，一節說明自由與教育的關係。

第一節　民主與教育

　　現在的社會,個人不能離羣索居,卻必須營社會生活。一個人難免要與他人發生關係,這些關係當中,有經濟的、有宗教的、有休閒娛樂的、但更有政治的。人與人之間的關係既不可避免,因而彼此的摩擦就會產生,衝突就會出現。當摩擦產生、衝突出現時,就會動用權力。權力的動用,可以支配經濟活動,指揮宗教信仰,影響休閒娛樂。而權力的動用,就屬政治的領域。因此,人生活動的種類雖多,但政治活動是樞紐。亞里士多德將人定義為政治動物,的確是一針見血;孫中山也說政治是眾人之事。眾人關心政治,本是極自然、極正常、也極應該的現象。

　　政治權力的運用,方式有多種;但權力如不建立在「理」上,則不能服人,也不能永久。權力建立在「理」上,則由此而形成的政權可以鞏固,社會也可以在安祥而和平當中往前邁進。民主社會就是建立在「理」上的社會,以理來平息紛爭,以理來規範社會秩序。所以民主本身就是教育,而良好的教育也最具民主色彩。

一、民主的特色

　　民主,顧名思義,就是以民為主。民不只一個,主就是主人,主人的任務在於作決定。所以決定不可由一個人下,卻應由眾人來下。但眾人要下決定之時難免眾說紛紛、莫衷一是。你提出你的看法,我舉出我的主張。我和你的說法有可能是相同的,此時不會有爭端;但

這種令人喜歡的場面並不多見,卻頻頻出現意見不合的論辯局面。這種局面,在經濟活動、宗教信仰、休閒活動中都是屢見不鮮的,但這種局面由政治總其成。自地球上出現有人類以還,不管中外,運用人類智慧去找尋一種最佳解決紛爭之辦法,找了數千年的時間,才找出民主政治乃是最良好的政治。為何民主是最佳的政治型態呢?從它的特色或可看出端倪。民主的特色是:

(一)人人可以作決定,最有尊嚴感

在民主社會中,人人可以作主人,人人可以自作決定,這不是最具神聖感與人格尊嚴的象徵嗎?在獨裁社會中,「裁」決由一人或少數人所「獨」斷,多數人不能表示意見,更不敢自作主張,那就好比眾人是奴,而獨裁者是主了。此時眾人的地位形同牛馬,要接受主人的鞭策,供他驅使。眾人是獨裁者的聽差,匍匐在下,仰人鼻息,一付搖尾乞憐模樣。一敢稍表意見,頓會皮破血流、鼻青眼腫,甚至消聲匿跡,無影無蹤。相反的,民主社會的每個人都可昂首挺胸,不必看他人臉色,不被別人捏鼻子,更不必強顏歡笑以取樂他人,諂媚阿諛以獲升遷,歌功頌德以得勢。民主社會的任何個人,本身就是目的,絕非供人差遣或利用的工具。康德說過,把人當目的而非手段,是至高無上的道德。可知民主社會的道德凌駕於各種專制道德之上。

自己作決定的另一層涵義, 就是自己負行為責任。「大丈夫敢做敢當」,既然行為決定來之於自己, 則行為之後產生什麼後果, 都由自己承擔,這也是最高超的品德。好比婚姻一般,自由戀愛之比憑媒妁之言,比聽父母之命而成親的來得價值高,並不是表示自由戀愛不會產生怨偶,而是指自由戀愛既把決定男婚女嫁之權放在男女雙方當事人本身,則因此若造成夫妻反目,那是咎由自取,怪不得他人。否

則如指腹為婚，成親後雙方口角，必定把責任推給上一代。民主社會要求人人自決，也就是說，人人必須承受自決之後果責任，不可埋怨他人。減少人與人之間的摩擦，這也是一種良好辦法。

人人作決定，也是人人有自信的表示；自己不尋求他人代自己作主，那就說明了自己已可獨立判斷。自己不代別人決定，也是自己尊重他人。只有在自己尊重他人時，他人才會尊重自己。自我決定如果有錯，或自我決定時缺乏自信，因而有必要求商於他人時，那也是出乎自己的心甘情願。要是自己有自信，且無求於他人之際，別人卻搶奪他的自我決定權，那麼決定的結果可能不符合自己的心意。可是雖不符合自己心意卻又要按照該決定去行，這不是人生一件痛苦不堪的憾事嗎？即令別人的決定合乎自己的心意，自己也有悵悵然的感覺。

（二）決定眾人之事，必須經過討論

政治是眾人之事，有關眾人之事的決定非出自於一人，前已言之。但各人自提主張，主張難免不同，此時，眾人之事的決定到底應該聽誰的呢？遇到此種情況時，不可逕于決定，而應從長計議，要經過充分討論。民主觀念的始祖，雅典大政治家貝里克（Pericles）說：不經由討論就付諸行動，即違反了民主意旨（Mayer, 1966:149-150）。討論時不怕意見多，且意見多是好事。但經由彼此熱切的討論過後，會比較趨於一致的結論，有些人就會放棄己見而服從他人說法；有些人的論調就變成眾人論調。這種局勢形成之時，眾人的決定形同自己的決定，自己的決定對自己的行動最具驅策力；所以眾人的決定，各個人也願意去遵行，絕無強迫意味。

但事情並不如此樂觀，有時經過討論之後，各種主張仍僵持不下，在這種情況之下，民主採取如下措施：

1. 取決於多數：設若把意見之不同簡化為甲乙兩案，再經過一段時間討論之後，若仍無法有共同歸趨，則訴諸表決。如贊成甲案者較多，即令只多一人，則甲案的意見乃作為公意。民主以多取勝。

2. 尊重少數：少數服從多數，但多數應該尊重少數，並且在經過表決及付諸行動之後，仍然准許少數在「言論上」（而非行動上）宣揚他們的論點。當然多數人也是如此，多數人不只繼續在言論上，且在行動上支持多數人的主張。此時少數人因「意不得伸」，因此在行動上可能不會那麼熱衷，這是民主社會無可奈何的損失。古今中外的聰明才智者，大概還無法在這方面得到一個比較良好的辦法。或許下述辦法可資採取。

3. 准許各行其是：准許不同看法的人劃定行動地盤，各行其是，二者不相侵犯。好比交通規則之規定靠左行駛或靠右行駛一般，若有人民不滿意他的政府規定靠右行駛又無法忍受靠右行駛的規定，則他可任意遷移至靠左行駛的國家，不受任何干擾。

4. 決定非永恆：不管是全部人民的共同見解、或多數人的主張、或少數人的看法而作下的決定，該種決定都非「永恆的」（eternal），而只是「暫時的」（tentative）。千萬別一決定就決定終生。民主與科學相同，注重實驗。實驗有了結果，那種結果並非絕對可靠，它是要受磨鍊與來日的考驗的。當目前眾人或多數人選擇甲案而放棄乙案時，很可能甲案不比乙案明智。一種決定經過一段時日時要重新試驗（test），以便看看是否有必要捨棄或修正。所以民主社會的所謂「國策」不是一成不變的，它應經常訴諸民意予以考驗，更不可由上一代人替萬世訂國策，這就不民主了。

(三) 政治權力的轉移最和平、也最有美感

民主因取決於多數，而多數經常是平庸之輩（mediocrity），所以他們的決定往往是頗為愚蠢的，這也是民主最為英才（elite）所詬病之處。民主確然有此弊病，但民主觀念一形成為政治權力的運作時，政權的更迭完全靠選民的擁護或反對，不賴世襲、不依武力、不求陰謀。以選票（ballot）代替子彈（bullet），這是西方民主政治學者費盡千辛萬苦才得出來的政權轉移的最佳辦法。歷史告訴我們，不管中外，不行民主的社會（專制極權社會）在改朝換代或帝位承襲時，都會發生血肉相殘以及死傷數百萬、征戰數十年或數百年的慘劇。絕大多數的人死得不明不白，原來只不過是在維持或搶奪一個帝位或一個政權。羅馬之滅亡、宋朝之積弱，就種因於權位爭奪戰。而這種血淋淋的史實卻一而再、再而三的重演。這種關係絕大多數人幸福的政治問題，古聖先賢若未能替它找出良好答案，實無資格稱為一流學者。民主政權一改舊習，完全以選票作為能否繼續執政的標準，並且又有不是很長的任期制。也就是說，執政者的政績及政綱必須定期的受選民考驗。多數人民支持，則他繼續掌權，否則下臺當在野身份。

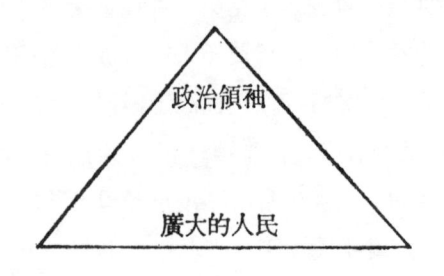

```
         政治領袖
        /        \
       /          \
      /            \
     /   廣大的人民  \
    /_____\
```

民主政治型態

由全民或多數人支持的政權也最爲安穩，它就如同正立的三角形一般（如前頁圖），底層是人民，上層尖端是領袖。領袖有朝一日生病逝世或被謀殺，則整個社會仍非常穩定，不會弄得全國總戒嚴，或所謂鞏固領導中心的舉措。相反的，獨裁政體認爲「朕卽國家」，以孤家寡人一個作決定，所以它的政權穩定性猶如倒立的三角形（如下圖），底下尖端部份是元首，上層是臣民。一旦君王變故，則整個社會頓入危機，因而殺傷累累，死亡無數，國家動盪不安，政權搖搖欲墜，上下緊張萬分。

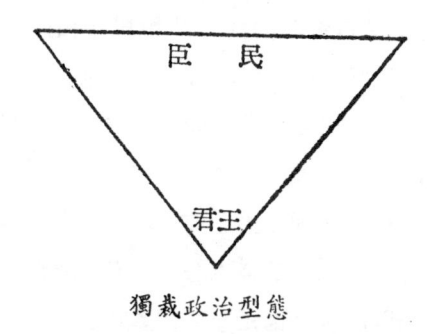

獨裁政治型態

民主政權旣以紙彈代替槍彈，大家用和平的方式爭取人民的同意，一朝獲多數人擁護則登基爲執政者；一朝失去人民愛戴則下野作督促者。勝家固可喜，卻不應打擊敗家；而敗家也應恭賀勝家之得勢，彼此相互尊重，這就是民主雅量。因此雙方政權的更迭，使得交接時敵我兩方相互擁抱，這不是頗富詩情畫意的政治美感嗎？最少總比血濺當場，或以匕首相見來得好看多多。因爲在民主社會裏，勝無常勝，只是暫勝；敗無常敗，只是暫敗。所以機會甚多，希望甚大。敗家經過檢討，可能東山再起，則勝負難料。如果彼此都無尊重對方的風度，則報復將無有已時。以禮止戈，乃是民主社會醫治歷史上最慘絕人寰的政權紛爭之最妥善藥方。

（四）衆人的決定可能較爲明智且較安穩

前面說衆人常屬平庸之輩，因此衆人的決定有時價值層次並不高；但衆人的決定也較可能甚具價值。因爲集思廣益的結果，設想比較周到，考慮比較完整。「寡人」的決定有時是出類拔萃，「天縱英明」的天子也時有所聞，但那是可遇不可求的。不過，人都有錯誤，大人物更有大錯誤。小市民的錯誤決定，害只及於一身；但「寡人」的錯誤聖旨，則害及庶黎，怎可不愼呢？又加上專制政權無定期改選制，若來了一個「天」子以賢明治世，則臣民爭相仰天感恩；但若出現一位暴君，則臣民只好祈禱他早一日魂歸西天，或引發革命以推翻暴政，流血乃勢所難免。而好皇帝在朝，人存政舉；又無法保證繼承者會延續其政策，所以可能人亡政息。民主政權反是，多數人所擁護的政策，比較不會因政治領袖之更迭而異。假定是好政策，則可受益無窮。假定該政策有錯，也是多數人心甘情願通過的，則他們必會領受教訓，如此而來修改政策，也是一切由人民作主。

一人的想法要比衆人的想法高明，可能性不高。蠢才在位，遺禍無窮；上智在朝，雖也造福人羣，但人民卻因無法領會該上智的意旨，因此只能在無知中享福，行動只在聽令，因衆人不明就裏，所以指揮者在時，大家賣力工作，指揮者不在，大家只好作鳥獸散，或儘量逃工怠工，效率大打折扣。指揮者爲了防止此缺點，只好採取全天候的嚴密監視措施，則雙方都苦不堪言。相反的，衆意的決定大家心裏較服貼，不必指揮者在場，個個也主動自發的賣力而爲，並且曉得奮鬥的目標，知道行爲的意義，因此人人都在意識狀態下領受自作決定所生的德政。

（五）個人的才華最有表現的機會

民主取決於衆意，但也尊重少數或個人。個人在民主社會中，不會因他的意見與衆不合，而被視為分歧或陰謀份子。相反的，他的安全很有保障，他的主張不會被壓抑，仍然可以自由自在的宣揚。如果他是先知先覺者，則因生錯時代與地方，不能使廣大的後知後覺者及不知不覺者有所領悟，曲高和寡，孤掌難鳴，但最少他不會被囚禁，也不會被殺害。他的主張果真有價值，雖不受衆人採用，但由於他高瞻遠矚，可以看出衆人所未看出的部份，可以預測衆人主張所可能造成的後果。當衆人無法採用其較高明的主張而採取衆意所決定的愚蠢活動後，一定會自嚐惡果，那時必然反省與記取這位先知早先的警告，先知乃因而地位大為提高，重要性大增，他的「權威」從而奠立。民主社會也有權威，這種權威之建立雖費時費日，但卻是最為合理的。「所有有價值的觀念，以及所有新穎想法，都由少數人提出，甚至可能只由一人提出。最重要之點，是給他機會去宣揚該觀念，使之普遍成為衆人的觀念」（Dewey, 1927: 208）。少數人或個人利用自由討論機會去說服別人，別人在聆聽「異見」時，衡量其說法是否合理與可靠。時日一久，個人或少數人的意見，就會變成多數人的意見。此時不但民智可以提高，社會也會往前進步。二十世紀五十年代，蔣夢麟主張臺灣要行節育政策，當時這種論調簡直是駭人聽聞的「偏激之論」，聞者莫不退避三舍，或指斥為妖言惑衆之說，無人敢與苟同。但十幾年過後，蔣氏個人的節育政策，變成國家（衆人）政策。這種轉變，只有在民主社會當中才較有可能，而原先的個人或少數人也只有在民主社會中才較安全。若在專制社會裏，則他們老早遭殺身之禍，那還能有機會宣揚其主張呢？民主並不排斥少數人，這

少數人可能是專家，所以民主政治與專家政治互不衝突。

二、民主與教育的關係

根據前面所述民主的特色，則民主與教育的關係即昭然若揭，但仔細一想，二者之間似乎也有分別。茲分述如下：

(一) 教師具有決定權

教育上的決定權，由教師享有。教師可以考慮學生的意願，卻不能由學生決定一切。教師已屬成人，是公民，他當然享有政治上的決定權；教師多半受過教育專業訓練，因此也可以享有教育上的決定權。學生由於正在學習當中，雖然有些學生已屬成人（如大學生或研究所學生），可以享有政治決定權，但他與未成年學生一般，卻不可完全享有教育決定權。

教育目的的擬訂、教材的選擇與編寫、考試之舉辦，或科目之決定，學生應享有發言權，教師也應斟酌學生意見，但最後決定權屬於教師。因為一般人貪逸惡勞，學生亦復如是。如果上述有關教育的決定權委諸學生，則可能學生不擬考試，不想唸書，不願作數學習題，想要多放幾天假，如此則教學殆難進行。雖然在良好的教學或理想的學習意願下，學生仍會要求考試的（比如說）。因為考試也許就是學生有用武之地的機會，否則他擔心教師在考查學生的成績時，無所憑依。不過，這種樂觀的意境並不多見。蘇格拉底說過，獲得知識好比生孩子，是要忍受痛苦的。學生在學習過程中也得吃點苦頭，因此教育決定權不可落在學生身上。

就組成學校人口的數量而言，學生是多數，教師是少數。教育活

動由少數決定,這似乎違反民主原則。但由於教師已建立了教學的權威角色,他們是學校中的「專家」,形同政府單位中的專家地位一般。一般人民要聽專家的指使——如建築道路,搭蓋橋樑等;所以學生要服從教師的教學——如解數學習題發生困難,請教教師則立刻獲解。教師獲得此種權威,也就是學生願意接受其指導的一項主因。教師知識較廣博,見解較正確,品格更高超,學生之就教於教師,好比人民向專家請益一般。

教師既可全權決定教育活動,則校長、主任的產生,應由教師推選,並有任期制。全校進行任何教育活動,皆須在決定以前充分討論。對於部份教師或一個教師發表與眾不同的說法,不應予以解聘或在行政上予以刁難,而應尊重他的意旨,且提供機會讓他宣揚自己的主張。教材的選擇、教學法的運用,完全信賴教師。在這些方面,學生雖無過問權力,但教師為要取得學生的敬重與欽佩,更須加重本身的責任感。如果口才不比學生好,解題不比學生迅速與正確,所得知識不比學生豐富,技巧不比學生高明,則權威形像已受損,專家地位已遭破壞。此時又要搶奪教育決定權,則恐怕學生早已不服氣。

(二) 學生仍有決定權

教育活動中的「選項」(alternatives)越多,學生的決定權就越大。一些不必要的規定如予以取消,學生就可以全權決定自己的行動。如髮禁的解除、制服、書包顏色或型態,簿本樣式,或選修科目的提供選擇等,學生都可運用其思考力、審美力、及批判力自我決定。教師不必代勞的事項,亦應留給學生抉擇;如校園佈置、教室裝飾、花圃栽培、郊遊目的地之決定等。

良好的教育,應該是學生的自主權越來越多,越來越大。一位大

學生,實在都有權參與教材選擇、教法提供,甚至有教育目的的決定權。此部份的詳細說明,請參見本書第六章第四節「學生權」。

(三) 民主活動就是廣義的教育活動

民主注重討論,強調說服,而最佳的說服方式是以「理」服人。當衆人對政治關心,全力參與政事時,一定是言論盈耳的社會。各種說法充斥於各個角落,這是「教育」衆人的良機。「民主不只是一種政府形式,它主要的是一種生活方式,也是互相交換經驗的方式」(Dewey, 1966: 87-88)。在交換經驗中發表自己,聆聽別人,適應他人,也改變自己或他人,這種現象與衝破人與人之間的藩籬相同。教育的作用也在於此。雅典的民主討論就帶有此種色彩,所以貝里克說:「雅典是希臘的學校」(Athens is the school of Hellas) 大家在社會教育中運用理性,尊重異己,不把言論作為宣傳或灌輸之用,更不視異己者為叛徒或亟需拯救之人 (Popper, 1945: 126)。若把不合己意者看作叛徒,則務必去之而後快,認為自己是眞理的化身,別人都是歪理的發言人;如此,社會必生亂源。若把反對者視為亟需拯救之人,認為他已沉淪,自己才安全,則雙方可能火拼。民主社會異於此,民主社會要求人人踏出自己圈子,多多領會別人處境,了解別人心情,認識別人苦衷,而非自己關在閣樓裏閉門造車,否則會形成井蛙之見,以管窺天,以蠡測海。盧梭建議他的教育小說愛彌兒之主角(卽愛彌兒)應去參觀孤兒院、育幼院、監獄、痲瘋病院、養老院、醫院、殘障收容所等,使他大開眼界,發現世上竟然有人如此不幸。把自己設身處地的納入別人意境裏,就會生同情之心,生憐憫之情,彼此意見之隔閡、見解之相異,就會趨於一同。有些人只看到社會的光明面,因此只知社會有光明面,只愛聽光明面的報導文字;一聽有人

描述黑暗面,就暴跳如雷,怒指他人是叛徒,是破壞形像之人。好在民主社會准許各種言論存在,也鼓勵人人有接觸光明面與黑暗面的機會,如此就不會有「蔽於一曲」之病。杜威說,不民主的社會,只有少數人擁有利益,他們保有此種利益之後,就設法保護此種利益,不被剝奪。因此他們僅與利益擁有者來往,而不與其他人士打交道。這種情況使他們陷入孤立狀態。對國家而言,就是孤立的國家;對家庭而言,就是孤立的家庭;對學校而言,就是孤立的學校。這種現象表現在貧富二階級的存在、知識份子與無知者二羣人士的存在之上,自私及靜態生活乃是免不了的後果。原始民族視外地人如同仇敵,這是由來有自,不足為奇。因為他們已習慣於過去傳統,與外人接觸容易破壞這種傳統 (Dewey, 1966: 85-86)。民主式的學校教育可以改正此種缺點。在普及教育裏,各色人種、各層階級子弟都在同一屋簷下進行教育活動,不必「物以類聚」,卻可以彼此溝通與交流。不同興趣者也有機會互訴衷曲,愛唱平劇者與愛哼歌仔戲者都有輪番上臺表演機會。喜打球者與喜聽音樂者可以共處一堂,大家學習如何和樂相處,容忍異己;如此的活動,最具「教育」性。所以民主社會本身就是最具教育意義的社會。

(四) 民主理想必須靠民主式的教育來達成

現代的任何國家都大力推行全民教育,民主國家標榜民主是最優秀的生活型式,各國也競相以「堅守民主陣容」作招牌。但要實現一個民主式的社會,則必須先實行貨真價實的民主式學校教育。「由於吾國之學校目的在於準備學生過一種民主式的生活,所以教師哲學的基礎及其架構,也應該是徹底的民主。教師有責任培養學生民主精神及態度,如果沒有堅強的民主信念,這種人永不應留在學校接受薪

金」(Reeder, 1950: 63)。民主社會的每個人都是主人，民主式的教育過程，就要引導未來的主人有獨立思考與獨立判斷的能力。而培養獨立思考與獨立判斷能力之最妥適方式，就是提供最多的機會讓學生練習思考與判斷。就好比練習游泳一般，學游泳的最佳方法就是讓學生在游泳池裏游泳。

民主運作不必等候，更不必準備，可以立即實施。「勿躁進」是反民主的。在民主運作中，就是進行民主教育的最佳時機。有些人以為實行民主，必須等到社會安定、經濟繁榮、教育普及、智識提高之後才能進行。這種說法，可能是不願實行民主的藉口而作為實行專制的搪塞詞。因為社會安定、經濟繁榮、教育普及、及智識提高等條件，都是程度上的，試問我們能否訂何種標準來衡量這些條件已經達成？其實，實行民主的社會，人心最安定，經濟也最繁榮，教育也最普及，智識也最高。否則只是表面上的昇平社會而已，骨子裏是暗濤洶湧。掌權者為了遂行其既得利益（vested interest）之不受侵犯，乃遲遲不行民主，這是罪不可恕的。社會上的一些行為有時要求助於專家（如蓋橋樑），但並不是要人人都成為專家之後，才能行民主政治。政治既是眾人之事，眾人自有評斷此座橋樑走起來舒服不舒服的能力。好比穿鞋的人一般，穿鞋者最知腳下的鞋那裏夾到了腳，雖然修改鞋子的人仍然是鞋匠。也如同品嚐菜餚一樣，眾人不必個個都是一流廚師，自能斷定那道菜上口。

民主因注重討論，所以本身就帶有強烈的教育意義。但最有形與最直接的民主教育，卻應在學校教育中進行。學校教師具備民主素養，教學活動最具民主風味，學校就是一所小型的民主社會，也是民主社會的雛形。民主理念在學校內運作，在學校內試驗，師生都能充分認識民主的意義與價值，並為維護民主而奮鬥。則學生畢業後踏入社

會,社會就有了堅實的民主成員。「由做中學」這句教育名言,最能表現在民主教育活動中。反對民主運作的人一再指出學生甚至教師還未具有能力來處理教育問題,因此各種教育措施最好聽從上級的指示,認為由上而下的指令如是一種罪惡,也是「必要之惡」。所以教師不能選擇教材,不能制定教育目標,對於訓導規定,師生都無挿嘴餘地。但這種專制式的說法簡直禁不起批判。1.如認為師生無能,則越剝奪他們參與機會,他們會越無能。2.果眞師生無能,則應予以改善,而改善之法,捨參與則別無他途(Dewey, 1903: 187-188)。其實,號稱自己有能力為師生決定的人,才屬幼稚無知、不自量力、妄自尊大、及權力欲與虐待狂作祟之徒。學校教育中應充滿著師生主動的參與,即使參與而遭致錯誤或失敗都在所不惜,否則師生心智的眞正解放都是不可能的(Dewey, 1903: 192),並且疏離感及冷漠症緊跟而來。

(五) 教育有賴民主

民主與教育,二者息息相關。人人旣都是主人,所以人人平等。這種民主觀念才造成教育的普及,所以全民教育只有在民主社會中才眞正獲得實施。大家機會均等,無人可以享受特權,社會才有公正與平等感。無分男女、老幼、膚色、種族、貧富、階級、職業之不同,大家都有接受教育的機會。這是消除怨氣,造成和諧的最重要手段。羅素說得好:「若不當的不平等存在時,從中獲利的人就會保護自己,認為自己獲取該種利益並無罪惡感;他們的保護方式乃是基於一種理論,以為他們比一般運氣不佳者較具優越性。此種理論涉及的範圍,包括同情心的縮小,正義及進步的反對,且維持現狀,以及懼怕的產生。任何他們自疑是顛覆的說法,都退避三舍,不敢與之接觸,認為該種說法會威脅到他們的安適。另一方面,運氣較差的社羣人士,一

則他們因爲接受智力萎縮症的教育，以致於無法體認出他們仍是不公正社會的受害者，所以在道德上失去自尊心，乃心甘情願的向心智不見得高於自己的人彎腰低頭；二則他們充滿憤懣與抱怨，思圖抗議，感受到一種持續的牢騷，終於漸漸的以一種遭受迫害的受難者所具有之偏見眼光來看這世界」(Russell, 1932: 99-100)。羅素這段話是有教育史證據的。英國貴族與工人的對立，產生工人要「認命」的教育型態，自甘作僕，「天生註定」是「治於人者」；貴族則自認是「治人者」，以爲 I. Q. 較高，帶有上帝要他們統治國家的使命感。這種心態可以免除他們欺壓衆人的罪惡感，並且認爲他們之享受特權以及工人生活之貧困，乃「理所當然」。美國早期白人對待黑人也採如此措施，黑人教育頂多教以忠順、手腳敏捷以幹活，如此而已。「知足常樂」，那能產生「不滿心態」甚至是「反抗心理」？現在的英美民主社會，已將此種心態一掃而光。正確而美好的教育，不賴民主是不行的。

專制產生壓抑，不民主的壓抑教師，教師也就採不民主的壓抑學生措施(Dewey, 1903: 189)。社會充滿壓抑，學校也就東施效顰，師生充滿恐懼。就好比人一般，這已是病態社會了。「精神病學醫生(psychiatrists)已發現，心理困擾的一項最尋常因素，乃是潛存著的恐懼而病者不自覺。這種恐懼使病患不敢面對現實因而從實際中退卻，且不願爲它去深思熟慮。社會亦然，當有人要探討社會制度及社會狀況之病因時，一股不可名狀的社會病態即羣起而反抗之」(Dewey, 1927: 170)(註1)。其實造成這種社會病態的元凶禍首，就是專制者。

註1：奧國心理分析（psycho-analysis）學者佛洛伊德（(S. Freud, 1856-1939) 提出「潛意識」(subconsciousness) 乃致病因素之觀念。一個人在意識狀態之下如遭受強烈的壓抑又有苦無處訴或不敢傾洩時，就壓到底層的潛意識裏。俟不自覺或睡夢中，該被壓的想法或行動就出現。如說夢話、夢遊、夜裏演說等，都是例子。

林肯解放黑人，竟然遭受黑人謀害；有些人在黑暗中久了，就視黑暗為常態，而視光明為更增加痛苦的來源(註2)。爭取不體罰學生的人常遭學生反對，爭取師生自由的人卻遭被奴役者反感。所以教育之能步上民主坦途，只有在民主社會中才有可能。

民主社會有一項基本原則，即不經他人同意，不得執行，更不可強制執行，否則就是訴諸暴力了(Dewey, 1966:5)。學校教育亦然，學校教育的最高旨趣，是基於學生的「自願」(voluntary)。因此不注重學童學習意願，不能引發他們學習興趣的教學，都非民主式的教學。民主又注重討論，所以大家關心本屬正常，若落個冷漠與疏離，則屬變態。冷漠的一種原因，就是單方面灌輸，只准聽一種說法，只准看一種主張。久而久之，大家就麻木了。「太熟悉之事，即令不心生蔑視，也會變成不關心。不關心是流行於目前冷漠症的證據」(Dewey, 1954: 122-123)。所以學校內口號喊太多，標語貼太久，教訓滿天是，則學生乃聽之藐藐。開班會或校務會議時，只有聽訓的份，並無發言餘地；討論題目也言不由衷，大家爭先恐後坐在後排，會場變成沈默的所在了。「假如對公共事務漠不關心，這種現象普遍存在，則是民主體制上的危機」(Peters, 1966: 204)。其實問題的癥結所在，乃是政治迫害，把政權歸於自己而非「天下為公」所造成。社會不行民主，光由學校行民主的話，是會一暴十寒的，且富有民主觀念的師生卻會變成專制社會的烈士。

註2：這種比喻，來自於柏拉圖 (Plato)。柏拉圖在「共和國」(*Republic*) 一書中有個「洞穴」寓言，實在含意深遠。他說：多數人生活於暗無天日的洞穴中，久而久之，乃視「幻影」為真實。如有人爬出洞口看到日光而又回頭帶領同胞追求光明時，眾人在剛剛接觸日光的剎那，更顯得黑暗（強烈的日光使瞳孔無法適應），眾人遂大呼上當，而將帶領者置之於死地 (Plato, *Republic*, VII, 516-517)。

(六) 公民教育與愛國教育

民主社會應培養民主式的公民，這是理所當然。但良好的公民，並非是一個完全奉公守法、循規蹈矩的學生。國有國法，家有家規；國民守國法，兒女遵家規，本屬正確。但是民主式的教育會促使學生帶有強烈的批判性，因而國法如不合理，家規如過於嚴厲，是會遭受「良好公民」的指摘與挑戰的。如此的公民不會變成宣傳政府「德政」的工具，卻努力於提高全民的生活品質。不幸，許多國家辦理的公民教育，卻旨在培養忠順服從的人民，以便支持政府繼續掌權(Russell, 1932：14)。這已把「公民」教育予以變質了，以為政黨利益高於全民利益，喜愛統一 (uniformity) 思想而不願人民出現觀念的多元化 (diversity) (Russell, 1932：144)。愛國教育遂大行其道。其實不是真正在進行愛國教育，卻在實行愛政府教育，只對某地域及掌權政府效忠，而視其他地域的人以及任何批評政府的人為仇敵。因此教材中儘量宣揚「我族中心主義」(ethnocentricism)，標榜執政黨對國家的貢獻及對歷史文化的功勞，當今領袖之偉大與英明；任何人敢侮辱政黨元首就繩之於法，絕無寬貸。學校教育，乃歪曲事實，刻意的隱瞞政府缺點，卻盡量指斥其他政黨的「非法行徑」及「敗國陰謀」。本國如果加入戰爭，乃是為了抵禦外侮；他國之參與征伐，乃為了侵略。而本國軍隊之踏入外國領土，目的在於拯救他國人民於水深火熱中或宣揚福音、擴充文明。西方殖民地擴張者所提出的「白人負擔」，以及日軍侵華，都在學校教材上予以理由化，為他們的行動找出「代天行道，弔民伐罪」的下台階，如此的愛國教育簡直在欺騙學生。醜化敵國或政敵，使得社會、國家及世界永無寧日。

為了清除教育之受政黨污染以保存教育的超然純度，有些學校力

主教育的中立性,「把政治從學校中逐出」(Meyer, 1950: 417)。所有教育人員停止政黨活動,不介紹有待爭論的政治題材,不介入政爭,教材也不涉政黨主張,政黨人物禁止進入校園,學校完全與政治隔絕。但是這種作法是一種逃避措施,因為一來政治是眾人之事,二來人是政治動物,因之學校教學不及政治,是不負責任的懦弱行為。倒不如充分保證政黨的宣傳都基於平等的立場上,無所偏袒。羅素說:「雖然要政府採用一種權宜措施,使青年學子也能在重要且困擾的問題上接受反方的宣傳,這是絕無僅有之事。但我仍然毫無疑問的認為,果眞能如此,才是最好的安排。要求一名教師不得發表有關爭論上的意見,形同要他變成愚蠢,或壓抑他一半的人格。……應鼓勵年輕人在聽到人們從各種不同觀點討論問題時加以思考……。這就是步入民主社會的眞正準備,也是從各種敍述事實中獲取眞相的最好教學法。宣傳本身並沒有錯,錯在只有單方面的宣傳。對宣傳採取批判,就如同美國人的抵禦售賣一般,是最為可行之道;但這種結果,絕非遠離宣傳,這與遠離痲疹而免疫的情況不同,倒是應衝著宣傳並發現宣傳經常有誤的經驗中獲得。為了達到此目的,最好的方法,就是在每一校中都有宣傳的對手」(Russell, 1932: 140)。如此的學校公民教育或政治教育,一定充滿著熱鬧。

鑑於各國進行仇視他國的教育措施,聯合國文教機構(UNESCO)乃要求各會員國政府將各級學校所編的教科書送審,尤其是歷史、地理及公民道德教育方面。希望各國為了世界和平,不要向下一代灌輸仇恨他國的教材。但是這種要求,許多國家卻相應不理。

民主社會是沒有禁忌(taboo)的社會,也沒有敏感的問題。學校師生可以盡情的討論各種政治主張,而不受迫害,讓大家都光明磊落而無所恐懼的提出自己的政治見解。師生在共同討論中自己衡量各

種說法的利弊得失，然後選擇一種自認最合己意的政治論點作為自己的政治信念，但該信念只是暫時的，隨時準備修正或放棄，這就最符合民主教育的本意了。民主社會中，任何人、任何團體、任何政黨都不能享有特權，但卻都享有公平機會。西方社會有一羣人叫做 the Gideons，是專門免費送基督聖經到旅社臥室的人。這批人有感於旅社附近的報攤出賣各種「不良、色情」或不純淨的雜誌，雖然內心不滿，但沒有打算將那些書報予以銷燬的念頭，卻靜靜的把聖經安置在床頭。這種行徑頗富民主意味，他們也在進行「民主式」的教育，將聖經與其他所謂的「邪書」並列，供人民選擇。果真「邪不勝正」，則聖經必受人民喜愛；但如果「邪書」並沒有想像中的「邪」，則讓它公然出現，也不會腐蝕人心到嚴重的地步。

第二節　自由與教育

民主與自由，是一體的兩面，前已言之。實行民主，目的在於獲得自由，自由是所有人生活動追求的最高價值。教育旨趣，也在於促使師生獲得自由。從教育觀點而言，自由就是自治、自主、自律，這是最上乘的道德品質，也是最有人性尊嚴的象徵。人之異於禽獸，關鍵即在於此。自由的相反詞就是奴役、拘束、或限制；這些即令有必要，也是獲得自由的手段，本身卻不是目的。在教育過程中，即是經由「不自由」而早日得到自由。時間越迅速，享自由人數越多，則越顯示教育的功效大增；反之，即是教育的最嚴重敗筆。

一、自由價最高

人生追求的價值很多，其中，「生命」本身是不可或缺的。因此，延續生命行為，解除身心痛苦的活動，都應受人尊敬；所以醫學研究，價值甚高。但人有生命，動物也有生命；人擬長生，動物也擬長生；可是「人生不滿百」，有些人的生命沒有動物長；可見光是獲取生命，格調仍低。其次，「愛情」亦是人生追求價值當中的重要一環，人生缺少愛情，直如槁木死灰，了無情趣；所以有人殉情，為了情而犧牲了寶貴的生命；在「生命」與「愛情」二者不可得兼上，遂捨生命而就愛情。試問一個人如果錯誤的選擇一個伴侶，二者無愛情作基礎，而極端的演變成為痛恨的對象，則又有誰願意與自己所痛恨的人廝守終生而兩人又不幸的生命很長久？有些人苟且偷生，忍辱負重，一息尚存猶在掙扎，目的可能抱着「留得青山在」以便獲取愛情。可見「生命」也只是作為「愛情」的方法而已，本身不是方向。不過，卽令「愛情」價值高過「生命」，但若與動物相比，人獲取愛情也顯不出他與動物差別之處，因為有些動物的愛情勝過人類。「鶼鰈情深」，一種是鳥，一種是魚，它們的情愛為多數人所羨慕。人如擬永遠登上「萬物之靈」的寶座，就不是只在追求生命與愛情而已，卻應以「自由」為最高目標。「生命誠可貴，愛情價更高，若為自由故，兩者皆可拋」。這才是頂天立地，真正人的作為。一個人有得吃有得穿，豐衣足食，身體健康，只注重生理方面的滿足，這種看法，眼光太淺。一隻鳥被關在籠子裏，不愁吃，不怕風吹雨打、日曬雨淋，但已斷送了翱翔盤旋的本性；養在瓷缸中的魚，天天被餵得飽飽的，但也失去了遨遊四海的能力，因為那有「海濶由爾躍，天空任爾飛」的機會啊？

人要不是爭取自由,老早被動物所奴役,供動物所驅使。因為荀子早說過:人「力不如牛,跑不如馬」,但「牛馬為我用」。人能駕馭牛馬,並不是靠力氣,而是憑腦力。而腦力的最高發揮,目的在於掙脫「自然界」及「人生界」的種種束縛,控制自然,征服自然,利用自然;以及解除傳統、習俗、制度、典章、及法令的種種束縛。人類不此之圖,則可能被牛拉去耕田,被狗套住脖子,被鴨倒提而公然招搖過市。退而求其次,就是被養得肥肥的,裝扮得很美麗;但也只不過是如同供觀賞取樂的對象,甚至是待宰的豬一般。「一個自由人,寧可在開放世界中尋求機會,卻不願在閉鎖園地裏接受保障」(Dewey 1922:311)。

人的所有需求(needs)當中,也應以「自由」的需求作為最高層次的需求,否則人沒有作為人的資格。心理學家馬斯洛(Maslow)所繪的需求圖也顯示出此種狀況,其圖如下:

| 自我實現需求 Self-actualization needs |
| 尊重需求 Esteem needs |
| 愛與隸屬需求 Love and belongingness needs |
| 安全需求 Safety needs |
| 生理需求 Physiological needs |

沒有人格尊嚴的人會為五斗米折腰(滿足生理需求),為蠅頭小利而磕頭鞠躬。注重自由的人不嗟來食,不供人任意使喚,不被別

人捏著鼻子走，卻要自己作主人，自己作決定。所以民主與自由二者乃異名而同實。自由源之於心，是自願的行為。如有人情願作別人奴隸，甚至自我作踐，那已是無可救藥了。「是故人之奴隸，我不足畏也，而莫痛於自我奴隸於人。自奴隸於人，猶不足畏也，而莫慘於我奴隸於我。莊子曰：『哀莫大於心死，而身死次之』！吾亦曰：『辱莫大於心奴，而身奴斯為末矣！』」（梁啓超，1964:43）。上圖所示，失去最底層者，已是身死或自奴；但失去第二層以上者，就是心死與心奴了。

二、自由的核心

自由的種類很多，但許多自由是邊陲自由，有些自由是核心自由。比如說，回家可以有走路、坐車、乘船、或搭飛機等自由；穿衣有選擇西裝或長袍的自由；這些自由種類及數量，指不勝屈。但這些自由卻非根本自由，獲得此種自由，也不會立即顯示出人的尊嚴與價值；這些自由都是邊陲自由，世界上最獨裁的政府也不會儍到限制人民此種自由的地步。所謂核心自由，就是思想自由。思想自由包括信仰、出版、言論、講學、集會、結社、遷徙等等自由。思想自由一獲得，其他邊陲自由也必定尾隨而至。所以只要爭取到思想自由，就算自由已完成。世界上最專制的政府，可以給人民許多自由，但卻是緊緊控制著「思想自由」。思想自由與心智活動最直接有關，所以思想自由與教育的關係，非常密切。

人天生就有爭取自由的本能，這是品格的先天素質。心理學家瓦特生（J. B. Watson, 1878-1958）說：「蔑視品格的先天成份，卻准許嬰兒在被限制四肢時憤怒。這種憤怒是不經學習卽會的反應，這種

本能情緒是熱愛自由的基礎。一個人的唇舌被法律及禁忌所封住，以致於沒有言論自由；一個人的文筆被查禁，他的愛情被倫範所束，他的孩童時代行為受拘於儀禮，他的幼年生長在慘酷教條的灌輸中。他對世界產生反抗，這種感覺，將如同一個嬰孩手腳被綁不能動彈而產生憤怒的感覺一般。在他的憤怒中，他會成為摧毀性、革命性、黷武性、也將成為道德上的虐待者」(Russell, 1932:41)。

可見核心的自由——即思想自由，有兩項特徵，一是有發洩不滿的自由，二是有批判性的思考自由。茲分述如下：

（一）有發洩不滿的自由

人與人之間難免發生糾紛，糾紛有時不能獲得公正合理的解決，此時就滋生仇恨的情緒。如果仇恨情緒不能宣洩，則社會將造成不安，個人亦將尋機挑釁，採取報復。自由社會為了疏解此種不滿，所以人人可以示威、遊行。聚眾結社集會，而不受任何壓抑或禁止。羅素說：「在任何方式底下，孩童受脅迫，就會以仇恨反應之。假若他沒有能力向他所仇恨的人報復，他的煩惱就向內發展，然後可能就沉入潛意識內。如此在他一生之中產生許多稀奇古怪的後果，這是經常有的事。假如仇恨的對象是父親，以後就被國家、教會、以及外國所取代；一個人遂易變成一個無政府主義者、無神論者、黷武主義者。壓抑與仇恨的另外一種後果，就是企圖對下一代施以相同的壓抑與仇恨。因而脾氣反常，無法培養愉快的人際與社會關係。有一天我在學校發現一位中等身材的孩童正在虐待一位較小的孩童，我勸告他不應如此，豈知他回答道：『大孩子打我，所以我就打小的，如此才公道』」(Russell, 1932:22-23)。人打人的社會，又那能獲得自由啊？

有苦無處訴，有怨不得伸，這才是動亂社會的溫床。自由社會准

許人人發洩不平之氣,發洩完了之後若得到重視,也比較能獲得公正的解決;若無法引起共鳴,則發洩完了之後,情緒也較為穩定;好比一位傷心的人失聲痛哭一般,哭完之後也比較無事。若一味禁止他哭,則抑鬱成病,終至不可收拾。若還要他強顏歡笑,則可能造成精神分裂。

(二) 有批判性的思考自由

言論自由才會產生批判,而真理只有在人人可以表達意見時才可獲得,不管該種意見是多麼的異端。如果正統意見 (orthodox opinion) 代表真理,則正統意見會因異見之攻擊而更形有力。日久見人心,真金不怕火煉。假如正統意見是錯的,則只有容許異見之批判,才能顯示出缺點。把異於己的學說指斥為「邪說」,可能本身正是邪說。真理越辨越明,那怕人駁斥。

民主走眾人路線雖會產生平庸見解,但自由的保證卻可提供才華之士脫穎而出。民主加上自由,社會就進步不已。因為自由批判,使得眾人要向傑出者移樽就教。「智力出眾者的秘密就是批判精神,批判精神也是智力上的獨立精神。但這會帶來麻煩,因為這會與任何種類的權威主義水火不容。權威性格的人,一般說來,都容易選擇那批遵守、相信、以及附合他的影響的人。但也因此,他非挑選那批下馴之材不可」(Popper, 1945:133)。所以防止民主政治之落入愚蠢政治,捨自由別無他途。歐美社會頗有此種特色,歐美人士可以在私底下及公共場合表達己意,批評政府措施,這種作法且甚受推崇。無此能力之人乃被視為失去自由之人 (Peters, 1966:108)。歐美人士批判風氣太盛,導致於有人擔心人民自由太多也非善舉,不如有些事情仰

賴他人決定，免得自己操心（註3）。但是缺乏自由批判風氣的人，是沒有資格提出這種見解的。好比說吃厭了大魚大肉的人，倒覺得吃青菜及醬瓜可口；但連吃青菜與醬瓜都覺困難的人就不可以說吃大魚大肉會得高血壓一般。一生聽眞話的人，偶爾喜歡開玩笑欺騙別人以點綴點綴人生，但終年被騙的人那有資格抗議不說眞話？批判的言論一受箝制，眞理頓卽消失。

三、自由與敎育

自由是民主社會奮鬥的最後目標，但是一個國家不可能旣是自由而人民又是無知的。自由應該以知識作規範，不是肆無忌憚、無法無天的自由。無知的自由不是眞正自由。無知的自由社會，大家生活在恐懼與威嚇中，則與專制社會並無兩樣，那裏能夠保證自由？敎育的普及與知識程度的提升，最能加速自治、自主、自立、自律。人人到達這種境界，才是眞正的自由社會。自由與敎育的關係，由此可見一斑。

自由的一個層面就是信任。對人信任，才會取得別人的信任；否則，「役之如奴隸，防之如盜賊，則彼亦以奴隸盜賊自居」（梁啓超，1964：53）。若對敎師敎學之認眞度或人品之純眞度不予信任，則必採取許多防範措施，限制式的法令逐層出不窮。敎育是良心事業，如果敎師只是聽令而行或遵法而爲的話，敎育效果就會減少幾分。他「頂多」做完份內事，絕不肯多予「施捨」；但卻經常想盡辦法要怠工以

註3：Eric Fromm 就是這種學者，他在1941年出版「自由的逃避」（*Escape From Freedom*, N. Y.: Holt, Rinehart Winston）一書。

便佔小便宜。充分信賴教師、讓教師自由，他就會自行檢點。非制裁不可時，若能以長期培養出來的「學風」予以約束，自較處處防範來得有效。對學生的信賴亦然，如能及早養成學生自愛、自尊、自重心理，則學生也就獲有自由。比如說，學生在考試中不會作弊，卽令有作弊機會也不作弊一般，因爲他已自覺作弊是丟臉的事。在這種情況下，教師發了考卷之後，就不必如臨大敵般的窺伺學生作答時是否有不軌行爲。相反的，教師可以去做他自己的事，學生可以安心的作答，雙方彼此尊重與信賴，樂得輕鬆。要是教師不放心學生考場不守規定，則加派監考員，佈滿四面八方，如此雖可防弊，但雙方緊張，且毫無尊嚴感。這就形同警察社會，三步一警察，五步一憲兵，此時小偷可能就會絕跡，但代價太高了，絕非民主自由社會所應有（註4）。

一流的學府都是注重自由的。蔣夢麟說北京大學具有兩種特色，一是具有大度包容的精神，二是思想自由的精神（蔣夢麟，1962:232）。這種自由精神，表現在蔡元培任內最爲明顯。當時北京大學有民國所排斥的復辟主義者，有拖長辮者，有籌安會者，甚至有「喜作側艷之詩詞，以納妾挾妓爲韵事」者，但蔡校長都盡納之（蔡元培，1977:240）。一時北大一流的學者及傑出學生輩出。

註4：「禁書」政策，不但代價很高，且帶來反效果。梁啓超說出他自己的一件故事。他說他在日本期間，有一天在書店逛，看到書架上擺著一本新出版的書，書名是有關中日外交資料的。他翻了一下，覺得沒什麼，乃沒有購買。當他回室打開收音機聽新聞時，日本文部省卻說該書洩露外交機密，下令該書爲禁書。他聽了此一報導，都忘了把收音機關掉，就衝出住處往書店快速的狂奔。豈知書店老闆也得到訓令，很警覺的把該書收了不准出售。梁氏恨然返室，但馬上打電話向他的朋友打聽是否有人早已購買該書。他說，假定他在逛書店時買了該書，則帶回室後可能就是往書架一擱，不會立卽去讀它；但現在不同了，現在再怎麼忙，他都要從頭到尾仔細的一字一句去詳讀、精讀（梁啓超，1964:147-148）。

教師的自由,本是天經地義之事;但學生的自由卻較受限制。比如說,學生必須「強迫入學」,「遵守教室秩序」,「依照學校規定進行教學活動」。所以禁止學生逃學逃課,圖書館或教材內不可出現諸如暴力連環畫或色情書籍等(Peters, 1966:116-121)。由於學生正在學習過程中,也使得教師(尤其是中小學教師)在言行中得特別謹慎,不可僅灌輸己意而不准學生提出問題甚至批判。教師不是隸屬於某個教會的傳教士,更非替某一黨派拉黨員,而是負責教導學生如何明智的去做一個民主社會的公民。所以他必須一秉至公,毫無偏倚(Peters, 1966:125)。如此才能建立學生或家長對他的信賴。

學生學習過程中,早就應有提出異見的自由。良好的教師更應鼓勵學生此種為學態度。「做教員的要歡迎學生自由下批評,才不阻礙思想自由之發展」;甚至「使學生批評歷史上一段事或書上一句話,不如使他們批評社會狀況」(蔣夢麟,1962:35)。就如同王陽明所說:「證諸吾心而是也,雖其言之出於愚夫愚婦者吾是之;證諸吾心而非也,雖其言之出於周公孔子者,吾不敢以為是;況其言之非出於周公孔子者乎!」如此的學生一定不會盲目崇拜權威,無條件的看人臉色,這才是自主自律。「教師應該鼓勵學生提出他們不同的知識見解,甚至促使學生閱讀與教師相反觀念的書籍。但這是少之又少,所以造成一種結果,即大多數的教育都是向學童灌輸那沒有根基的信仰教條或主義,而不鼓吹追根究底的精神」(Russell, 1932:106)。因此學校往往就是保守觀念的大本營,是進步的最大絆腳石。改變這種形像,教師就要以身作則,富有包容異見的雅量,其實這也是民主素養。教師禁止學生異見之提出,則學生就失去了為學問知的自由。此種情境下的教育效果只是部份而已,並非全面。

只有民主的教育,師生的品格才最完美;只有自由的教育,真理

才能得見。教育不行民主自由，則已失教育意旨；民主自由不賴教育，則民主自由終將落空。

本 章 摘 要

1. 民主自由的教育，歷史最短，但卻最符合教育本意。
2. 民主要求人人作主，作主就要有獨自判斷力及決定力。這些能力，都有賴教育予以完成。
3. 衆人的決定必須遵守，但少數或個人的決定卻須予以尊重。因此「人人」都有發言權，且發言權都得到重視。人人都不是社會的「孤兒」，而是社會的「公民」。
4. 自由討論是意見溝通的主要方式，討論旨在說服他人，所以本身就是「教育」。
5. 民主社會才能促進社會團結，維持國家安定。
6. 公民教育與愛國教育必須符合民主意旨。
7. 自由是所有人生活動中最具價值的活動。
8. 思想、講學、言論、出版、結社、集會等自由，是所有自由的樞紐。
9. 信賴、尊重與批判，是教學自由的最具體表現。
10. 教師先有民主自由氣質，學生才能獲得民主與自由。

討 論 問 題

1. 民主的涵意爲何？它與專制有何區別？民主有何害處？民主有何好處？
2. 教師及學生各有權決定什麼？他們有能力作決定嗎？如他們缺乏能力，應該用什麼方法補救？
3. 教材中有「不實」的部份嗎？其用意何在？有必要存在嗎？

4. 如果各校教材由教師選擇，此種措施有何利弊得失？
5. 目前我們的教育，有那些地方不民主？有那些地方民主？
6. 自由價最高嗎？有異議否？
7. 思想自由最重要，這種說法，你有何批判？
8. 教師及學生有批判能力嗎？如無，應如何補救？
9. 目前我們的教育，有那些地方使師生不自由？有那些地方師生享有自由？
10. 具體舉例說出教師與學生具有寬容雅量的事件，及不具有寬容雅量的事件。

第 十 章

教 育 研 究

　　教育學術之能够進步，必須學者繼續不斷的從事教育研究。教育的對象是人，而人的研究必須經由自然科學家與人文學者通力合作始克有成。因此教育研究的性質有別於其他學科之研究，教育研究的範圍異常廣泛，而教育研究所應行注意的事項也特別多。這是初習教育的人必須注意的。本章擬就教育研究的性質及其必要性、教育研究的範圍、教育研究應行注意事項、教育研究的方法及教育論文的寫作要領等項，分別作一番原則性的陳述。至於比較詳細的討論，則應參閱教育研究法專書。

第一節　教育研究的性質及其必要性

一、教育研究的性質

　　教育研究的性質，取決於教育這門學科的性質。根據本書第一章

之敍述，教育不只是記述性的學科，並且還是規範性的學科。此外，教育活動旣與人人有關，因此人人都有資格對教育提出討論，貢獻意見，由此可見教育研究的性質至少包括了下述三方面：

(一) 教育研究的記述性

教育記述性的研究，卽在於探討教育的「實然」。換句話說，就是在於知悉教育的實際情況。教育實際情況的了解，從時間上看，可以分爲過去、現在、及未來三種。從空間上言，則分爲此地教育現況與彼地教育現況之認識。舉例來說，如果我們想要作一種「教師待遇」的實況研究，則必須了解過去的教師及現在的教師之待遇，並推測未來的教師可能享受的待遇；另外，此地（如臺灣）教師與別地（如美國）教師待遇之充分認識，也屬必要。如此才能較爲窮盡的了解教師待遇的實際情況。

這種教育實況的了解，絲毫不染上感情色彩，不受研究者之好惡所影響。因此，教育實況之研究者，必須具備客觀、翔實、公正等條件。因爲教育實況乃是教育研究所不可或缺的素材，建立在可靠的教育實況資料之研究，才是有價值的教育研究。教育實況也是教育研究的起點，如果起點有錯，卽使是小錯，也將差之毫釐，失之千里。

理論上來說，目前及過去的教育實況（包括此地的或彼地的），比較容易使研究結果與實情相符；但未來教育實況，研究者只能據已有的資料作預測。因此研究結果是否能與實情一致，則殊難逆料。因爲影響教育發展的因素甚多，假如一個教育研究者敢大膽的提出未來教育情況「必然」如何如何，那不是顯示他的狂妄，就是說明他的愚昧無知。

（二）教育研究的規範性

教育規範性的研究，即在於探討教育的「應然」。也就是說，教育研究者以價值眼光，將教育實況作一番評價。教育記述性的研究，旨在追求「真」，而教育規範性的研究，則目的在尋覓「美」及「善」。「美」與「善」都是價值名詞，而凡是價值名詞都有規範作用。教育的規範性研究在指明教育實況的價值高下，並設法使此後的教育更具價值。

教育記述性的研究者必須客觀，而教育規範性的研究者，卻是主觀的。但教育規範性的研究者之主觀，是合理的主觀，也就是「互為主觀」(intersubjectivity)(註1)。互為主觀的研究結果，可以為其他研究者所接受，而不會變成公說公有理，婆說婆有理的情況；也不會形成議論紛紛，莫衷一是的結果。

教育應然的研究，必須根據教育實然的研究結果。研究者先了解教育實況，然後以自己可以形成「互為主觀」的價值標準來褒貶教育實況。如前述「教師待遇」的研究，研究者在明白過去、現在、與預測未來的教師待遇，以及比較本地與他地的教師待遇之後，才提出教師待遇「應該」達到的標準。達到此標準的教育是優良的教育，低於此標準的教育則是惡劣的教育。

可見教育實然的研究，只問「是不是」(is or is not)；教育應然的研究，則在探討「應該不應該」(ought or ought not)。「是不是」的問題是事實問題，如高中畢業生升入大學的比率多少，這種問題比較容易研究。「應該不應該」的問題是價值問題，如高中畢業生

註1：「互為主觀」(intersubjectivity)，即指甲之主觀，變成他人之主觀；因此甲與他人之主觀可以共通，也就是說甲之主觀意見可以為他人所共同接受。

升入大學的比率應該是30%嗎?這種問題牽涉到許多層面的問題,因此困難重重(註2)。

(三) 教育研究人員層面的多樣性

廣義的教育活動與生俱來,生活本身就是一種教育,所以人之一生都與教育有關。並且自普及教育政策為世人接受以來,人人都得入學,家長及上一代也希望子女及下一代能夠因接受教育而更能過幸福與美好的生活。因此在現代的社會中,人人關心教育乃是一種不可避免的現象。人人既然關心教育,也就免不了要對教育提出許多意見,這些意見有些無甚價值,只是常識之見;但有些意見卻是灼見,頗值得教育研究者深思。因此,在重要教育決策的委員會中,每每有類似甚至是家庭主婦之代表作為成員。

上面一段所陳述的是指參與教育問題討論的人員層面之廣。另一種教育研究人員層面的多樣性來自於各色各樣的學者對教育問題的研究。從歷史上看,對於教育作全面性研究的學術研究者,為數不多,且是晚近的事。「教育學」自德國哲學家赫爾巴特以來,才慢慢的自成一個學術體系,但是教育學仍與其他已成學術體系的學科糾纏不清。比如說,教育學脫離不了與生理學、心理學、哲學、社會學、歷史學、經濟學、政治學、統計學、人類學等之干係。而歷來這些學科的學者在鑽研本身學科之餘,常常要涉及到教育問題的討論。因此他們往往有教育方面的著作附屬於其主要著作之中,或應用本身學科的理論而出版教育方面的專書。這些學者多半在大學執教,或任職教育

註2:「是不是」與「該不該」是兩種不同層次的問題。在多數的情況下,前者推論不出後者。首先指明這種嚴肅問題的是英國哲學家休姆(David Hume)(D. Hume, 1888: 469-470)。

行政主管（如教育部長或大學校長），所以他們也會直接與間接的表明他們對於教育方面的見解 (註3)。

第三種教育研究人員就是專門以教育研究爲職志的人員。也就是指大學教育學系及教育研究所本科系的人員，或以教育學爲主修科而獲得碩士、博士學位的學者。晚近由於各國之競相注重教育事業，學者也對教育學作分門別類的研究。因此教育不但是大規模大學的一個重要科系，而且還可以成爲一個學院（如臺灣之彰化教育學院）或大學（如臺灣之師範大學）。教育學內細分教育心理學、教育社會學、教育史、教育哲學、教育測驗與統計、教育行政、比較教育及各級教育等等學科。這些學科都有一大羣學者從事研究，他們既然以研究教育爲職志，當然會義不容辭的對教育作深一層的研究。

根據上述，可見夠資格對教育發表評論的人員有三：一爲一般民衆（laymen，如家庭主婦、民意代表等），一爲非專業教育學者（non-professional educators，如大學校長、教育行政長官、心理學者、哲學家等），一爲專業教育學者（professional educators，如教育哲學家、教育行政家、教育心理學家等）。因此一位初習教育研究的人，必須涉獵這三種人的教育見解，如此才不會侷限於一隅，而闇於大理。一般人之教育見地每有佳言警語，非專業教育學者之學說每多可作爲教育學的理論依據；且非專業教育學者之研究成果，也對

註3：這方面的例子甚多。英國哲學家懷德海（A. N. Whitehead）有「教育目的」（*The Aims of Education*）一書的著作，羅素（B. Russell）有「教育與社會秩序」（*Education and The Social Order*）及「教育及良善生活」（*Education and The Good Life*）等教育作品。德國大哲學家康德（I. Kant）有「論教育」（*On Education*）一書。法國社會學大師徐爾幹（E. Durkheim）有「道德教育」（*Moral Education*）一書。美國哈佛大學名校長伊利歐特（C. Eliot）本是化學家，科南（J. B. Conant）也是化學家，但教育著作卻也不少，且洞見頗多。

教育的實際活動有所裨益,如物理學家研究出光的投射作用,教育學者可應用於製作教具上,即投影機(over-head projector);而專業學者對教育研究之結果,更具參考價值。

由此看來,教育研究的性質,實在異於其他學科(如數學)研究的性質。人人皆可參與教育研究,教育研究並非專業教育學者的專利品。教育活動大衆化,教育研究也就大衆化了。

二、教育研究的必要性

教育學者為了要使教育學成為一門獨立學科,因此正孜孜矻矻的進行教育研究;而目前,政府既將教育活動視之為最重要的一種社會事業(enterprise),也對教育寄予莫大的關注,公私團體或個人之進行教育研究,乃勢所必然。

並且,教育雖與生以俱來,但教育活動中卻經常發生問題。這些問題有的是由來已久的老問題,有的則是新問題;解決這些新舊問題,不得不仰賴學者日夜不懈的進行教育研究。教育研究的結果,不但能比較清楚的發現教育真象,挖掘教育問題,探索教育問題的癥結,然後對症下藥,解除教育問題;並且還可透過教育研究,而豐富教育學術的內容,拓廣教育學術的領域(Turney and Robb, 1971:1)。可見「研究」一詞含有創造意義。「研究」的英文名字為 research,側重追尋與探索。但這個英文字絕非等於把它拆開來的 re-search,因為研究工作不是重複別人的研究過程,也不是重走別人已踏過的路線。研究者必須另闢蹊徑,開創學術的新領域(Varma, 1965:1)!

教育研究類似其他科學研究,尤似醫學研究,因為這兩種研究的對象都是人。醫學機構都附設醫學研究醫院,供醫學研究者研究之

用。同理，教育機構也應附設學校以供教育研究者研究。因此師範大學設有附屬中學，師範專科學校設有附屬小學及幼稚園（Ausubel, 1969:7）。這種道理，實在不必多費唇舌予以解釋。

晚近政府越來越了解教育對國家建設、國防保衞、甚至對政權鞏固的重要性，因此政府對教育活動更為關切；但這種關切很可能左右教育活動的正常發展。所以教育活動實在更應由一批不涉及政治色彩的純教育學者來進行研究。因為從純粹教育學的觀點而言，教育絕對不是政治的工具，更不是政府擬達成某項特殊政治目的的手段。（*Educational Research and the Teacher*, 1965:6）教育活動為免於懷有用心的政客所染指，則嚴正的教育研究之必要性，自不待言喩。

教育研究的性質既有別於其他學科，教育研究得據實論事，又得依美、善標準來釐訂教育事實的價值高下；且教育研究的問題與全民息息相關，故每個人都想對教育研究參與其事，每個學者也都對教育研究有意問津，因此教育研究者得認識教育研究的這種特性，又能夠在旁涉與教育有間接關係的學科之餘，建立起教育學本身的體系。這是橫在教育研究者眼前的難題。在解決這些難題之先，在進行教育研究之前，教育研究者卻必須注意幾件事情。這幾件應行注意事項，留待下節敍述。

第二節　教育研究應行注意事項

教育研究應行注意的事項頗多，有些是屬於教育研究者本身的，有些則屬於教育研究的對象。茲分這兩方面陳述：

一、教育研究者本身應具備的研究條件

(一) 研究者必須具有創新的態度

教育研究者，或任何一種學科的研究者，都應該具有敏銳的眼光，冷靜的頭腦，經常保持懷疑的心態，對周遭所發生的事件或教育活動，提出批評問難。不訴諸權威，不取決於情感，不囿於傳統習俗，不流於偏狹固執，一切唯理是問，唯理是求。並且對於他人之研究，只要那種研究能夠「持之有故，言之成理」，即使那種研究與自己的研究成果相左，也應該虛懷若谷，容納異己。這就是說研究者必須具備「懷疑、批判及容忍」的基本態度。

具備懷疑與批判態度的研究者，研究的結果才比較有深度；而有容忍胸懷的研究者，所見的面一定比較廣。有深度又有廣度的研究一定是非常有價值的研究。這種研究成果頗有可能就是一種創見(originality)。不是人云亦云，也不是以衆人之是爲是，以衆人之非爲非的庸俗之見。在當今知識爆炸，研究作品充斥，圖書館收藏資料無法枚擧的時代裏，具有創見性的研究，才是大家視之如瑰寶的研究。

偉氏(Webster)字典將「創見」定義爲：「不是抄襲、模仿、複作或翻譯；非轉手、非仰賴別人、非二手的；是新穎的，一手的……」(New International Dictionary, 1961:1721)。

學術學位的最高級——哲學博士(Ph. D.)學位也在強調「創造性活動及研究」(Council of Graduate School in the United States, 1966)。

創見也是要禁得起批判的主見，或是獨見。創見是前所未有之見，提出創見的人必定高瞻遠矚，智慧過人。如果一篇研究論文，創見部份甚多，那麼這篇論文必可名垂青史，震古鑠今；反之，一篇論文毫無主見，不是東抄西抄，就是只有譯述工作，則該論文之問世，不是徒費筆墨，虛耗研究者時間與精力，就是傷害了讀者的目力，空佔了資料搜集場所的空間。如此的論文，不作也罷！

因此，學術研究者在進行研究之初，必須抱有創新該學術領域的心理準備。不管創新程度的大小，學術研究必定要含有創造意味。因之大專院校教師之升等著作以及其他學術著作，應該特別強調著作內容之創造性。

不幸的是，目前研究論文雖是汗牛充棟，但創新的研究論文卻有如鳳毛麟角。教育學者布魯姆（Bloom）指出，二十五年來在美國「教育研究評論」（*Review of Educational Research*）刊物所列舉的七千種教育研究中，只有七十種是重要而且有意義的；也就是說，平均每年出現具有創新性的教育研究論文不到三種（Bloom, 1971: 8-9）。

那麼，創見怎麼產生的呢？創見產生的來源不外天才加努力。創見有時是可遇不可求。

創見之產生，多半是研究者對研究對象已經下了不少血汗功夫，而於研究問題百思不得其解的情況下，忽然在一種奇特的境遇裏，解決該困擾問題的線索，卻像靈光一閃的出現腦際。能夠善於抓住這瞬息片刻所存在的解決問題之契機，才是研究有所心得，也是有所創見之人。這種創見之產生，有時是學術史上驚天動地之舉。產生創見之片刻，在許多情況之下，多半是研究者已遠離了研究問題而作「逍遙遊」的時候。德國物理學家赫姆霍滋（Helmholtz）說，他研究某問

題一段時間之後,就會在別處(並非其工作地點)出現解決該問題的有效方案。達爾文(Darwin)在坐馬車時想出了進化論,瓦特(Watt)在週日下午散步時發明了蒸汽機原理。摩斯(Morse,卽Samuel Finley Breese, 1791-1872)在歐遊旅行歸美途中,想出了電報的觀念。莫扎特(Mozart)在玩撞球(billards)時,孕育出「魔笛」(Magic Flute)中之優美四重奏(quartet)曲調。這些史實,眞是罄竹難書。

有創見的研究並非一蹴可就。愛迪生說偉大的成就要靠一分天才(inspiration,卽靈感),九十九分努力(perspiration,卽流汗)。可見創見之獲得絕非全靠倖致。窮索問題,靜坐冥思,是研究者能有創見的時候。因此研究者千萬不要終日埋在浩瀚的研究資料堆中,而應該撥空找個清靜地方好好作一番沉思冥想,或在賞心悅目的景象裏作散步,則困惑的問題可能就會迎刃而解。因此大思想家易出神(如蘇格拉底),會忘我(如泰列士及黑格爾),喜散步(如康德)(註3)。

每個人都有創造潛能,只是有些人善於激發潛能,有些人則讓潛能昏睡。

當然,機運對於創見之獲得有不少幫助。不過,用心思索仍然是求取創見之良方。蘋果之掉在牛頓頭上,絕對不是上帝有意如此,也不是掉在牛頓頭上算第一次。但牛頓用心思索,乃提出了萬有引力學說。一般人洗澡都會發現澡盆水往外溢,但阿基米德一看到此現象,乃喜出望外,沒有穿好衣服就到街上大叫:「我找到了!我找到了!」

註3: 蘇格拉底從早站到凌晨凝神傾聽神諭(內在聲音 innervoice),使得蘇氏的朋友都帶草蓆來圍觀蘇氏到底能站多久。泰列士仰觀天象,而失足落入水溝,因而受佣人笑落。黑格爾在往教室途中掉了一隻鞋,等到了上講臺才發覺。康德之準時散步,幾乎成爲隣居的時鐘。

他找到了「排量」(displacement)理論。普通人也不知看過多少次的水蒸氣推動壺蓋，但瓦特一瞧，乃想出了蒸汽機原理……。可見重要的學說理論，總落到「有心人」身上。

「創見」是研究的一項最重要成果。因此本節不憚詞費，乃作比較多篇幅的強調。

（二）寧靜的研究環境及長期的研究時間

適合於研究者沉思的研究環境，一定要不受他人打擾的環境。法國數學家兼哲學家笛卡爾一度非常厭惡的離開巴黎，因為他的朋友一再的打擾他。在他死前寫作相當旺盛的29年時間，曾住過13個地方，24間房子，並且只讓幾個了解他個性的知心朋友知道他的寓所。

英國物理學家兼化學家加文狄希(Henry Cavendish, 1731-1810)要人把飯菜經由壁洞送進研究室，以避免與人交談或別人打擾他的研究。牛頓要求他的第一篇論文——有關解決養老金(annuities)問題的論文，不要署他的名字出版。因為他怕這樣一來，認識他的人會增多，他不願平靜的心湖有漣漪，更不願有波浪。

喜歡追名逐利，樂於喧囂吵鬧的研究者，不可能有出色的研究。寧靜才可致遠，也可致深。優良的研究環境，才可產生一流的研究學者。

但是所謂優良的研究環境，並非指物質條件優厚的環境。雖然研究者家境富裕，對於研究工作可能有大幫助。培根及達爾文都是英國士紳，培根於1586-1591年之間，在巴黎講學，賺了不少學費，他費了一萬英鎊買書、作實驗、購置儀器、訪問學者，並聘請秘書。化學家拉瓦西(Lavoisier)於18年中，收到六萬英鎊的研究費用。充足的經費，可以使研究進行較為順利，但那種研究並不保證研究的結果

必有創見。研究者如有心研究，必能克服物質環境之貧乏，並且家境清寒也阻礙不了偉大學者從事偉大的學術研究工作。牛頓曾經一度赤貧如洗，連一週交一先令到皇家學會（Royal Society）的能力都沒有。固特異（Charles Goodyear）於發現加硫橡膠（vulcanize rubber）之後，死於負債二十萬美元之中。費區（John Fitch, 1743-1798）在作汽船發明實驗中，因貧而自殺。累布蘭克（Le Blanc）發現了鹼（alkali）較為經濟製作的方法，但卻死於法國貧民窟中。孔德（Comte）在下台後相當潦倒，只好向英國哲學家小米勒（J. S. Mill）訴苦，小米勒經過歷史學家格洛特（Grote）之助，乃贈二萬法郎給孔德使他能夠繼續研究並出版著作；但五年後，孔德的經濟困境仍未改善。小米勒之父（J. Mill）也陷於家境清寒，不得已乃以寫書謀生。他在書桌的一旁放著「印度史」（History of India）的手稿，另一旁則是小米勒在唸希臘文，遇有不懂處，即向其父請教。斯賓塞（Herbart Spencer）一生即是個病人，收入不固定，早年以賣書本和著作度日。

學術研究工作是勞心的工作，真正熱衷於學術研究工作的人，是不會太計較於物質條件之優劣的。巴斯道（Pasteur）說：我從不為錢而工作，但我卻為學術而研究。阿加西（Agassiz）也言：我無暇賺錢（Good, 1969: 138）。惡劣的物質生活難不倒有志於研究的學者。

研究時間的長短也不是評斷研究成果優劣的標準。有的人大器晚成，有的學者則才華早露。柏克萊（George Berkeley）於1709年及1710年分別出版兩本哲學巨著，時氏只25歲。繼柏克萊之後的休姆（David Hume）於28歲時就刊行其成名作，但其後因聲名及社交，使他分身乏術，無力再繼續寫作。一般來講，成名著作多是經年累月

的研究結晶。部份學者害怕研究成果還未臻成熟，因此就束諸高閣，未敢發表。達爾文爲「物種原始」巨著工作了二十年，要不是好友地質學家萊伊爾（Sir Charles Lyell, 1797-1875）之壓力，恐怕這本轟動學界的名書還不會問世。美國心理學大師詹姆斯（W. James）花了十二年才把他的「心理學原理」（*Principles of Psychology*）寫就。巴斯道費了五年時間才找到狂犬病（hydrophobia）的治療藥。法拉第以十年時光才將磁力研究成電力。學者費了十五年時間及五百萬美元才發現合成藍靛（indigo）。哥白尼研究了四十年，才出版他僅有的一本書，說明太陽中心（heliocentric system）之觀念。伽利略於1638年出版「論兩種新科學」（*Dialogues Concerning Two New Sciences*），其時已屆74歲高齡。他爲此研究，工作了五十年之久。學者作學術研究，實在不必汲汲於求名。洛克在出版其「論文」（*Essay*, 1690, 始於1671）之前，是個默默無聞的無名小卒，其時他已57歲。但只要辛勤耕耘，則學術園地總有開花結果的一天。

「欲速則不達」，是任何學術研究者應該牢記的一句名言。美電機工程師兼發明家克德林（Charles Franklin Kettering, 1876-1958）在爲美國國民計算機公司（National Cash Register Company）作研究工作時，估計某種設計需費時一年始能完成。但公司方面請求他加倍工作，把時間縮短爲六個月。他說：「你認爲巢裏放兩隻母雞就可以使蛋在短於三個禮拜之前孵出小雞嗎？」（Boyd, 1969：141）可見研究需要時間。

（三）研究者對研究對象充滿興趣

興趣是研究的原動力。一位滿懷興趣的研究者會對研究工作不厭不倦，甚至「發憤忘食，樂以忘憂，不知老之將至」。

赫瑟爾（Sir John Frederick William Herschel, 1792-1871）在四十歲時爲音樂家，但因對天文學的研究相當感到興趣，乃從事天文學的研究，因而發現了天王星（Uranus）。伽利略在比薩大學（University of Pisa）時，即對天文學甚感興趣，他乃放棄醫學研究，而改習數學及天文學。在當時，行醫年薪約爲二千美元，但數學教授年俸卻只是六十五美元而已。

美國麻州（Massachusetts）教育長官曼恩（Horace Mann, 1796-1859）本爲名律師，但覺得從事教育工作更有意義與價值，乃決意改行而擔任麻州教育行政首長。當然，教育工作的報酬抵不過律師行業。但因興趣之所趨，他從此堅守教育崗位，終生不渝。可見興趣可以彌補收入。

研究者對研究對象產生興趣之後，會因研究而研究，而不顧及其他。學術研究者如果能夠體認教育活動對人生的意義與價值，則很可能加入教育研究的陣營。歷史上頗多名學者在他們的著作當中或多或少的會有一些教育方面的論述，大槪也是由於他（她）們對教育產生興趣使然！不過，這裏要注意的是研究者千萬不可因興趣過濃，因而對研究結果渴望過切，以致妨礙了研究過程所必須具有的謹愼、耐心等要求。否則因興趣而害了研究，反而誤事。

上面所述，多半指一般的研究者本身應行注意的事項，似乎沒有專門談到教育研究者應行注意之點，不過上述注意事項卻也是教育研究者應銘記在心的。

除此之外，研究者應了解研究方法，因此應該受方法學（Methodology）的訓練。研究者要研究邏輯，更應該受科學研究的洗禮，以便認識研究的理論基礎。

附帶一提的是，研究者在進行多項研究之後，乃變成一名有經驗的研究者。有經驗的研究者可能對研究過程及其應行注意事項，更能深知個中奧秘，更能對研究問題了然於懷，研究起來比較能得心應手。不過有經驗的研究者未必就優於無經驗的研究者。因為有經驗的研究者或有可能步入老套，落入先前窠臼；而無經驗的研究者有時會有新奇的觀點與意外的想法，這些觀點與想法有時可能更有助於研究問題的解決（Fox, 1969: 32-33）。

二、教育研究者對於教育研究對象應行注意的事項

　　大部份的教育研究是屬於社會科學研究的範圍。而社會科學研究有難於自然科學研究之處。其中最大的困難，也是最不容易解決的困難，在於社會科學研究的對象不同於自然科學的研究對象。社會科學的研究對象是人，自然科學研究的對象是物。人與物的差別懸殊。單是這一種不同，就形成了社會科學研究上極為棘手的問題。

　　其次，自然科學研究的結果，外行人不容易了解，因此外行人不太可能干預自然科學家的研究；但教育研究（或是社會科學研究）則不然。教育研究與每個人都有關係，因此，局外人很可能表示意見，而那些意見很可能阻礙教育研究者的教育研究。難怪有些教育研究者埋怨著：「只有專業物理學家才可以批判物理研究，只有專業生理學家才可以批判生理學研究，為什麼不能只有專業教育學者才能批判教育研究？」（Lehamnn and Mehrens, 1971:7）。

　　第三，以人為研究對象的教育研究結果，有預測上的困難。自然科學的研究結果所作的預測，並不能改變自然現象之發生，如果個時

辰會出現日全蝕，或颱風之來臨等；但社會科學的研究結果所作的預測，往往與未來實際事實有甚大的出入。因為人們在事實出現之前，如已知悉研究者的預測，則很可能提高警覺，避免該預測降臨於自己身上（如禍害），或增加該預測命中己身的機會（如幸福）。某交通事故研究單位如作了狂歡節車禍喪生人數的預測，則可能引起駕車者特別小心駕駛，從而減少車禍之發生。這種結果，乃造成事實與預測二者之間的不相符合。大專聯考制度的研究者，如預測來年報考丁組考生的錄取率最高，則可能使高中應屆畢業生競相報名丁組。如此一來，反而使得丁組考生最難錄取，這不是造成了相反的現象嗎？

第四，社會科學的研究對象既然是人，而研究者也是人，以人來研究人，究竟不如以人來研究物方便。因為人研究人，就好比站在此山看此山，是看不出此山的高下的。「不知廬山眞面目，只緣身在此山中」。正是這個道理。

上面所述四種困難，都是教育研究者應予密切注意的。其實這些問題，都是「人」所產生的問題。研究者處理這些問題，必須有底下的幾層認識：

第一，注意人道原則：

以人作為研究對象的研究者，不可將研究對象任憑處置，或任其宰割。科學家因鑒於納粹學者對人研究之殘忍，乃於紐倫堡（Nuremberg）法庭裁定十項基本原則，要研究者共同遵守。這十項原則是：

1.將人作為實驗對象，須取得他（她）的自願同意，這是絕對必要的。其意卽：實驗所涉及的人要有法律能力作同意與否之決定，他（她）可以運用自由意志作抉擇，而無任何勢力、欺詐、哄騙、威脅、愚弄或外在的約束及驅策等之干預；研究者並得提供研究情境的充分知識令受試者知悉，以便讓受試者作明智的決定。此一項條件指

出,在受試者作肯定答覆接受試驗之先,應讓他(她)了解實驗之性質、期間、目的、實驗進行時所使用的方法、預期的不便或危險,以及他(她)之加入實驗工作所可能引起本人健康等之影響。

這些工作及責任完全落在指揮者、創始者或進行實驗者身上。這也是研究者之工作及職責,不能委之於他人,而令他人越俎代庖。

2.實驗應能有益社會、並產生豐碩成果。在別無他法可以進行研究時,才可以以人作為實驗對象。這樣子的實驗不是隨便的,更不是可有可無的。

3.實驗必須依動物實驗的結果來設計……。

4.實驗進行時,應避免不必要的傷害或痛苦。

5.如已預知實驗時會造成死亡或殘廢,則不可進行實驗;……。

6.實驗所遭致的危險程度,人道上的考慮大過於實驗所要解決的問題的重要性。

7.以完善的準備及足夠的設置來防止實驗對象可能產生的傷害、殘廢或死亡。

8.實驗僅能由優秀的、受過科學訓練的人員主持。在實驗的過程中,每一階段都要求實驗者有最高度的技巧,並對實驗對象予以關照。

9.在實驗過程中,實驗對象可以自由的停止實驗之進行,假如他(她)的身心已到了自認為不可能繼續進行實驗的話。

10.在實驗過程中,主持的研究者,基於善良的信念、傑出的技巧及謹慎的衡量,如果認為繼續進行實驗,將導致於受試者的傷害、殘廢、或死亡時,就得準備停止實驗(Berg, 1969:180-181)。

這十大信條,在於提醒以人為研究對象的學者必須站在「人道」立場,尊重研究對象的人格尊嚴,不可將人與物等值同觀。

信守這些諾言的研究者,當他以學童作為教育實驗研究時,才不會傷害到學童的正常發展,否則家長或學童的監護人絕對不願意將子弟交給研究者去充當「實驗品」(guinea pigs)(Ausbel, 1969:7)。

　第二,應用科學研究法:

　　教育研究的成果要能如同自然科學研究成果一般的有效,則只有仰賴教育研究者借用自然科學研究法,將教育學形成一嚴謹的獨立科學。

　　不可置疑的,教育學建立在好幾種學科之上,因此教育學要獨立成「學」比較困難。並且教育領域內有一些部份是屬於藝術的範圍,如教學技術之如何運用,教師之如何影響學生品格等,都很難建立起客觀的標準。因此教育學本身的發展甚為遲緩,這不是教育研究者自己偷懶,而是教育學的性質使然。

　　但教育學的很大部份卻劃歸在科學領域之內。教育研究者就得努力把該成為教育科學的部份趕快使它成為教育科學。因此對於教育語言得拿語言學的方法去釐清原來已混淆不清的教育用語;對於教師及學生心理,就得使用心理學的方法研究清楚。這些方面的努力,正使教育科學之進步方興未艾。

　　教育研究的結果,外行人也往往據己見加以解釋。但是如果教育研究者建立起一套客觀的教育學標準,運用比較合理也比較合乎科學的用語予以敍述,則教育研究結果之解釋,非受過教育專業訓練的人士絕不敢過問。像T分數、標準差等之教育學術用語,不是一般人所完全能夠了解的。並且,如果教育學研究的學者所作成的各種教育釐測,又能像自然科學家對自然現象所作的釐測一般,達到令人信服的程度,則相信教育學研究者自能建立起教育學術權威,教育學者之言論與意見自有分量。那時,教育學就與數學、物理、化學等科目一

樣,並非人人可論的學科了。

這並不表明教育學要與羣衆脫離關係,而係說明教育學是有一大部份遠超出「常識之見」之上的。

第三、注意霍桑效應:

教育研究既然以人爲研究對象,但人是不可隨便研究的,尤其不可隨便拿人當實驗品,上述第一點已述及。因此,在大多數的情況之下,教育研究乃是在徵得研究對象之同意,或研究對象主動來應徵之下進行的。但是在這種條件下進行的教育研究卻產生一項很複雜的問題,此問題就是所謂的「霍桑效應」(Hawthorne Effect)。

一九二四年美國麻省理工學院 (The Massachusetts Institute of Technology) 主持一系列的研究。經照明機械學會 (The Illuminating Engineering Society) 及美國研究委員會 (The National Research Council) 之贊助,乃進行一種「燈光照明度與生產量關係」之研究。當時西電公司 (Western Electric Company) 也加入實驗對象行列。不久,在該公司所屬霍桑廠 (The Hawthorne Plant of Western Electric) 研究的結果,卻發現工廠照明度與工人生產量之相關大出人們預料之外。在減低照明度之後,工人生產量照樣增加。

在該研究中,照明設備是獨立變項 (independent variable),工人產量是依變項 (dependent variable)。因爲一些不能控制的因素參雜在裏面而影響了工人生產量。卽使把他們的工作時間作適當分配,休息時間作妥善安排,工資作合理提高,但卻不見得這種處理與工作量有關。相反的,卽使一位女工一週工作48小時,很少休息時間,用餐時刻也很少,但工作量卻仍繼續增加。這種情形困擾了那些研究人員。許多人提出不同的解釋,而最爲人所接受的解釋爲「工人的心理態度」(mental attitude) 乃是造成實驗結果與預估結果不相符合的

主要原因（Cook, 1969:203）。

因為霍桑廠的工人知悉了她們正被研究機構取作實驗對象，因此在減低了工廠照明度之後，她們仍然加倍努力工作，難怪生產量非但沒有減少，反而增加。

「霍桑效應是指實驗對象因人為實驗情境之佈置而自覺本身投入被實驗情境中，這種自覺使得研究進行中的獨立變項（自變項，卽照明度）有利於依變項（卽產量），因而造成令人困擾的結果」（Cook, 1969:204）。

實驗的對象既然有了心理上的準備，舉止行動也就異於常態的人。因此在這種情境之下所作實驗的結果，自無法作為解釋一般人行為現象的根據。當然，在不自然的實驗情境中自不能得出「自然」的研究結果。

教育研究中的霍桑效應情況甚多。喜新厭舊係人之常情，教育實驗亦然。當新教法、新教材、新教師等新情境來臨時（教育實驗情境總是一種新情境），則學習情緒也就提高了不少。霍桑效應也就是造成一種氣勢上的效應。實驗未開始，實驗情境早就先聲奪人。但這種新的學習情緒只能維持一陣子，日子一久，就無法比得上舊有的學習情境所能培養的學習情緒。不幸，多數教育研究者多半在這種有利實驗情境的時機下作成研究結論，因此謬誤結論多，正確結論少。所以教育學者在引介編序教學法（programmed instruction）、教育電視（educational television）、語言實驗室（language laboratories）、協同教學法（team teaching）等等新教學法時，不可太過急切的說這些方法一定優於舊法。許多教育實驗報告的一種共同結論是：不管假設是什麼，實驗組班級的學習成果一定優於控制組班級（Cook, 1969:205）（關於實驗組及控制組之意義，詳本章第四節）。

許多教師都會發現，在舉辦觀摩教學的情況中，教室管理非常順遂，教學反應非常熱烈，學習情緒非常高昂，學習結果非常理想。這是什麼原因？因為教師及學生都自知是被觀摩的對象，至少，教室後面異乎尋常的來了其他老師及不相識的人士，也使得師生雙方都聚精會神，小心翼翼的進行教學活動。如果教育研究者據教學觀摩的情況來推斷平時教學情況也是如此，那就大錯特錯。因為在觀摩教學時，「霍桑效應」正是最顯明的時刻。

學者對排除霍桑效應提出一些方法：

1. 統計分析可以袪除霍桑效應。但這就得研究者接受統計分析的訓練。

2. 讓實驗組（experimental group）及控制組（control group）都知悉他（她）們正在被實驗中。或者採取醫學實驗對象服用「寬心藥」（placebo）的方式，一組吃了真藥，一組吃了味道色澤、形狀都與真藥雷同的假藥。或者直截了當的告訴被實驗者，實驗結果對研究對象的私人表現都無影響作用。

3. 使研究對象不知他（她）們正處於被研究當中。如設置特殊觀察室，觀察者可觀察研究對象的反應，而研究對象並不察覺。但這種秘密觀察，有點像中國古式「相親」味道，帶有偷看成分。並且這種方式違反了上述所言研究實驗須取得研究對象的首肯之條件。因此這種方式在某些場合因不合「道德」，所以也不足為訓。

難怪有一位教育研究者（A. Berg）指出，以「人」為研究對象的研究結果，都不太可靠。因為不管研究對象之察覺本身是否已被研究者取作研究對象，研究結果都形成「兩難式」（dilemma）。其式如下：

(1)教育實驗必須告訴受試者,並為其所同意。
(2)教育實驗若在受試者自覺其在受試中,則實驗結果不可靠。
(3)教育實驗不必告訴受試者,也不必取得受試者的同意。
(4)教育實驗若不在受試者同意之下進行,則教育實驗違反人道。
(5)教育實驗在受試者同意下進行或不在受試者同意下進行。

因此:

(6)教育實驗結果不可靠或不人道(Cook, 1969: 211)(註4)。

第四,形成互為主觀的結果:

以人研究人,先決條件就犯了「主觀」之蔽。這種困難是先天性的,無法解決。研究者只能將自己的主觀擴展到他人的主觀而建立「互為主觀」(intersubjectivity)。但「互為主觀」卻仍跳不出「主觀」範疇,因為「互為主觀」並不能完全等於「客觀」,它只能夠說是「逼近」客觀。

初習教育研究的人在瞭然上述情況之後,就知道教育研究所要考慮的因素太多。因此教育研究者在進行研究之際,千萬不可倉促草率,而必須謹慎將事,考慮周全。

註4:「兩難式」(dilemma)是邏輯(logic)的術語,一個語句正也不是,反也不是;或一個語句正也是,反也是,則這個語句就是「兩難」。如:

張三結婚就有家室之累
張三不結婚就會寂寞
張三結婚或不結婚

因此:張三有家室之累或會寂寞。

不過,邏輯上解兩難式並不困難,而這裏所舉的教育霍桑效應的兩難式卻頗不易解決。

第三節　教育研究資料的搜集及教育研究問題的提出

一、教育研究資料的搜集

如果研究者遵從英哲培根（F. Bacon）在名著新工具（*Novum Organon*）中關於為學方法的指示，則學者最好採取蜜蜂式的研究法。所謂蜜蜂式的研究法就是先去搜集研究資料，就如同蜜蜂先去採花粉一般。蜜蜂要能釀出甜美的蜂蜜，必先得勤奮的到各地採集花粉。學者如擬有精心的研究成果，也必先要獲得豐富而又寶貴的研究資料。

研究資料的搜集是研究者平時就應進行的工作。有志於教育研究工作的人，只有無時無刻的作教育資料搜集工作，然後日積月累，把這些資料囤積起來，則隨時都可以在需要應用它們的時候，拈手即得，不虞匱乏。

並且，在當今知識爆炸的時代，一個研究者縱使天分再高，他（她）也得參看前人的研究所得。牛頓說，他因為站在巨人的肩膀上，所以看得比別人遠，見得比別人廣。所謂巨人，就是指先人的偉大成就。作學問一切都要自己來，或從頭做起，那麼除非這個人 I.Q. 二百，否則他（她）的成就一定只有一點點。

因此，研究之前，先把古人及當代人的研究成果閱讀一番，是非常必要之舉。現在一般學術論文之寫作順序，有一部份屬於「有關文獻探討」（the review of literature）。這個用意在於向讀者指明歷來

有關此問題的研究經過。借這一層介紹，可以使讀者了解那些教育問題已為前人解決，那些教育問題仍是懸案。並且可以藉這個機會，以批判性的觀點將已有的研究成果評述其優劣短長。除此之外，在撰寫學位論文之前，也必須把擬研究的題目之「有關文獻探討」呈送給指導教授供其審核研究題目的參考之用。

研讀先人及當代人的教育研究著作，資料又從何找起呢？讀者如到圖書館查資料，下述是一些線索：

西文方面：
編號370是教育方面的書籍
370.1 　　教育理論
370.15 　　教育心理
370.3 　　字典及百科全書
370.4 　　演說集及論叢
370.9 　　教育史
370.973 　　美國教育史

編號371者為教學、學校組織及行政之書籍
371.1 　　教學及行政人員
371.2 　　學校組織及行政
371.3 　　教學法及研究法
371.4 　　教育制度
371.5 　　學校訓導及教室管理
371.6 　　學校建築及設備
371.7 　　學校衛生保健
371.8 　　學生生活
371.9 　　特殊班級教育

編號372者爲小學教育書籍
- 372.2　幼稚園及保育學校
- 372.3　自然學科
- 372.4　閱讀及拼音
- 372.5　兒童繪畫
- 372.6　兒童語言
- 372.7　算術
- 372.8　其他
- 372.9　小學教育史

此外:
- 373　中等教育
- 374　成人教育（或社會教育）
- 375　課程
- 376　女子教育
- 377　宗教及道德教育
- 378　高等教育
- 379　國家教育

　　研究者可依研究題目之性質或依個人研究之興趣，到指明的數字去借閱有關的書籍。

　　美國國會圖書館（Library of Congress）以及一般大圖書館將教育書籍擺在英文字母「L」之下。排法是這樣子的:

- LA:　教育史
- LB:　教育的理論與實際
  - 1051-1140:教育心理及兒童研究

1105-2285：師資訓練
2503-3095：學校行政、組織、訓導
3205-3325：學校建築及設備
3401-3497：學校衛生
3525-3635：學校生活

LC：特殊教育、學校及社會之關係等
 8-63： 特殊型態教育、家庭教育、私人教育及公共教育
 71-245： 教育社會學、國家與教育、世俗教育
 129-145： 強迫教育
 149-160： 文盲
 221-235： 社會中心學校
 251-931： 品格教育、宗教教育、教會與教育
 1001-1261：各級教育、職業教育、專業教育
 1390-5140：特殊人員教育、女子教育、黑人教育、特殊兒童教育、缺陷學童教育
 5201-6691：推廣教育、成人教育

中文的教育書籍編目也類此。

一些重要的英文教育研究書籍，屬於一般性的，則如下述：

1. *Encyclopedia of Educational Research*, Walter S. Harris, ed., N. Y.: Crowell-Collier & Macmillan, Inc., 1950.
2. *Review of Educational Research*, Washington D. C., American Educational Research Association.
3. *A Guide to Literature of Education*, Shirley Katherine Kimmence, London: Institute of Education. University of

London, 1963.
4. *How to Locate Educational Information of Data*, 5th ed. Carter Alexander & Arid Burke, N. Y.: Teachers College Press, 1965.
5. *Dissertation Abstracts* (1938—) Ann Arbor, Mich.: Edwards Brothers.
6. *Educational Index* (1929—) N. Y.: The H. W. Wilson Company.
7. *Masters Theses in Education* (1953—) Cedar Falls, Iowa: Iowa State College, Bureau of Research.
8. *Psychological Abstracts* (1927—), Lancaster. Pa.: American Psychological Association, Inc.
9. *Sociological Abstracts* (1952—), N. Y.: Eastern & Midwestern Sociological Societies.

至於中文方面,還未能建立全國性有系統的教育研究資料,這種缺憾得由教育行政單位及教育學者迅謀補救。目前,政治大學之社會及人文科學研究中心搜藏不少教育方面的研究著作。師範大學圖書館也有甚多教育研究作品,且每年出版「教育論文索引」,列舉在報章雜誌上發表的重要教育論文之作者、題目名稱、出版刊物名稱、出版時間、頁數等。這些研究資料都可供教育研究者翻閱。

擷取別人研究成果的菁華,是閱讀研究資料的一大重點。這種工作猶如蜜蜂選擇採集何種花朵,吸取何種花粉一般,並不十分容易。

現代學者從事研究工作,大都採用研究資料卡片,卡片上記載著別人研究成果之菁華部份以及自己深思熟慮或偶然由靈感所得的解決研究問題之途徑或假設 (hypothesis)。卡片登錄資料有幾個要領:

1.卡片不宜太大,登錄在卡片的資料不可太多,以一張卡片登錄一樣事或一種觀念爲原則。

2.卡片要適宜保存,因此紙張厚度要够。

3.卡片登錄資料以一面爲主,除非不得已,不要兩面使用。

4.登錄的資料要註明資料來源,包括該資料所從出的作者姓名、書名、出版書局、日期及頁數等。如下例:

科目: 學校教育的評價

「學校教育的評價標準,是基於其能否製造一種情境,使學生能够繼續生長(繼續接受教育),並提供達成這個目的的有效方法。」

作者: John Dewey (1859-1952)
書名: *Democracy and Education*
出版書局: The Free Press
出版處: New York
出版時間: 1966
版次: 一
頁數: 53

熟悉研究資料寫法的人,或參閱本章第五節關於附註或參考書目寫法的人,可以把上述資料出處簡化爲一式卽可。卽 John Dewey, *Democracy and Education* (New York: The Free Press, 1966, 53),內行人一看,就曉得這些字眼當中,那些代表作者,書名……。

5.平凡的概念、一般的觀點,及煩瑣的數字資料等,不必作卡片

登記，以免浪費時間及精力。創見的及第一次出現的概念才予以記載。

許多偉大的學者，身邊都帶有一本記事簿。因為在閱讀中，在閒談裏，在獨居沉思時，會突然靈機一閃的出現某種觀念。這種觀念如曇花一現，可一不可再，它是稍縱卽逝的。因此抓住這一良好時辰，馬上把這種觀念記載在記事簿裏，可供日後玩味思索之用。

累積這些資料，儲存這些卡片之後，經常溫習之，並把相同性質的資料歸類在一起，自然就會發現資料內容的相同處，學者見解大同小異處，小同大異處，甚至完全相反之處。由此可以擴展研究者的視野，加深研究者的見識，並可從中發現學者見解之高下，理論之良窳，主張之優劣了。研究者更可由此看出歷來學者對該問題研究是否充足，已有的研究結果是否可作定論。這就是研究者決定是否繼續該研究或從中孕育出新研究問題的時刻了。

二、教育研究問題的提出

有銳利眼光的研究者，在進行搜集研究資料的同時，可能就形成了所欲研究的問題。善於將研究資料予以歸類的研究者也比較容易發現研究的問題。

教育既與其他學科都有直接的關係，因此，閱讀各種學科的著作，可以給教育研究作底。並且先前的研究者因選擇的興趣而取材有偏，如果後學者廣為涉獵與教育有關的學科知識，就可以免於為先前學者之偏見所囿。本世紀初美國重要的教育史著作，首推克伯萊（Ellwood P. Cubberley）的作品，但最近不少學者批評克氏著作乃就教育言教育，因而瑣碎的教育史實之敍述多，而教育史觀的建立少。近

來重要的教育史作品,不但教育史家取歷史觀點來談教育的發展,且歷史學家也加入了教育史的著作行列。有歷史根底的教育學者來研究教育史,自比光就教育領域言教育,更能看出教育發展在歷史變遷上所扮演的角色。因此,教育研究者在研讀教育史的著作時,可形成教育研究問題,而在研讀純歷史文獻時,也可以形成教育研究問題。同理,教育研究者在研讀教育哲學著作時,可以形成教育研究問題,而在研讀純哲學著作時,也可以形成教育研究問題。其他教育研究領域都可依此類推。

其次,研究者在已有的研究資料當中,或可發現已有的研究者未曾研究但卻可研究的問題。這些問題有些是因爲前人及今人不注意及此或認爲不重要才不予以研究。如班長制(monitorial system)未出世之前,教育學者不會注意班級教學與個別教學孰優孰劣的問題;有些則是前人所處的環境根本不會產生那種教育問題,如西洋中世紀時代是不可能產生以公款設校的教育問題的。

第三,有些教育問題曾經由前人及當代學者試圖解決過,但研究者並不滿意那種解決方式。由於已有的研究資料不全,或由於新證據出現,或由於舊有的研究方法不精良,因此研究者可以進行與他人雷同的研究題目,不過卻得要有更進步的研究結果出現。這裏要注意的是研究者必須儘可能的閱讀他人之研究成果,才能斷定舊有的研究資料不全或所用研究方法不精良,否則不但會遭受批評者判以「孤陋寡聞」的罪名,並且研究結果如僅等於或遜於已有而自己不知的研究結果,那實在是一種人力物力的浪費。

研究問題提出後,還得考慮幾件事:

1. 研究問題的可研究性(researchability) 教育研究問題跟其

他學科的研究問題一樣,有些非常根本的問題,從現有的資料及至今爲止的人類智力來說,都是無法解決的,拿那種早就知道無法解決的問題當研究問題,那是愚蠢之舉。比如,有些教育研究者不知量力的擬進行人性善惡問題的研究,學者都知道這個問題如能得出明確的答案,那將造成學術界的轟動。不過,這種問題的解決方式,到目前爲止,學者仍然對它束手無策。

2.教育研究經費的多寡 大規模的教育研究,需款甚多。如果經費短絀,則應進行小型研究。

3.研究時間的長短 有的研究性質,需要長時間繼續不斷的研究方可得出較爲可靠的研究成果。如美國教育學者對傳統中學及新式中學畢業學生進入大專院校之表現優劣問題而進行的八年研究(Eight-Year Study),即屬此類。這種研究曠日持久,速成不得。但如本校學生戴眼鏡的比例,學生家長職業調查研究等,都可以在短時間內得到正確的研究成果。

4.研究設備及人員之供應 研究儀器、工具、及研究人員之充足與否,都是決定研究題目的重要條件。需要處理大批研究資料的研究問題,如無電腦裝置的研究設備,則該種研究問題無法進行研究。在需要許多助手幫忙的研究情境中,如都得依賴自己獨力擎天,則研究難期有成。

5.研究者能力問題 一個未受過統計學訓練的研究者,最好不要進行有賴統計分析才能得出研究結果的研究。一位沒有哲學素養的研究者,也不要擔任教育哲學類的研究題目。國學根基差的研究者,要想研究中國古代教育,很可能事倍功不及半。反過來說,一位曾在小學服務過的研究者,來進行小學教育之研究,才更能深入的探討小學教育問題(Turney and Robb, 1971:16-19)。

至於研究題目是否具有意義，這個問題相當複雜。依據個人之興趣與喜好，有的研究者喜歡做純教育理論的研究，有些學者則較偏愛實用性的教育研究。前者的研究稱為「理論研究」(pure research)，後者的研究稱為「應用研究」(applied research)。一位對純理論研究有好感的研究者，當然會對於像「裴斯塔洛齊的家庭因素及社會氣氛對於裴氏教育熱忱之影響」這種研究題目覺得意義深長，也感到這種研究非常有價值，它可以為知識而知識，而不計及其他因素。但這種研究題目落在喜愛從事應用研究的學者眼裏，則就大貶其身價，認為這種題目倒不如換上「小學抽水馬桶高度研究」或「本地納稅人對於教育捐之意見之研究」來得有意義。

理論研究側重知識本身之思索，應用研究則偏向實際問題之探討。教育學位的最高級有二，一為哲學博士學位 (Ph.D.)，一為教育博士學位 (Ed.D.)。一般而言，哲學博士學位論文屬於理論研究多，教育博士學位論文則偏重應用研究 (Fox, 1969:97)。

此外，理論方面的教育研究，是先有個「教育知識之進步，乃植基於心理學、生理學、社會學、哲學等學科的進步」這個假定上。所以喜愛教育基本研究的研究者，應進行那些作為教育學基本學科之研究。教育學的基本學科，即是人體生理學、普通心理學、社會學（包括政治學、經濟學等）、歷史學、及哲學。從事這些學科的研究學者，稱之為教育理論家。這些學者進行基本知識之研究，本就不含實用在內。因此研究成果有時離實用性甚遠。且這些研究成果在付之實施時往往會產生偏差。如動物走迷津之實驗結果用來解釋學童在教室內的學習活動，就不太妥切，也不盡相符。這種情況在醫學實驗研究上亦然。試管觀察看不出「機體排斥」之現象，但在實際人體中，此種現象卻相當顯著 (Ausbel, 1969:9-10)。

不過,理論研究者與實用研究者相輕,的確不是一種好現象,也不是正確現象。理論與實際本來就沒有涇渭分明的界限,且二者應該相輔相成。套用杜威對教育哲學與教育科學二者關係的術語,我們可以說:理論是實用的指導原理,實用則是理論的實驗室。因此,教育研究問題之屬於理論性抑屬於實用性,或者理論性與實用性二者價值孰高,都不是應該多費唇舌去爭辯的問題。

此外,實地執行教育活動的人員也可以提出教育問題而進行教育研究工作。這種研究稱為「行動研究」(action research, educational engineering, or operational research)。提出這種研究名稱的是苛雷(Stephen M. Corey)。這種研究問題之提出,就是實地執行教育工作者積極進行研究以改善他們的決策與作為(Corey, 1969:36)。因此,教育行動研究問題也就是解決地區性的教育問題。教育實際工作者為了要達成這層任務,也必須擔負起實際解決教育問題的責任。

先由閱讀資料、搜集資料開始,然後提出研究問題。有的教育研究問題在於了解過去發展的實況,這就是教育的歷史研究法;有的教育研究問題則在於探討現在教育活動的真象,這就是教育的現狀研究法;有的教育研究問題在於預測未來教育的發展動態,這就是教育的實驗研究法。這三種研究法留待下節敍述。

第四節 教育研究方法

一、歷史研究法(Historical Approach)

教育研究者利用歷史研究法企圖了解教育的歷史發展,知悉過去

教育活動所產生的背景以及當時教育活動的實況,並從過去人們對當時教育問題的解決方式來作為解決當前教育問題的借鑑。因此教育歷史的研究,可以使現代的教育工作者防範教育弊病於未然,免重蹈覆轍,並進而指出未來教育發展應走的方針與趨向。它提供教育學者教育智慧,也讓教育學者對教育活動產生綿延不斷的認識。

歷史雖是過去的事,但過去的事卻與現在的事有密切的關聯。並且歷史事件皆事出有因,教育歷史事件亦不例外。教育的歷史研究之主旨,也就在釐清教育事件的因果關係。

進行教育的歷史研究法,除了本章第二節所提的注意事項之外,下面幾點,是本研究法特別應加考慮的。

(一) 教育史料的搜集

教育史料,應多方羅致,不可稍有遺漏。教育史料既為過去教育的資料,這些資料產生的時刻,教育研究者自不可能在場,頂多只能根據目睹耳聞者的記載與報導作為研究資料,這樣形成的史料稱之為一手資料 (first hand data) 或原始資料 (original data)。(其實這也算不上是最直接的資料,所稱一手或原始是相對的字眼)。

以前的學者對所處時代的教育觀點及對某個歷史時代教育之評論意見,也是教育歷史研究的原始資料。如羅馬學者普魯塔克 (Plutarch) 所著希臘羅馬英雄人物「傳記」(*Lives*),是研究希臘羅馬教育的珍貴一手史料。柏拉圖及亞里士多德對雅典及斯巴達教育之敍述與評論,也是研究西洋古代教育史的原始資料。

直接研讀教育思想家用本來的文字撰寫的教育論著或哲學作品,更是研究該教育思想家的教育思想之最佳方式。因此擁有希臘文本的柏拉圖之「共和國」(*Republic*)、「法律」(*Law*) 乃是研究柏拉圖教

育思想的一手資料;獲得杜威之「民本主義與教育」(*Democracy and Education*)及「學校及社會」(*School and Society*)等之英文本著作,也是研究杜威教育思想的直接資料;同理,有「朱子語錄」及「宋儒學案」等書,就是探討朱熹教育思想的可靠來源。

可見要作個嚴謹的教育研究者,必須要有良好的語文基礎;不但要精曉現代本國語文,還得通暢古典語文;不但要學會一種外國語文,並且最好也能熟悉數國語文。必能如此,第一手教育資料之獲得,才能對教育的歷史研究有所助益。

教育研究者在具備這種語文條件之下,又能獲得一手史料,則他(她)可以不必假手他人或仰賴他人而可逕行作直接研究。因為以訛傳訛是「二手資料」易產生的毛病。

教育的歷史研究之二手資料就是指那些間接資料。簡單說,凡是根據一手資料所寫成的研究,都屬二手資料。二手資料因離真象實情較遠,因此所得也較可能歪曲,可靠度較小。如教育史的研究者沒有看到荷馬(Homer)之「奧得塞」(*Odyssey*),而只根據別個學者有關該書之介紹而引作資料來研究希臘之古教育,這就是二手資料。如果研究所引的資料來源又是二手的轉手,則那種資料之價值就更低了。如丙學者根據乙學者有關荀子教育學說之研究著作作為評述荀子教育學說的資料,而乙學者之該著作又係根據甲學者研究荀子教育學說而來,則丙學者所引用的資料因非原始資料,故價值不高,失真的可能性頗大。

教育的歷史研究資料雖以一手資料為上選,但教育研究者一來要全盤獲得一手資料不易,二來要能無礙於各種語文的了解也相當困難。並且雖然一手資料較為可靠,但光憑一手資料也不能保證研究者必能形成可靠的研究結果。由於主客觀的形勢,使得教育研究者不得

不運用二手資料或有時甚至運用三手資料來進行教育的歷史研究。以西洋教育史的研究作例，要教育史的研究者能精曉希伯來文、希臘文、拉丁文固難，這些語文卻是研究古代西洋教育發展的一手資料所使用的語文；就是要這位學者能無困難的研讀英文、法文、德文、意文、西班牙文、及俄文等的教育史一手資料，都不可多得，這些語文是研究近代西洋教育史資料所用的語文。如果堅持一手教育資料才能進行有價值的研究，則幾乎所有的教育史研究作品都應棄之如敝屣了。

現代因為學術交流頻繁，學術翻譯日盛，因此對無法精通數國語文的研究者提供了不少幫助。即使利用可靠的、權威的二手資料，也是教育的歷史研究之良方。

話雖如此說，在其他條件都相同的情況下，有一手資料的教育研究結果自優於僅有二手或三、四手資料的教育研究結果。

教育史料的搜集範圍甚廣，如果我們認為教育就是生活，則生活上的種種痕跡，都是教育史研究者應該搜索的材料。如官方的教育法令、政府頒佈的學校制度及調查報告、報章雜誌的教育論文、私人傳記、回憶錄、演講稿、專門著作，甚至小說、戲劇、軼事等都不應放過。且跟教育有關學科的發展過程之資料也應一併收集。此外教育文物及設備，如證書、表册、學校建築、課桌椅、教科書、學校活動及新聞、廣播、電視等內容，也要列入搜集範圍。

(二) 教育史料真偽之辨別

辨別教育史料之真偽，是教育的歷史研究異於其他教育研究的一種工作。

史料真偽的辨別，也就是史料的考據。史料的考據雖是歷史學者的專業學問之一，但教育的歷史研究者也應對史料真假之分辨稍知一

二才不會爲假史料所欺。

一般說來，史料的鑑別方法有二，一爲內在評斷 (internal criticism)，二爲外在評斷 (external criticism)。

1.內在評斷法：內在評斷卽審視史料本身是否具有一致性。同一有價值之史料，不可能前後矛盾，表裏不一；同一偉大教育學者之教育觀點，不可能首尾相左，立論紛歧。以性善論開頭，不可能以性惡論作結束；主張兒童中心的教育學者，不會在字裏行間贊成嚴厲體罰學生的措施。極權政府的教育文件，不會出現各地教育任由各地處理的辦法。教育史料中如出現這種不相一致的內容，則該文件就是贋品。

雖然有些教育思想家的學說會有變遷，「以今日之我非昨日之我」（梁啓超語），但那種思想變遷也有軌跡可尋。並且在同一時間裏也不會出現互相衝突的學說。

2.外在評斷法：外在評斷法在於拿史料本身與其他史料作比較。一本無名氏的教育著作，卽使本身之觀點與某一教育學者相似，但其措詞用字卻有極大差別，習慣用語又有顯著懸殊，則可斷定該書作者不屬於這一學者。某學者如偏愛「之所以如此」這種語句，則在他的各種著作當中，也必會重覆出現此種語句；因此，屬於該學者的著作，斷無不出現該語句的道理。

教育史料所代表的時代，也可以由外在評斷法測知。海禁未開之前，嚴復未譯西書之先，中國學者絕不會拿達爾文的進化論來談教育發展。康米紐斯之幾乎接長哈佛大學，這種史料在時間上或可徵信；但如說馬丁路德之與哈佛大學發生關係，則實在是一種謬誤。因爲這位宗教改革運動先驅辭世之年（1546年），哈佛大學在教育史舞台上

還未登臺亮相呢!(哈佛成立於1636年)

根據提供教育史料者的能力,也可以批判該史料之眞偽。一位未受過外文訓練的教育學者,不可能用外文出版其著作。一位未學過邏輯的學者,不會在其教育著作中運用邏輯概念來推論其觀點。一篇充滿統計公式的教育研究論文,絕對不屬於對統計學是門外漢的研究者之作品,這種例子甚多,俯拾卽是。

(三) 教育歷史觀之形成

教育史料之搜集,史料眞偽之判定,都會影響教育史觀之形成。教育的歷史研究,要能有所創見,也在於其研究能否成立一種爲大多數人所承認的教育史觀而定。

教育史觀乃建基於史觀之上。自古以來,學者對人類歷史之發展採取各種不同的解釋,有些歷史學家把歷史看作是毫不含目的的活動進程(如德國史學家郎克 Leopold Von Ranke, 1795-1886), 有些學者則認爲歷史乃是人類理性的解放(如黑格爾); 部分哲學家將歷史比爲有機的發展(如斯賓格勒 Oswald Spengler, 1880-1936); 部份學者則取「挑戰與反應」(Challenge and Response)之史觀(如湯恩比 Arnold Joseph Toynbee, 1889-1976)。過去中國有些史學家對歷史採取「止於至善」的樂觀見解(如據亂世、小康世、昇平世、大同世等節節上升); 有的則取「世風日下,人心不古」的悲觀派觀點; 有些則介於樂觀與悲觀的說法當中,如羅貫中之天下大勢分久必合合久必分說,眞是莫衷一是。命定論者對於人類教育活動,並不抱持太大希望;而非命定論者則希冀經由人類有意的作爲——最有意義的作爲卽是教育活動——以解救人類危機並上達幸福境界。

教育的歷史研究者可能採取什麼樣的教育史觀,則很難斷定。這一方面是受個人性格的影響,一方面是受個人的遭遇所左右,而他方面則又受史料之偏差所造成。

1.個人之性格影響對教育發展的看法:美國心理學大師詹姆斯(William James)曾經粗略的將人之性格分為「軟心腸」(tender minded)與「硬心腸」(tough minded)兩種。軟心腸的人在哲學上之建樹是唯心派,這種人較喜愛性善論學說,對人類充滿慈悲愛心,在教育活動上主張順應人性發展的主張;反之,硬心腸的人在哲學上之見解是唯物派,這種人較偏重性惡論的說法,主張用強制力來干預人類行為,在教育活動上極力贊成外力懲罰方式。這麼說來,教育史觀似乎是天生註定的,但性格可因教育而改變,因此教育史觀也因後天影響而有修正。

2.個人之遭遇:學者遭遇之幸與不幸,會左右他的歷史觀,也連帶的影響了他的教育史觀。盧梭目睹十八世紀法國人民生活的腐敗糜爛,行為之矯揉造作,人心之險惡,以及他幼年遭受舅父舅母的無理責打,乃提出「返回自然」的教育主張,並大膽的說出「天生萬物皆善,但一經人手中卽變壞」的極端說法。盧梭骨子裏旣讚美自然生活,因此他對於里斯本大地震而死傷了數萬人這件事並不感到絲毫傷心。他還說那些人死得活該,如果讓他(她)們住到森林田野裏,怎麼會遭逢這種厄運呢?

3.教育史料之偏差:教育史觀也是教育史識,也就是對研究資料的解釋。因此教育史識應該建立在教育史實之上才能為他人所信服。史實偏了,史觀也就跟着偏。從敵對之方搜集資料,或只選擇自己喜愛的資料,因研究者之興趣而造成了資料選取的偏重與偏輕,都會造

成研究史識上的重大錯誤。如光從孟子著作中探討楊朱學說，或僅由荀子書中之批評名家主張來論斷名家說法，這都是有害於建立正確史識的研究資料。解釋目前臺灣教育發展，如單從官方發佈的資料取材，則必形成教育普及、教育進步的教育史觀。殊不知現在臺灣的教育仍然充斥著「藤條萬歲」的論調，且文盲者仍佔一些比例呢！

有些教育學者以現在的觀念來解釋過去的教育文字，則解釋也可能發生偏差。目前「民主」(democracy)之含意與雅典時代之民主有別。公立學校(public schools)又與英國之「公學」(Public Schools)相差不可以毫釐計。有些教育學者以為教育史料沒有記載某種教育活動，就誤認該種教育活動不曾發生過，或以一種教育史料之某部份有錯就斷定該史料全部不可靠。甚至有些研究者認為凡是官方發佈的教育史料皆可信，因而形成歌功頌德式的教育史觀。

近來教育的歷史研究已走上科學途徑，各種靠不住的史料及因此而形成的史觀都漸次被修正及推翻，或由於學術之進步而對同一種材料有了不同的解釋。因此教育史上翻案的文章日多，更多新奇而更能令人信服的說法日夥，這正表明教育歷史研究上的進步。

二、教育現狀研究法 (Descriptive Methods)

教育現狀的研究，旨在明白現在教育的動態，以發現教育問題癥結並提出可能解決問題的方案，或從教育實況的研究以印證教育理論。

了解教育現狀的方法頗多，有調查法(survey)，有個案研究法(case study)；前者研究的對象眾多，如教學反應調查，學生課外活

動調查等;後者的研究對象則只有一個或一個案件。如學生××之個案研究。個案研究又可分縱的研究(longitudinal)及橫的研究(cross-sectional)兩種。縱的研究係取一研究對象作單項而長時期的研究,如研究張生偷竊行為,若張生今年十歲,則可進行張生偷竊史的研究,探索他在過去偷竊的事實,即他在九歲、八歲……甚至初生以後所有與偷竊有關的行為之研究,從中可以發現張生偷竊行為之嚴重程度,**偷竊**次數之變化,偷竊對象與偷竊物之種類等等,並進而知悉該生**偷竊**之原因及其應行矯治之方式。橫的研究則取某一對象同時作多項行為的分析解剖研究。如研究張生偷竊行為,則可以進行張生生理組織、交友動態、家庭環境、學校生活、性格及興趣等多方面的研究。縱的研究與橫的研究雙管齊下,比較更能了解研究對象所產生行為異常之原因。

　　調查的對象既是大量的,而一般的調查研究不可能把全部的調查對象都取作為研究對象。因此調查研究對象只能取部份對象來進行研究。如國中二年級男生身高調查研究,研究者無法測量全部國中二年級男生之身高,他(她)僅能取部份男生作代表。但問題就出在這裏,到底研究者所取作研究的對象有沒有代表性.?教育調查研究的對象是人,人的屬性是異質的(heterogeneous)多,同質的(homogeneous)少。但物的屬性恰好相反,同質多而異質少。因此,教育調查研究所取對象之代表性會影響研究成果的正確度。如果對象不具代表性,則研究結果就會以偏概全,無法了解問題真象。它不像自然科學家的研究那麼簡單,比如衛生官員檢查一池塘的水是否有毒,則取一滴池塘的水回去研究就可以判斷該池塘水的毒性之有無,因為一滴池塘水就足夠代表全部池塘水,水是同質的;而教育研究者就不可以一名學生的學習成果來推斷全體學生的學習成果,因為人是異質

的。

取樣（sampling）即研究者取作研究的對象。取樣沒有代表性因而造成了錯誤的研究結果，史例斑斑，不勝枚舉。最顯明的例子莫過於美國總統選舉史上民意測驗機構因取樣的不具代表性而預測錯了未來美國總統人選。1936年，美國一個民意測驗機構(Literary Digest)以汽車階級及家裏裝有電話階級作為調查他（她）們投票選擇總統的意向之研究，結果發現多數人傾向蘭頓（Landon，屬共和黨）。因此乃大膽的預測該年大選，共和黨一定穩操勝券。可是全民實際投票結果，民主黨的羅斯福（Roosevelt）卻在48州中贏得了46州的選票。造成預測選舉結果錯誤的原因，在於本世紀三十年代正值經濟不景氣的時代，當時汽車階級及家有電話階級只佔全體選民的少數，以少數人的選舉意向來判斷選舉結果，自無法正確。

如果研究機構擬進行一項「中小學教師上班七小時規定的反應」之研究，而以中小學校長之反應作為取樣的研究對象，則可能形成「反應良好」的結果。教育行政當局如據此研究結果而下「上班七小時之規定應加強實施」之命令，則可能造成某種惡果。因為一項反應中小學教師上班七小時規定的研究取樣，應以中小學教師作為「母羣」(population)，中小學教師是當事人，他（她）們才是這項教育法令的受益人或受害人。因此直接聽取他（她）們的意見反應，才是正途。

研究對象的範圍本應以「全體」（the universe）為範圍，但這是辦不到的。研究者只好以本身能力、時間、經費、技術等所及的範圍作為研究對象。這種研究對象叫做「母羣」(population)。但是以全部母羣作研究對象也有困難，研究者只好就「被邀請的對象」(the invited sample)作為研究對象，但並不是每一個被邀請的對象

都能欣然接受邀請，因此研究對象又經打折扣剩下「接受邀請的對象」(the accepting sample)了。可是這些研究對象既然接受邀請，還得看看他（她）們是否眞能符合研究旨趣而提供研究資料；如果在研究當中，研究對象離職離校或其他因素而不能繼續作爲被研究的對象，此種情況就要考慮研究對象的「生存性」(mortality)了。因此，最後取作爲研究對象的人數已大減，只有「資料提供者」(tha data-producing sample)才作爲研究對象。此時的研究對象能否代表「母羣」，則是研究者應深深思索的一項重大問題（Fox, 1969:319f）。

以與研究項目有密切關係的對象作爲取樣的對象，則這種選樣比較具有代表性。以與研究項目無關者作爲研究對象，則那些研究對象有「局外人」之感，他（她）們的反應與行動自無法眞切與實在。

但「與研究項目有關」之項目又如何判定呢？這裏提供兩種方式讓研究者參考：

1.參考先前的研究及理論。如研究語言學習成效，吾人據以往的研究當中，可以知道女生在語言學習成效上（如說話之通順流利及淸晰程度）優於男生。因此，性別應作爲研究取樣的根據。他如 I.Q., 前有的學習經驗等亦應列入考慮。

2.從專家之主張及著作中亦可發現何種因素與研究項目有關。如敎師服務熱忱之硏究，學者早知與此有關之因素爲待遇、興趣、師範訓練、工作環境等，研究者應據此來選擇研究對象。

一般取樣的方式有隨機取樣（random sampling），如以抽籤方式，或學號尾數5者作爲研究對象。有分類取樣（stratified random sampling），將研究對象之母羣依性別、年齡、宗敎信仰、政治信

念、社會經濟情況等分類。每一組分類中再以隨機取樣法選取研究對象。有地域取樣（area sampling），如山地、平原、城市、鄉村等各取一所學校的全部學生作研究對象，這種取樣是以團體為主而非取個人。取樣的方法甚多，但取樣的代表性再怎麼高，在理論上都無法百分之百的取代它所代表的母羣。

既然研究只能以那些接受被研究者而又能提供研究資料者為對象，則研究者如何從研究對象中獲得他（她）所想要得到的研究資料，這又是研究者必須注意的。

首先，研究者必須選對了對象，不要「問道於盲」。這是取樣問題，前已述及。

其次，研究者要取得研究對象的信任與合作。因此研究者必須有耐心，態度要和藹懇切，保證不宣洩研究項目所涉及的個人隱私，學養豐富，舉止端莊，……。研究者之具備這些條件，尤在「晤談」(interview) 場合中，最為重要。

研究對象對調查研究抱有敵意，這種情況出現在「問卷法」(Questionnaire) 中最多。問卷法就是研究者列述許多與研究有關的項目，函請有代表性的人員作答。如果該人員相應不理，不予作答，或胡亂作答，則問卷調查的結果就失去意義。

問卷發出去之後的收回率太低，會影響研究結果推論的可靠度。比如說，有一個問卷調查的問題是「你（妳）認為問卷研究有價值嗎？」該問卷收回率是70%，在這之中認為問卷調查有價值的比率也是70%，如果以此作成結論，認為多數人都認為問卷調查有價值，那就犯了適得其反的錯誤。因為分析這項調查問卷的材料，可以發現贊同者只有49%，反對者卻為51%。(Lehmann and Mehrens, 1971:96) 認為調查法不具研究價值者一接到問卷時，很可能就把該問卷丟在字

紙簍裏。雖然那百分之三十之未寄回問卷者不一定就是反對問卷調查價值者（如郵遞失誤，無暇作答或其他因素都會影響作答者之作答與否的決定），但一律把他（她）們之意見摒棄不顧，認為70％的調查者就代表了100％的調查者，那也是草率將事，不值得取法的。

因此問卷法的結果，應註明問卷收回率；如收回率低，則該問卷研究應即作廢。

防止問卷收回率過低的技術很多，問卷內容必須清楚明白，用字用語明確，不涉及一般人所不願作答之問題，說明該問卷作答者之惠予作答對本問卷研究之重要性，附上回郵信封及郵票，信封上註明研究者或研究機構之住址等，問卷寄出後以電話或其他方式相詢，如逾期未回卷則再補寄一份試試，使用最簡便的答卷方式（如「○」或「✓」，不需使用文字作答）。不向作答者暗示研究者對研究項目所持的看法，問題不宜太多但卻要包括所欲研究的重要部份等等。

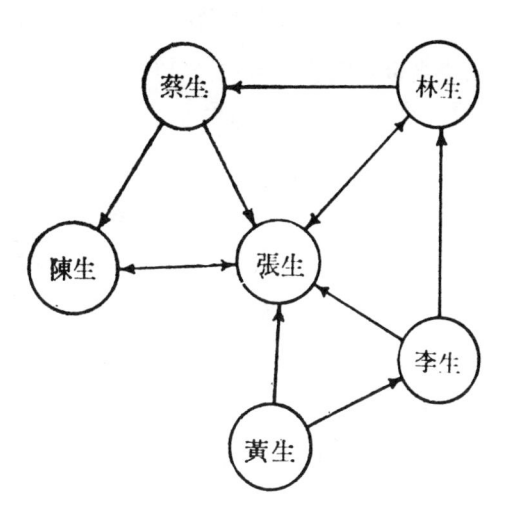

※箭頭（→）表示選擇

教育現狀的研究在於明瞭教育實況，但光有教育實況知識仍然不夠，研究者要有教育智慧來衡量教育事實。比如說，研究者利用「社會圖」(Sociogram)可以了解學生彼此之間的交往情況。如上頁之圖所示，張生是李生、林生、陳生、蔡生及黃生所共同選擇的友伴，但張生與諸生友誼之能夠建立及張生之成為眾望所歸，是否取之有道，則應仔細分析他的行徑是否係因其善於幫助別人，與朋友和樂相處所造成；抑或因他常施小惠，或他人震於其拳頭威勢之下，才使他形同眾星拱月，這就牽涉到教育哲學及倫理學等學科方面的事了。

三、實驗研究法(Experimental Approach)

廣義的來說，人類產生任何教育行為，或狹義的來說，學生有了任何學習活動，都不是非常單純的事。影響教育行為或左右學習活動的因素都相當複雜。不過由於晚近自然科學因運用實驗法而獲長足進步，因之，教育研究者也企圖使用自然科學實驗室的研究來研究教育行為或學習活動。他（她）們擬控制影響教育行為或學習活動的影響因子而從事「實驗」研究。教育的實驗研究與自然科學的實驗研究一樣，因子控制越嚴密越精細，則實驗結果就越為可靠，越有價值。

實驗研究多半分為「控制組」(control group)與實驗組(experiment group)來進行。控制組的情境是原已有的情境，實驗組的情境則是研究者擬實驗的新情境。新情境與舊有情境對研究對象的行為產生之影響，就可以決定新情境是否較舊情境有利或有害於學習。教育情境亦然。默讀對國中學生是否優於朗讀，這種問題的實驗研究，則可以取其他條件都相等的兩組學生，一組進行朗讀（控制組），一組則進行默讀（實驗組）。經過一段時間來測驗兩組的閱讀效果，

就可以判定何種閱讀法較優。研究者想知道使用氟素牙膏（fluoride）是否在學童牙齒的保健上優於不使用氟素牙膏，則可以取兩組學生進行實驗研究。一組學生不使用氟素牙膏（控制組），一組學生則使用氟素牙膏（實驗組）。俟相當時間之後，將兩組學生作牙齒檢查，則可知使用氟素牙膏是否真的優於不使用氟素牙膏。

有些實驗因子只有一種，但這種情況只在自然科學的實驗對象上才可能如此。大多數的教育實驗，實驗情境裏應該控制的因子非常多，且控制也相當困難。

比如說，教育學者想進行一項實驗研究，以便了解影響學童學業成績的因素，則這種實驗研究必須善於控制下列因素：

1. 社會經濟因素：學童家庭在該社區的地位、家庭收入、政治觀念之傾向、宗教信仰、地域觀念等。
2. 教育背景：年級、教育程度期望（如希望唸大學或出國深造）、學科表現的優劣，教師教學等。
3. 成熟度：生理年齡、心理年齡、社會年齡等。
4. 健康：身心健康狀況、疾病史、生理障礙、情緒穩定性等。
5. 興趣及技能：嗜好、習慣、文化活動、特殊愛惡、特殊技巧等。

影響學童學業成績的眾多因素在控制組接受完善的控制之後，則孤立一種影響因子，如學童之 I.Q. 作為實驗組實驗因子。研究者可以取不同 I.Q. 的學童（其他條件都相同）來觀察對學業成績的影響。如發現二者具有因果關係，則可斷定學業成績的好壞乃跟著 I.Q. 高下而生變化。可知 I.Q. 是研究的自變項，而學業成績則為依變項

(Travers, 1969:92-93)。

自變項與依變項要能產生關係，則在進行實驗研究之先，就得先形成這兩者可以建立關係的假設 (hypothesis)： 依變項乃因自變項而來，卽學業成就之高下乃受 I.Q. 高低所影響。建立這層假設之後，又在良好的控制情境下，實驗 I.Q. 與學業成績之關係。如果實驗結果，眞如所料，則假設已不只是假定，而是可以接受的理論 (theories)了。

教育的實驗研究也就旨在建立由假設而形成的教育理論。經實驗而印證的教育理論也就是教育科學理論。

但是教育有不能完全成為科學的部份，因為有些教育設施上的基本前提是無法用實驗法予以驗證的，如人性善惡問題是。人性善惡問題不能拿來作為科學探究 (scientific investigation) 之用。因此，人性善惡也就止於假設階段，而無法成為教育上的科學定論。並且有些教育上的實驗假設，如取人來加以實驗則又有失人道立場（這種教育實驗上的顧忌，在本章第二節曾經詳述過）。則未經實驗過的假設也就永遠停留在假設階段，它不可能邁進一步成為教育科學理論。設若教育實驗研究者擬進行某種藥物對增加 I.Q. 的實驗研究，則自願作為研究對象者或大有人在；但如進行某種藥物對減低 I.Q. 的實驗研究，實驗組的研究對象必須服用或注射該藥物以觀後效，則相信這種實驗研究的對象避之都唯恐不及，也沒有人會自告奮勇，或愚蠢的要作為被實驗的研究對象。

有些教育實驗者所擬定的假設相當離譜，不必經過實驗研究就可判斷其為荒謬。比如：假定法國政府腐敗，則松山國小學生算術成績就低劣；這種假設不合邏輯。又如：嚴格限定學生身高就可以降低學校建築物之高度，這種假設是生理上的不可能。

為了使實驗可行，因此教育實驗之假設應使用事實語句而不要使用價值語句。好學生比壞學生看電視的時間短，這種假設的用語出現了「好」與「壞」兩個價值名詞，這兩個價值名詞頗難下定義。現代科學實驗者強調假設要有操作定義（operational definition），操作定義的語句是可以用實驗法加以證驗或反證的，或是它可以用數量來表示的。（註5）

教育實驗研究與自然科學的實驗研究一般，有成功的也有失敗的。成功的實驗雖然可以將假設形成定理，但那種定理卻不能保證永恆，它是暫時性的（tentative）。當那種定理無法解釋新情境時，研究者就得修正舊理論（如果理論與新情境二者之衝突並不厲害）或捨棄舊學說（理論與新情境二者水火不容時）而提出新假設。新假設提出後還得經過實驗印證之。因此假設與求證二者正是循環不已的過程（process）。嚴格來說，這種過程是永無停止的時刻。

無法證實的假設只好忍痛除去。無法證實的假設可能就是錯誤的假設，錯誤的假設雖然浪費了實驗研究者之心力與金錢，但它卻甚具價值（Wolf, 1969:383-390）。當年愛迪生（Thomas Edison）試驗白熱燈泡的燈絲，當他試驗了第五千個燈絲失敗後，一位朋友問他：「你毫無所獲，怎能繼續作研究呢？」愛迪生回答說：「我怎麼沒收穫呢？至少我知道已試驗過的五千種燈絲都是不管用的」（Fox, 1969: 34）。錯誤的假設可以促使實驗研究者提出新假設，那是一種知識上的探險活動，也是向未知領域進軍之舉，對於擴展知識之深度與廣度大有助益。

註5：科學用語不用「今天天氣暖和」這種語句，而以「今天攝氏38度」來代替——數量化用語。化學家對「酸」的定義爲能使藍色石蕊試紙變紅的液體稱之爲酸性液體——可證驗的用語。

教育實驗所得的結果都以數量來表示，對於這些量化的資料，得使用統計技術予以處理。統計技術已發展成爲一門獨立之學科——統計學 (statistics)。它不是教育研究法，故此處不予贅述。

第五節　教育研究論文的寫作

教育研究的結果，不是要束諸高閣，或藏諸名山，而是要能公諸於世，讓同好共賞；或由研究結果之刊行而促進教育學術之進步與教育活動之改善。因此教育研究者必須善於教育論文之寫作。

教育研究論文不外是將研究之旨趣、研究方法與過程、及研究結果作一番陳述。一般教育論文之陳述順序爲：

1. 教育研究問題之說明；
2. 歷來有關該問題的研究經過及相關文獻的批判；
3. 研究該問題所使用的方法；
4. 分析與結果；
5. 綜要及結論。

文後得附以參考書目、附錄或索引。

教育研究有結果，應予發表；教育研究沒得結果，也應予發表。發表有結果之教育研究，豐富了教育學科的內容，研究者所得的研究結果，多多少少是一種創見。發表沒有結果之教育研究，有警惕未來的教育研究者記取前車之鑑的作用，並可以讓同行者檢討該研究所以致敗之原因（見上節）。一篇上選的教育研究論文，在寫作技術方面

除了要文筆生動流暢外，格式還得合乎規定。

一、教育論文寫作含有知識傳播之意

一篇教育論文之寫作，旨在把研究者之教育研究結晶向世人表白，希望他人能了解研究者的研究成果，或在於宣揚自己的教育主張，維護自己的教育觀點。因此「讓讀者看得懂」是教育論文寫作的一大要領。否則就失去了知識傳播用意。

教育論文旨在說理，不在言情。因此敍述要段落分明，有條不紊；少用廢語雜話，更不要滿紙充斥著艱深難懂的文字，或在賣弄辭藻，炫耀自己多烘之學，故意寫出讓讀者看不懂的語句。一篇讓讀者望而生畏的教育論文，本身不但失去「教育」含意，且有「反教育」的效果。

如果教育論文的寫作者本身對某種教育概念不甚了了，也要強不知以為知，因而寫出來的教育論文模糊不清，這就是該研究者作學問的態度不夠真誠。一位故意讓讀者看不懂自己教育作品的學者，是心地陰險的，他存心將教育知識存在象牙塔之內；一位有意讓讀者看懂自己教育作品，而讀者仍然看不懂他的教育作品之學者，是表示自己表達能力之笨拙。一位不甚精通教育概念的學者，也要著書立說且辭不達意，那是在愚弄讀者，欺詐他人。

以常人使用的文字，深入淺出的表達教育研究的結果，這是教育研究論文的寫作者應該銘記在心的。一篇教育論文的寫作，本來就要讓讀者看懂，令讀者看不懂的教育論文不如丟在垃圾堆裏。

然而教育論文不是文學作品，與其文勝於質不如質勝於文。沒有內容的教育論文，不論文字多優美，都是無的放矢，無病呻吟。具有

內容的教育作品優於只具形式而內容空洞無一物的教育文章。

如何用優美的文筆寫好一篇教育研究論文，這就牽涉到一般文章寫作技巧的問題，不在本文敍述範圍之內。不過多多參考說理性甚強的文章，及文字淺易而內容相當豐富的教育文章，並多多練習寫作，自然就比較能得心應手。初習教育論文寫作的人千萬別仿效亞里士多德、康德及當今某些存在主義學者的榜樣，寫出來的教育論文，令讀者不知所云。

二、論文格式

論文格式在學術先進國家非常重視。一篇已寫就的學位論文，並已獲得論文指導教授首肯的研究論文，在規格上不合要求，則必遭研究院（Graduate School）學術論文格式審查人員退回。學位論文如此，學期報告（term papers）如不按規格寫作也會被教授指正，投寄的研究論文稿件不合格式也不會被錄用。

不幸，中文的學術論文寫作卻久未建立起一致的格式規定。這是有賴學術界人士共同努力來彌補這種缺憾的。學術研究論文按照規格寫作，可以給參閱者提供不少的幫助。如果各種論文寫作格式，寫作者都要隨心所欲，別出心裁，則將造成他人參考上的不便，也將造成學術論文寫作格式的混亂。

論文格式的規定雖有些見仁見智，但那是眾多學術研究者集思廣益共同制定的，論文寫作者必須遵守。在中文未有統一論文格式之前，筆者參照英文論文寫作格式，擬定中文論文寫作格式比較重要的幾項，列述於下，供讀者參考，並就教於國內外中文學術研究

者。(註6)

一篇學術論文通常包括三個部份,即:論文之開頭、本文,及參考資料。短篇論文只有論文題目、本文,及參考資料而已;長篇論文則有前言、內容目次、圖表目次;(西文另有感謝語 Acknowledgments, 中文則時有時無),本文則細分章節等部份,參考資料有時加上附錄等。

(一) 論文之開頭

1. 論文題目:論文如採直寫法,則題目應依字數多寡寫在紙張正中央,紙張的左下方署上研究者姓名。如係學位論文,則在紙張的右上方寫出「×××(研究機構名稱)碩士(或博士)論文」字樣,並寫明論文寫作時間。

如以橫寫方式為文,則紙張的上方寫明研究者所屬機構名稱、學位名稱、時間等,中上方寫論文題目,題目之下寫撰作者姓名。

2. 學位論文,應於論文題目之次頁寫明本論文之指導教授及口試委員(碩士至少三人,博士至少五人)。如下例:

指導教授:＿＿＿＿＿＿(簽名)
口試委員:＿＿＿＿＿＿(簽名)
　　　　　＿＿＿＿＿＿(簽名)
　　　　　＿＿＿＿＿＿(簽名)
　　　　　＿＿＿＿＿＿(簽名)
　　　　　＿＿＿＿＿＿(簽名)

註6:英文的學術論文格式,最具權威的莫若芝加哥大學教授 Kate L. Turabian 所寫的一本 *A Manual for Writers of Term Papers, Theses, and Dissertations*, 4th ed. Chicago: The University of Chicago Press, 1973. 本節所述資料即係參考該書得來。該書已有中文譯本。

3.目次表：內容目次及圖表目次都應排列整齊，以美**觀清楚**為原則。如下例：

目錄　　　　　　　　　　　　　　　　　　　　　　　頁次
第一章　緒論……………………………………………………×
　第一節　××××……………………………………………×
　　一、××××　　　　　　　　　　　　　　　　　　　　×
　　二、××××　　　　　　　　　　　　　　　　　　　　×
　第二節　××××……………………………………………×

圖表目次
表一：××××……………………………………………………×

圖一：××××……………………………………………………×

（二）論文本文之格式

一篇學術論文的本文，一定都有註解，註解是本文中最重要的格式。關於註解的寫法要點如下：

1.一字不差的引用別人資料，則應使用引號「　」；用自己的文字寫出別人研究結果，則不必用引號。但二者都得在引用之後立即用括號寫上引註編號，如(註二十一)。然後在本章之後或本頁之下把該引用的資料來源寫出。

2.引用的**資料來源要寫得齊全**，即**將資料來源的作者或機構、資料名稱、版次、出版地點、出版機構、出版時間及頁次寫出，缺一不可**。例如：

(1)英文：<u>Kate L. Turabian</u>, *A Maunal for Writers of Term Papers,*
　　　　(作者名)　(姓)　　　　　　　　　　　　(書

<u>Theses, and Dissertations,</u>. <u>4rd ed.</u>, <u>Chicago</u>: <u>The University of Chi-</u>
　　　　名)　　　　　(版次)　(出版地點)　　　(出版

<u>cago Press.</u>　1973,　p.34.
機構)　　(出版時間)(引用資料頁次)

(2)中文：呂廷和,教育研究法。台北：台灣書店，民國五十八年，頁一四二。

3.引用資料之頁數超過一頁，在英文註解上應用兩個小寫的 p，如pp. 5-8；中文則寫：頁一二一～一二三。

4.引用之資料超過兩行以上，則應把引用資料另寫一段，並從每行的第三格寫起，每行最後空一格。這種資料之引用，不必在首尾用**引號**。

5.作者不擬把他人某部份的資料全部予以引用，則可以把不必引用之資料予以刪除，刪除部份用「……」來表示。英文之「…」只能有三點（即空六個英文字母，二個字母一點），如果刪除的部份剛好是一句話的終了，則可以有四點（最後一點是句點）。中文**刪節點**數以每字三點而限定六點為宜。

6.引用資料當中，如要喚醒讀者在某部份予以強調，在西文是將該部份文字底下劃線，鉛印時則將底下劃線的文字用斜體字印出。中文則在字旁加圈。如引用的本來資料就是斜體字（西文）或字旁已加圈，則照錄不誤；如否，則作者在註解裏應註明：斜體字（或字下劃線）或字旁加圈為作者所加。

7.非鉛版排字之註解所寫資料名稱,如書名、雜誌名,都應在字下劃線,鉛版排字則將劃線之字以斜體字印出。

8.註解有四種用處: (1)引用權威資料。(2)本文資料前後對照。如: 見本章第×頁之敍述。(3)評註,與本文無直接關係,但卻應讓讀者了解的觀念,或評註某種不必要在本文裏敍述之觀念,或解釋出現在本文的某種術語。(4)感謝提供資料者。

9.文內引用資料之來源,如已在該章先前的註解裏註明過,則使用底下方式註解:

(1)英文用 *ibid*, 中文則寫「見前註」。如頁數不同,需註明新註解之頁數。這是緊接在上面註解之後的寫法。

(2)非緊接在上面註解之後的註解寫法,則應寫: 同註五,頁××;或將作者姓名寫出,然後寫 loc. cit., p. ××. 等字樣。(英文寫法)

10.引用資料如係雜誌上的文章,則寫法如下:

(1)林玉體,「講理與說情」,中國論壇第二卷第八期。民國六十五年七月二十五日,頁42-45。(中文寫法)

(2)Franklin D. Murphy, "Yardsticks for a New Era," *Saturday Review*, 21 November 1970, pp. 23-25.

11.引用資料之作者如果在一人以上三人以內,則全部作者都予寫出,如超過三人之上則寫第一個作者姓名然後寫「等」即可(英文則寫 and others)。

12.引用資料如係從不同作者作品之所輯而來,中英寫法如下:

(1)林玉體,「歐洲中古時期的大學」,林木等著,教育論叢。臺北: 幼獅文化

出版公司,民65年,頁××。

(2)David P. Ausbel, "The Nature of Educational Research" in W. J. Gephart & R. B. Ingle (ed.), *Educational Research, Selected Readings*, (Columbus, Ohio: Charles E. Merrill Publishing Co., 1969), p. 7.

13. 引用翻譯的資料,則應註明原書作者及譯者。如:

(1)杜威著,商務印書館譯:民本主義與教育。臺北:臺灣商務印書館。民國四十九年。

(2)Helmut Thielicke, *Man in God's World*, trans. and ed. John W. Doberstein (New York and Evanston, Ill.: Harper & Row, 1963), p. 43.

14. 未署名作者的資料之引用,寫法如下:

(1)教育部:中華民國六十五年教育統計。

(2)Special Libraries Association, *Directory of Business and Financial Services* (N. Y.: Special Libraries Association, 1963), p. 21.

此外,英文在行文中,如在每行末尾無法寫上一個整字時,則應把該字分開。但分開的字須以音節為主,被拆開的中間(即該行之最末尾處)打上一橫線(hyphen)。如 educa-tion。中文因各字獨立,因此沒有這個問題。

(三) 參考資料

參考資料包括參考書目、附錄、索引等。參考書目之寫法與註解

類似，但把頁數及括號（如係英文）袪除，並應將作者的姓寫在名字之前，中間加「，」號。且按作者姓名筆劃（中文）或姓名第一字母順序（西文）予以排列。附錄乃是將與本研究有直接關係之資料附加於文後，如調查問卷之問題及格式等。索引卽將文內學術用語及學者依筆劃（中文）或字母順序（西文）予以整理，並註明該術語及學者在文內出現的頁數。

總之，學術論文之寫作規格甚多，上面所述，只不過是犖犖大者。其他應行注意事項仍多，諸如每張用紙上下左右空白間隔應多少，行與行之間空多少公分，引文字體之大小，頁數註明之地方等，都應該有統一的規定。如此，學術研究才可以步上正軌，論文寫作才有規則可資遵循（楊國樞等，1978）。

本 章 摘 要

1. 教育研究分事實層面與價值層面兩種。
2. 教育研究的人員包括三類，一是一般人民，二是其他各行各業的學科人員，三是教育專業研究人員。
3. 教育研究與一般學術研究一樣，注重創見性。
4. 教育研究應為研究而研究，也應為實用而研究。
5. 教育研究的對象是人，因此在研究過程中，應注意人權。
6. 霍桑效應是一種主觀意識作用，會影響教育研究的結果。
7. 教育研究材料之搜集，應注重平時並強調一手資料的重要性。
8. 新的研究技巧或儀器可以更新研究的結果，研究者應善加利用。
9. 實際從事教育工作者，可進行「行動研究」。
10. 歷史研究法應用於教育上的，是教育史實的了解及教育史識的建立，一

是科學的教育史，一是哲學的教育史，二者不可偏廢。
11. 調查法應注意母羣及具有代表性的樣本。
12. 實驗法應注意因素之控制。
13. 研究論文應具可讀性，也要符合學術界所訂的論文規格。
14. 中文論文寫作格式亟應建立。

討 論 問 題

1. 教育學兼有教育科學及教育哲學，因此研究教育學，應包括敍述教育事實與教育價值二者。這種說法正確嗎？
2. 研究物理學的人，有無資格或有無能力過問教育問題？研究教育的人有無資格或有無能力過問物理學問題？
3. 舉例說明非專業教育學者（如數學家）寫的教育文章非常有見地，是否有研究教育的人也發表其他學科的論文而大受學術界（如數學）注目？
4. 教育研究形同一般研究，研究者應具備那些基本態度？
5. 創見由何得來？靈感因何而生？能舉例說明嗎？
6. 對動物的研究，當應用於人身上時，應行注意什麼？
7. 你到過圖書館查看教育資料或一般學科資料嗎？
8. 以下列問題作①歷史研究，②調查研究，③實驗研究：
   ①學校建築
   ②學生頭髮
   ③學生制服
9. 試寫一篇教育論文，（如上例之研究報告）。
10. 查驗一下中文教育論文，是否合乎規格？

參考資料

（資料後括號內的數字係指該資料出現在本書的章數）

一、中文部份

田（培林）故教授伯蒼先生紀念文集（1976）。臺北：中國教育學會及師大教育研究所編印（6）。
李敖（1979），胡適評傳。臺北：文星書局（6）。
吳俊升（1962），教育哲學大綱。臺北：商務（2.3.）。
林玉體（1978），教育與人類進步。臺北：問學（4）。
林玉體（譯，1978），西洋教育史。臺北：教育文物（2.7.）。
林玉體（一，1980），教育價值論。臺北：文景（1.7.）。
林玉體（二，1980），西洋教育史。臺北：文景（5.6.7.）。
林玉體（1982），邏輯。臺北：三民（8）。
林語堂（1980），吾國吾民。臺北：德華（2.4.）。
胡適（一，1979），四十自述。臺北：遠東（4.6.）。
胡適（二，1979），胡適文存。臺北：遠東（4）。
孫邦正（1963），普通教學法。臺北：正中（6）。
孫邦正（1969），教育概論。臺北：商務（2）。
梁啓超（1964），飲冰室文集（卷一）。臺北：新興（9）。
梁啓超（1980），先秦政治思想史。臺北：東大（7）。
殷海光（1966），中國文化的展望。臺北：文星（4）。
黃炳煌（1978），教育與訓練。臺北：文景（1.8.）。
黃政傑（1982），科學的課程理論。臺灣師大教育研究所集刊（24期）（8）。
教育部（1983），高級中學課程標準。臺北：正中（2）。
教育資料文摘（一，1980，1月號）。（7）。
教育資料文摘（二，1980，2月號）。（5）。
教育資料文摘（三，1980，9月號）。（5）。
教育資料文摘（四，1980，12月號）。（7）。
教育資料文摘（五，1981，8月號）。（7）。
教育資料文摘（六，1981，11月號）。（5）。

教育資料文摘（七，1983，12月號）。(5)。
傅斯年（1980），教育崩潰的原因。鄧維楨（選輯），獨立評論。臺北：長橋 (8)。
張春興（1975），心理學。臺北：東華 (3)。
張春興、林清山（1975），教育心理學。臺北：文景 (3)。
臧廣恩（1959），教育理論。臺北：亞洲 (4)。
賈馥茗（1983），教育哲學。臺北：三民 (5)。
蔡元培（1977），復林琴南書。胡適（主編），中國新文藝大系文學論戰。臺北：大漢 (9)。
蔡元培（1961），蔡元培先生遺文類鈔。孫德中（編），臺北：復興 (2)。
歐用生（1983），課程發展模式探討。高雄：復文 (8)。
歐陽教（1973），教育哲學導論。臺北：文景 (6)。
楊國樞（1978），影響國中學生問題行為的學校因素，收於社會變遷中的青少年問題研討會論文集。臺北：中央研究院民族學研究所專刊之二十四 (7)。
楊國樞等（1978），社會及行為科學研究法。臺北：東華 (10)。
謝文全（1978），教育行政。臺北：華視 (7)。
蔣夢麟（1960），西潮。臺北：中華日報 (2.4.)。
蔣夢麟（1962），過渡時代之思想與教育。臺北：世界 (5.6.9.)。
羅家倫（1976），新人生觀。臺北：(4)。

二、英文部份

Anderson, L. F. (1931) *Pestalozzi*, N. Y.: Mc Graw-Hill Book Company (2).

Archer R. L. (1912) *Rousseau on Education*, London: Edward Arnold Ltd., (2).

Aristotle (1941) *The Basic Works of Aristotle*. In R. Mckeon(ed), N. Y.: Random House (4).

Ausubel, D. P. (1969) The Nature of Educational Research. In Gephart, W. J. and Ingle, R. B. (ed.) *Educational Research, Selected Readings*, Columbus, Ohio: Charles E. Merrill Publishing Co., (10).

Belding, R. (1961) *Personal School Reports From the Past*, Iowa: The Press of the State University of Iowa (5).

Berg, I. A. (1971) The Use of Human Subjects in Psychological Research, in Gephart W. J. and Ingle, R. B. (ed). *Educational Research, Selected Readings*, Columbus, Ohio: Charles E. Merrill Publishing Co., (10).

Bloom, B. S. (1971) Twenty Five Years of Educational Research. In Lehamnn, I. J. and Mehrens, W. A. (ed), *Educational Research, Readings in Focus*, N. Y.: Holt, Rinehart and Winston Inc., (10).

Bobbitt, F. (1924) *How to Make a Curriculum*, Boston: Houghton Mifflin Company (2).

Boyd, T. A. (1971) Research, in Lehamnn I. J. and Mehrens, W. A. (ed), *Educational Research, Readings in Focus*, N. Y.: Holt, Rinehart and Winston Inc., (10).

Boyd, W. (1964) *The History of Western Education*, 7th ed. Adam and Charles Black (3).

Brubacher, J. S. (1966) *A History of the Problems of Education*, 2nd ed. N. Y.: Mc Graw-Hill Book Company (2. 3. 7.).

Bruner, J. S. (1960) *The Process of Education*, Cambridge: Harvard University Press (3. 8.).

Bruner, J. S. (1966) *Toward a Theory of Instruction*, N. Y.: W. W. Norton and Company (8).

Buber, M. (1970) *I and Thou*, translated by Kaufmann, W. N. Y.: Charles Scribner's Sons (6).

Butts, R. F. (1955) *A Cultural History of Western Education*, N. Y.: Mc Graw-Hill Company (7).

Calderone, M. S. (1, 1969) Sex and Social Responsibility. In Powers, G. P. and Baskin W. *Sex Education: Issues and Directives*, N. Y.: Philosophical Library (8).

Calderone, M. S. (2, 1969) The Development of Healthy Sexuality. In Powers G. P. and Baskin W. *Sex Education: Issues and Directives*, N. Y.: Philosophical Library (8).

Castle, E. B. (1969) *Ancient Education and Today*, England Harmondsworth Middlesex: Penguin Books Ltd., (6).

Compayre, G. (1900) *The History of Pedagogy*, translated by Payne, W. H. London: Swan Sonnenschein L. co., Lim., (4. 6.).

Cook, D. L. (1969) The Hawthorne Effect in Educational Research. In Gephart W. J. and Ingle, R. B. (ed). *Educational Research, Selected Reading*, Columbus, Ohio: Charles E. Merrill Publishing Co., (10).

Corey, S. M. (1969) A. Perspective on Educational Research. In Gephart W. J. and Ingle, R. B. (ed). *Educational Research, Selected Readings*, Columbus, Ohio: Charles E. Merrill Publishing Co., (10).

Council of Graduate Schools in the United States (1966), Washington (10).

Counts, G. S. (1932) *Dare the School Build a New Social Order?* N. Y.: The John Day Company, Inc., (1).

Cubberley, E. P. (1920) *The History of Education*, Boston: Houghton Mifflin Company (4. 7.).

Dewey, J. (1966) *Democracy and Education*, N. Y.: The Free Press (1. 2. 3. 6. 8. 9.).

Dewey, J. (1903) Democracy in Education. In Garforth, F. W. (ed.), *John Dewey: Selected Educational Writings*, London: Heinemann (9).

Dewey, J. (1922) *Human Nature and Conduct*, N. Y.: The Modern Library (9).

Dewey, J. (1933) How We Think, a Restatement of the Relation of Reflective Thinking on the Education Process. In Archambault, R. D. (ed.) *John Dewey on Education, Selected Writings*, N. Y.: The Modern Library (8).

Dewey, J. (1927) *Public and Its Problems*, Chicago: Swallow Press (6. 9.).

Dewey, J. (1902) *The Child and the Curriculum*. In Garforth, F. W. (ed.).

John Dewey: Selected Educational Writings, London: Heinemann (7).

Dewey, J. (1900) Psychology and Education. In Garforth, F. W. (ed), *John Dewey, Selected Educational Writings*, London: Heinemann (7).

Dewey, J. (1900) The School and Society. In Garforth, F. W. (ed.) *John Dewey: Selected Educational Writings*, London: Heinemann (6).

Dewey, J. (1909) Moral Principles in Education. In Garforth, F. W. (ed.), *John Dewey: Selected Educational Writings*, London: Heinemann (6).

Eby, F. and Arrowood, C. F. (1940) *The History of Ancient Education, Ancient and Medieval*, Englewood Cliff: Prentice-Hall, Inc., (4).

Educational Research and the Teacher, a report of one day conference held at the Institute of Education, University of London (1965), Hove, Sussex: National Foundation for Educational Research (10).

Fox, D. J. (1969) *The Research Process in Education*, N. Y.: Holt, Rinehart and Winston, Inc., (10).

Fromm, E. (1941) *Escape From Freedom*, N. Y.: Holt, Rinehart and Winston, Inc., (9).

Good, C. V. (1969) Educational Research. In Gephart, W. J. and Ingle, R. B. (ed.), *Educational Research, Selected Readings*, Columbus, Ohio: Charles E. Merrill Publishing Co., (10).

Good, H. G. and Teller, J. D. (1969) *A History of Western Education*, London: The Macmillan Company, Collier-Macmillan Limited, (5).

Harrow, A. J. (1972) *A Taxonomy of the Psychomotor Domain*, N. Y.: David Mckay (8).

Hughes, J. L. (1897) *Froebel's Educational Laws for all Teachers*, N. Y.: D. Appleton & Company, Inc., (2).

Hume, D. (1888) *A Treatise of Human Nature*, Selby, L. A. (ed.) Oxford. (10).

Kirkendall, L. A. and Calderwood, D. (1969) Schools, Sex and Society. In Powers, G. P. and Baskin, W. *Sex Education: Issues and Directives*, N. Y.: Philosophical Library (8).

Krathwohl, D. R. Bloom, B. S. and Masia, B. B. (1973) *Taxonomy of Educational Objectives, the Classification of Educational Goals*, N. Y.: David McKay Company (8).

Kronhausen, P. C. and Kronhausen, (1969) Sex Education, More Avoided than Neglected? In Powers, G. P. and Baskin, W. *Sex Education: Issues and Directives*, N. Y : Philosophical Library (8).

Lehamnn, I. J. and Mehrens, W. A. (1971) (ed.) *Educational Research, Readings in Focus*, N. Y.: Holt, Rinehart and Winston Inc., (10).

LIN, Y. T. (1974) *A Study of Hsuntzu's Philosophy of Education*, Ph. D. Dissertation, Iowa: University of Iowa, unpublished (3).

Locke, J. (1969) *Some Thoughts Concerning Education*, Garforth, F. W. (ed.) London: Heinemann (6).

Maclure, J. S. (1973) *Educational Documents, England and Wales, 1816 to the Present Day*, London: Methuen & Co, Ltd., (7).

Manley, H. (1969) Sex Education, Where, When, and How Should It be Taught? In Powers G. P. and Baskin, W. *Sex Education: Issues and Directives*, N. Y.: Philosophical Library (8).

Marrou, H. I. (1964) *History of Education in Antiquity*, N. Y.: The New American Library (4).

Mayer, F. (1966) (ed.) *Great Ideas of Education*, vol. I. II. III. Conn., New Haven: College and University Press (9).

Meyer, A. E. (1950) *The Development of Education in the Twentieth Century*, N. Y.: Prentice-Hall (7. 9.).

Meyer, A. E. (1972) *An Educational History of the Western World*, N. Y.: McGraw-Hill (3. 4.).

Montessori, M. (1912) *The Montessori Method*, N. Y.: Frederick A. Stokes Company (6).

Morrison, A. McIntyre, D. (1971) *Schools and Socialization*, Penguin Books (7).

Morrison, S. E. (1936) *Three Centuries of Harvard (1636-1936)*, Cambridge: Harvard University Press (4).

NEA (1938) *Educational Policies Commission, The Purposes of Education in American Democracy* (2).

New International Dictionary (1961) Sprinfield Mass,: G. & C. Merriam Company (10).

Peters, R. S. (1959) *Authority, Responsibility and Education*, London: George, Allen & Unwin Ltd., (2).

Peters, R. S. (1966) *Ethics and Education*, Scott: Foresman and Company (1.

6. 8. 9.).

Plato (1975) *Plato* 台北：馬陵出版社翻印 (6. 9.).

Popper, K. R. (1945) *The Open Society and Its Enemy*, London: Rontledge (9).

Powers, G. P. and Baskin, W. (1969) A New Look at Sex Education. In Powers, G. P. and Baskin, W. *Sex Education: Issues and Directives*, N. Y.: Philosophical Library (8).

Reeder, W. G. (1950) *A First Course in Education* N. Y.: The Macmillan Company (5. 7. 8. 9.).

Rousseau, J. J. (1979) *Emile*, translated by Allan Bloom, N. Y.: Basic Books, Inc., (4).

Russell, B. (1932) *Education and the Social Order*, Unwin Paperback (3. 6. 7. 8.).

Schffler, I. (1976) *The Language of Education*, Springfield, Ill.,: Charles C. Thomas (1. 2. 8.).

Soltis, J. F. (1966) *An Introduction to the Analysis of Educational Concepts*, Reading, Mass.: Addison Wesley Publishing Company (8).

Spencer, H. (1966) *Education: Intellectual, Moral, and Physical*, London: J. M. Dent and Sons, Ltd., (2).

Steinberg, I. S. (1968) *Educational Myths and Realities: Philosophical Essays on Education, Politics, and the Science of Behavior*, Reading, Mass.: Addison-Wesley Publishing Company (1. 10.)

Stricker, A. (1965) The University City Plan, in Powers, G. P. and Baskin, W. *Sex Education: Issues and Directives*, N. Y.: Philosophical Library (8).

Thorndike, E. L. (1935) *Adult Interest*, N. Y.: MacMillan (8).

Travers, R. M. W. (1969) *An Introduction to Educational Research*, N Y.: MacMillan (10).

Turney, B. L. and Robb, G. P. (1971) *Research in Education, An Introduction*, Hinsdale, Ill.: the Dryden Press Inc., (10).

Ulich, R. (1968) *Three Thousand Years of Educational Wisdom, selections from great documents*, Cambridge: Harvard University Press (4).

Varma, M. (1965) *An Introduction to Education and Psychological Research*, Bombay: Asia Publishing House (10).

Washburne, C. (1936) "Indoctrination in Education", *Social Frontier*, vol. 2.

April. (8).
Whitehead, A. N. (1929) *The Aims of Education and Other Essays*, N. Y.: MacMillan Company, A Free Press Paperback (7. 8.).
Wolf, I. S. (1969) Perspective in Psychology, Negative Findings. In Gephart, W. J. and Ingle, R. B. (ed.), *Educational Research, Selected Readings*, Columbus, Ohio: Charles E. Merrill Publishing Co., (10).

中 文 索 引

二 劃

七藝　96, 164-166, 172, 298
八股文　158, 166
丁道爾　184
人文主義　95-96, 133-134, 172, 173, 174
二分法的謬誤　347

三 劃

大學　172, 192, 217, 229-230, 232, 274, 284, 294, 309-315, 324, 356
　牛津　336
　巴黎　192, 380, 384
　哈列　233
　哈佛　171, 185, 192, 336, 381, 425, 457, 458
　耶魯　171, 336
　雅典　160
　劍橋　92, 251, 336
　北京　417
　史坦福　102, 336
　芝加哥　40, 336
　布拉格　184
　康乃爾　118
　威丁堡　102, 191
　普林斯頓　288, 336
　波隆尼亞　164
　哥倫比亞　118, 171, 192, 336, 373
　約翰霍浦金斯　233
　麻州理工學院　277
女子教育　189-192
三民主義　12

三民主義教育　84-86

四 劃

五倫　80, 144-147
孔子　46-47, 80, 93, 94, 96, 106, 114, 115, 116, 127, 144, 147, 155, 157, 162, 180, 181, 182, 189, 193, 195, 213, 214, 243, 244, 249, 329, 333, 346, 372, 377, 378, 379
牛頓　21, 346, 430, 431, 432
中庸　3, 48
文盲　103, 106, 159, 295-296
六藝　96, 298
公學　336, 460
巴比特　43
文言文　70, 96, 132, 165, 185-187
王陽明　148-149, 151, 418
巴斯道　210
瓦特生　413-414
巴夫洛夫　120
文雅教育　107-108, 160-163, 308
文法學校　96, 99-100, 165, 198, 303
文科學校　96
心靈陶冶　69-74
公民教育　35, 78-79, 81, 83
互為主觀　423, 442
心理分析說　43
中等教育七項主要原則　53

五 劃

四書　155, 156, 158, 160
四藝　96
尼爾　178

布巴　269
生長　13
本能　9
布魯納　72, 74, 356, 381
布魯諾　184
皮亞傑　353
主學習　76, 343
弗蘭開　205-206
古文學校　96, 165
功利主義　52, 135-137, 138-139, 267
民主教育　177-179, 268, 269, 271, 327-329, 392-410, 460
必要條件　23, 105, 206, 213, 358
弗洛伊德　43
布肯哈根　103
「世界圖解」　126
「以能力為本位」　352
「以教育為導向」　32-33, 103, 236

六　劃

老子　62, 94, 129, 130, 195
寺院　50, 191, 192
米勒　245, 251, 432
伊頓　24
朱熹　6, 80, 147-149, 158, 159, 180
成就感　253, 384
西塞洛　166
多瑪斯　51, 163
安諾德　225
充要條件　358-359, 391
充足條件　357-358
先天觀念　4, 5, 7, 69, 125, 376
有形教育（正式教育）　14, 28-33, 201, 293, 342
行為主義　75
行為目標　75, 77, 352
行動研究　453

存在主義　140-141, 269
考試制度（科舉制度）　36, 95, 144, 157-159, 186
同儕文化　236
自然主義　60, 68, 163
在職進修　224-225, 229
伊利歐特　425
多方面興趣　17, 117-118
伊利歐特爵士　97

七　劃

李超　190
杜威　12, 18, 25-30, 41-42, 54-56, 58-60, 64-68, 108, 139-140, 165, 172, 177, 188-189, 244, 245, 260, 278, 403, 454, 455
泛智　6, 80, 149, 197
私塾　144
技能　77, 78, 343, 350-351, 356-357, 359, 360, 369, 382
形上學　93, 128-130, 160
克伯屈　76-77
貝里克　394, 402
李卓吾　180-181
洪保德　82
希臘文　70, 92, 007, 132, 165, 172, 177
形式訓練　69-74
完美生活　45, 52-54
初級學院（社區學院）　112, 309, 310
希伯來教育　37
完形心理學　124
泛道德主義　6, 80, 149, 197

八　劃

育　3, 11, 135
拉丁　70, 96, 107, 132, 274
孟子　3, 20, 23, 62, 80, 94, 96, 107, 137, 138, 144, 146, 147, 149, 151, 155, 157, 181, 182,

中文索引

243, 282
易經　130
性善　6, 62, 68, 151, 459
性惡　3, 6, 49, 62, 68, 94, 151-152, 168, 269, 459
波得　44
取樣　462-466
性教育　237, 372-375
迦特斯　43
知識論　128, 130-135
拉德凱　210
兩難式　442
兒童中心　56
孟特梭利　178, 261
官能心理學　72, 125

九　劃

郎克　458
洛克　7, 90, 91, 177, 252, 269
科南　425
洗腦　10, 382, 383
胡斯　184
胡適　118, 152-153, 186-187, 190, 251, 263, 301
耶穌　50, 184, 194, 195, 205
段玉裁　3
郎世寧　97
柏拉圖　23, 47-48, 93, 160, 162, 163, 172, 190, 197, 244, 454
柏格森　41
亞培拉　380, 384
亞爾坤　92
涂爾幹　425
英才教育　71, 96
軍事教育　81, 83
亞里士多德　8, 23, 48, 51-52, 71, 90-91, 108, 128, 132, 160, 163, 172, 183-184, 190, 197,

198, 244, 281, 380, 392, 454
查理曼大帝　92, 106

十　劃

荀子　3, 19-20, 94, 131, 151, 155
美育　82-83
訓練　9, 10, 69
容格　119
書院　144, 160
庫勒　123
孫中山　12, 15, 82, 392
哥白尼　56, 433
挫折感　254, 257
倫理學　8, 114
梁啟超　328-329, 457
原創性　20
桑戴克　72, 122, 387
人格差異　118-119
能力本位　75
能力差異　114-116
興趣差異　114-116
個別差異　114-119
宮廷學校　92, 165
特殊教育　335
哥白尼式革命　6, 56
美國教育學會　53

十一　劃

教　2, 3, 11, 135
莊子　147, 413
荷馬　160, 455
動機　253
情意　77, 78, 343, 347-350, 356-357, 359, 360, 368, 382
教具　386-387
教案　78
教僕　210

開展　5, 68, 131, 377
培根　9, 20, 101, 188, 198, 242, 377, 378, 379, 431
啓發　5, 125, 376-378
張載　27
曼恩　434
康德　82, 130, 137, 138, 140, 393, 426, 430
做中學　259, 405
教育愛　202-208, 211-213, 216, 242, 358
教科書　360-362, 365, 385
康有為　180
笛卡爾　140, 188, 198, 431
進化論　39, 52
副學習　76, 343
產婆術　125, 131, 376
陳獨秀　187
唯實論　172, 176
教父哲學　51, 132, 169, 172, 173, 174
康米紐斯　71, 126, 175-176, 184, 188, 194, 361, 457
教育哲學　127-141
教育經費　110
理性主義　131-132, 139
理論研究　452-453
進步主義　63-64, 178, 252
動機主義　135, 137-139
極權教育　177-179
動態心理學　72
教育心理學　16 113-126
教育未來學　104
教育機會平等　98-100
動作操作時期　353-354
符號運用時期　354-355
理性運作時期　355-356

十 二 劃

惠子　147

智商（I.Q.）　7, 114-116, 134, 151, 299. 377, 406, 467-468
程伊川　156, 196, 286
程明道　146, 159, 286
達爾文　39, 430, 431, 432, 433, 457
黑格爾　13, 40, 82, 356, 430, 458
創造性　20, 22-24, 429-431
普魯士　24
傅斯年　233, 251
斯賓塞　46, 71
單軌制　178
斯賓格勒　458
斯普郎格　203
媼婦學校　210
無形的教育（非正式教育）　14, 24, 27, 31-33 201, 235-239, 342
斯巴達教育　37, 161, 182, 190, 266, 454,
普洛塔格拉斯　267, 333

十 三 劃

墨子　2, 94, 181
路德　102, 106, 163, 188, 193, 280
電視　238-239
董仲舒　137, 155
湯恩比　458
傑佛遜　178
愛迪生　214
詹姆斯　433, 459
塞斯通　162
奧古斯丁　1, 49, 163, 182
愛因斯坦　179, 287-288
雅典教育　161-162, 460
福祿培爾　39, 61, 178, 210, 276, 377
「與妻訣別書」　29, 134, 363
新亞里士多德學派　54

十 四 劃

齊勒 40
輔導 126, 303
圖拉眞 99
赫欽斯 40-41
輔學習 77, 343
複演說（文化期說） 38-42
赫爾巴特 17, 40, 68, 114, 117, 211, 424
說文解字 2, 3
綜合中學 303-304
演繹邏輯（演繹法） 51, 71, 132
圖像時期 354
裴斯塔洛齊 61, 205-206, 210, 211, 213, 214, 377

十 五 劃

認知 77, 78, 343-347, 356-357, 359, 360, 366-368, 382
輔導 126
德育 135-139
遺傳 16, 113
實然 11-12, 15, 17, 23
蔡元培 82, 189, 236, 417
調查法 460-466
蔣夢麟 152, 193, 399, 417
嘗試錯誤 122, 123

十 六 劃

霍恩 60
霍爾 39
儒家 155-156
學苑 23, 93, 197, 244
學記 3
應用研究 452-453
霍桑效應 318, 439-441
學習遷移 70-74

經驗主義 7, 131, 133-153, 139
經濟大蕭條 64, 109
學術研究自由 103
學習活動自由 103
聯合國教育科學文化組織 24, 409

十 七 劃

禮記 3
應然 11-12, 15, 17
環境 16-20, 23, 120-122
盧梭 56, 60-61, 68, 136, 163, 184, 191, 252, 259, 402, 459
穆勒爾 39, 41
禮運大同篇 48

十 八 劃

顏元 156
顏回 47
邊沁 136
潛能 12, 15-17, 20, 162, 242, 244, 300, 430
韓愈 22, 185-186, 193-194, 242
歸納 71, 133-134
雙軌制 98, 159-160
職業教育 81, 83, 104-113, 308
職校與高中設校比例 111

十 九 劃

韓非 94
羅素 106, 144, 247, 248, 374, 387, 405-406, 409, 425
羅貫中 458
羅馬教育 264-265, 299
懷德海 163, 172, 312, 356, 381, 425

二十劃至二十三劃

蘇格拉底 5, 16, 73-74, 125, 127, 160, 162, 184, 194, 380, 430

繼續學校　100, 224-225
蘭卡斯特　210
辯者　127, 162, 216, 267, 333
灌輸（注入）　7, 378-379, 381-382, 383

權威主義　23, 51-52, 181, 184, 196, 415
體罰　151-153, 180, 182-183, 220-221, 262-273, 460
邏輯實證論　140

英 文 索 引

A

Abelard, P. 380, 384
Academy 23, 93, 197, 244
action research 453
affective 77, 343, 347-350, 356-357, 359, 360, 368, 382
Alcuin (734-804) 92
applied research 452-453
Aristotle (384-322 B. C.) 8, 23, 48, 51-52 71, 90-91, 108, 128, 132, 160, 162, 172, 183-184, 190, 197, 198, 244, 281, 380, 392, 454
Arnold, T. (1795-1842) 225
Ascham (1515-1568) 92
Augustine (354-430) 1, 49, 163, 182
authoritarianism 23, 51-52

B

Bacon, F. (1561-1626) 9, 20, 101, 188, 198 242, 377, 378, 379, 431
Basedow, J. (1724-1790) 210
behaviorial objectives 75, 77, 352
behaviorism 75
Bentham, J. (1748-1832) 136
Bergson, H. (1859-1941) 41
Bobbitt, F. (1876-1956) 43
Bode, B. H. (1873-1953) 44
brainwashing 10, 382, 383
Bruner, J. S. (1915-) 72, 74, 356, 381
Bruno, G. (1548-1600) 184
Buber, M. (1878-1965) 269
Bugenhagen, J. (1485-1558) 103

C

Castiglione (1478-1529) 97
Charlemagne (742-814) 92, 106
Charters, W. W. (1875-1952) 43
child-center 56
Cicero 166
cognitive 77, 78, 343-347, 356-357, 359, 360, 366-368, 382
Comenius, J. A. (1592-1670) 71, 126, 175-176, 184, 188, 194, 361, 457
community college (junior college) 112, 309, 310
complete living 52-54
comprehensive high sohools 302-303
Conant, J. B. 425
concomitant learning 77, 343
continuity school 100, 224-225
Copernican Revolution 6, 56
Copernicus, V. (1473-1543) 56, 433
creativity 20

D

dame school 210
Darwin, C. R. (1809-1882) 39, 430, 431, 432, 433, 457
deductive (logic) 51, 132
depression 64, 109
Descartes, R. (1596-1650) 140, 188, 198, 431
Dewey, J. (1859-1952) 12, 18, 25-30, 41-42, 54-56, 58-60, 64-68, 108, 139, 140, 244

245, 260, 278, 403, 454, 455
dilemma 442
discovering 5
Durkheim, E. 425
dynamic psychology 72

E

education-oriented 32-33
educational futurism 104
educational psychology 16, 113-126
Einstein, A. (1879-1955) 179, 287-288
Eliot, C. 425
elite education 71, 96
Elyot, T. (1490-1546) 97
empiricism 7, 131, 133-135, 139
environment 16
epistemology 128, 130-132
Eton 24
existentialism 140-141, 269

F

faculty psychology 72, 125
fallacy of dichotomy 347
formal discipline 69-74
formal education 14, 28-33, 342
Franke, A. H. (1663-1727) 205-206
Freud S. (1856-1939) 43
Froebel, F. W. A. (1782-1852) 39, 61, 178
 210, 276, 377
functional psychology 72

G

gestalt psychology 124
Gideons 410
Grammar school 96, 99-100, 165, 198, 303
guidance 126, 303
Gymnasium 165

H

Hall, G. S. (1846-1924) 39
Hawthorne effect 318, 439-441
Hebrew education 37
Hegel, W. F. (1770-1831) 13, 40, 82, 356
 430, 458
Herbart, J. F. (1776-1841) 17, 40, 68, 114
 117, 211, 424
heredity 16
Homer 160, 455
Horne, H. H. (1874-1946) 60
Humanism 95-96, 133-134, 172, 173, 174
Humboldt (1767-1835) 82
Huss, J. (1369-1415) 184
Hutchins R. (1899-1977) 41

I

iconic stage 354
inductive 71
informal education 14, 24, 27, 31-33, 235-
 239, 342
innate ideas 4, 5, 7, 69, 125, 376
in-service education 224-225, 229
instinct 9
intersubjectivity 423, 442

J

James, W. 433, 459
Jefferson, T. (1743-1826) 178
Jesus Christ 50, 184, 194, 195, 205
Jung C. G. (1875-1961) 119

K

Kant, I. (1724-1804) 82, 130, 137, 138, 140
 393, 425, 430
Kilpatrick, U. H. (1871-1965) 76-77

英　文　索　引　497

Köhler, W. (1887-1967)　123

L

Lancaster, J. (1778-1838)　210
learning by doing　259, 405
Lehrfreiheit　103
Lernfreiheit　103
liberal education　107-108, 308
Locke, J. (1632-1704)　7, 70, 97, 177, 252, 269
logical positivism　140
Luther, M. (1483-1546)　102, 106, 163, 188, 193, 280
Lycee　96, 165

M

Machiavelli, N. (1469-1527)　94
maieutics　125, 131, 376
manipulation and action　353-354
Mann, H. (1796-1859)　434
many-sided interests　17, 117-118
Maslow　412
mental discipline　69-74
Mill, J. S. (1806-1873)　245, 251, 432
monastery　50
Montessori, M. (1870-1952)　178, 261
motivationalism　135, 137-139
Müller, F.　39, 41

N

Napoleon (1769-1821)　60
National Education Association (N. E. A.)　53
naturalism　60, 68, 163
necessary condition　23, 105, 206, 213, 358
Neil, A. S. (1883-1973)　178
Neoaristotelianism　54

Newton, I. (1642-1727)　21, 430, 431

O

one-track system　178
orbis pictus　126
originality　20

P

Palace School　92, 165
panmoralism　6, 80, 149, 197
pansophism　71
Pavlov, I. P. (1849-1936)　120
pedagogues　210
peer culture　237
Pericles　394, 402
Pestalozzi, J. H. (1746-1827)　61, 205-206, 210, 211, 213, 214, 377
Piaget, J.　353
Plato (427-347 B. C.)　23, 47-48, 93, 160, 162, 163, 172, 190, 197, 244, 454
potentialities　12, 15-17, 20, 162
primary learning　76, 343
Progressivism　63-64, 178, 252
Protagoras (481-411 B. C.)　267, 333
psychoanalysis　43
psychomotor　77, 343, 350-351, 356-357, 359, 360, 369, 382
Public Schools　336, 460
pure research　452-453

R

Ranke, L. V. (1795-1886)　458
rationalism　131-132, 139
Ratke, W. (1571-1635)　210
Realism　172-176
Recapitulation (Retrospection)　38-42
Rousseau, J. J. (1712-1778)　56, 60-61, 68,

136, 163, 184, 191, 252, 259, 402, 459
Russell, B. (1872-1970) 106, 144, 247, 248, 374, 387, 405-406, 409, 425

S

sampling 462-466
Scholasticism 51, 132, 169, 172, 173
secondary learning 76, 343
Seven Cardinal Principles of Secondary Education 53
seven liberal arts 96, 164-166, 172
sex education 237, 372-375
Socrates (469-399 B. C.) 5, 16, 73-74, 125, 127, 160, 162, 184, 194, 380, 430
sophists 127, 162, 216, 267, 333
Spartan education 37, 454
Spencer, H. (1820-1903) 46, 71
Spengler, O. (1880-1936) 458
Spranger, E. (1882-1963) 203
sufficient condition 357-358
sufficient and necessary condition 358-359, 391
survey 460-466
symbolic stage 354-355

T

tabula rasa 7
teaching plan 78
Testaments 50
textbook 360-362, 365, 385
Thomas, A. (1225-1274) 51, 163
Thorndike, E. L (1874-1949) 72, 122
Thurstone, L. L. 116
Toynbee, A. J. (1889-1976) 458
training 9, 69
Trajan 99
transfer of learning 70-74

trial and error 122-123
trivium 96, 164-165
two-track system 98, 177-178
Tyndale, W. (1492-1536) 184

U

unfolding 5, 68, 131, 377
UNESCO 24, 409
university 172, 192, 217, 229-230, 232, 274
 Athens 160
 Bologna 164
 Brag 184
 Cambridge 92, 251, 336
 Columbia 118, 171, 192, 336, 373
 Cornell 118
 Halle 233
 Harvard 171, 185, 192, 336, 381, 426, 457, 458
 Johns Hopkins 233
 M. I. T. 277
 Oxford 336
 Paris 192, 380, 384
 Princeton 288, 336
 Stanford 102, 336
 Wittenburg 102, 191
 Yale 171, 336
Utilitarianism 52, 135-137, 138-139, 267

V

Vocational education 81, 83, 104-113, 308

W

Watson, J. B. (1878-1958) 413-414
Whitehead, A. N. 163, 172, 312, 356, 381, 425

Z

Ziller, T. (1817-1882) 40